权威·前沿·原创

皮书系列为
"十二五""十三五"国家重点图书出版规划项目

B

BLUE BOOK

智库成果出版与传播平台

湖北哲学社会科学蓝皮书

BLUE BOOK OF
PHILOSOPHY AND SOCIAL SCIENCES
IN HUBEI

湖北哲学社会科学发展报告
（2019）

REPORT ON THE DEVELOPMENT OF PHILOSOPHY AND
SOCIAL SCIENCES IN HUBEI (2019)

湖北省社会科学界联合会／编
湖　北　大　学

主　编／谢红星　安向荣
执行主编／孙友祥

社会科学文献出版社
SOCIAL SCIENCES ACADEMIC PRESS（CHINA）

图书在版编目（CIP）数据

湖北哲学社会科学发展报告. 2019 / 谢红星，安向
荣主编. – – 北京：社会科学文献出版社，2020. 7
（湖北哲学社会科学蓝皮书）
ISBN 978 – 7 – 5201 – 6202 – 9

Ⅰ.①湖… Ⅱ.①谢… ②安… Ⅲ.①哲学社会科学
– 发展 – 研究报告 – 湖北 – 2019 Ⅳ.①C126.3

中国版本图书馆 CIP 数据核字（2020）第 028801 号

湖北哲学社会科学蓝皮书

湖北哲学社会科学发展报告（2019）

主　　编／谢红星　安向荣
执行主编／孙友祥

出 版 人／谢寿光
责任编辑／周　琼
文稿编辑／张春玲

出　　版／社会科学文献出版社·政法传媒分社（010）59367156
　　　　　地址：北京市北三环中路甲 29 号院华龙大厦　邮编：100029
　　　　　网址：www. ssap. com. cn
发　　行／市场营销中心（010）59367081　59367083
印　　装／天津千鹤文化传播有限公司

规　　格／开 本：787mm × 1092mm　1/16
　　　　　印 张：21.75　字 数：325 千字
版　　次／2020 年 7 月第 1 版　2020 年 7 月第 1 次印刷
书　　号／ISBN 978 – 7 – 5201 – 6202 – 9
定　　价／158.00 元

本书如有印装质量问题，请与读者服务中心（010 – 59367028）联系

湖北哲学社会科学蓝皮书
编辑委员会

主要编撰者简介

谢红星　男，经济学博士，教授。湖北大学党委副书记、校长。曾先后担任武汉大学历史文化（旅游）学院副院长、政治与行政学院副院长、深圳研究院副院长、校长办公室主任、党委常委、副校长以及长江大学党委副书记、校长。主要研究领域为高等教育管理、区域经济学。公开发表高等教育类、经济管理类论文30余篇，主编或参与出版著作、教材多部。担任的社会兼职主要有湖北省农村经济研究会理事长、湖北省高等教育学会产学研合作专门委员会主任委员。

孙友祥　男，教授，博士生导师。湖北大学政法与公共管理学院副院长，华中科技大学国家治理研究院研究员，湖北县域治理研究院研究员，中华文化发展湖北省协同创新中心研究员。主要社会兼职有湖北省行政机关能力建设指导专家，湖北省廉政制度评估专家，中共湖北省委改革智库专家。近年来主持教育部和省级课题20余项，出版著作2部，发表论文30余篇，成果先后获"湖北省优秀调研成果奖"二等奖、"湖北发展研究奖"二等奖、武汉市社会科学优秀成果三等奖和湖北省科学技术协会国家级科技思想库（湖北）优秀决策咨询成果二等奖等。

摘　要

当代中国正经历着历史上最为广泛而深刻的社会变革，正进行着人类历史上最为宏大而独特的实践创新。一个没有繁荣的哲学社会科学的国家也不可能走在世界前列。湖北是社科大省，面对新时代中国特色哲学社会科学体系的建立和完善以及湖北经济社会的全面发展和进步等重大问题，湖北哲学社会科学界应该大有作为。

本报告是对 2018 年度湖北哲学社会科学发展的总体描述和综合分析。可以看到，在中共湖北省委、省政府的领导下，通过湖北各级哲学社会科学相关部门，以及各高校、党校、党政部门、军事院校和社会科学研究机构等哲学社会科学管理者和研究者的共同努力，湖北哲学社会科学研究队伍日益壮大、结构不断优化，学科与平台建设不断拓展，学界影响力不断提升，研究项目与经费显著增多，成果丰富，荆楚特色与亮点日益凸显，哲学社会科学的国际化、特色化、美誉度不断提升，湖北哲学社会科学呈现持续稳定发展的良好局面。当然，我们也不难看到，湖北哲学社会科学发展还存在一些不足。如瞄准哲学社会科学相关领域的重大理论问题、热点难点问题研究不够深入，影响力不强，围绕湖北社会主义现代化强省建设，聚焦长江经济带、中部崛起、荆楚特色等理论与现实问题研究不够，在科研成果、智库建设等方面都有较大的提升空间。在服务和保障科研成果产出方面也有一些需要面对的问题：如何深化哲学社会科学组织管理体制、科研产出机制、制度保障体系、考核评价方式改革等；如何营造良好学术环境、健康学术生态，加快湖北社科人才队伍建设和成果培养等；如何发挥各方优势，建设新型智库，形成服务湖北、影响全国的学术高地等。

基于对湖北哲学社会科学发展的总体描述、分析与评价，本报告采用总报告与分报告相结合的研究方式。总报告运用国家权威机构发布的数据和课题组调查获得的第一手统计数据和文献材料，着重从湖北哲学社会科学发展概况、湖北哲学社会科学发展比较分析和湖北哲学社会科学发展特色三个方面对 2018 年湖北哲学社会科学发展状况做了详尽描述，并在此基础上，对湖北哲学社会科学发展进行了展望。分报告按照哲学社会科学八大学科门类，即哲学学科、经济学学科、法学学科、教育学学科、文学学科、历史学学科、管理学学科和艺术学学科，着重从研究队伍、学科平台建设、研究项目与经费、研究成果与亮点等方面对各学科门类的发展状况进行统计分析和比较研究，并对理论创新、荆楚特色等进行综合研判。

关键词：湖北　哲学社会科学　学科建设

目　录

Ⅲ 附录

皮书数据库阅读 **使用指南**

总 报 告

General Report

B.1

湖北哲学社会科学发展报告（2018）

马建强　涂一荣*

摘　要： 2018 年湖北哲学社会科学界深入学习贯彻习近平总书记在哲学社会科学工作座谈会和视察湖北时的重要讲话精神。在习近平新时代中国特色社会主义思想的指引下，湖北哲学社会科学的发展呈现"不忘本来、吸收外来、面向未来"的新气象。在构建中国特色哲学社会科学的时代语境下，湖北哲学社会科学在人才队伍、学科建设、研究平台、研究项目、发展经费、成果推出、社会服务和学术活动等方面都取得了可圈可点的成绩。通过与其他相关省市的比较，湖北哲学社会

* 马建强，历史学博士，担任《湖北大学学报》（哲学社会科学版）历史学、法学、政治学、社会学、管理学等学科方向以及"社会文化史研究""湖北历史文化研究"等栏目的责任编辑，主要研究方向为思想文化史；涂一荣，社会学博士，湖北大学政法与公共管理学院讲师，研究方向为公共文化与地方治理。

科学在学术论文、科研项目等方面呈现蓬勃发展的新景象。展望未来，湖北哲学社会科学的发展仍要在明确方向、发挥优势、补齐短板、凝练特色等诸多方面着力，争取更快、更好地发展，取得更加辉煌的成就。

关键词： 湖北　哲学社会科学　学科建设　学术成果　荆楚特色

一　湖北哲学社会科学发展概况

哲学社会科学，是衡量人类整体生存在宇宙时空中的意义的工具，也是校准指引国家文明进步道路的工具。"中国变化的事实无可辩驳地证明，哲学社会科学所特有的认识世界、传承文明、创新理论、咨政育人和服务社会的作用是无可替代的。"[①] 在大力繁荣发展哲学社会科学的时代语境下，湖北哲学社会科学的发展呈现了"不忘本来、吸收外来、面向未来"的新气象，在创新中国特色哲学社会科学的学科体系、学术体系、话语体系等方面取得了卓越的成果，为构建"全方位、全领域、全要素的哲学社会科学体系"提供了特色鲜明的"湖北方案"。

（一）人才队伍

习近平总书记提出，"构建中国特色哲学社会科学，要从人抓起，久久为功"。[②] 通俗地讲，我国哲学社会科学有"五路大军"，具体包括高校、党校、社会科学院、军事院校和党政部门的理论工作者。哲学社会科学的"五路大军"在认识世界、传承文明、创新理论、育人成才、服务社会中发挥着重要作用，为探索社会发展规律和人类文明进步做出了积极

---

① 陈先达：《哲学社会科学的作用和学者的责任》，《中国社会科学》2004 年第 4 期。
② 习近平：《在哲学社会科学工作座谈会上的讲话》，人民出版社，2016。

贡献。据 2018 年《全国普通高等学校科技（人文、社科类）统计年报表》数据和课题组调查统计，2018 年湖北省人文、社会科学活动人员约 33382 人[①]，其中从事文学类的科研教学人员最多，达 7547 人，约占 23%；其次是管理学科人员，有 6556 人，约占 20%；教育学、艺术学与经济学人数位于平均数左右，占 11% ~ 16%；相比而言，哲学与历史学科研教学人数略显不足，尤其是历史学科仅有 464 人，约占 1%（见图 1）。

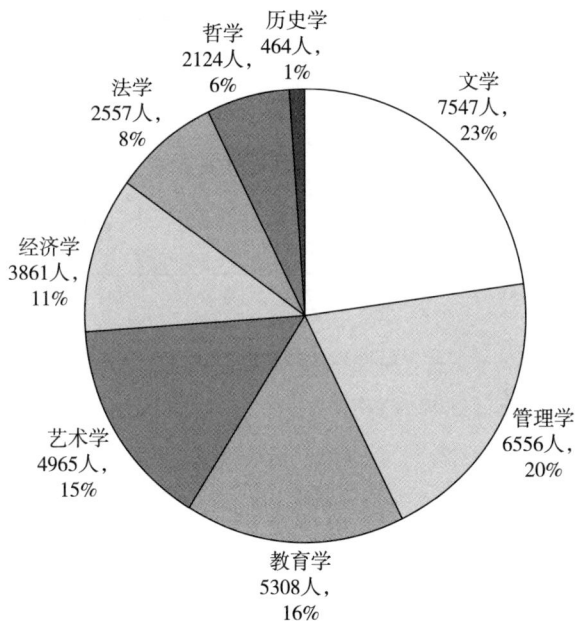

图 1　2018 年湖北省人文、社会科学活动人员学科分布情况

资料来源：2018 年《全国普通高等学校科技（人文、社科类）统计年报表》数据和课题组调查统计。

---

① 考虑到数据获取与精准程度，本报告主要以 2018 年《全国普通高等学校科技（人文、社科类）统计年报表》数据、湖北省社会科学院以及省内军事院校数据为分析基础，不包括省内党校与政府理论研究部门的相关数据。本报告所有数据除特殊说明，均来源于 2018 年《全国普通高等学校科技（人文、社科类）统计年报表》数据和课题组调查数据。

从性别结构来看，全省哲学社会科学科研教学人员中男性有 15378 人，女性有 18004 人，男女整体性别比约为 1∶1.17，比例相对均衡。就学科而言，比例较为平衡的是管理学、经济学、法学与哲学，相比而言，性别比失衡的是文学与历史学，前者女性人数是男性的 2.56 倍，而后者女性人数仅为男性的一半（见图 2）。

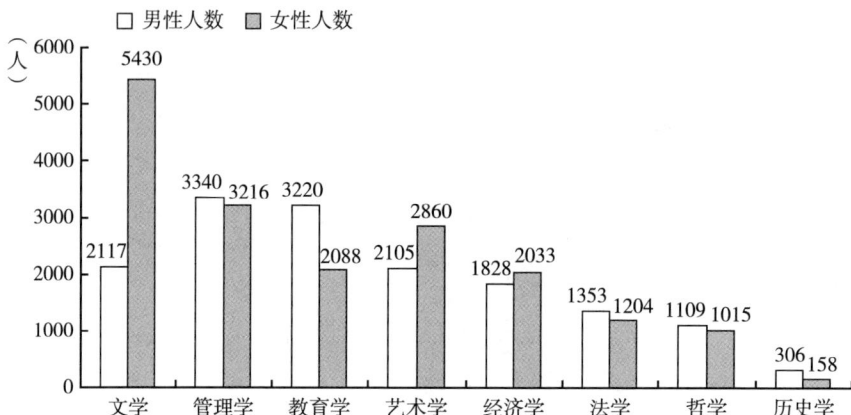

图 2　2018 年湖北省人文、社会科学科研教学人员学科分布与性别构成情况

资料来源：2018 年《全国普通高等学校科技（人文、社科类）统计年报表》数据和课题组调查统计。

从年龄与学历结构来看，以 40 岁与 55 岁为两个分界点，将全省哲学社会科学科研教学人员分为 39 岁及以下青年哲学社会科学科研教学人员，40～54 岁的中年哲学社会科学科研教学人员以及 55 岁及以上的老年哲学社会科学科研教学人员。具体而言，39 岁及以下青年哲学社会科学科研教学人员 15888 人，占总人数的 47.6%，其中具有研究生学历的人员为 11807 人，占该年龄段人数的 74.3%；40～54 岁中年哲学社会科学科研教学人员为 14799 人，占 44.3%，其中具有研究生学历的人员为 8971 人，占该年龄段人数的 60.6%；55 岁以上老年哲学社会科学科研教学人员共计 2695 人，其中具有研究生学历的人员为 1206 人，占该年龄段人数的 44.7%。

总体而言，湖北省哲学社会科学老中青年科研教学人员呈阶梯状分布，并呈现明显的年轻化与高学历发展趋势，中青年研究人员数约占总人数的92%，具有研究生学历的人数约占总人数的65.9%（见图3）。

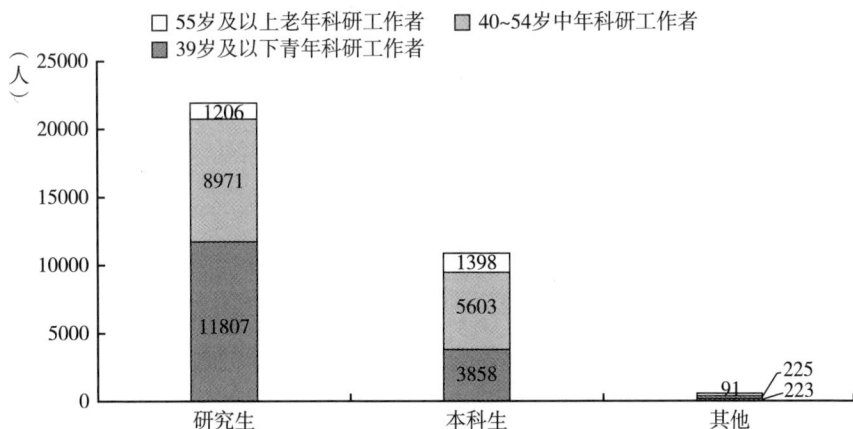

图3　2018年湖北省人文、社会科学科研教学人员年龄分布与学历情况

资料来源：2018年《全国普通高等学校科技（人文、社科类）统计年报表》数据和课题组调查统计。

从职称结构来看，湖北省哲学社会科学科研教学人员中初级、中级与高级职称人员所占比例分别为12.6%、43.6%与43.8%，高级职称构成中，副教授人数约为教授的3倍。总体来看，湖北省哲学社会科学科研教学人员职称结构合理，中老年科研工作者经验丰富，学术造诣高，理论积累深厚，40岁以上的科研教学人员中，约70.4%具有高级职称，这对学术梯队形成、学科专业化发展具有重大推动意义（见图4）。

此外，根据教育部"长江学者奖励计划"名单，2011～2017年湖北共有22人获评"长江学者特聘教授"，有12人获评"长江学者讲座教授"。"青年长江学者"始于2015年，三年来湖北共有17人获评"青年长江学者"荣誉称号（见图5）。

（二）学科建设

学科是高校发挥教学、科研和社会服务等重要功能的基础，学科建设水

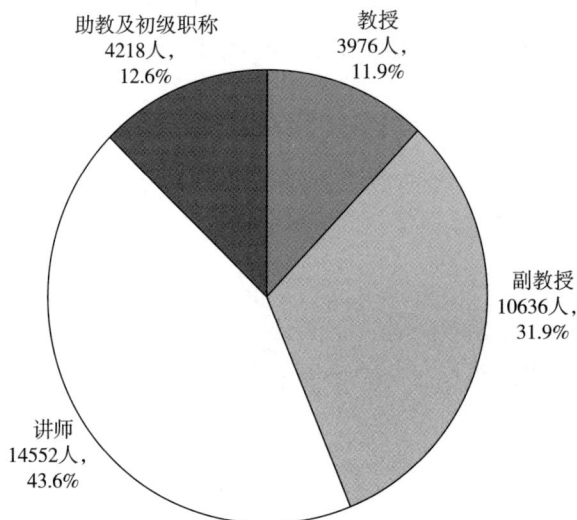

图4　2018年湖北省人文、社会科学科研教学人员职称构成情况

资料来源：2018年《全国普通高等学校科技（人文、社科类）统计年报表》数据和课题组调查统计。

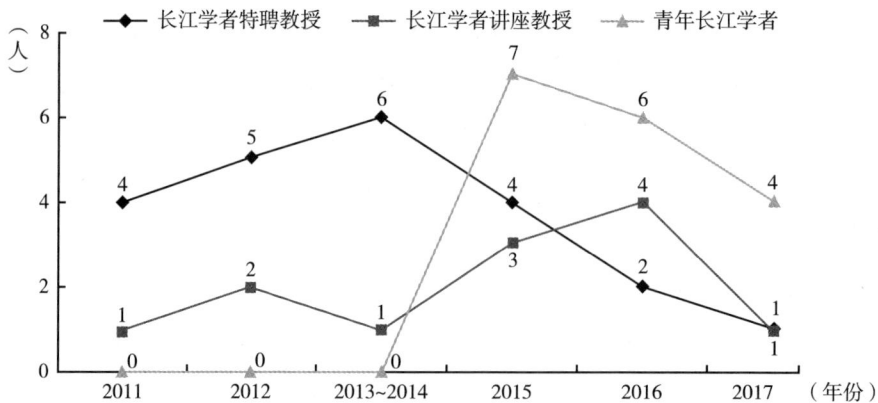

图5　2011～2017年湖北省哲学社会科学长江学者奖励计划入选情况

资料来源：教育部2011～2017年"'长江学者奖励计划'入选名单"。

平是高校科学研究、人才队伍、平台等水平的综合反映。本报告主要从学位授予点、学科专业结构、一流学科等方面考量湖北省哲学社会科学学科建设情况。

从学位授予点来看，2018 年湖北省哲学社会科学共计有 74 个博士点，其中一级博士点 55 个（新增 1 个），二级博士点 17 个，专业博士点 2 个；有硕士学位点 368 个，其中一级硕士点 135 个（新增 4 个），二级硕士点 55 个，专业硕士点 178 个（新增 7 个）（见表 1）。

表 1　2018 年湖北省哲学社会科学学位点分布

单位：个

项目 \ 类别	博士学位点			硕士学位点		
	一级博士点	二级博士点	专业博士点	一级硕士点	二级硕士点	专业硕士点
新增数量	1	0	0	4	0	7
总计数量	55	17	2	135	55	178

资料来源：课题组调查统计。

从学科专业结构来看，博士点数量排名靠前的学科分别是管理学（19个）、法学（16 个）与经济学（10 个）；专业博士点仅教育学有 2 个。学术硕士点数量较多的学科是管理学（42 个）与法学（45 个）；专业硕士点数量较多的学科是管理学（57 个）与经济学（35 个）。相比而言，哲学与历史学的学位点总量偏小，不利于学科建设与人才培养（见图 6）。

从博士后流动站建设来看，湖北省哲学社会科学类博士后流动站一共有45 个，主要分布在武汉大学、华中科技大学、华中师范大学等高校。从学科分布来看，湖北省哲学社会科学八大学科均有博士后流动站，但从博士后数量来看，2018 年湖北省哲学社会科学各博士后流动站除艺术学没有招聘博士后外，各学科均招有一定数量的博士后研究人员，其中管理学与法学分别以 37 人与 36 人居于前列，两者总数占全省哲学社会科学博士后的 59%；教育学、文学、经济学与历史学博士后数量位于第二梯次，此四个学科的博士后人数相对均衡；2018 年湖北省哲学博士后仅有 5 人（见图 7）。

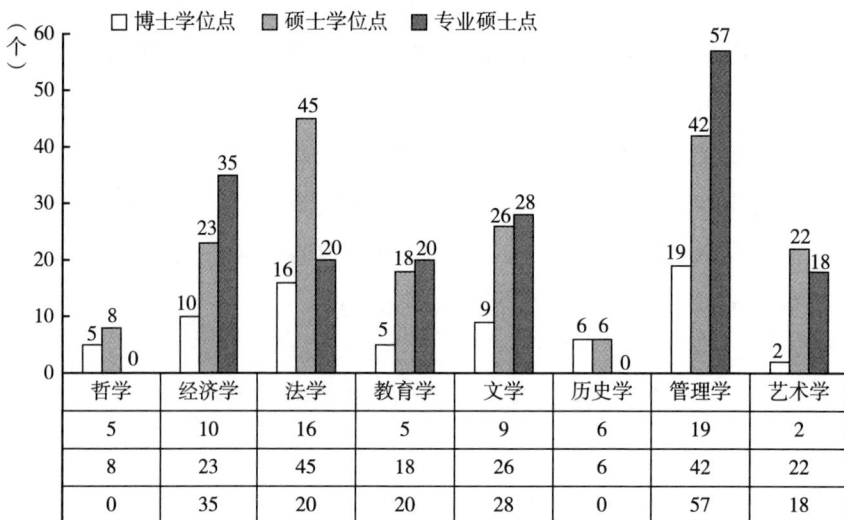

	哲学	经济学	法学	教育学	文学	历史学	管理学	艺术学
	5	10	16	5	9	6	19	2
	8	23	45	18	26	6	42	22
	0	35	20	20	28	0	57	18

图6　2018年湖北省哲学社会科学学位点的专业分布情况

资料来源：课题组调查统计。

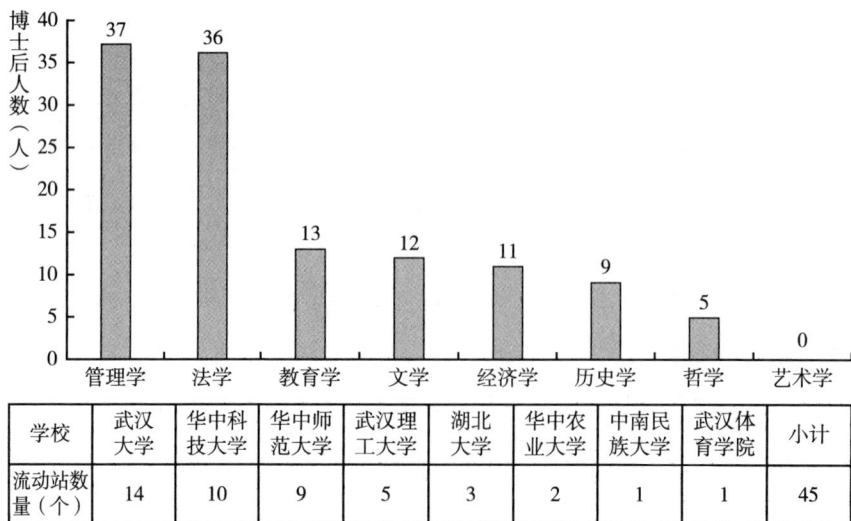

学校	武汉大学	华中科技大学	华中师范大学	武汉理工大学	湖北大学	华中农业大学	中南民族大学	武汉体育学院	小计
流动站数量（个）	14	10	9	5	3	2	1	1	45

图7　2018年湖北省哲学社会科学类博士后流动站学校与学科分布情况

资料来源：课题组调查统计。

从一流学科建设来看，湖北省共计有 5 个学科 6 个专业入选世界一流学科，由武汉大学、华中师范大学、中南财经政法大学以及华中农业大学四所高校共同建设；有民族学、教育学以及中国语言文学与哲学文化三个学科入选国内一流学科，分别由中南民族大学、湖北师范大学以及湖北大学三所高校建设（见表 2）。

表 2　2018 年湖北省"双一流"建设情况

学科	世界一流学科	建设单位	国内一流学科	建设单位
法学	法学	武汉大学	—	—
法学	法学	中南财经政法大学	民族学	中南民族大学
法学	政治学	华中师范大学	—	—
文学	中国语言文学	华中师范大学	—	—
经济学	理论经济学	武汉大学	—	—
管理学	农林经济管理	华中农业大学	—	—
哲学	马克思主义理论	武汉大学	中国语言文学与哲学文化	湖北大学
教育学	—	—	教育学	湖北师范大学

综合上述，湖北省哲学社会科学在学科建设方面较具优势的学科为管理学、经济学与法学，这三个学科的硕博士学位点相对较多，培养层次健全，较为全面地覆盖了其所属的一、二级学科，且都入选了世界一流学科，尤其是法学有两个专业三所高校入选"双一流"。第二梯队的学科为教育学与文学，其硕士点相对全面，但博士点略显不足，不利于高层次人才培养。仅从学位点数据来看，湖北省的哲学与历史学发展相对滞后，其学术硕士点数量均不足 10 个，专业硕士点空缺，于人才培养与学科建设都具有较大影响。

（三）研究平台

研究平台是培养科研团队，推动学科交叉、融合发展，提高科研能力和水平的重要保障。研究平台的建设有着重大的意义，其建设水平是衡量机构实力的重要标准之一，为了全面体现湖北省哲学社会科学发展的水平，本报告将从人文社科基地、协同创新中心、智库、重要论坛与会议举办、CSSCI期刊平台等方面重点分析全省研究平台建设现状。

从重点研究基地来看，截至 2018 年，湖北省共有 155 个重点研究基地，其中，教育部人文社科重点研究基地 11 个，湖北省人文社科重点研究基地 144 个。从教育部重点研究基地数量来看，湖北省位于全国第三，仅次于北京市（46 个）与上海市（17 个）；从教育部重点研究基地所属学科与学校来看，湖北省 11 个教育部重点研究基地分属法学、管理学等学科，设在武汉大学、华中师范大学与中南财经政法大学三所高校（见表3）。

表3 教育部高等学校人文社会科学重点研究基地（湖北）

所属学科	人文社会科学重点研究基地名称
法学	武汉大学环境法研究所
法学	武汉大学国际法研究所
法学	中南财经政法大学知识产权研究中心
管理学	武汉大学社会保障研究中心
图书情报文献学	武汉大学信息资源研究中心
经济学	武汉大学经济发展研究中心
历史学	华中师范大学中国近代史研究所
新闻学与传播学	武汉大学媒体发展研究中心
语言学	华中师范大学语言与语言教育研究中心
综合	武汉大学中国传统文化研究中心
综合	华中师范大学中国农村问题研究中心

资料来源：课题组调查统计。

湖北省共有 144 个省级人文社科重点研究基地，按学科分布来看，经济学以 36 个省级重点研究基地居于首位，占总数的 25%；教育学、法学分别以 22 个与 19 个省级重点研究基地位于前列；此外，综合性研究平台在湖北省有较为良性的发展，全省人文社会科学类共有 20 个跨学科省级重点研究基地；整体而言，湖北省人文社会科学重点研究基地建设中哲学与历史学的发展相对落后，尤其是哲学，全省无教育部重点研究基地，省级重点研究基地也只有 2 个（见图 8）。

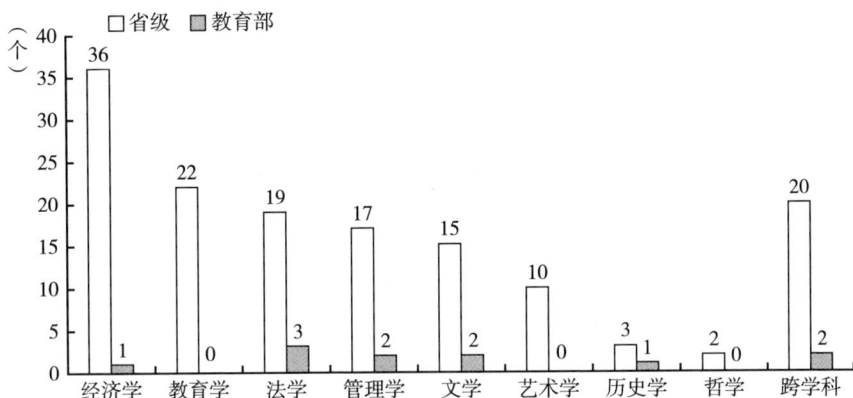

图 8　2018 年湖北省人文社会科学重点研究基地数量与学科分布

资料来源：课题组调查统计。

从智库与协同创新中心平台来看，湖北省有武汉大学国际法研究所、中国边界与海洋研究院 2 个国家高端智库（含培育）。此外，依托本省高校、社科院以及党校等研究机构还设有 10 个省级改革智库、11 个省级新型智库与 16 个省级协同创新平台（见表 4）。从各单位智库名称与所属学科来看，20 个省级智库（新型智库与改革智库）主要聚焦于湖北省经济、政治、文化、社会、生态文明建设的五位一体发展布局，并重点关注党的建设、创新发展、地方治理与全面建成小康等经济社会发展的重点领域。高水平的智库是党和政府决策民主化和科学化的重要保证，各类智库通过承担湖北省政府研究室、中共湖北省委政策研究室以及省直部门各项各类招标课题，从多方面把脉湖北经济社会现状，为地方经济社会发展做出重要贡献。

从协同创新中心建设来看，湖北共有国家领土主权与海洋权益协同创新中心、地球空间信息技术协同创新中心、国家传播战略协同创新中心三个国家级协同创新中心。此外，16个省级协同创新中心分别由武汉大学、华中科技大学以及湖北大学等省内13所高校牵头建设，在充分发挥牵头高校优势学科与特色的基础上，在创新学科建设、人才培养体系以及校企（地）合作等方面发挥着积极示范作用。

表4　2018年湖北省人文社会科学类省级智库与协同创新中心

类型	名称	牵头单位
改革智库	政治体制改革与政府治理创新研究中心	武汉大学
新型智库	湖北政治建设研究院	武汉大学
协同创新中心	宏观质量管理	武汉大学
协同创新中心	马克思主义理论与中国实践	武汉大学
改革智库	国家治理研究院	华中科技大学
新型智库	湖北地方治理研究院	华中科技大学
协同创新中心	国家治理	华中科技大学
新型智库	湖北社会建设研究院	华中师范大学
协同创新中心	城乡发展一体化	华中师范大学
协同创新中心	信息化与基础教育均衡发展	华中师范大学
改革智库	湖北省文化体制改革研究中心	华中师范大学
新型智库	湖北生态文明建设研究院	华中农业大学
改革智库	湖北深化改革研究院	中南财经政法大学
改革智库	社会建设与社会治理研究中心	中南财经政法大学
新型智库	湖北经济建设研究院	中南财经政法大学
协同创新中心	产业升级与区域金融	中南财经政法大学
协同创新中心	城乡社区社会管理	中南财经政法大学
新型智库	湖北全面小康建设研究院	中南民族大学
改革智库	湖北省生态文明研究中心	中国地质大学（武汉）
新型智库	湖北创新发展研究院	武汉理工大学
改革智库	湖北大学县域治理研究院	湖北大学
新型智库	湖北文化建设研究院	湖北大学
协同创新中心	中华文化发展	湖北大学
协同创新中心	大别山特色资源开发	黄冈师范学院
新型智库	湖北意识形态建设研究院	武汉科技大学

类型	名称	牵头单位
协同创新中心	基础教育信息技术服务	湖北第二师范学院
改革智库	湖北经济体制改革研究中心	湖北经济学院
协同创新中心	碳排放权交易	湖北经济学院
协同创新中心	城市公共空间艺术	湖北美术学院
协同创新中心	武陵山民族文化与旅游发展	湖北民族学院
协同创新中心	音乐创作	武汉音乐学院
协同创新中心	现代物流与商务	武汉长江工商学院
协同创新中心	农业电子商务	武汉东湖学院
改革智库	湖北省全面深化改革评估中心	省社科院
新型智库	湖北发展战略研究院	省社科院
改革智库	湖北省党的建设制度改革研究中心	省委党校
新型智库	湖北党建研究院	省委党校

资料来源：课题组调查统计。

从 CSSCI 期刊平台建设来看，根据南京大学中国社会科学研究评价中心开发研制的中文社会科学引文索引（CSSCI），2019 年版 CSSCI 期刊目录共收录 568 种期刊，湖北省有 31 种期刊入选，数量超过江苏省（28 种）、广东省（21 种），在总量上位列第一梯队。按学科门类来看，除哲学社会科学综合类期刊（如高校学报），管理学类入选期刊数量最多，文学、历史学与哲学各有一种期刊入选，但艺术学没有期刊入选 CSSCI 期刊（见表5）。

表5　湖北省 CSSCI 期刊学科分布情况（2019～2020）

单位：种

学科	管理学	经济学	教育学	法学	文学	历史学	哲学	艺术学	社科综合
数量	6	3	4	3	3	1	1	0	10

资料来源：课题组调查统计。

综上所述，湖北省哲学社会科学平台建设整体位于全国第一梯队，尤其是在重点人文社科研究基地与 CSSCI 期刊建设上，湖北省都具有较大优势。但从平台学科分布上看，湖北省优势学科仍集中于法学、管理学等传统学科上，哲学、教育学与艺术学等学科平台建设与发展仍存在较大空间，尤其是教育学发展与湖北省中部教育大省地位不相匹配。

（四）研究项目

科研项目是开展高水平科学研究和支撑高质量人才培养的重要依托，项目的申报与立项也体现了湖北省哲学社会科学研究的实力和水平。本报告主要选取国家社科基金和教育部人文社会科学研究项目立项情况作为主要分析指标，来考评湖北省哲学社会科学的发展。

从 2018 年国家社科基金立项情况来看，湖北省获得 54 项青年项目，占全国青年项目立项总数的 5.4%，其中法学立项数最多，有 26 项，占湖北省国家社科基金青年项目立项总数的 28%。其次，湖北省获得国家社科基金一般项目 161 项，占全国社科基金一般项目立项数的 5.1%，其中法学与文学的立项数分别达到 46 项与 36 项，两者占全省国家社科基金一般项目立项数的 51%。再次，在国家社科基金重点与重大项目立项情况中，湖北省获得 27 项与 21 项，分别占总立项数的 7.5% 与 6.2%；其中，重点项目中法学立项数达 10 项，占总数的 37%；而重大项目中成绩突出的则是经济学与管理学，两者立项数占总数的 62%。最后，湖北省获得国家社科基金后期资助项目 28 项，占总体比重为 4.6%，其中哲学与法学分别获得 8 项与 6 项资助（见表 6）。

表6　2018 年国家社科基金项目在湖北省的立项数量与学科分布

单位：项，%

国家社科基金	哲学	经济学	法学	教育学	文学	历史学	管理学	艺术学	总计	占总体比重	全国
青年项目	8	4	26	1	7	4	4	0	54	5.4	1001
一般项目	13	24	46	6	36	15	21	0	161	5.1	3147
重点项目	3	2	10	1	5	3	3	0	27	7.5	358
重大项目	0	7	4	1	1	2	6	0	21	6.2	340
后期资助项目	8	3	6	2	4	1	2	2	28	4.6	614

资料来源：课题组调查统计，未统计国家社科基金冷门"绝学"和国别史等研究专项以及中华学术外译项目。

概括而言，从湖北省国家社科基金立项情况来看，法学在青年项目、一般项目、重点项目、后期资助项目等方面均取得较好的成绩，哲学在青年项目、后期资助项目上表现较好，经济学、文学与管理学在一般项目上排名靠前，教育学与历史学在各类项目上均有表现但不够突出，而湖北省艺术学仅获得一项后期资助，发展相对不足。

从教育部人文社科项目立项情况来看，湖北省获得 245 项教育人文社科一般项目立项，占全国立项总数的 14.7%，其中经济学、教育学与法学的立项数均超过 30 项，管理学立项数高达 47 项；但重点基地重大项目仅获得 2 项资助，其承担单位分别是武汉大学与中南财经政法大学，所属学科分别为经济学与法学；重大课题攻关项目也仅获得 4 项资助，其承担单位分别是武汉大学（2 项）、华中科技大学与湖北大学，所属学科分别是经济学、文学与历史学（见表 7）。

表 7　2018 年教育部人文社科项目在湖北省的立项数量与学科分布

单位：项，%

教育部	哲学	经济学	法学	教育学	文学	历史学	管理学	艺术学	综合	总计	占总体比重	全国
一般项目	24	33	34	34	23	4	47	18	28	245	14.7	1663
重点基地重大项目	0	1	1	0	0	0	0	0	0	2	3.1	64
重大课题攻关项目	0	1	0	1	1	1	0	0	0	4	7.3	55

资料来源：课题组调查统计，未统计教育部后期资助项目。

从湖北省国家社科基金与教育部人文社科项目资助情况来看，湖北省哲学社会科学在全国处于第一梯队发展行列，尤其是经济学、法学与管理学各类项目立项数均位于全国前列，发展势头迅猛。此外，也可看到教育学、历史学、哲学类项目仍有较大上升空间；但同时也需承认，湖北省艺术学类项目的发展相对其他学科仍显不足，在学科发展上需格外关注与重视。

除了来源于中央财政拨款的国家社科基金和教育部人文社会科学基金外，湖北省政府也通过省社科基金的形式大力支持本省哲学社会科学的发展。在 2018 年，湖北省社会科学界联合会确定了 214 项省级社科一般项目，经费拨款平均为 3 万元左右。包括武汉大学等 46 所高等院校以及科研单位的申请人获得资助，均立项数为 4.65 项。其中，华中师范大学等省内 7 所教育部属高校共获得 75 项立项，总立项数占全省立项数的 35%，均立项数为 10.7 项，是全省均立项数的 2.3 倍(见表 8)。

表8　2018 年教育部部属高校获批湖北省社科基金一般项目立项情况

单位：项

学校	华中师范大学	中南财经政法大学	华中科技大学	武汉理工大学	中国地质大学(武汉)	华中农业大学	武汉大学	小计	均数
数量	19	19	12	11	10	2	2	75	10.7

资料来源：课题组调查统计。

此外，包括湖北大学（14 项）、湖北经济学院（11 项）、三峡大学（10 项）在内的 12 所高校，获得 5 项及以上数量的项目资助。包括湖北省社会科学院、武汉市农业科学院、中共湖北省委讲师团等在内的 7 个社科院、党校以及政府理论研究部门获得项目立项。由此可见，湖北省社科基金除了资助国家"双一流"高校建设外，也注重对省属其他高校以及科学研究部门的支持，总体项目覆盖面较广。

（五）发展经费

经费投入既是保障科学研究的基础性条件，也是评价一个学科、地区乃至国家科学研究与发展的重要指标。本部分以 2018 年湖北省人文、社会科学 R&D 经费情况为基础数据，通过经费收入与支出情况，窥探湖北省哲学社会科学发展。

从经费收入情况来看，2018 年湖北省人文、社会科学 R&D 经费收入 92679.5 万元，其中政府资金投入 58215.9 万元，占总投入的 62.8%，非政府资金投入 34463.6 万元，占总投入的 37.2%，非政府投入由企事业单位委托项目经费、自筹经费、境外资金以及其他收入构成。具体而言，政府资金投入中，面向科研活动经费的投入占其总投入的 70.8%，科研人员工资占 28.8%，科研基建费占 0.4%（见图9）。

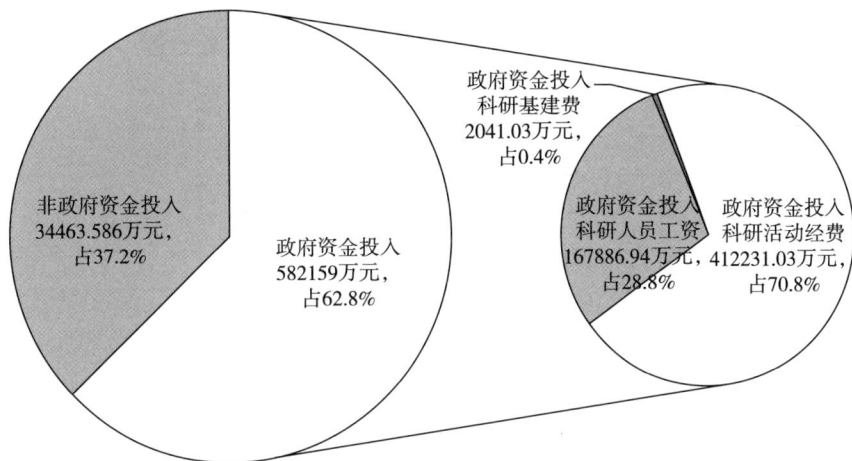

图9　2018 年湖北省人文、社会科学 R&D 经费收入情况

资料来源：2018 年《全国普通高等学校科技（人文、社科类）统计年报表》数据和课题组调查统计。

从课题经费来看，2018 年湖北省人文、社会科学研究共计投入约 58064.2 万元，其中基础性研究投入约 13562.6 万元，占比 23.4%；应用型研究投入约 44318.3 万元，占比 76.3%；试验与发展投入约 183.3 万元，占比 0.3%。从经费投入学科来看，管理学与法学年度课题投入经费均超过 1 亿元，尤其是管理学，其课题投入经费达 1.6 亿元有余；而哲学、历史学与教育学三门学科的课题总经费不足 1 亿元（见图10）。由此亦可推论，除学科性质外，课题经费投入对学科建设与成果产出具有重要影响。

从经费支出情况来看，2018 年湖北省人文、社会科学 R&D 经费共计支出约 89717.9 万元，其中转拨给外单位约 292.5 万元，内部支出约 89425.4

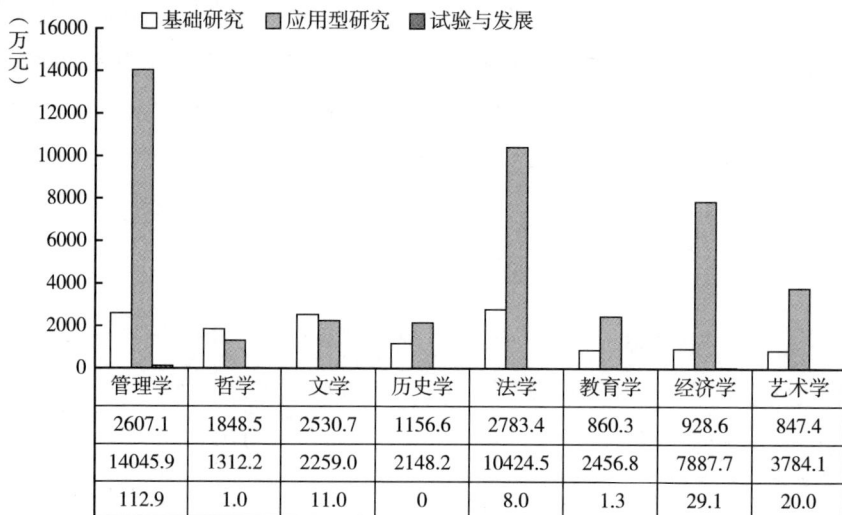

	管理学	哲学	文学	历史学	法学	教育学	经济学	艺术学
基础研究	2607.1	1848.5	2530.7	1156.6	2783.4	860.3	928.6	847.4
应用型研究	14045.9	1312.2	2259.0	2148.2	10424.5	2456.8	7887.7	3784.1
试验与发展	112.9	1.0	11.0	0	8.0	1.3	29.1	20.0

图 10 2018 年湖北省哲学社会科学课题投入情况

资料来源：2018 年《全国普通高等学校科技（人文、社科类）统计年报表》数据和课题组调查统计。

万元，占总支出的 99.7%。从内部支出具体面向来看，业务费占比最大，高达 52.1%；其次为科研人员费，占比为 26.2%；再次是间接费，占比为 9.0%；与之对应，支出最少的项目分别是科研基建费与其他支出，两项支出在总支出经费中约占 2.1%（见图 11）。

（六）成果推出

成果是研究活动的外化形式和最终产物，研究活动只有转化为成果，才能有效地促进相关领域的知识积累和学科发展，才能发挥效益，推动经济社会进步与发展。本部分从出版著作、论文发表、成果获奖、咨询报告四个方面具体分析湖北省哲学社会科学成果推出情况。

从著作出版[①]来看，2018 年湖北省合计出版著作 1932 部，其中，文学

① 著作出版包括专著、被译成外文专著、编著教材、工具参考书、皮书（发展报告）、科普读物、古籍整理、译著、发表译文以及电子出版物等类别。

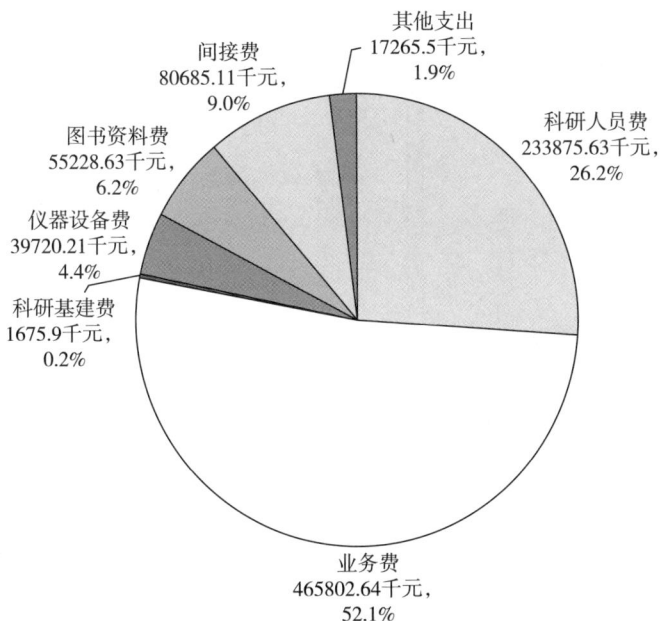

图11　2018 年湖北省人文、社会科学 R&D 经费内部支出情况

资料来源：2018 年《全国普通高等学校科技（人文、社科类）
统计年报表》数据和课题组调查统计。

与管理学类著作出版超过 300 部，艺术学、经济学、教育学与法学类出版超过 200 部，哲学与历史学类相对较少，尤其是历史学类，其著作出版数仅为 83 部（见图12）。

从论文发表情况来看，首先，2018 年，湖北省哲学社会科学界在国内学术刊物上共计发表论文 20477 篇，其中管理学、文学与教育学类的发文量均超过 3000 篇，艺术学、经济学与法学类的发文量均超过 2000 篇，相比而言，历史学类的发文量较少，总量仅为 577 篇。其次，2018 年湖北省哲学社会科学在国外学术刊物上总计发表论文 1007 篇，其中管理学单科发表论文 425 篇，占总量的 42%；经济学以 222 篇居于第二位；与管理学和经济学相比，哲学、历史学等“纯文”学科在国外学术刊物上发文量较少。再次，2018 年湖北省哲学社会科学在港澳台刊物上仅发表论文共 40 篇，其

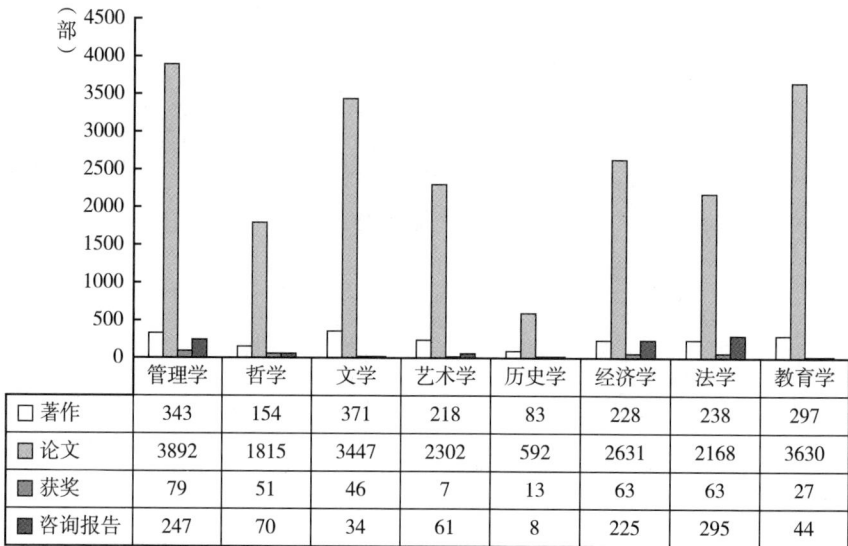

（部）	管理学	哲学	文学	艺术学	历史学	经济学	法学	教育学
□ 著作	343	154	371	218	83	228	238	297
▨ 论文	3892	1815	3447	2302	592	2631	2168	3630
■ 获奖	79	51	46	7	13	63	63	27
■ 咨询报告	247	70	34	61	8	225	295	44

图 12　2018 年湖北省哲学社会科学成果推出与学科分布

资料来源：2018 年《全国普通高等学校科技（人文、社科类）统计年报表》数据和课题组调查统计。

中，艺术学、经济学与教育学类未有论文发表在相应刊物，法学单科发表 22 篇论文，占全省在港澳台刊物发文量的 55%（见图 13）。

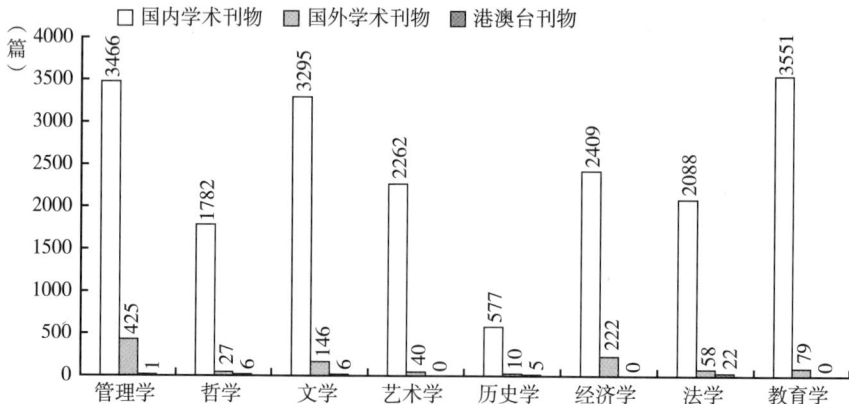

图 13　2018 年湖北省哲学社会科学论文发表情况

资料来源：2018 年《全国普通高等学校科技（人文、社科类）统计年报表》数据和课题组调查统计。

从成果获奖情况来看①，2018 年湖北省哲学社会科学共有 315 项成果获得各级各类奖励。从获奖级别来看，2018 年湖北省哲学社会科学界没有"斩获"国家级奖励，但收获部级奖励 29 项，省级奖励 286 项，省级奖励占总数的 91%。从省级社科成果获奖单位来看，共有华中科技大学、长江大学、中共湖北省委党校等 29 家高等院校与科研单位获奖，其中 8 所部属院校（7 + 1）共计获得 196 项奖励，占总数的 68.5%。

从学科门类来看，经济学与法学"斩获"奖励数居于前列，尤其是法学获得 13 项部级奖励，占全省哲学社会科学部级奖励的 44.8%；文学与哲学虽然部级奖励数较少，但省级奖励数超过 40 项，发展后劲足；相对而言，历史学与艺术学在成果获奖方面稍微落后，此两门学科不仅缺乏高层次奖励，省级奖励基数也较小，需提升学科发展水平（见图 14）。

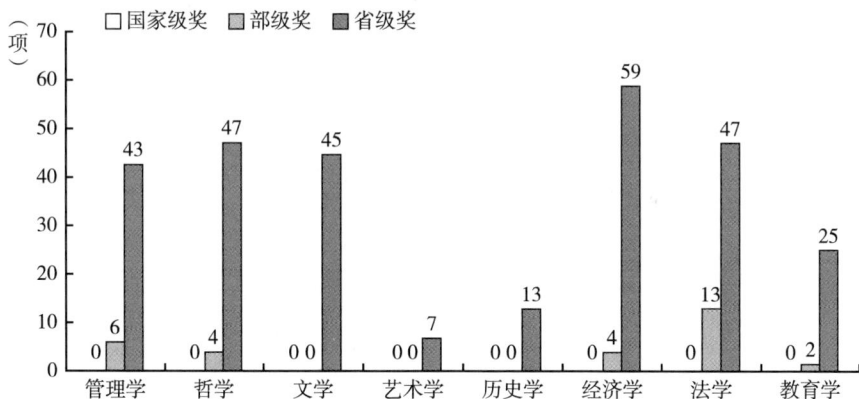

图 14　2018 年湖北省哲学社会科学成果获奖情况

（七）社会服务

科学研究以创新理论为根本，以指导实践为旨归。社会服务是哲学社会

---

① 国家级奖是指以中央（国务院）名义颁发的社科或科技优秀成果奖；部级奖是指以中央（国务院）各部委名义颁发的社科优秀成果奖，此外，全国经认定的特定几种基金奖也可视为部级奖；省级奖是指以省、自治区、直辖市政府名义颁发的社科优秀成果奖。

科学研究者的重要使命，亦是衡量哲学社会科学研究进展的重要标尺。基于此，以下从横向研究项目和研究咨询报告两个方面描绘湖北省哲学社会科学发展概况。

从横向课题情况来看，2018 年湖北省人文、社会科学研究人员共计参与 13462 项地方横向课题研究，其中地、市、厅、局等地方政府部门项目 2995 项，企事业单位委托项目 5307 项，学校社科项目 5122 项，外资项目 38 项。从当年立项与完成课题情况来看，企事业单位立项项目与完成项目数均最高，其次为学校社科项目，最后为地、市、厅、局等地方政府部门项目和外资项目（见图 15）。

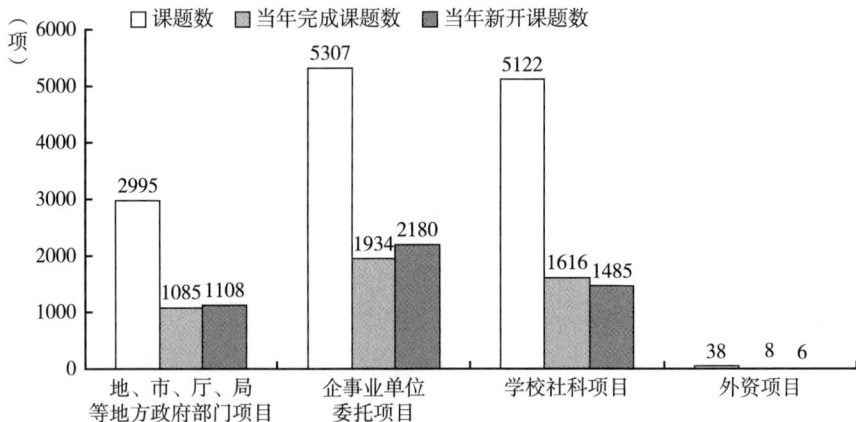

图 15　2018 年湖北省人文、社会科学横向课题情况

资料来源：2018 年《全国普通高等学校科技（人文、社科类）统计年报表》数据和课题组调查统计。

从横向项目投入情况来看，2018 年湖北省在各类横向项目方面，总计投入人力 2926.2 人次，拨入经费 36447.7 万元（见表 9），其中，企事业单位委托项目拨入经费为 26027.7 万元，占总拨入经费的 71%。

从研究与咨询报告的产出情况来看，2018 年湖北省哲学社会科学共计产出研究与咨询报告 984 篇，其中 793 篇被政府相关部门采纳，采纳率为 80.6%。依学科门类报告数量来看，法学、管理学与经济学分别以 295 篇、

表9 2018年湖北省人文、社会科学横向课题投入情况

单位：人次，万元

类别	地、市、厅、局等地方政府部门项目	企事业单位委托项目	学校社科项目	外资项目	小计
当年投入人力	834.2	1144.6	941.7	5.7	2926.2
当年拨入经费	8461.7	26027.7	1502.6	455.7	36447.7

资料来源：2018年《全国普通高等学校科技（人文、社科类）统计年报表》数据和课题组调查统计。

247篇与225篇的产出量居于前列。从学科门类的报告采纳率来看，历史学以100%的采纳率居首位，紧随其后的是法学与哲学，其采纳率分别为90.5%与90%（见图16）。从研究与咨询报告产出量与采纳率来看，法学、管理学以及经济学等学科对经济社会发展中现实问题的关注与回应能力较强，这既体现出此类学科相对较强的应用型特色，也体现出学者们服务社会的情怀。

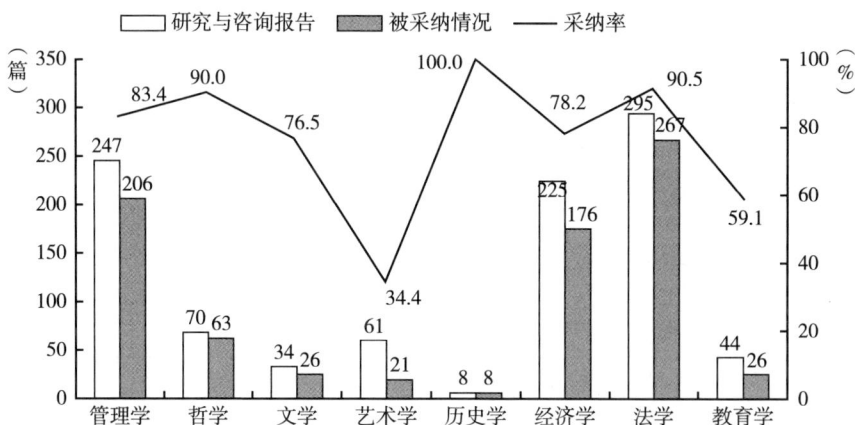

图16 2018年湖北省哲学社会科学研究与咨询报告情况

资料来源：2018年《全国普通高等学校科技（人文、社科类）统计年报表》数据和课题组调查统计。

从研究与咨询报告的获奖情况来看，为充分调动和凝聚社会智力资源，深入开展决策咨询研究，更好地发挥智库的作用，服务湖北改革发展，2018 年湖北省政府与省委办公厅分别组织了湖北改革研究奖与湖北省优秀调研成果奖的评选，通过单位组织、个人申报、三轮评审等流程，共计评选出 80 项湖北改革发展奖（2016～2017 年）与 80 项湖北省优秀调研成果奖（2016～2017 年）。本报告节选了两类奖项的部分获奖成果，从获得省改革研究奖一等奖（序号 1～4）与省优秀调研成果一等奖（序号 5～14）的成果来看，省内社科理论界以及政府相关部门都具有较强的现实关怀，能够将理论与地方经济社会发展问题紧密结合并对地方发展积极献言献策（见表 10）。

表10　湖北省改革研究奖与湖北省优秀调研成果奖（部分）

序号	成果	主要完成单位
1	《湖北省创新能力与精准创新驱动发展对策研究》	武汉科技大学
2	《湖北省城乡居民大病保险制度评估及优化探索》	湖北省医疗保险管理局
3	《习近平"大农业"重要论述与湖北农业供给侧结构性改革路径研究》	湖北省社会科学院
4	《湖北贫困地区实施教育扶贫的对策研究》	湖北大学
5	《关于加快推进绿色发展调研报告》	省委办公厅
6	《长江文明之光:武汉长江主轴文化发展战略初步研究》	武汉大学 武汉市委政研室
7	《关于全省深化供给侧结构性改革情况的调研报告》	省人大财经委
8	《市民下乡共享村庄——关于武汉市实施市民下乡计划的调研报告》	省委农工部 武汉市农委
9	《关于扶贫领域监管问题的调研报告》	省纪委
10	《监利"女粮王"的多种土地规模化经营经验值得推广》	华中农业大学 省科协
11	《深入贯彻党的十九大精神　协同推进转型升级和全面建成小康社会两大任务研究》	省政研会 湖北大学
12	《干部履职尽责管理问题研究》	省委组织部课题组
13	《深化农村土地改革　激发农村发展活力——荆门市大力推行按户连片耕种的实践与探索》	荆门市委政研室 沙洋县委
14	《中国(湖北)绿色 GDP 绩效评估报告》	华中科技大学

資料来源：2018 年《全国普通高等学校科技（人文、社科类）统计年报表》数据和课题组调查统计。

（八）学术活动

从学术会议举办次数来看，2018 年湖北省高校共计举办 749 场（次）人文社会科学类研究论坛与学术会议，其中国际性学术会议（论坛）158 次，如华中科技大学主办的第一届"中国 - 东盟发展与治理论坛"、武汉大学主办的"第五届中欧环境法会议"等；举办国内学术会议（论坛）574 次，如江汉大学主办的"全国艺术与设计学院院长论坛"、中南财经政法大学主办的"法学一流学科建设背景下律师行业发展高端论坛"等；与港澳台地区展开学术交流 17 次（见图 17）。2018 年湖北省共计有 8740 人次参加各级各类会议，提供论文 7259 篇，其中国际学术会议论文 1537 篇。

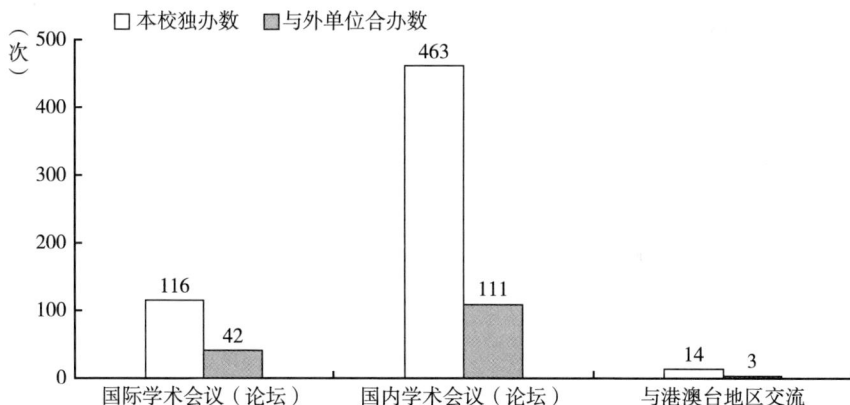

图 17　2018 年湖北省哲学社会科学学术会议举办情况

资料来源：课题组调查统计。

从学术交流活动往来人数情况看，2018 年湖北省哲学社会科学在受聘讲学、社科考察、进修学习以及合作研究四个方面一共派出 9216 人次，接收来校交流人员 9255 人次，人员往来基本持平。

从学术活动人员派出情况来看，2018 年湖北省哲学社会科学界共有 1530 人次被派出参加国际性学术交流活动，其中，进修学习的人数最多，有 738 人次，占总派出人数的 48%；其次为社科考察，共计有 439 人次；

四项学术交流类项目中，合作研究外派人员最少，仅占总人数的6.9%（见图18）。

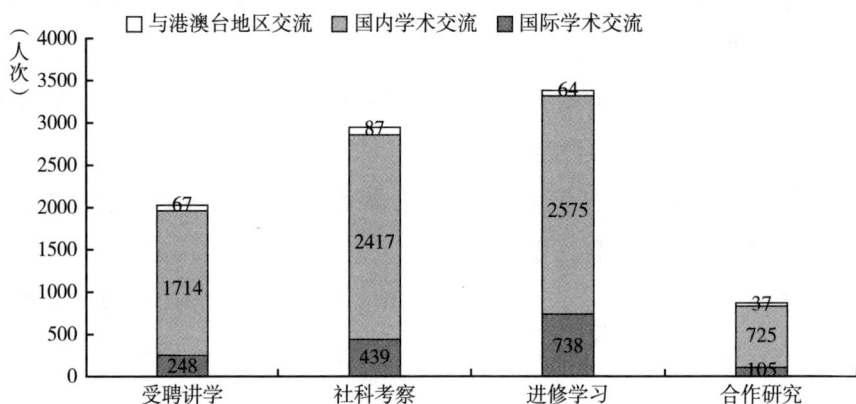

图18　2018年湖北省哲学社会科学学术交流人员派出情况

资料来源：课题组调查统计。

从2018年学术活动和人员来鄂情况来看，一共有2012人次来鄂参加国际性学术交流活动，其中受聘讲学人员最多，为957人次，占总人数的47.6%；其次为进修学习，共计有523人次（见图19）。

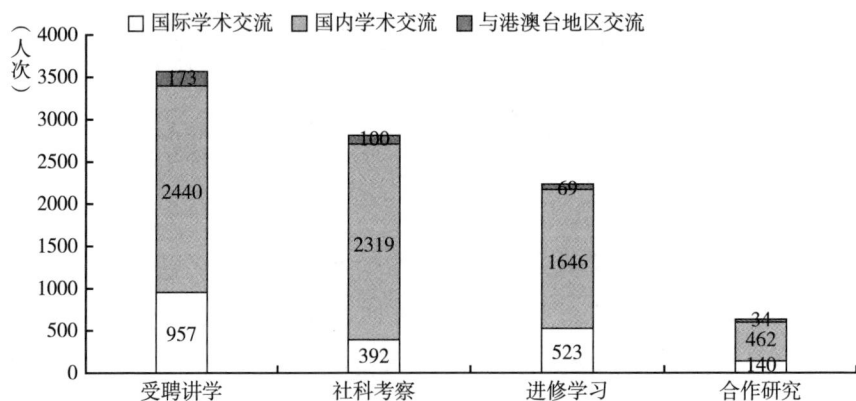

图19　2018年湖北省哲学社会科学学术交流到校人次情况

资料来源：课题组调查统计。

综合来看，2018 年湖北省哲学社会科学学术活动主要以国内学术交流为主。具体而言，首先，国内学术会议举办次数占总会议数量的 77%，国际性会议占 21%。其次，在受聘讲学、进修学习等其他学术交流项目中，国内学术交流往来人员占总人数的 77%，国际性学术交流往来人员占总人数的 19%。最后，无论是在学术会议举办还是合作研究、社科考察等其他方面，湖北省哲学社会科学与港澳台地区的人员往来与交流都较少，有待进一步加强与加深联系与交流。

二　基于比较视阈的湖北哲学社会科学发展分析

（一）学术论文比较分析

作为研究成果和科学知识的主要记录与总结方式之一，学术论文是衡量一个地区或群体在特定时间内所取得的研究成果的重要指标。基于此，本部分选取哲学社会科学八大学科有代表性的一共 67 种权威期刊[①]作为论文筛选源，通过对湖北省权威期刊论文发表量与转载情况进行横向与纵向的梳理比较，分析湖北省 2018 年哲学社会科学发展情况。

---

① 本报告所选定的 67 种权威期刊，主要参考湖北大学学术期刊等级认定管理规定，具体刊物包括：《民族研究》《中央民族大学学报（哲学社会科学版）》《法学研究》《中国法学》《社会学研究》《政治学研究》《国家行政学院学报》《中共中央党校学报》《中国社会科学》《财贸经济》《高等教育研究》《北京大学教育评论》《江苏高教》《教育发展研究》《中国职业技术教育》《体育科学》《历史研究》《世界历史》《文物》《教育研究》《电化教育研究》《课程教材教法》《中国史研究》《近代史研究》《考古》《考古学报》《马克思主义研究》《哲学研究》《中国特色社会主义研究》《哲学动态》《道德与文明》《逻辑学研究》《世界宗教研究》《文学评论》《外国文学评论》《文学遗产》《中国语文》《外语教学与研究》《新闻与传播研究》《出版科学》《求是》《管理世界》《中国软科学》《科研管理》《南开管理评论》《公共管理学报》《管理科学学报》《经济管理》《文艺研究》《美术》《美术研究》《电影研究》《戏剧艺术》《音乐研究》《建筑学报》《南京艺术学院学报（美术与设计版）》《图书情报工作》《新华文摘》《经济研究》《中国农村经济》《中国工业经济》《数量经济技术经济研究》《世界经济》《经济学》《财政研究》《金融研究》《电影艺术》。

从 2017～2018 年权威期刊发文量上看，北京位于第一梯次，两年发文量均超过 3000 篇，相比其他省市处于绝对优势地位。江苏与上海位于第二梯次，发文量在 1000 篇左右。广东、湖北与浙江省三省处于第三梯次，发文量在 600 篇左右。从纵向来看，2017 年湖北省排名稍逊于广东与浙江省，发文量 596 篇，排第六位；2018 年湖北省在权威期刊上发文量有所增加，超过广东与浙江省，排名升至第四位（见表 11）。

表 11　2017～2018 年北京、湖北等十省市权威期刊论文发表情况（排名前十）

单位：篇

排序	2017 年		2018 年	
1	北京	3206	北京	3564
2	江苏	1163	江苏	1122
3	上海	951	上海	1000
4	广东	610	湖北	642
5	浙江	602	广东	633
6	湖北	596	浙江	536
7	天津	381	山东	333
8	山东	333	天津	330
9	陕西	328	四川	320
10	福建	309	陕西	293

资料来源：课题组调查统计。

总体而言，从权威期刊论文发表情况来看，湖北哲学社会科学在全国位于前列，与广东、江苏并列位于第三梯队。相比于北京、上海、江苏等东部教育大省，其发展仍存在一定的差距。相比于河南、湖南、安徽等中部省份，湖北在权威期刊上的发文量仍处于领先地位。

（二）科研项目比较分析

科研项目的前期论证和后期执行，往往凝结着研究者的理论旨趣和现实关怀，同时展示着一个地区、机构或学者的科研能力与整体性学术镜像，也折射出学术成果服务于社会建设的现实景观。正因如此，对科研立项等级与数量的考察已然成为学术评价的重要方式。

根据对 2018 年国家社科基金重大项目、一般项目、青年项目以及教育部人文社科重大攻关项目的统计分析可见，从全国各省份国家级哲学（人文）社会科学项目立项排名来看，湖北省的立项排名处于前列。从具体数量来看，湖北省的立项数与北京、上海等地仍有一定差距；但与中部其他省份相比，湖北省在国家级项目立项上仍具有较大优势（见表 12）。从具体项目类别来看，湖北省在国家社科基金重大项目以及教育部人文社科重大攻关项目上，排名更为靠前，这也在一定程度上说明湖北省哲学社会科学拥有较强的学术团队与相对丰厚的学术积累，哲学社会科学领域以及主要成果在全国拥有较大的学术影响力。

表 12 2018 年国家社科与教育部主要项目立项情况（前十名）

单位：项

排名	国家社科基金重大项目		国家社科基金一般项目		国家社科基金青年项目		教育部人文社科重大攻关项目	
1	北京	73	北京	460	北京	189	北京	16
2	上海	45	江苏	260	上海	87	上海	10
3	广东	26	上海	218	江苏	60	陕西	5
4	江苏	22	广东	218	湖南	58	湖北	4
5	湖北	21	浙江	201	广东	56	江苏	3
6	浙江	17	湖北	161	四川	55	福建	2
7	陕西	16	湖南	172	湖北	54	吉林	2
8	湖南	14	山东	160	山东	48	天津	2
9	辽宁	11	河南	118	浙江	41	浙江	2
10	山东	11	四川	116	陕西	38	北京	16

资料来源：课题组调查统计。

综合比较湖北省哲学社会科学在 2017 年与 2018 年国家社科基金以及教育部人文社科重大攻关项目上的立项情况，可发现 2018 年相较于 2017 年整体有所退步。从立项数量上看，2018 年湖北省哲学社会科学在国家社科基金一般项目与重大项目立项数上有所增加。但从全国各省份立项排名上看，仅国家社科基金重大项目数量有所提升，其余各类均表现为小幅下降（见表 13）。

表 13   2017~2018 年湖北省哲学社会科学国家级项目立项情况

单位：项

		国家社科基金一般项目	国家社科基金青年项目	国家社科基金重大项目	教育部人文社科重大攻关项目
2017 年	数量	156	61	16	6
	排名	5	4	6	3
2018 年	数量	161	54	21	4
	排名	6	7	5	4

资料来源：课题组调查统计。

三   湖北哲学社会科学研究发展的新特色新气象

2017 年以来，湖北哲学社会科学界以习近平新时代中国特色社会主义思想为指引，深入学习贯彻习近平总书记在哲学社会科学工作座谈会上和视察湖北时的重要讲话精神，向着加快构建中国特色哲学社会科学，谱写新时代湖北高质量发展新篇章的宏伟目标奋力拼搏，湖北哲学社会科学研究得到新发展，取得了新成果，呈现新气象。

（一）高扬马克思主义旗帜，坚持正确的政治方向

2016 年 5 月 17 日，习近平总书记在哲学社会科学工作座谈会上的重要讲话中，围绕着新时代哲学社会科学的发展强调了四个问题，即坚持和发展中国特色社会主义必须高度重视哲学社会科学；坚持马克思主义在我国哲学社会科学领域的指导地位；加快构建中国特色哲学社会科学；加强和改善党对哲学社会科学工作的领导。2018 年，在中共湖北省委的正确领导下，湖北哲学社会科学的发展始终围绕着习近平总书记重要讲话精神，进一步认真学习、提高认识、凝聚共识、积极行动，全省哲学社会科学界在科学研究、学术交流、成果发布等各个方面都始终高扬马克思主义旗帜，坚持正确的政治方向。

为深入贯彻落实党中央关于繁荣发展哲学社会科学的战略部署，中共湖北省委根据中央有关文件精神和湖北实际情况，于 2018 年 6 月颁布了《中共湖北省委关于加快构建中国特色哲学社会科学的实施意见》，提出要办好"新时代湖北讲习所"，推动习近平新时代中国特色社会主义思想深入人心；要推进以马克思主义为指导的哲学社会科学学科体系、学术体系、话语体系建设。该文件成为指导湖北哲学社会科学具体工作的指南，为湖北哲学社会科学向着正确的目标、沿着光明的道路发展确立了政策指引。

2018 年喜逢马克思诞辰 200 周年。湖北哲学社会科学界以丰富多样的形式和扎实厚重的成果向马克思诞辰 200 周年献礼。4 月 19 日，武汉大学马克思主义理论与中国实践协同创新中心、武汉大学马克思主义学院组织编纂的大型马克思主义辞书《马克思主义大辞典》在北京首发。5 月 2 日，由著名党史专家、湖北大学田子渝教授等主编的大型红色文献《马克思主义在中国早期传播著作选集（1920—1927）》（第一编）在武汉首发。这两项成果具有重要的政治意义、现实意义和学术价值，是马克思主义中国化、时代化、大众化的重要成果，得到了全国哲学社会科学界的普遍关注和广大专家学者的一致好评。

此外，湖北哲学社会科学界还开展了"学习习近平新时代中国特色社会主义思想系列研讨会""第十八届马克思哲学论坛""马克思与当代中国研讨会""纪念马克思诞辰 200 周年学术论坛"等学术活动，充分展现了湖北哲学社会科学界以马克思主义为指导，坚持真理、做真学问、坚定理论自信、笃实求真的良好学风。

（二）社科大省地位稳固，内涵发展特征鲜明

长期以来，湖北作为社科大省，在全国哲学社会科学研究中发挥着中流砥柱的作用。2018 年，湖北社科大省的地位得到进一步稳固，全省哲学社会科学内涵发展的特征愈加鲜明，从社科大省不断向社科强省迈进。

作为社科大省，湖北高等院校林立，科研院所分布广泛，哲学社会科学科研人员数量和层次都位于全国前列。与 2017 年相比，2018 年湖北哲学社

会科学的科研人员数量增加 2000 余人，哲学、经济学、法学、教育学、文学、历史学、管理学、艺术学 8 个学科门类全部实现正增长。与此同时，科研人员的年龄、学历、职称等结构层次也表现出稳中向优的态势，呈现出高学历、高职称从业人员占比高、科研人员代际分布合理、梯队发展具有可持续性等良性特征。2018 年湖北哲学社会科学界高层次人才培养的成果丰硕，共有方卿、冯果、李佃来、张昆、彭南生、姚莉、周新民、孟华平 8 人入选第三批国家"万人计划"哲学社会科学领军人才；马敏、李龙、徐勇、马费成、宗福邦、胡德坤、吴汉东、赵德馨 8 人入选第二届"荆楚社科名家"。

就学科平台的建设而言，2018 年湖北哲学社会科学一级博士点、一级硕士点都在原有数量上实现了增长，目前各学科均有分布，且与各学科科研人员数量呈正比，其中管理学、法学、经济学等学科点数量持续在全国保持领先。值得一提的是，作为哲学社会科学成果发布平台的湖北学术期刊建设成效突出，2018 年 3 月，南京大学中国社会科学研究评价中心发布的《中文社会科学引文索引（CSSCI）来源期刊（2019－2020）目录》显示，湖北共有《宏观质量研究》（武汉大学）、《社会主义研究》（华中师范大学）、《湖北大学学报（哲学社会科学版)》（湖北大学）、《江汉论坛》（省社科院）、《江汉考古》（省文物考古研究所）、《科技进步与对策》（省科技信息研究院）等各高校、科研院所主办的 31 种哲学社会科学类学术期刊入选 CSSCI 来源刊，首次超过江苏（28 种），仅次于北京（244 种）、上海（56 种），跃居全国第三位。

2017 年 9 月，教育部、财政部、国家发展改革委印发《关于公布世界一流大学和一流学科建设高校及建设学科名单的通知》，2017 年 12 月，教育部学位与研究生教育发展中心公布全国第四轮学科评估结果，2018 年 1 月，湖北省人民政府公布"湖北省'双一流'建设高校和学科名单"。在此背景下，湖北哲学社会科学在学科建设上以提升质量为核心的内涵发展趋势愈加鲜明。在哲学社会科学领域，围绕着七个世界一流学科和三个国内一流学科建设，湖北省政府出台了相应的政策，给予经费支持，引导和支持实力较强的高校合理定位、发展内涵、办出特色、争创一流。各高校也根据"双一流"学科建设名单和第四轮学科评估结果，整合学科力量、对标补齐短板，力争在内涵发展上获得成效，提升综合实力、区域竞争力和国际影响力。

（三）聚焦重大理论和实践，注重科研为社会现实服务

2018年恰逢改革开放40周年，站在重要的历史转折点和新的发展起点上，湖北哲学社会科学界一批有影响力的学者纷纷将研究聚焦重大理论和实践问题，大批智库得到建设发展，为湖北哲学社会科学界营造出一股科研服务社会现实的经世之风。

2018年，《改革开放40年中国法理学的历史回顾与战略谋划》（李龙）、《改革开放四十年来的人口流动与农业转移人口市民化》（江立华）、《改革40年：农民和集体不断解放的过程》（项继权）、《新时代党的长期执政能力建设：理论依据与战略路径》（唐皇凤）、《乡村振兴战略的理论与实践》（范建华）、《核心价值观的合理性与道义性社会认同》（江畅）、《新发展理念与文化自信》（项久雨）、《全球治理变局中的"一带一路"》（欧阳康）等一批回顾改革开放历程、总结宝贵历史经验、探索新时代发展道路的湖北哲学社会科学界产出成果被《中国社会科学》《新华文摘》刊（转）载。这批成果不仅水平高，而且具有代表性，体现了新时代优秀的湖北哲学社会科学工作者理论面向现实的学术情怀。

围绕重大理论和实践问题，湖北哲学社会科学界还举办了多次大规模、高层次的学术交流活动，产生了广泛的积极影响。比如，"改革开放与中国特色社会主义——纪念改革开放40周年学术研讨会""改革开放以来党的建设创新与发展理论研讨会""改革开放四十年与中国当代哲学发展""第四届全球治理·东湖论坛——人类命运共同体与全球治理国际研讨会""习近平人类命运共同体思想对马克思共同体思想的继承与创新研究重大招标项目开题报告会""新时代意识形态建设与管理研讨会"等。

智库建设倡导科研为现实服务，引领时代发展。2018年湖北智库发展

成效突出。根据《2018CTTI智库报告》，湖北共有国际法研究所、环境法研究所、媒体发展研究中心、国家文化发展研究院、经济发展研究中心、社会保障研究中心、知识产权研究中心、"城乡社区社会管理"湖北省协同创新中心、"产业升级与区域金融"湖北省协同创新中心、法治发展与司法改革研究中心、中国收入分配研究中心、国家治理研究院、中国农村研究院等来自武汉大学、中南财经政法大学、华中科技大学、华中师范大学四所高校共计13个智库入选"CTTI高校智库百强榜"。此外，围绕着新时代的改革与发展问题，湖北还新建设了10个"新型智库"和10个"改革智库"，分布于湖北各主要高校。

（四）积极响应习总书记号召，关注湖北高质量发展

2018年4月，习近平总书记视察湖北并主持召开深入推动长江经济带发展座谈会，强调要加强改革创新、战略统筹、规划引导，以长江经济带发展推动高质量发展，要求湖北切实推动高质量发展、切实实施乡村振兴战略、切实做好民生工作、切实加强作风建设。习近平总书记视察湖北的重要讲话精神，为做好新时代湖北各项工作提供了思想指引、实践遵循和前进动力。一方面，湖北哲学社会科学研究高质量发展也是湖北高质量发展题中之义；另一方面，湖北哲学社会科学研究高质量发展要助推湖北高质量发展。湖北社会科学界积极响应习近平总书记的号召，密切关注湖北高质量发展研究，用实际行动积极充当新时代湖北高质量发展的思想引擎，涌现了一大批围绕湖北高质量发展的研究成果。

2018年8月，武汉大学质量发展战略研究院院长程虹教授应邀为湖北省委、省直机关工委理论学习中心组会议做题为"湖北高质量发展的现状、挑战与对策"的报告。程虹教授围绕着湖北为何要走高质量发展的道路、科学把握质量和高质量发展的内涵、湖北转向高质量发展的主要成就、湖北转向高质量发展面临的主要挑战、推进湖北高质量发展的政策措施五个方面，用自己的理论研究成果对推动湖北高质量发展进行了全方位的阐释和系统讲解。2018年10月，湖北省社会科学界联合会、湖北省青年社会科学工

作者协会在湖北汽车工业学院联合主办"2018·湖北青年学者论坛"，论坛以"学习贯彻习近平总书记视察湖北重要讲话精神，推动湖北高质量发展"为主题，与会青年学者围绕湖北经济新旧动能转换、乡村振兴、制造业转型升级、生态经济发展等主题分享了研究成果。

为了引导全省哲学社会科学工作者围绕"湖北高质量发展"，为省委、省政府科学决策贡献更多更好的"金点子"、"锦囊妙计"和高质量的研究成果。2018 年 12 月 31 日，湖北省人民政府颁发了"湖北发展研究奖"（2016—2017年），一批围绕湖北各方面建设发展的研究成果获得了表彰。其中，"湖北省创新能力与精准创新驱动发展对策研究""习近平'大农业'重要论述与湖北农业供给侧结构性改革路径研究""湖北贫困地区实施教育扶贫的对策研究"等对湖北高质量发展具有重大决策参考价值的成果均获得了一等奖。这一举措对全省哲学社会科学界产生了积极的示范和导向作用。

四 湖北哲学社会科学发展展望

党的十九大以来，中国特色社会主义进入新时代。湖北哲学社会科学界以习近平新时代中国特色社会主义思想为指引，不断增强"四个意识"，坚定"四个自信"，切实做到"两个维护"，认真学习贯彻党的十九大精神、学习贯彻习近平总书记在哲学社会科学工作座谈会上的讲话精神，牢记习近平总书记视察湖北时对湖北发展的殷殷嘱托，与时代发展同步，与社会需求共振，不断开创湖北哲学社会科学繁荣发展的良好局面。目前，湖北哲学社会科学界已经做了很多工作，卓有成效，展望未来，还有很多工作需要做。

（一）明确方向，积极探索和改进发展道路

2017 年 5 月，中共中央印发了《关于加快构建中国特色哲学社会科学的意见》，强调坚持和发展中国特色社会主义，必须加快构建中国特色哲学社会科学。

该意见规划了新时代中国哲学社会科学的发展方向，就湖北而言，如何

深化对意见的认识、科学评判自身状况、找准历史定位、明确未来湖北哲学社会科学发展的长期目标和短期任务是摆在湖北哲学社会科学界领导和管理部门面前的重要课题，要积极推进全省各高等院校、科研院所贯彻和落实《中共湖北省委关于加快构建中国特色哲学社会科学的实施意见》，加强宣传，做好团结凝聚工作，引导广大哲学社会科学工作者自觉坚持以马克思主义为指导，自觉把中国特色社会主义理论体系贯穿研究和教学全过程转化为清醒的理论自觉、坚定的政治信念、科学的思维方法。

要积极探索和改进湖北哲学社会科学的发展道路，加强和改善党对哲学社会科学工作的领导。以全面深化改革为契机，围绕着建设社会主义现代化强省，广泛听取哲学社会科学工作者的意见和建议，在哲学社会科学组织管理体制、科研产出机制、制度保障体系、考核评价方式等方面进行改革，持续推进哲学社会科学创新工程，加强哲学社会科学人才队伍建设，为全省哲学社会科学界营造良好的学术环境、健康的学术生态，培养和弘扬优秀踏实的学风。同时要抓住时代发展机遇，鼓励创新、推动创新，通过创新挖掘哲学社会科学发展的新动能，打造科研成果产出、人才队伍培养的新引擎。根据现实需要，不断提供政策和经费支持，培育和建设新型智库，引导相关高等院校、研究机构、科研团队、优秀人才致力于具备高水平、高影响的原创性学术研究，推动形成湖北哲学社会科学的核心竞争力和健康可持续发展的新格局。

（二）发挥优势，争创全国一流学术品牌

习近平总书记视察湖北的重要讲话，深刻阐述了长江经济带发展和湖北改革发展的一系列根本性、方向性、全局性问题，为长江经济带发展把脉定向、掌舵领航，为新时代湖北改革发展赋予历史使命、指明前进方向。围绕着习近平总书记的一系列重要指示，全省上下奋发有为、真抓实干，开创了经济社会各方面发展的新局面，为湖北哲学社会科学发展创造了稳定的社会环境、健康的文化氛围、优越的政策支撑。当前，湖北哲学社会科学的发展迎来了新的历史机遇，具备取得重大提升和突破的良好基础。

立足湖北、胸怀祖国、放眼世界，湖北应该发扬长期以来形成的优秀的

哲学社会科学研究传统，充分发挥优势，争创全国第一流学术品牌，在世界学术舞台上争取一席之地。根据国家"双一流"建设和湖北省"双一流"建设的学科名单以及全国第四轮学科评估结果，湖北在管理学、经济学、法学等诸多学科领域位于全国领先地位，无论是学科积淀、学术成果还是人才队伍都具备明显的优势，发展势头强劲。因此，在未来一段时间内，要围绕着"双一流"建设和第五轮学科评估，坚定不移地落实哲学社会科学内涵式发展的要求，以注重原创、注重体系、注重实践为导向，以提升学科质量、扩大学术影响、建构话语体系为任务，切实推进相关学科实现品质提升，争创全国第一流的学术品牌。

对于已经表现出来的优秀成果和平台，要给予持续的关注和支持，为这些成果的问世、平台的发展铺平道路、解决困难。比如，湖北大学田子渝教授等主持的《马克思主义在中国早期传播著作选集（1920—1927）》（第一编）首发后，不仅获得了良好的学术反响，而且得到了省委宣传部和中宣部的高度重视。对于这项工作，要协调相关部门，密切关注进展，提供支持、保障，向着更优更好的方向持续推进和培育。要深入挖掘省内其他具有国内领先地位的科研团队、研究成果和学术平台，充分发挥其效能，为湖北哲学社会科学发展凝心聚力、储备发展动能。湖北的学术期刊数量众多、质量领先，要加强领导，积极扶持，支持一些有能力和有条件的刊物向世界一流学术期刊的方向发展。湖北以31家CSSCI来源刊组成的核心期刊方阵，在全国哲学社会科学界具有重要影响，要细心呵护这一支重要的学术传媒队伍，争取继续扩充成员、提升影响，以高质量的学术期刊平台推进学科建设、成果传播和人才培养，充分发挥湖北学术期刊在湖北哲学社会科学发展中的积极作用。

（三）补齐短板，注重科学布局与错位发展

要正确面对和认识湖北哲学社会科学发展中的不足，多从主观方面寻找原因。充分认识湖北哲学社会科学的发展与北京、上海、江苏等先进省份的差距，科学判断湖北哲学社会科学发展现状，补齐短板，注重科学布局与错位发展，敢于追赶超越。

湖北哲学社会科学发展有自身的优势，也有自身的不足，要敢于面对问题，分析问题，不闭目塞听、不故步自封、不安于现状，寻求破局之道。对于一些暂时发展动力不足，但仍有前景的学科，要尽快突破限制、解决根源性问题，补齐短板，助推发展。对一些长期发展乏力、脱离现实、定位不清的学科，要敢于做出淘汰调整。对于一些学科发展中出现的不良势头、部分学者暴露出的不良学术风气，要坚决抵制，严肃处理相关责任人，同时加强教育引导。

要敢于直面矛盾，敢于应对困境，面对地域差异、经费不足等瓶颈，要创新思维，寻求多元解决的机制和办法。要提供相应政策，鼓励和引导广泛的社会主体共同参与推进湖北哲学社会科学发展，提供充足动力，解决实际困难。要用开放包容的心态，与全社会共享湖北哲学社会科学发展带来的智慧成果。面对新时代的人才竞争，既要注重人才引进，也要注重人才培养，同时还要注重人才的稳定工作，尽量减少人才流失，尽力避免科研团队整体性流失带来的重大影响。

要面向全国定位湖北哲学社会科学的发展，进行科学的战略布局；要面向湖北统筹全省哲学社会科学发展，进行合理的资源分配。尽量化解在哲学社会科学资源分配方面的矛盾，重点发展与兼顾平衡相统一。利用错位发展的方式在全国哲学社会科学整体格局中保持湖北的优势与特色，在全省哲学社会科学发展格局中协调各方利益。要鼓励协同发展，创新发展的模式，充分利用外部资源，加强交流合作，提升效益，实现共赢。要鼓励面向全国和面向省内的良性竞争，通过竞争激发哲学社会科学发展的动力与活力，通过竞争促进哲学社会科学的追赶超越，最终推进湖北哲学社会科学实现跨越式发展。

（四）凝练特色，为中国发展贡献湖北智慧

新时代加快构建中国特色哲学社会科学的关键在于"特"，发展湖北哲学社会科学的一个重要方向也是"特"。因此，湖北哲学社会科学界要紧紧围绕"特"字做文章，凝练特色，为中国发展贡献具有原创性的湖北智慧。

一是要围绕加快构建中国特色哲学社会科学，充分发挥湖北的学术资源

优势和人才智力优势，在马克思主义研究和发展上贡献湖北力量。湖北在马克思主义理论与实践研究上有着悠久的历史、深厚的积淀和充足的人才，要调动武汉大学、华中师范大学这两个全国重点马院建设单位在马学科发展上的主动性、创造性，调动湖北大学、三峡大学等省重点马院建设单位的积极性，致力于出思想、出理论、出大师，切实推进马克思主义中国化、时代化、大众化。

二是要围绕中国特色的哲学社会科学学科体系、学术体系、话语体系建设，充分挖掘和利用富有湖北（荆楚）特质的历史文化资源，彰显湖北文化自信。湖北是荆楚文化的发祥地、近现代民主革命的策源地，拥有丰富的历史文化资源，要做好湖北优秀传统文化的创新性发展和创造性转换。要深入挖掘湖北在马克思主义早期传播、中国共产党创建与革命、新中国建设和改革开放过程中的精神文化资源，书写和传播好新时代的湖北故事，用深厚的湖北文化滋养当代湖北哲学社会科学的发展，推动"三大体系"建设。

三是要围绕湖北"建成支点、走在前列"、高质量发展和建设社会主义现代化强省的战略目标，坚持以问题为导向，从理论研究和实践探索两个方面回应湖北发展的特殊现实。要推动湖北哲学社会科学界针对统筹推进"五位一体"总体布局和协调推进"四个全面"战略布局的湖北实施、"一带一路"的湖北建设、"三大攻坚战"的湖北部署，深入推进长江经济带绿色协同发展，建设长江中游城市群，打造中国经济增长"第四极""五个湖北"建设，构建湖北"一主两副多极"区域发展格局和"一芯两带三区协同"战略布局等重大现实问题，开展深入调研和理论研究，切实问诊湖北经济社会发展，为地方发展提出可操作的实践指引，为新时代全国高质量发展提供可资借鉴的湖北方案。

分 报 告

Topical Report

B.2
湖北哲学学科发展报告（2018）

李家莲*

摘　要： 本报告从人才队伍、学科建设、研究平台、研究项目、研究成果、学术活动和社会服务等视角考察了2018年湖北哲学学科的发展概况。通过对2017年与2018年湖北省哲学学科的发展状况进行纵向比较以及省域间横向比较，基于对2018年湖北哲学学科发展的宏观描述，本报告认为，湖北哲学学科在未来的发展中要更具国际化视野，以助力世界一流大学建设，要推动宗教哲学文本研究，以助力中国现代性之构建。

关键词： 湖北　哲学　国际化　现代性

---

* 李家莲，哲学博士，湖北大学哲学学院副教授，中华文化发展湖北省协同创新中心研究员，湖北大学农村社区研究中心研究员，主要研究方向为伦理学。

一 湖北省哲学学科发展概况①

（一）人才队伍建设

根据 2018 年《全国普通高等学校科技（人文、社科类）统计年报表》数据和课题组统计，2018 年湖北省哲学学科人才队伍较稳定，其中，从事马克思主义研究的科研教学人员数量最多。以性别、职称、最后学历和最后学位为考察对象，本报告将考察 2018 年湖北省从事哲学学科的科研教学人员之整体现状。

以性别为考察对象，数据显示，在湖北从事哲学学科的科研教学人员中，从事马克思主义研究的科研教学人员总数最多，男女性别比例最均衡。性别比例最不均衡的研究领域是宗教学，男性研究人员数量是女性研究人员数量的 4 倍。2018 年湖北省从事马克思主义研究的科研教学人员总数为 1605 人，其中女性 804 人，男性 801 人，分别占总人数之 50.1% 与 49.9%。湖北从事哲学研究的科研教学人员为 468 人，其中女性为 195 人，男性为 273 人，分别占总数之 41.7% 与 58.3%。湖北从事逻辑学的科研教学人员共 30 人，其中女性 12 人，男性 18 人，分别占总数之 40% 与 60%。湖北从事宗教学的科研教学人员合计 21 人，其中女性 4 人，男性 17 人，分别占总数之 19% 与 81%（见图 1）。

以职称为考察对象，数据显示，从事马克思主义研究的人员中，具有讲师职称的人数在各类职称中最多。具体说来，湖北从事马克思主义研究的教授、副教授、讲师、助教、初级职称分别为 225 人、546 人、665 人、116 人、49 人，另有 4 人暂无任何职称；从事哲学研究的教授、副教授、讲师、

---

① 关于本报告学科分类和数据来源的说明：本报告在撰写过程中采用了由教育部统计并制定的 2018 年《全国普通高等学校科技（人文、社科类）统计年报表》中的部分数据，根据该统计报表，哲学学科包含马克思主义、哲学、逻辑学和宗教学，据此，本报告将根据马克思主义、哲学、逻辑学和宗教学考察湖北省哲学学科 2018 年的发展状况。

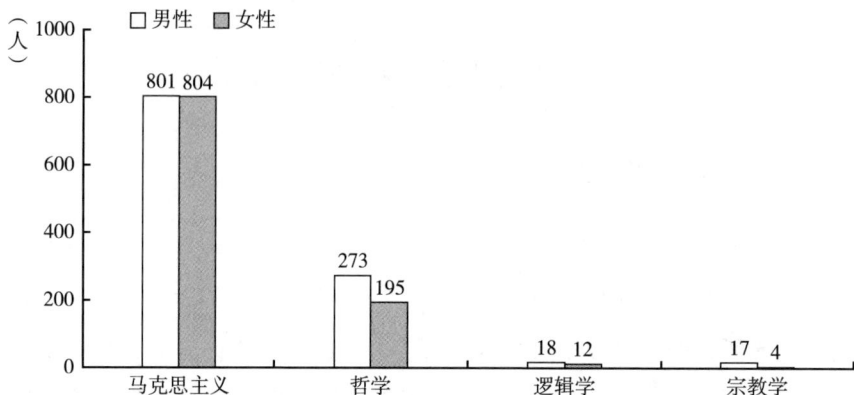

图1 2018年湖北哲学学科科研教学人员的性别概况

资料来源：2018年《全国普通高等学校科技（人文、社科类）统计年报表》和课题组调查统计。

助教、初级职称分别为103人、164人、182人、9人、8人，另有2人暂无任何职称；从事逻辑学研究的教授、副教授、讲师、助教、初级职称分别为3人、14人、10人、2人、1人；从事宗教学研究的教授、副教授、讲师、助教、初级职称分别为7人、4人、8人、2人、0人。

以最后学历为考察对象，湖北省绝大部分从事哲学研究的科研教学人员的最后学历为研究生。具体来说，从事马克思主义研究的人员中，最后学历为研究生、本科生和其他学历者分别为1226人、364人和15人；从事哲学研究的人员中，最后学历为研究生、本科生和其他学历者分别为410人、55人和3人；从事逻辑学研究的人员中，最后学历为研究生、本科生和其他学历者分别为26人、4人和0人；从事宗教学研究的人员中，最后学历为研究生、本科生和其他学历者分别为20人、1人和0人（见图2）。

特别值得称道的是，2018年湖北哲学学科领域产生了一批杰出科研人才。2018年3月14日，武汉大学16人入选第三批国家"万人计划"名单，位列全国第八，其中，哲学学院李佃来被评为哲学领军人才。2018年5月25日，教育部公布2017年度"长江学者奖励计划"入选名单，武汉大学共有10位（特聘教授2位、青年学者8位）专家入选，位列全国高校第七，

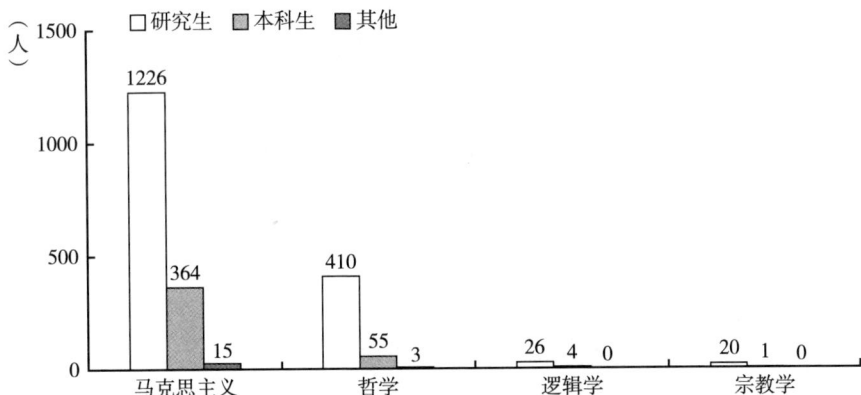

图2 2018年湖北哲学学科科研教学人员的最后学历概况

资料来源：2018年《全国普通高等学校科技（人文、社科类）统计年报表》和课题组调查统计。

其中，哲学学科的李佃来入选"长江学者"特聘教授。除了重视培育杰出人才外，湖北还高度重视离退休科研杰出人才工作。2018年3月29日，武汉大学人文社会科学研究院首批驻院研究员聘任仪式在武汉大学举行，校长窦贤康为首批获聘的11名驻院研究员颁发了聘书，这批学者均为"40后"，系所在研究领域成绩卓越的专家，其中，哲学学科有李维武、陈望衡、段德智、梅荣政、麻天祥五位入选。

（二）学科建设与研究平台建设

2018年湖北哲学一流学科建设与学位点建设取得了一定的成绩。根据国务院有关部署，按照《省人民政府关于推进一流大学和一流学科建设的实施意见》（鄂政发〔2016〕75号）精神，经专家委员会遴选后，湖北省教育厅于2018年1月19日公布了湖北省一流大学和一流学科建设高校和学科名单，共有58个学科入选"双一流"建设学科，其中，哲学学科方面，武汉大学的马克思主义理论入选"双一流"建设学科。共有29个学科入选国内一流学科建设学科，其中，湖北大学哲学学科有中国语言文学与哲学文化入选。关于硕博士学位授予点，2018年湖北省已建成哲学博士学位点5

个，哲学硕士学位点8个，未新增硕士或博士学位授予点。

与此同时，湖北高校还召开了多种与哲学学科建设有关的会议，推进学科建设。2018年1月2日，湖北科技学院出台《湖北科技学院哲学社会科学繁荣计划（2018－2022）》，对提升该校哲学社会科学研究的创新能力、学科建设能力、社会服务能力和文化引领能力提出了总体规划方案。2018年3月16日，CASHL（中国高校人文社会科学文献中心）馆长联席会议在武汉大学召开，CASHL把2018～2020年的工作目标定为服务高校"双一流"建设，构建文献安全机制，建成资源丰富、服务一流、便捷高效的国家人文社会科学信息资源平台。2018年10月14日，湖北大学举办了"双一流"建设系列活动之一——"改革开放四十年与中国当代哲学发展"高端论坛，本次论坛由湖北大学哲学学院和高等人文研究院主办，12名哲学界知名学者共聚湖北大学，纵论当代哲学之发展，助力湖北大学"双一流"学科建设。

在学科建设方面，湖北尤其重视马克思主义学科建设，2018年11月23日，湖北省重点马克思主义学院建设工作推进会在武汉大学召开，会议宣读了《关于印发湖北省重点马克思主义学院和示范思想政治理论课教学基地名单的通知》，确立了湖北省10家重点马克思主义学院，分别是：华中师范大学马克思主义学院、华中科技大学马克思主义学院、武汉理工大学马克思主义学院、中国地质大学（武汉）马克思主义学院、湖北大学马克思主义学院、中南民族大学马克思主义学院、武汉科技大学马克思主义学院、三峡大学马克思主义学院、中南财经政法大学马克思主义学院以及武汉纺织大学马克思主义学院，同时，会议还确定21所高校（单位）的马克思主义学院（思政课部）为湖北省示范思想政治理论课教学基地，省委宣传部、省委高校工委和省教育厅将给予上述学院和基地更多资助，助力马克思主义学院和学科建设。

关于湖北哲学学科研究平台建设，截至2018年，湖北共建立了144个省级人文社科重点研究基地，其中，武汉大学比较哲学与文化战略研究中心、华中科技大学国家治理研究院、华中师范大学的道家道教研究中心、湖北高校思想政治教育管理发展研究中心和湖北省学校德育研究中心、中南财经政法大学社会主义核心价值观研究中心、湖北大学的湖北省道德与文明研究中心和湖北大学农村社区研究中心、湖北工程学院的中华孝文化研究中心等都与哲学学科有紧密关系。截至2018年，湖北共拥有10个改革智库，其中，多个改革智库与哲学学科有密切关联。截至2018年，湖北省共建立了10个新型智库，其中，湖北文化建设研究院直接挂靠湖北大学哲学学院和哲学学科。值得注意的是，与湖北哲学学科紧密相关的教育部人文社会科学重点研究基地只有武汉大学中国传统文化研究中心。

（三）研究项目与经费

本报告所考察的"课题项目"指的是本年度列入学校（湖北哲学学科科研单位）上级主管部门、非上级主管部门（湖北哲学学科科研单位），以及虽未列入计划但通过签订协议、合同或计划任务书经学校社科研究管理部门确认并在当年开展科研活动的哲学学科研究课题。本报告所考察的"经费"指的是本年度学校（湖北哲学学科科研单位）实际收入或支出的哲学研究课题经费。就湖北哲学学科的课题项目与经费来说，马克思主义研究学科在课题数、拨入经费、基础研究和应用研究等各项指标上均居首位，处于绝对优势地位。以课题数为例，马克思主义、哲学、逻辑学和宗教学研究的2018年课题总数分别为1242项、418项、5项、30项（见图3），马克思主义研究的课题总数分别约为哲学、逻辑学和宗教学研究的3倍、248倍和41倍。

2018年，马克思主义、哲学、逻辑学和宗教学的拨入经费分别为21298.71千元、9452.42千元、44千元、822.00千元[①]，马克思主义的拨入经费分别约为哲学、逻辑学和宗教学的2.3倍、484倍和26倍。2018年，马克思主义、哲学、逻辑学和宗教学的支出经费分别为15442.89千元、7562.06千元、41千元、859.03千元，马克思主义的支出经费分别约为哲学、逻辑学和宗教学的2倍、377倍和18倍（见图4）。

---

① 总经费拨入与支出，由基础性研究经费、应用研究经费以及试验与发展经费三项组成。

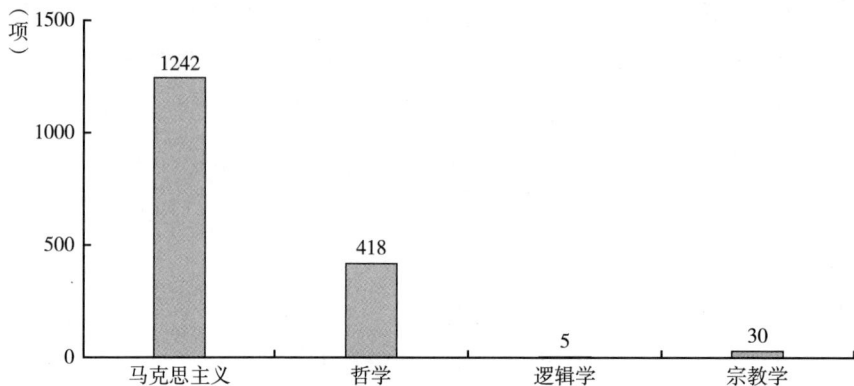

图3 2018年湖北哲学学科课题总数之概况

资料来源：2018年《全国普通高等学校科技（人文、社科类）统计年报表》和课题组调查统计。

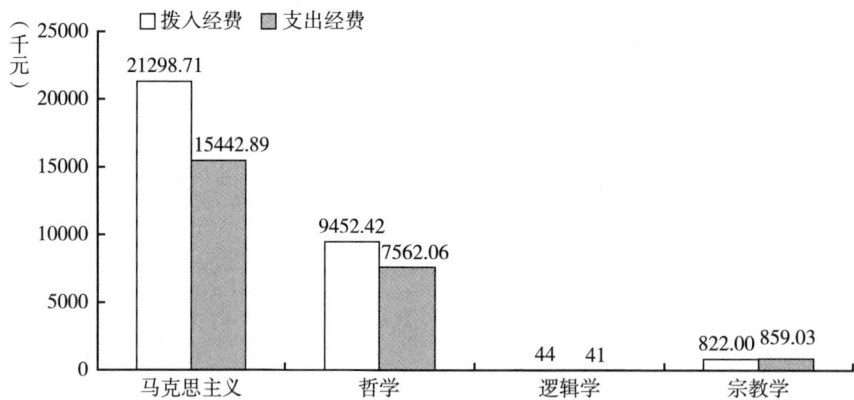

图4 2018年湖北哲学学科课题拨入与支出经费概况

资料来源：2018年《全国普通高等学校科技（人文、社科类）统计年报表》和课题组调查统计。

对基础研究和应用研究的立项数以及两者的经费投入与支出总额的考察显示，基础研究是哲学学科的主要研究类型，其中，马克思主义研究的基础研究课题数和经费数在哲学学科中居首位。以基础研究和应用研究的立项数为例，2018年度马克思主义、哲学、逻辑学和宗教学的基础研究分别为718项、292项、0项和22项，应用研究分别为523项、126项、5项和8项，由此可见，无论是基础研究还是应用研究，马克思主义均远超哲学、逻辑学和宗教学（见图5）。

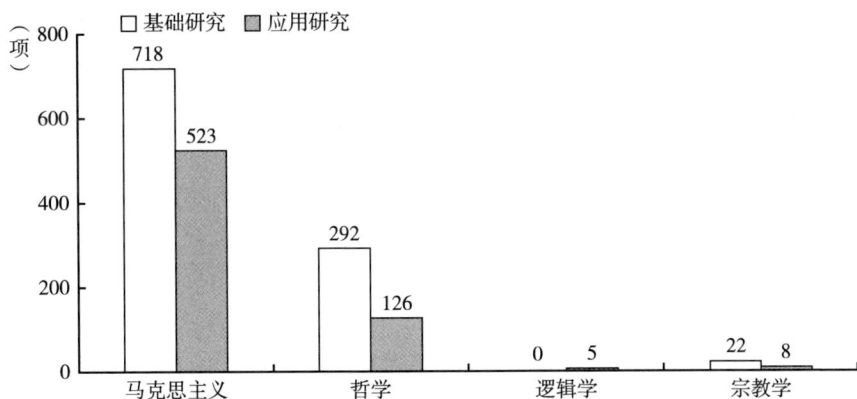

图5 2018年湖北哲学学科基础研究与应用研究课题之分布概况

资料来源：2018年《全国普通高等学校科技（人文、社科类）统计年报表》和课题组调查统计。

以基础研究为例，2018年分别拨入马克思主义、哲学、逻辑学和宗教学之基础研究的经费为12126.21千元、5682.24千元、35千元以及642.00千元，它们的支出经费分别为7953.19千元、3787.01千元、35千元以及672.03千元（见图6）。

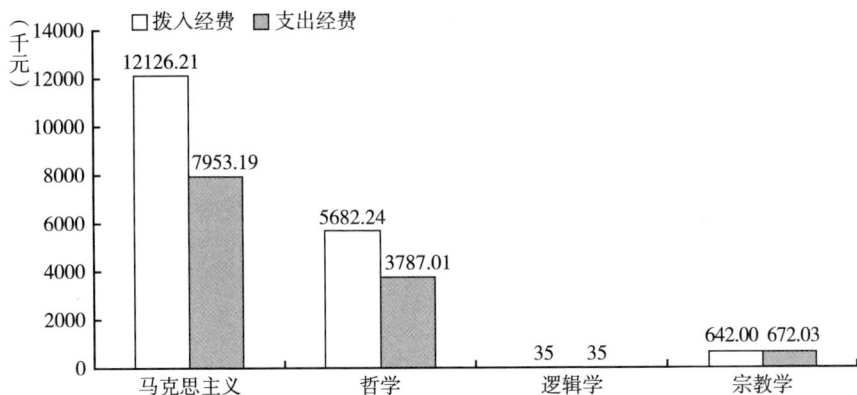

图6 2018年湖北哲学学科基础研究经费拨入与支出概况

资料来源：2018年《全国普通高等学校科技（人文、社科类）统计年报表》和课题组调查统计。

以应用研究为例，2018 年马克思主义、哲学、逻辑学和宗教学的应用研究经费拨入分别为 9162.50 千元、3770.18 千元、9 千元以及 180 千元，经费支出分别为 7479.7 千元、3775.05 千元、6 千元以及 187 千元（见图 7）。

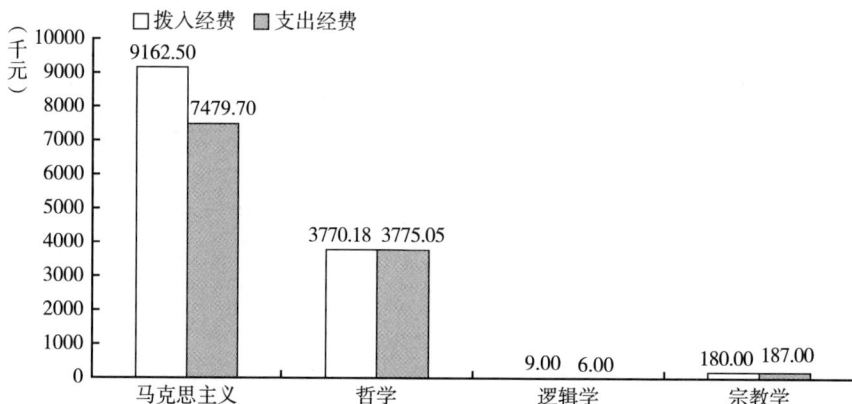

图 7　2018 年湖北哲学学科应用研究之经费拨入与支出概况

资料来源：2018 年《全国普通高等学校科技（人文、社科类）统计年报表》和课题组调查统计。

（四）成果推出

就 2018 年度湖北哲学学科科研成果而言，马克思主义研究方面的著作与论文数量最多。以出版著作为例，2018 年共出版著作 80 部，其中，专著 52 部、教材 25 部、工具书参考书 1 部、皮书 1 部、译著 1 部。2018 年湖北共出版哲学研究著作 73 部，其中专著 51 部、教材 22 部；宗教学研究领域出版教材 2 部，逻辑学领域没有著作和教材出版。

2018 年湖北哲学社会科学研究者在马克思主义研究领域共发表论文 1171 篇，其中，国内学术刊物 1169 篇，国外学术刊物 2 篇；在哲学研究领域共发表论文 620 篇，其中国内学术刊物 590 篇，国外学术刊物 25 篇，港澳台刊物 5 篇；在逻辑学研究领域共发表论文 4 篇，这 4 篇论文都发表在国内刊物上；在宗教学研究领域共发表论文 20 篇，其中，国内学术刊物 19 篇，港澳台刊物 1 篇（见图 8）。

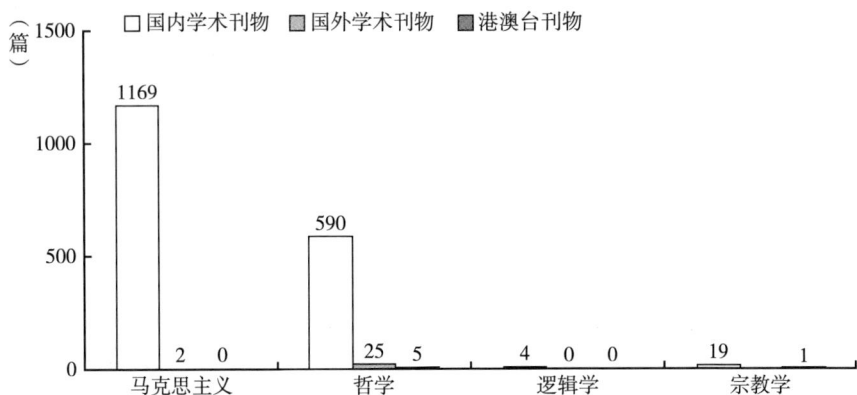

图 8　2018 年湖北哲学学科研究者在国内、国外、港澳台学术刊物发表论文之概况

资料来源：课题组调查统计。

获奖是衡量科研成果质量的方法之一。2018 年湖北哲学学科共有 51 项科研成果获奖，其中，马克思主义研究有 29 项（部级 1 项，省级 28 项），哲学研究共有 21 项（部级 3 项，省级 18 项），宗教学研究有 1 项（省级）。此外，湖北哲学研究的成果还获得了"全球华人国学成果奖""汤用彤国学奖""第三届湖北出版政府奖""第十三届文津图书奖"。2018 年 11 月 18 日，武汉大学哲学院郭齐勇、吴根友两位教授获"第三届全球华人国学成果奖"。2018 年 1 月 21 日，武汉大学国学院郭齐勇教授被授予 2017 年度"汤用彤国学奖"。2018 年 3 月 2 日，武汉大学马克思主义学院组织四项国家社科基金重大项目课题组（"新形势下党的建设科学化研究""中国特色社会主义政治发展道路研究""实施中国特色社会主义理论体系普及计划的途径、载体和方法研究""实现中华民族伟大复兴中国梦的基本问题研究"）联合撰写的"中国梦系列丛书"获"第三届湖北出版政府奖"。该丛书共有四本，分别是孙来斌教授主编的《中国梦之中国复兴》、宋俭教授主编的《中国梦之中国道路》、余双好教授主编的《中国梦之中国精神》以及丁俊萍教授主编的《中国梦之中国力量》，围绕实现中华民族伟大复兴中国梦之主线，该丛书从总体思想、实现路径等视角对中国梦做了全面阐述。2018 年 4 月 23 日，华中科技大学哲学系教授邓晓芒的著作《哲学起步》在国家图书馆举行的"第十三届文津图书奖发布暨国图公开课特别活动"中获奖。

（五）学术活动

2018 年湖北哲学学科组织了各种国内学术活动，在各类学术活动中，与马克思主义研究以及习近平思想阐释有关的学术活动较活跃。2018 年 5 月 2 日，湖北大学举行了"《马克思主义在中国早期传播著作选集（1920 - 1927）》首发式暨出版座谈会"；2018 年 5 月 4 日，武汉科技大学纪念马克思诞辰 200 周年暨"马克思与当代中国"研讨会在马克思主义学院举行；2018 年 5 月 8 日，湖北工业大学马克思主义学院主办"纪念马克思诞辰 200 周年学术论坛"；2018 年 10 月 1～6 日，由中国社会科学院马克思主义研究院马克思主义原理研究部和湖北工业大学马克思主义学院共同主办的第五届全国"马克思主义基本原理概论通讲"研修班在武汉开班；2018 年 8 月 19 日，"纪念'8·19'重要讲话五周年暨习近平总书记意识形态重要论述研讨会"在武汉科技大学举行；2018 年 10 月 20 日，"湖北高校第二届马克思主义学院院长论坛"在武汉纺织大学举行；2018 年 6 月 23 日，湖北大学举办主题为"坚持社会主义核心价值体系"的"学习习近平新时代中国特色社会主义思想系列研讨会"之湖北大学专场。

以纪念改革开放 40 周年为主题的学术活动也表现得非常活跃。2018 年是改革开放 40 周年纪念年，为了对这个特殊的年份进行纪念，湖北哲学人以不同形式进行了庆祝，既积极在本省组织各种庆祝活动，也到北京参与庆祝活动。为庆祝改革开放 40 周年，2018 年 10 月 13 日，由湖北省人文社会科学重点研究基地华中师范大学"湖北党的建设研究中心"和《社会主义研究》编辑部联合召开的"改革开放以来党的建设创新与发展理论研讨会"在武汉大学举行，与会代表围绕"改革开放以来党的建设理论与实践研究""习近平党建思想研究""中国共产党领袖人物党建思想研究""中国共产党政党文化研究""改革开放以来党的政治建设历程与经验研究"等选题展开了探究。2018 年 10 月 14 日，湖北大学哲学学院、高等人文研究院主办"改革开放四十年与中国当代哲学发展"高端论坛。2018 年 10 月 20 日，由湖北省高校党建研究中心、湖北省中国特色社会主义理论体系研究中心湖北大学分中心、湖北大学马克思主义学院联办的"2018 年湖北省第十六届党史党建学位点年会暨纪念改革开放 40 周年学术研讨会"在湖北大学举行。2018 年 11 月 5 日晚，武汉大学马克思主义学院举办了"纪念改革开放四十周年风采展"，以不同形式展示并带领观众回顾了改革开放 40 年取得的举世瞩目的伟大成就。2018 年 12 月 31 日，由宜昌市委宣传部和三峡大学马克思主义学院共同举办的"庆祝改革开放 40 周年·习近平生态文明思想与宜昌绿色发展座谈会"在三峡大学举行。除在省内组织学术庆祝活动外，湖北哲学人还赴北京参加庆祝活动。

此外，以国家治理为主题的学术活动也在 2018 年湖北各类哲学学术活动中显得较活跃。2018 年 4 月 21 ~ 22 日，以"新时代社会认识与国家治理"为主题的"第十八届马克思哲学论坛"在华中科技大学召开，本次论坛由中国社会科学杂志社主办，华中科技大学人文学院哲学系、华中科技大学哲学研究所承办且由华中科技大学国家治理研究院、《华中科技大学学报》（社会科学版）编辑部协办。2018 年 11 月 24 日，由华中科技大学国家治理研究院、国家治理湖北省协同创新中心主办的"第四届全球治理·东湖论坛——人类命运共同体与全球治理国际研讨会"在武汉东湖国际会议中心举行，10 多个国家和国际组织的代表及专家学者 150 余人出席了论坛。

除了组织各类国内学术活动外，湖北哲学人还组织了各种具有国际合作性质的学术活动，展现出国际化视野，具体说来，湖北哲学学科学术活动的国际化视野主要体现在中国哲学研究之学术活动和西方哲学与文化研究之学术活动中。以中国哲学研究之学术活动为例，2018 年 3 月 21 日，湖北文理学院吴慧勇团队参加了在马德里召开的国际东盟研究大会，并做了主题为"中国的儒家整体世界秩序理念"的演讲。2018 年 5 月 4 日，由武汉大学国际禅文化研究中心和日本东洋大学东洋学研究所"国际禅研究工程"联合主办的"武汉大学国际禅文化研究中心成立纪念国际学术研讨会'Chan.Zen. Seon：禅的形成及其在世界的展开'"在武汉大学召开。以西方哲学与文化研究之学术活动为例，2018 年 7 月 9 ~ 16 日，"第六届世界文化发展论坛"在波兰托伦市举行，本次论坛的主题是"东西方文化与人类命运共同体"，由湖北大学高等人文研究院与波兰雅盖隆学院、中华文化发展湖北省协同创新中心、中国人民大学伦理学与道德建设研究中心、北京师范大学价值与文化研究中心联合主办。2018 年 8 月 13 ~ 20 日，"第 24 届世界哲学大会"在北京举行，武汉大学、湖北大学、华中科技大学、华中师范大学等都派了代表参会，湖北大学江畅教授作为召集人于 8 月 15 日在世界哲学大会主会场发起了一场题为"德性研究的现状与未来"的圆桌会议，来自美国、以色列、墨西哥、韩国、日本、法国、印度等国家的 60 余名代表参加了此次会议，美国当代著名道德情感主义者迈克尔·斯洛特做了主旨演讲，反响强烈。

（六）社会服务

在社会服务领域，湖北哲学学科表现优异。据课题组统计，2018 年湖北马克思主义研究人员共撰写研究与咨询报告 62 篇，其中 56 篇被采纳；湖北哲学研究人员共撰写研究与咨询报告 5 篇，全部被采纳；宗教学研究人员共撰写研究与咨询报告 3 篇，其中 2 篇被采纳。除撰写研究与咨询报告和承担以社会服务为目标的横向课题外，2018 年湖北哲学学科在服务社会方面最突出的成果，一方面体现为组织编撰蓝皮书，另一方面体现为高水平的调研评估报告屡屡获奖。

首先，湖北哲学人组织编撰各种蓝皮书，服务湖北乃至全国文化建设。湖北大学高等人文研究院连续多年组织编撰文化建设蓝皮书、湖北文化蓝皮书。湖北省文化传承与发展优势学科群、湖北大学湖北文化产业研究中心以及湖北文化建设研究院组织编写了湖北文化产业蓝皮书。2018 年 7 月 11 日，《文化建设蓝皮书·中国文化发展报告（2017）》暨中国文化发展智库平台在波兰托伦市正式发布，来自美国、以色列、印度、菲律宾等海内外学者共 50 多人参加了此次发布会。2018 年 10 月 30 日，由湖北省中国文化传承与发展优势学科群、湖北大学湖北文化产业研究中心、湖北文化建设研究院组织编纂的湖北文化产业蓝皮书《湖北文化产业发展报告（2018）》在湖北大学召开发布会。该书的出版为湖北文化产业发展做出了一定贡献。

其次，湖北哲学人在服务社会的过程中创作了优秀的调研报告，发挥了较好的咨政建言作用，产生了较好的社会效应。

二 湖北哲学学科学术研究的比较分析与其学术成果创新

（一）湖北哲学学科学术研究的比较分析

1. 2017年与2018年湖北哲学学科学术研究的纵向比较

第一，2017 年与 2018 年湖北哲学学科课题数与经费的纵向比较。就课题数来说，较之 2017 年，2018 年湖北哲学学科课题总数略有上升。马克思主义、哲学、逻辑学和宗教学 2017 年的课题数分别是 1046 项、394 项、2 项和 28 项，2018 年略有上升，分别为 1242 项、418 项、5 项和 30 项（见图 9）。不过，就 2017 年与 2018 年湖北哲学学科获得的国家社科基金项目和教育部项目来说，基本没有较大变化。2017 年湖北哲学学科获批国家社科基金重大项目 4 项、重点项目 1 项、一般项目 23 项、青年项目 8 项；2018 年获批国家社科基金重大项目 1 项、重点项目 6 项、一般项目 12 项、青年项目 5 项。2017 年湖北哲学学科获批教育部一般项目 19 项、重大项目 1 项、重大攻关项目 1 项；2018 年获批教育部一般项目 18 项、重大项目 0 项、重大攻关项目 0 项。

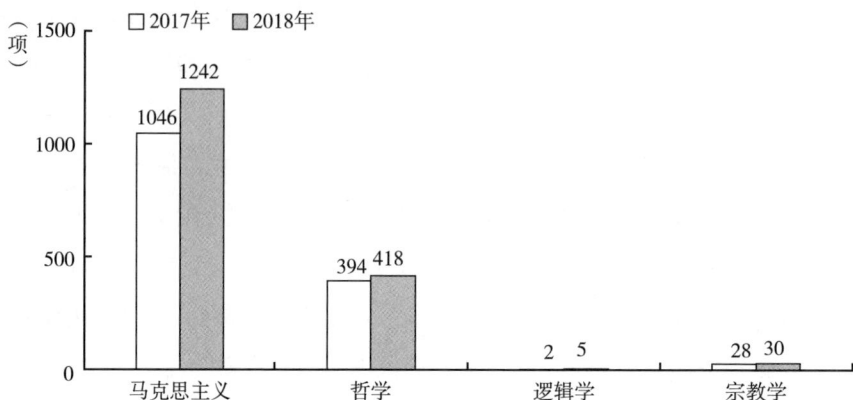

图9 2017年与2018年湖北哲学学科课题数之比较

资料来源：2018年《全国普通高等学校科技（人文、社科类）统计年报表》和课题组调查统计。

就研究经费的投入与支出来说，较之2017年，2018年湖北哲学学科的经费投入也呈上升趋势。马克思主义、哲学、逻辑学和宗教学2017年的投入经费分别为18885.39千元、7568.19千元、0千元和655.50千元，2018年则略有上升，分别为21298.71千元、9452.42千元、44.00千元和822.00千元（见图10）。马克思主义、哲学、逻辑学和宗教学2017年的支出经费

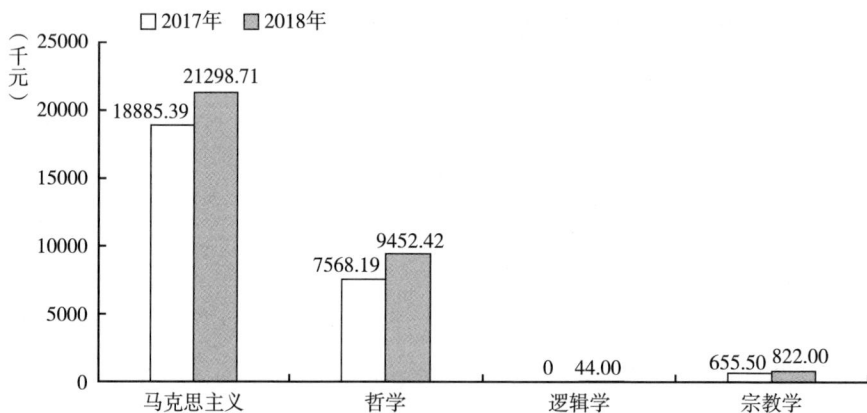

图10 2017年与2018年湖北哲学学科经费投入比较

资料来源：2018年《全国普通高等学校科技（人文、社科类）统计年报表》和课题组调查统计。

分别为 19589.80 千元、6603.96 千元、0 千元和 899.73 千元，数据显示，2017 年马克思主义和宗教学的经费支出大于经费投入，随着经费投入的增加以及 2018 年马克思主义研究支出的减少，这种状况得到了改变，马克思主义、哲学、逻辑学和宗教学 2018 年的经费支出分别为 15442.89 千元、7562.06 千元、41.00 千元和 859.03 千元（见图 11）。

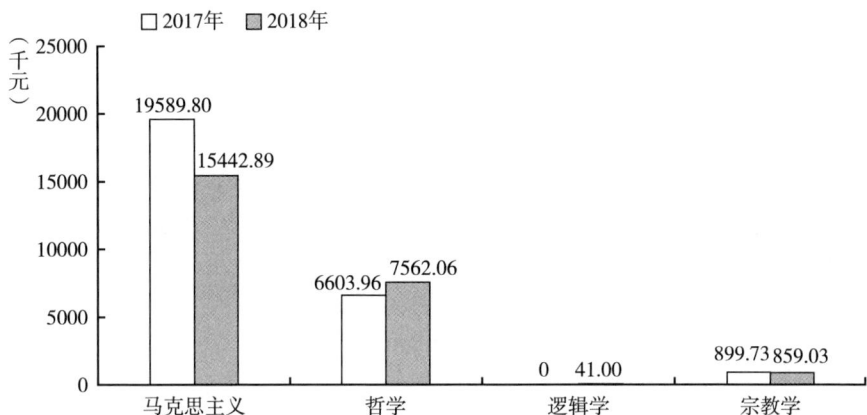

图 11　2017 年与 2018 年湖北哲学学科经费支出比较

资料来源：2018 年《全国普通高等学校科技（人文、社科类）统计年报表》和课题组调查统计。

第二，2017 年与 2018 年湖北哲学学科出版著作、发表论文以及获奖总数之比较。2017 年湖北马克思主义、哲学、逻辑学和宗教学分别出版著作101 部、81 部、2 部和 4 部，分别发表论文 1038 篇、596 篇、5 篇和 20 篇，马克思主义和哲学研究分别获奖 1 项。较之 2017 年，2018 年湖北哲学学科发表论文总数和获奖总数增幅较大，同时，出版著作的总量略有降低，具体来说，马克思主义、哲学、逻辑学和宗教学分别出版著作 80 部、73 部、0部和 2 部，分别发表论文 1171 篇、620 篇、4 篇和 20 篇，分别获奖 29 项、21 项、0 项和 1 项（见图 12、图 13、图 14）。

2. 2018 年湖北哲学学科学术研究之省域横向比较

为了把 2018 年湖北哲学学科的发展状况与北京、上海、江苏、浙江、

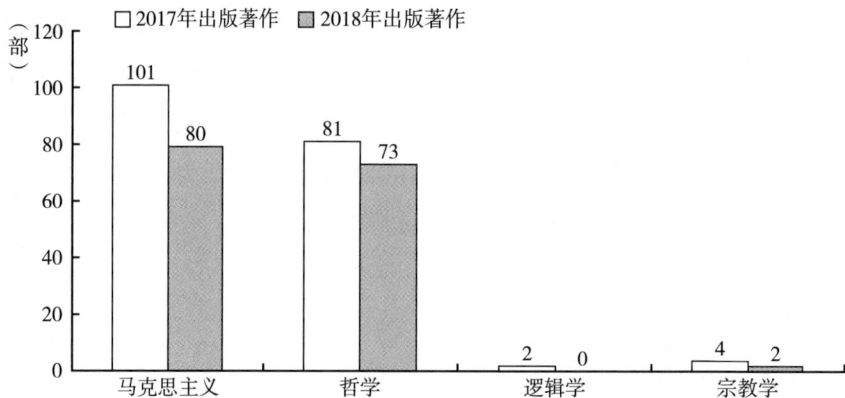

图 12 2017 年与 2018 年湖北哲学学科出版著作总数之比较

资料来源：2018 年《全国普通高等学校科技（人文、社科类）统计年报表》和课题组调查统计。

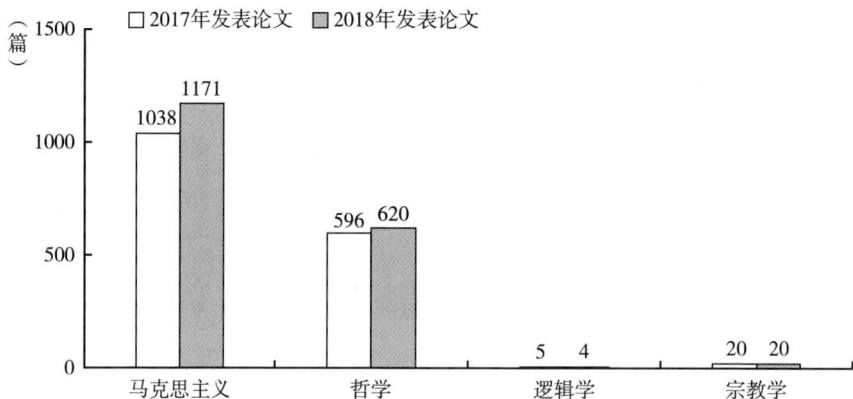

图 13 2017 年与 2018 年湖北哲学学科发表论文总数之比较

资料来源：课题组调查统计。

湖南进行比较，本报告选取哲学学科中的重要期刊——《中国特色社会主义研究》《马克思主义研究》《哲学研究》《哲学动态》《世界宗教研究》《道德与文明》《逻辑学研究》为考察对象，通过考察 6 个省份哲学学科的科研人员在这些期刊上发表论文的数量，对 2018 年湖北哲学学科的发展状况与其他 5 个省份进行横向比较。

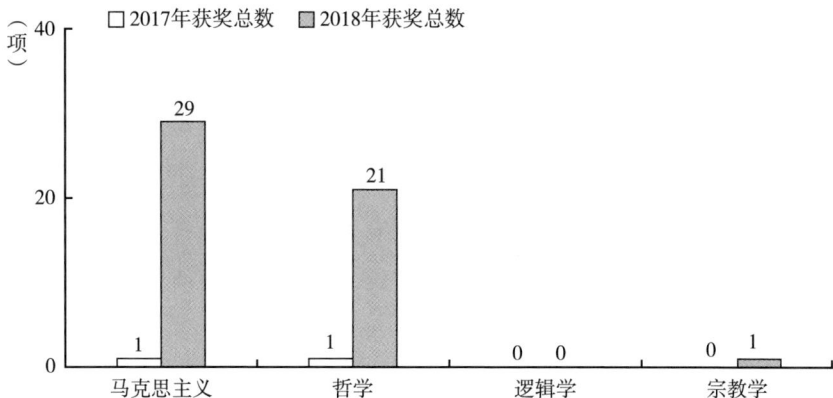

图14　2017 年与 2018 年湖北哲学学科获奖总数之比较

资料来源：2018 年《全国普通高等学校科技（人文、社科类）统计年报表》和课题组调查统计。

考察显示，2018 年湖北哲学科研人员在《中国特色社会主义研究》上发表论文共 2 篇，北京哲学科研人员在此刊发表论文共 54 篇，上海哲学科研人员在此刊发表论文共 6 篇，江苏哲学科研人员在此刊发表论文共 7 篇，浙江哲学科研人员在此刊发表论文共 1 篇；2018 年湖北哲学科研人员在《马克思主义研究》上发表论文共 17 篇，北京哲学科研人员在此刊发表论文共 81 篇，上海哲学科研人员在此刊发表论文共 18 篇，江苏哲学科研人员在此刊发表论文共 18 篇，浙江哲学科研人员在此刊发表论文共 11 篇，湖南哲学科研人员在此刊发表论文共 5 篇；2018 年湖北哲学科研人员在《哲学研究》上发表论文共 12 篇，北京哲学科研人员在此刊发表论文共 55 篇，上海哲学科研人员在此刊发表论文共 25 篇，江苏哲学科研人员在此刊发表论文共 8 篇，浙江哲学科研人员在此刊发表论文共 4 篇，湖南哲学科研人员在此刊发表论文共 5 篇；2018 年湖北哲学科研人员在《哲学动态》上发表论文共 12 篇，北京哲学科研人员在此刊发表论文共 74 篇，上海哲学科研人员在此刊发表论文共 20 篇，江苏哲学科研人员在此刊发表论文共 11 篇，浙江哲学科研人员在此刊发表论文共 2 篇，湖南哲学科研人员在此刊发表论文共 2 篇；2018 年湖北哲学科研人员在《世界宗教研究》上发表论文共 5 篇，北京哲学科研人员在此刊发表论文共 50 篇，上海哲学科研人员在此刊发表论文共 9 篇，江苏哲学科研人员在此刊发表论文共 3 篇，浙江哲学科研人员在此刊发表论文共 2 篇，湖南哲学科研人员在此刊发表论文共 3 篇；2018 年湖北哲学科研人员在《道德与文明》上发表论文共 8 篇，北京哲学科研人员在此刊发表论文共 26 篇，上海哲学科研人员在此刊发表论文共 18 篇，江苏哲学科研人员在此刊发表论文共 18 篇，浙江哲学科研人员在此刊发表论文共 11 篇，湖南哲学科研人员在此刊发表论文共 13 篇；2018 年湖北哲学科研人员在《逻辑学研究》上发表论文共 2 篇，北京哲学科研人员在此刊发表论文共 11 篇，上海哲学科研人员在此刊发表论文共 1 篇，江苏哲学科研人员在此刊发表论文共 3 篇，浙江哲学科研人员在此刊发表论文共 4 篇，湖南哲学科研人员在此刊发表论文共 2 篇。分析显示，在图 15 的 6 个省份中，以发表文章的总量为参考值，北京哲学科研人员在诸刊发表论文之总量均遥遥领先，湖北、上海和江苏紧随其后，综合看来，湖北与上海和江苏大体持平，不过，即使如此，湖北与北京相比，差距依然甚大（见图 15）。

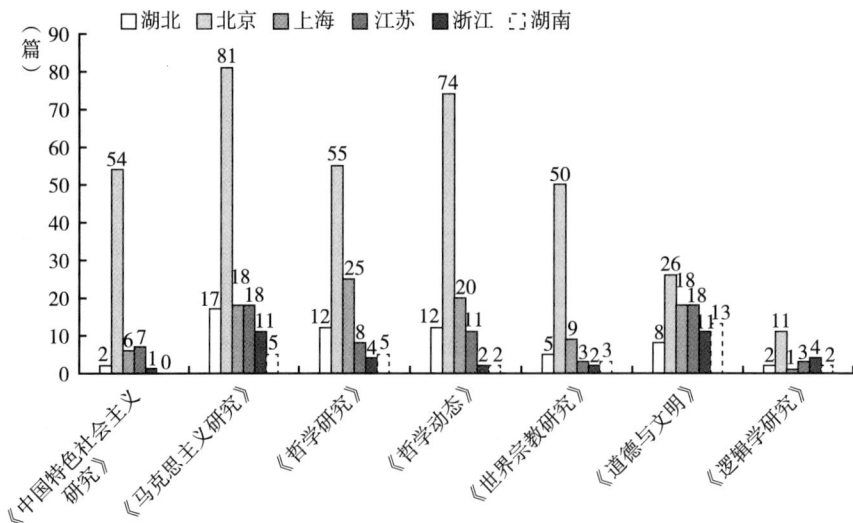

图 15　2018 年湖北、北京、上海、江苏、浙江和湖南哲学科研人员
在重要期刊上发表论文数量之比较

资料来源：课题组调查统计。

（二）湖北哲学学科学术研究成果的理论创新

1. 2018年湖北哲学学科的学术热点话题

根据湖北省哲学科研人员在上述期刊以及其他哲学刊物上发表论文的主题，党的十九大精神与习近平思想的阐释与研究、马克思主义与当代社会研究以及改革开放 40 年经验之哲学总结与理论创新构成了 2018 年湖北哲学学科的学术热点话题。

其一，党的十九大精神与习近平思想的阐释与研究。2018 年湖北哲学科研人员在研究十九大精神的过程中展现了较明显的跨学科特征。2018 年 2 月 22 日，全国哲学社会科学规划办公室公布研究阐释党的十九大精神国家社科基金专项课题立项名单，武汉大学的四项课题获批立项，就四位专家的学科背景来说，除杨军教授来自马克思主义学院外，另外三位首席专家则分别来自信息管理学院、法学院以及经济与管理学院，这表明湖北哲学科研人员在阐释党的十九大精神方面显现了跨学科特点。湖北大学哲学学院江畅发表在《中国社会科学》上的论文指出，要落实党的十九大精神，就一定要加大对社会主义核心价值观合理性认同与道义性认同的力度，使核心价值观内化为人们的信念、品质和准则并融入社会生活的全过程。[1] 除了积极阐释十九大精神外，湖北哲学科研人员还对习近平思想进行了阐释与研究。武汉大学马克思主义学院熊建生等发表在《马克思主义研究》上的论文《试论习近平关于人民获得感的思想》探析了习近平提出的关于让改革给人民群众带来更多获得感的思想。[2] 武汉大学马克思主义理论与中国实践协同创新中心石云霞发表在《中国特色社会主义研究》上的《习近平人类命运共同体思想科学体系研究》认为，要从七个基本方面入手深刻把握并领会习近平人类命运共同体思想科学体系。[3]

---

[1] 江畅：《核心价值观的合理性与道义性社会认同》，《中国社会科学》2018 年第 4 期。

[2] 熊建生等：《试论习近平关于人民获得感的思想》，《马克思主义研究》2018 年第 8 期。

[3] 石云霞：《习近平人类命运共同体思想科学体系研究》，《中国特色社会主义研究》2018 年第 2 期。

其二，马克思主义与当代社会研究。活跃的学术活动是湖北哲学科研人员高度关注马克思主义与当代社会问题的生动展现，2018 年湖北哲学科研人员组织了很多与马克思主义研究有关的学术活动，前文已描述，故在此不再赘述。除此之外，湖北哲学科研人员也以理论成果的形式表现了对马克思主义与当代社会问题的兴趣和热情。武汉大学哲学学院汪信砚发表在《哲学研究》上的《马克思主义哲学中国化与中国道路的哲学表达》认为，马克思主义哲学中国化从根本上说是为了求解"中国向何处去"这一问题，而由马克思主义哲学中国化建构的中国马克思主义哲学则是中国道路的哲学表达。① 湖北大学马克思主义学院于桂芬刊发在《哲学动态》上的《马克思世界观哲学的实践论阐释与合法性辩护》考察了马克思主义世界观的起源与演变，认为马克思所构建的实践论的世界观哲学既不同于德意志意识形态，也不同于海德格尔所批判的那种主体形而上学。② 2018 年《马克思主义研究》共刊登了 9 篇湖北哲学科研人员经长期探究而写作的关于马克思主义与中国社会问题的研究论文。

其三，改革开放 40 年经验之哲学总结。2018 年湖北哲学科研人员对改革开放 40 周年的学术兴趣不仅表现在各类学术活动中，而且表现在理论研究中。《哲学研究》刊发的武汉大学马克思主义学院项久雨的《改革开放 40 年中国道路的哲学沉思》以及中南财经政法大学哲学院王雨辰的《论改革开放以来中国西方马克思主义研究的历史与逻辑》均展现了湖北哲学人对改革开放 40 年的经验总结与理论思考。《马克思主义研究》刊登的武汉大学马克思主义学院骆郁廷的《改革开放四十年高校思想政治工作的三大跨越》描述并分析了改革开放 40 年以来经历过的三大跨越阶段，即从拨乱反正到整体构建的跨越、从整体构建到科学育人的跨越以及从科学育人到协同推进的跨越。③ 武汉大学沈壮海发表在《光明日报》上的《改革开放 40 年

---

① 汪信砚：《马克思主义哲学中国化与中国道路的哲学表达》，《哲学研究》2018 年第 1 期。

② 于桂凤：《马克思世界观哲学的实践论阐释与合法性辩护》，《哲学动态》2018 年第 4 期。

③ 骆郁廷、唐丽敏：《改革开放四十年高校思想政治工作的三大跨越》，《马克思主义研究》2018 年第 12 期。

中国特色社会主义文化建设的基本经验》认为，改革开放以来，中国特色社会主义文化建设的基本经验即始终坚持以马克思主义为指导、始终坚持以人民为中心、始终坚持以创新创造为动力以及始终坚持文化与经济社会发展的统筹推进。沈壮海刊发在《求是》上的《必须坚持完善和发展中国特色社会主义制度》认为，40 年改革开放给我们的宝贵启示是要坚持完善和发展中国特色社会主义制度并不断发挥和增强我国的制度优势。[1]

2. 2018年湖北哲学学科的学术理论创新

其一，针对现实热点问题而产生的理论创新。当我们聚焦于湖北哲学学科在 2018 年面对的四个热点问题讨论湖北哲学研究的理论创新时，为了凸显其创新性，我们将仅聚焦于国家治理问题和改革开放 40 周年之经验总结讨论湖北哲学在 2018 年的理论创新，理由在于，针对国家治理问题而产生的研究成果品质高、获奖多，而针对改革开放 40 年的经验总结则是一个十分具有时效性的学术话题，更重要的是，针对这两个问题的研究在某种程度上既离不开对十九大精神和习近平思想的正确解读，又离不开对马克思主义和中国社会现实问题的观照。湖北哲学科研人员对国家治理问题的创新性研究主要以欧阳康的研究为典型。欧阳康发表在《哲学研究》上的论文《新时代社会认识与国家治理现代化——马克思主义哲学的本真精神、演进逻辑及其当代价值》代表着湖北哲学科研人员针对国家治理问题的研究所产生的理论创新。针对改革开放 40 年经验总结而产生的理论创新以项久雨和王雨辰发表在《哲学研究》上的《改革开放四十年中国道路的哲学沉思》和《论改革开放以来中国西方马克思主义研究的历史与逻辑》两篇文章为代表。项久雨认为，改革开放 40 年来，中国人用实践和理论开创了中国道路，在人类文明史上开辟了现代化发展新范式，从根本上超越了西方资本主义现代性，为人类文明的现代化之路注入了中国活力。[2] 针对从卢卡奇到阿尔都塞的经典西方马克思主义和新产生的生态学、分析学和女权主义的马克思主

---

① 沈壮海：《必须坚持完善和发展中国特色社会主义制度》，《求是》2018 年第 24 期。

② 项久雨：《改革开放四十年中国道路的哲学沉思》，《哲学研究》2018 年第 12 期。

义，王雨辰从研究范式、研究主题、价值立场的转换和理论效应等方面入手研究了我国学术界研究西方马克思主义的历史和逻辑，试图进一步深化对国外马克思主义的研究。①

其二，针对哲学文本研究而产生的理论创新。在某种意义上，湖北哲学科研人员公开发表在国内重要学术期刊上的、以文本研究为对象的哲学论文都可被视为针对哲学文本研究而产生的理论创新。2018 年湖北哲学科研人员在《哲学研究》上发表论文共计 12 篇，其中 7 篇均以文本研究为对象，内容涉及马克思主义经典文本研究、萨特思想研究、中国哲学研究、康德哲学研究、美学研究、中西哲学比较研究等。湖北哲学科研人员 2018 年发表在《哲学动态》上的 12 文章中有 8 篇以文本研究为基础，内容涉及康德道德哲学、黑格尔法哲学、罗尔斯与哈贝马斯道德哲学比较研究以及心灵哲学等。较之《哲学研究》和《哲学动态》刊发的湖北高校的文本研究文章，《世界宗教研究》刊发的湖北高校针对文本研究的文章略少。2018 年湖北哲学科研人员在《世界宗教研究》上发表论文共计 5 篇，其中，文本研究文章只有武汉大学中国传统文化研究中心张昭炜的《中国儒学的缄默维度特质》。众所周知，学界目前对"儒学是不是宗教"这一问题的理解依然存有分歧，因此，《中国儒学的缄默维度特质》是否可被确定为宗教文本研究还是一个有待商榷的问题。在众多针对文本研究的论文和著作中，尤以邓晓芒的《黑格尔〈精神现象学〉句读》最醒目。2018 年 1 月 5 日，由北京大学、人民出版社和《人民日报》联合主办的"华中科技大学人文学院邓晓芒教授《黑格尔〈精神现象学〉句读》暨新译发布会"在北京大学举行，人民网现场直播的视频点击量超过 18 万人次。共 10 卷的《黑格尔〈精神现象学〉句读》译本是邓晓芒教授主持的国家社科基金重大项目"德国古典哲学与德意志文化深度研究"（12&ZD126）的系列成果，德国图宾根大学哲学院教授赫费的评价是"严格贴近原文的、内容丰富的解读"，清华大学哲

① 王雨辰：《论改革开放以来中国西方马克思主义研究的历史与逻辑》，《哲学研究》2018 年第 12 期。

学系黄裕生教授认为它"标志着中国学者研究、理解《精神现象学》所达到的一个历史阶段"。

三 湖北哲学学科发展展望与建议

（一）学术研究视域需更具国际性

数据显示，就公开出版的著作和发表的论文来说，湖北哲学学科研究的科研成果中被译成外文的著作数、发表译文的篇数、在国外学术刊物和港澳台学术刊物上发表的文章的篇数均较少。2017 年湖北马克思主义研究成果被译成外文的专著有 2 部，译著 1 部，发表译文 5 篇，在国外学术刊物上发表论文 6 篇，在港澳台学术刊物上发表论文 2 篇；2018 年马克思主义研究成果被译成外文的专著有 1 部，译著 1 部，发表译文 1 篇，在国外学术刊物上发表论文 2 篇，在港澳台学术刊物上发表论文 0 篇。2017 年湖北哲学研究成果被译成外文的专著有 1 部，译著 6 部，发表译文 4 篇，在国外学术刊物上发表论文 14 篇，在港澳台学术刊物上发表论文 8 篇；2018 年湖北哲学研究 51 部专著中，被译成外文的专著有 3 部，出版译著 9 部，发表译文 3 篇，在国外学术刊物上发表论文 25 篇，在港澳台学术刊物上发表论文 5 篇。2017 年和 2018 年湖北逻辑学研究未有任何专著被译成外文，未有译著或译文出版或发表，也未在国外学术刊物或港澳台学术刊物上发表论文。

随着中国经济实力越来越为世界所瞩目，越来越多的人对蕴含在经济背后的中国文化乃至中国哲学感到好奇，在此意义上，文化软实力已被提升至国家战略的高度。2010 年，随着《关于加快推进世界一流大学和高水平大学建设的意见》的出台，建设世界一流大学已被提上日程。世界已有的一流大学的发展历程告诉我们，没有一流的人文社会科学，无法谈一流大学。在创建世界一流大学的时代潮流中，以哲学研究为重要内容的人文社会科学研究的国际化不仅是中国文化"走出去"的重要举措，也是世界一流大学的内在要求。如何使哲学研究与国际接轨，如何使湖北哲学人更频繁、更深入地参与国际哲学话语体系的构建，是身处全球化浪潮中的湖北哲学研究人员不得不面对的问题。要真正实现哲学研究的国际化，绝非翻译几部著作或在国外学术期刊上发表几篇文章这么"简单"的事，国际化要求的背后往往还涉及更多更复杂的问题。例如，何谓哲学研究国际化？如何评价哲学研究的国际化程度？评价原则由谁确定？如何处理哲学研究国际化与我国主流意识形态或核心价值观之间的关系？如何选择哲学研究的国际化路径？哲学研究国际化的目标何在？哲学研究国际化对国家相关政策的制定与实施有何积极或消极意义？诸如此类的问题不应该只是湖北哲学研究人员在走向国际化的路途中必然会遇到的问题，也应该成为萦绕在哲学社会科学的管理人员心头的重要问题。

（二）宗教文献之文本研究尚待强化

为了呼应我国现代化建设过程中的现实问题，需加强宗教文本研究，尤其是西方宗教学家或哲学家的文本研究。《世界宗教研究》2018 年共刊发 5 篇湖北高校文章，其中没有一篇文章可被确定为文本研究。这不是湖北高校的特例。以北京高校为例，《世界宗教研究》同年共刊发北京高校文章合计 50 篇，其中绝大部分是关于术语实证研究、考古研究、佛教与中国金融业之关系的研究等，几乎见不到针对宗教理论问题的专题研究或针对西方宗教学家或宗教哲学家之宗教文献的文本研究。

从西方启蒙思想家们对近代西方社会面临的社会转型问题的探究来说，若要从哲学的视域为该问题寻求答案，就要对宗教问题尤其是宗教理论问题展开研究，无论是从哲学、伦理学、美学或法学维度还是从所谓的纯宗教学维度来说，都是不可避免的重要理论问题。以道德与宗教的关系为例，对于偏重理论思考的苏格兰启蒙运动和德国启蒙运动来说，几乎所有启蒙思想家对该问题进行过深入探究，并基于自己的探究创作出了符合现代社会的全新宗教观。以目前中国学界尚未充分重视的苏格兰启蒙运动为例，不管是对推动该启蒙运动产生的沙夫茨伯里和哈奇森等思想家来说，还是对该启蒙运动的集大成者亚当·斯密来说，宗教问题都是他们重点探究的哲学问题。如沙夫茨伯里的代表作《论特征》曾是 18 世纪英国乃至欧洲再版次数最多的著作，不可否认的是，该书开篇即讨论宗教狂热问题，在批判宗教狂热的同时，沙夫茨伯里为具有现代品性的新宗教情感构筑了理论雏形，不仅如此，他的启蒙哲学还以此为基础构建了一套全新的道德哲学体系并使之为全新的现代社会进行道德奠基。就宗教与道德的关系而言，如果说传统社会中的道德需以宗教为基础，那么，在新的现代社会中，这种传统宗教观必须实现理论反转，过去曾为道德奠基的那种宗教在新社会需要转身向道德寻求理论基础，唯有如此，才能为新的、具有现代性特质的文明社会构架理论基础。

众所周知，改革开放 40 年以来，我们的国家和社会面临着如何实现现代化转型的重大历史与现实问题。40 年来，我们的哲学研究从各种不同的维度对这个复杂问题展开过研究，然而，直到今天，对宗教与现代社会历史转型之关系的研究依然较为薄弱。冯友兰在《中国哲学简史》中说过，儒家哲学中蕴含着丰富的宗教思想，与西方人不同的是，中国人的精神生活从本质上说是哲学的。那么，一旦面临历史与社会的现代转型，这种蕴含着丰富宗教思想的传统哲学是否也需要如启蒙运动中的西方传统宗教哲学一样实现理论转向呢？对传统哲学中的宗教元素的研究以及对西方宗教文献的文本研究是否能为正在构建现代社会的我们提供些许理论启示？对于宗教哲学的研究来说，这些问题均需受到重视。对于科研能力较为强大的湖北哲学科研人员来说，其无疑应该在勇敢面对现实时大力增加对古今中外宗教文献的文本研究，并在此基础上从更具理论深度的学术思考角度入手，为我们正在建设的中国特色社会主义伟大事业贡献自己的一份独特力量。

B.3
湖北经济学学科发展报告（2018）

徐俊武　王武*

摘　要：　2018 年湖北经济学学科进入了发展的新时代，取得了长足的
　　　　　进步，尤其是在金融学、宏观经济学、财政学等领域取得了
　　　　　较为突出的成果。本报告基于 11 种中文经济学顶级期刊的发
　　　　　文量和学术影响力统计，并与北京、上海、浙江、江苏和湖
　　　　　南五省市进行比较分析后发现，无论是发文数量还是论文质
　　　　　量，2018 年湖北省经济学学科发展水平都仅次于北京和上
　　　　　海，略胜同为科教大省的江苏，并且与上海差距甚小。本报
　　　　　告认为，针对湖北经济学学科目前存在的问题，应强化学科
　　　　　内部交流，凝练学科方向，继续提高师资队伍水平，完善各
　　　　　类研究平台，充分发挥人文社会科学研究基地的作用。

关键词：　湖北　经济学　学科发展　湖北特色　政治经济学

一　湖北经济学学科发展概况

2018 年，湖北经济学学科取得了长足进步，呈现出蓬勃发展的良好局
面，展现了其作为湖北哲学社会科学领头羊的风貌，为中国哲学社会科学话
语体系的构建做出了重要贡献，也为中国的道路自信、理论自信、制度自
信、文化自信提供了强有力的支撑。

---

* 徐俊武，经济学博士，湖北大学商学院副教授，硕士生导师，主要研究经济增长与收入分配
问题；王武，湖北大学商学院西方经济学 2018 级硕士研究生。

（一）研究队伍

湖北省长期以来就是我国经济学研究的重要基地，湖北经济学学科的理论经济学和应用经济学两个一级学科均在全国有举足轻重的学术影响，这离不开一代又一代湖北经济学学者的不懈努力。目前湖北经济学学科研究队伍实力雄厚，据教育部2018年《全国普通高等学校科技（人文、社科类）统计年报表》的统计，截至2018年底，湖北省从事经济学研究的科研人员有3861人。从性别来看，女性2033人，男性1828人，女性占比52.7%，男性占比47.3%；按职称划分，具有高级职称的人员占45.6%，中级职称的占37.7%，其中，教授545人，副教授1214人，讲师1454人，助教257人，初级126人，无职称者265人；从学位来看，专任教师中具有硕士以上学位的占80%，具有博士学位的占36%。湖北经济学学科研究队伍中，长江学者有5人，其中，武汉大学拥有长江学者讲座教授2人，长江学者特聘教授1人；华中科技大学拥有长江学者讲座教授2人。与上一年度相比，2018年湖北经济学学科研究队伍中具有博士和硕士学位人员的占比分别提高了1个和2个百分点，学历学位结构更加优化，高端人才数量以及整体水平有所提高。

（二）学科建设

湖北经济学学科建设在全国较为突出，目前理论经济学和应用经济学均有4个一级学科博士点作为学科发展龙头。据课题组统计，截至2018年，湖北已建成经济学博士点10个、学术硕士点23个、专业硕士点35个、博士后科研流动站4个。其中，理论经济学一级学科博士学位授予点4个，理论经济学一级学科学术硕士学位授予点4个，理论经济学下属二级学科学术硕士学位授予点1个。应用经济学一级学科博士学位授予点4个，应用经济学下属二级学科博士学位授予点2个，应用经济学一级学科学术硕士学位授予点7个、二级学科学术硕士学位授予点9个。相较之下，就入选国家"双一流"建设的高校而言，江苏省的经济学一级学科博士点为 5 个，浙江省的经济学一级学科博士点为 2 个，湖南省的经济学一级学科博士点为 3 个。①

（三）研究平台

2018 年，湖北依托教育大省的优势，充分利用现有教育资源，深入贯彻《湖北省教育事业发展"十三五"规划》，已经建成教育部高等学校人文社会科学重点研究基地 1 个、省级人文社会科学研究基地 36 个、协同创新中心 4 个。与 2017 年相比，湖北省经济学学科新增 4 个协同创新中心，研究平台建设工作稳中有进。

（四）研究项目和经费

根据 2018 年《全国普通高等学校科技（人文、社科类）统计年报表》和课题组统计，2018 年湖北经济学学科总课题数达到 2917 个。其中，基础研究 623 个，应用研究 2263 个，实验与发展研究 31 个。当年研究投入经费总额 7223.62 万元，基础研究拨入 800.02 万元，应用研究拨入 6372.52 万元，试验与发展研究拨入 51.08 万元。出版著作 225 部、译著 4 部，发表论文 2526 篇、译文 5 篇，撰写研究与咨询报告 220 篇，荣获部级奖成果 4 项，省级奖成果 59 项。在这些课题中，代表最高水平的国家社会科学基金项目和教育部人文社会科学研究项目立项数都取得了较突出的成绩。2018 年湖北省经济学科获得国家社会科学基金重大项目 7 项、重点项目 2 项、后期资助项目 2 项、青年项目 4 项、一般项目 24 项，同时获得教育部人文社科重大课题攻关项目 1 项、重点基地重大项目 1 项、一般项目 33 项。与其他科教强省（市）相比，湖北经济学学科在研究项目数量和质量上均不落下风。例如，2018 年北京市经济学学科获得教育部人文社科重大课题攻关项目 2 项、重点基地重大项目 2 项、重大项目 1 项、一般项目 32 项；上海市经济

---

① 由于无法获得权威数据，无法得知北京、上海、江苏、浙江和湖南等其他省份经济学学科建设的具体情况。

学学科获得教育部人文社科重大课题攻关项目 1 项、重点基地重大项目 1 项、重大项目 1 项、一般项目 21 项；浙江省经济学学科获得教育部人文社科重大课题攻关项目 1 项、重点基地重大项目 2 项、重大项目 2 项、一般项目 39 项；江苏省经济学学科获得教育部人文社科重大课题攻关项目 1 项、重点基地重大项目 1 项、重大项目 1 项、一般项目 36 项；湖南省经济学学科则获得教育部一般项目 6 项。[①]

（五）学术活动

据课题组统计，2018 年湖北经济学学术活动非常活跃，召开了近 20 场国际性和全国性的经济学学术会议。这其中最引人注目的是绿色经济（资源环境经济学）相关主题，一共召开三次全国性的大规模学术会议，具体是："第五届市场导向的绿色低碳发展国际研讨会"（2018 年 9 月，湖北经济学院）；"第二届气候变化经济学学术研讨会"（2018 年 9 月，武汉大学）；"第二届碳会计与碳金融国际研讨会"（2018 年 12 月，湖北经济学院）。其他主题的学术会议分布于公共经济学、技术经济学、政治经济学等多个经济学领域，包括"中国基本公共服务供给与均等化学术研讨会"（2018 年 4 月，中南财经政法大学）；"第一届中国技术经济学会神经经济管理专业委员会暨第三届中国管理科学与工程学会神经管理与神经工程研究会学术年会"（2018 年 4 月，武汉科技大学）；"第五届全国经济学研究生学术年会交流座谈会"（2018 年 5 月，华中科技大学）；"湖北省外国经济学说 2018 年学术研讨会"（2018 年 9 月，长江大学）；"第十二届中国政治经济学年会"（2018 年 10 月，中南财经政法大学）；"第八届中国国际贸易研究会年会"（2018 年 11 月，华中科技大学）；"首届中国发展经济学学者论坛"（2018 年 12 月，华中科技大学）；"长江经济带发展战略论坛暨中国区域经济 50 人论坛第九次专题研讨会"（2018 年 12 月，湖北经济学院）。

---

① 数据来源于 2018 年《全国普通高等学校科技（人文、社科类）统计年报表》。

总体而言，2018 年，湖北经济学学科的师资力量得到进一步加强，发展愈加均衡，国内和国际影响力进一步加大，建设和发展取得了长足的进步。就 2018 年教育部各类项目而言，湖北经济学学科无论是在项目质量上还是数量上都与北京、上海、江苏、浙江等科教强省（市）处于同一水平。

二 湖北经济学学科研究进展、创新与荆楚特色

（一）湖北经济学学科研究的主要学术成果

按照《中国高校哲学社会科学发展报告（2011）》中经济学学科的分类体系，同时基于可比性，与上一年度分类标准保持一致，本报告对 2018 年湖北经济学学科研究的主要学术成果进行了以下汇总。

1. 政治经济学

政治经济学是中国社会主义市场经济实践的理论基础，在这一领域，湖北学者进行了持续研究，产生了一批有影响力的学术成果。2018 年湖北高校、党校和社科院系统学者对政治经济学的研究主要集中在以下两个方面：一是中国特色社会主义政治经济学的基本理论；二是《资本论》的科学批判精神。

关于构建中国特色社会主义政治经济学体系，武汉大学的简新华认为，改革开放以来，中国经济学有许多重大创新和发展，提出了不少原创性经济理论，但是很少得到"国际经济学界"承认，其根本原因不是"研究范式与研究方法未能与国际充分接轨"。"中国特色政治经济学"的说法不准确，中国现在需要构建的是中国特色社会主义政治经济学，不是要"在研究范式上回归亚当·斯密《国富论》的经典理论框架"。西方经济学与马克思主义政治经济学的区别不在于前者主要研究人与自然之间的关系，后者主要研究人与人之间的关系。市场经济理论不等同于市场经济一般原理，存在两种性质不同的市场经济理论。"研究范式与研究方法只是工具，本身并不带有

任何阶级或者制度属性，没有意识形态色彩"的看法不符合事实。[①]

湖北经济学者对于《资本论》的研究也有新发现。武汉大学的屈炳祥认为，辩证唯物主义与历史唯物主义不仅是其总的立论基础，而且还渗透在它的各个方面，使《资本论》在研究对象、研究方法、具体范畴、基本原理、逻辑结构各方面都发生了革命性变革。因而，辩证法所具有的那种"批判的和革命的"品质就成了《资本论》及马克思主义整个政治经济学的一种本质属性。今天研究《资本论》的科学批判精神，正好可以为中国特色社会主义政治经济学续接红色基因、传承革命品质，起到强根固本的作用。[②]

2. 宏观经济学

2018 年中国宏观经济正式迈入新常态的新阶段，中国经济增速将从"快速回落"转向"稳中趋缓"。2018 年湖北高校、党校和社科院系统学者对宏观经济学的研究主要集中在经济增长与经济波动、技术进步和全要素生产率等问题上。

在对经济增长和经济波动的影响的研究方面，中南财经政法大学的欧阳志刚等在供给侧和需求侧的双轮驱动下分解经济增长的共同趋势和相依周期，并在共同趋势和相依周期的约束下揭示供给侧和需求侧驱动力的相互影响。研究表明，稳定经济增长的宏观调控政策要以供给侧为主兼顾需求侧的双轮发力，同时还要特别关注供给侧和需求侧的相互影响。[③] 中南财经政法大学的詹新宇等构建包含预算规则的 DSGE 模型，并对基准模型进行模拟分析后发现，预期冲击和"超预算"冲击分别解释了中国产出波动的23.18%和42.65%，而且它们都表现出正向供给冲击的特征，但在消费、投资等方面的冲击响应存在差异。他们的研究表明，为提升财政宏观调控的有效性，应高度重视理性预期在预算决策中的作用，注重研判宏观经济基本面未来可

---

① 简新华：《创新和发展中国特色社会主义政治经济学》，《马克思主义研究》2018 年第 3 期。
② 屈炳祥：《论〈资本论〉的科学批判精神与中国特色社会主义政治经济学建设》，《当代经济研究》2018 年第 6 期。
③ 欧阳志刚、彭方平：《双轮驱动下中国经济增长的共同趋势与相依周期》，《经济研究》2018 年第 4 期。

能的走势,从而提升预算的科学性和前瞻性;维护预算的权威性和约束力,努力缩小预决算偏离度,适度控制"超预算"规模进而减缓其经济波动效应。① 武汉大学的潘敏、袁歌骋认为,在金融去杠杆背景下,监管部门应采用可控的手段稳步推进金融去杠杆进程,避免产生"处置风险的风险"。与此同时,还应加快资本市场的发展,以平抑金融去杠杆对宏观经济可能带来的负面影响。②

关于技术进步和全要素生产率的研究,中南财经政法大学的李小平、李小克基于 Kmenta 近似技术从标准化 CES 生产函数中推导出包含偏向性技术进步指数的 TFP 增长率函数,系统考察了偏向性技术进步下 TFP 增长率变化的驱动机制,刻画了偏向性技术进步与要素效率增长、资本深化水平及其增长率的协同效应对 TFP 增长率变化的作用机制。他们的研究为开发和引进有利于 TFP 增长率提升的适宜技术提供了有益启示。③

关于民间投资的研究方面,武汉大学的辜胜阻、韩龙艳认为民间投资是我国经济增长的重要推动力,2016 年我国民间投资增速、占比出现"双下滑",民间投资下行成为宏观经济新"痛点"。他们建议通过提升民企投资能力、拓宽投资空间、拓展融资渠道、增强投资动力、完善产权保护和构建新型政商关系,提振民营企业家信心,激发我国民间投资活力。④

关于转移支付的研究方面,武汉大学的卢盛峰、时良彦和中南财经政法大学的陈思霞构造了转移支付亲贫性数量测度方法,并基于 2000～2011 年中国健康与营养调查(CHNS)家户数据,从政府—企业—居民的多层次系统检验了中国转移性体系的受益群体,并探讨了其在缩小中国居民收入不平等中的效果。他们的研究表明,走向居民收入平衡增长,提高

---

① 詹新宇、许志伟、刘建丰:《预算规则下的财政政策宏观效应——基于多种预期情形下的模拟分析》,《财贸经济》2018 年第 12 期。

② 潘敏、袁歌骋:《金融去杠杆对经济增长和经济波动的影响》,《财贸经济》2018 年第 6 期。

③ 李小平、李小克:《偏向性技术进步与中国工业全要素生产率增长》,《经济研究》2018 年第 10 期。

④ 辜胜阻、韩龙艳:《当前民间投资存在的问题及对策思考》,《新疆师范大学学报》(哲学社会科学版)2017 年第 5 期。

资金的贫困瞄准效率尤为重要；同时也需要重视政策引导第三部门的再分配参与。[①]

此外，在政策研究方面，武汉大学的宋敏在全球金融危机十周年之际，梳理并对比了中美两国在金融危机发生的背景、危机产生的原因、所采取的应对政策以及这些政策的短期效果和长期效果，总结了中美两国应对金融危机的经验教训，建议中国政府处理好监管政策、货币政策与经济周期三者之间的关系，继续深化供给侧改革以解决 4 万亿元投资政策的遗留问题，提前布局以防范和化解系统性金融风险，为经济持续稳定发展创造理想的宏观环境。[②]

3. 财政学

自经济学产生以来，如何界定政府在市场经济中的作用一直是经济学家们争论的焦点，在中国面向市场化改革的大背景下，这一话题更具有现实意义。2018 年湖北高校、党校和社科院系统学者对财政学的研究主要集中在地方财政、政府财政补贴、税收收入和财政体制改革等方面。

关于地方财政的研究方面，中南财经政法大学的鲁元平、张克中、欧阳洁利用中国 267 个地级市 2002～2012 年的发明专利数据，实证检验了土地财政对区域技术创新的影响与作用机制。他们认为合理调整政府间财政分配关系，逐步减轻地方政府的土地财政依赖，鼓励企业的创新要素投入以及营造良好的创新制度环境是促进我国技术创新的重要举措。[③]

关于人口问题与地方政府财政的关系方面的研究，武汉大学的余锦亮、卢洪友、朱耘婵从生产效率的视角出发构建了一个简单的两期 OLG 模型，探讨人口增长与政府财政支出规模之间的关系。他们的研究构建了面板门槛模型，证实了在不同全要素生产率门槛区间内，人口增长对财政支出规模产

① 卢盛峰、时良彦、陈思霞：《走向收入平衡增长：中国转移支付系统"精准扶贫"了吗?》，《经济研究》2018 年第 11 期。

② 宋敏：《全球金融危机十周年反思——基于中美两国比较分析的视角》，《北京工商大学学报》（社会科学版）2018 年第 3 期。

③ 鲁元平、张克中、欧阳洁：《土地财政阻碍了区域技术创新吗？——基于 267 个地级市面板数据的实证检验》，《金融研究》2018 年第 5 期。

生了截然相反的影响，并据此提出相应的政策建议。[1] 武汉大学的马理、黎妮和华中师范大学的马欣怡以"胡焕庸线"两侧的 48 个城市作为研究对象，选取 8 个方面 18 个代表性指标的 864 个数据序列，采用断点回归的技术方法，检验了"胡焕庸线"两侧地区的发展差异，建议政府通过加大对金融和财政的支持力度、增加公共设施建设、改善医疗卫生条件、加大对教育特别是高等教育的投入、加快西部地区的新型城镇化进程，以及适当地引导人口迁移等方式，降低"胡焕庸线"两侧的发展不平衡，促进经济的均衡发展与共同富裕。[2] 武汉理工大学的赵玉林、谷军健基于制造业上市企业数据，运用倾向得分匹配法（PSM）考察了政府补贴的分配倾向及对创新的激励效果，从不同的企业特征及市场化环境角度探讨了政府补贴激励效果的异质性。他们认为当前补贴分配与创新激励作用存在结构性偏差是整体上补贴政策效果不佳的原因。他们的研究为改进和完善创新补贴政策提供了经验证据。[3] 武汉大学的邓大松、张永春、张怡认为，应当注重公共投资资金使用的规范性和透明度、提高养老和医疗卫生等公共服务的可及性，从而提高投资满意度。[4] 中南财经政法大学的葛结根结合中国的行业特征和经济周期变化对社会保险缴费的转嫁效应进行实证检验。他的研究结论所包含的政策含义是，应适当降低社会保险缴费比例，并根据行业特征和经济周期的变化增加社会保险缴费的灵活性。[5]

关于绩效预算的研究方面，武汉大学的吴俊培、程文辉构建了不完全信息条件下的部门预算绩效管理模型，分析了绩效信息缺陷对财政、部门博弈策略的影响及导致的后果，他们提出了整合项目预算、优化绩效目标设置、

---

[1] 余锦亮、卢洪友、朱耘婵：《人口增长、生产效率与地方政府财政支出规模——理论及来自中国地级市的经验证据》，《财政研究》2018 年第 10 期。

[2] 马理、黎妮、马欣怡：《破解胡焕庸线魔咒实现共同富裕》，《财政研究》2018 年第 9 期。

[3] 赵玉林、谷军健：《政府补贴分配倾向与创新激励的结构性偏差——基于中国制造业上市公司匹配样本分析》，《财政研究》2018 年第 4 期。

[4] 邓大松、张永春、张怡：《居民对公共投资的满意度及其影响因素研究——基于天津市 628 份问卷调查的数据》，《财政研究》2018 年第 7 期。

[5] 葛结根：《社会保险缴费对工资和就业的转嫁效应——基于行业特征和经济周期的考察》，《财政研究》2018 年第 8 期。

加强与部门目标管理工作的协调、构建部门间效率竞争机制等建议，设计了针对预算效率的激励机制。[①]

关于税收收入的研究方面，湖北经济学院的胡凯等以中国制造业上市公司微观数据为样本，实证检验 R&D 税收激励的研发支出效应及其影响因素。他们的研究为处于争议中的产业税收优惠政策的有效性提供了支持证据。[②] 中南财经政法大学的田彬彬、谷雨基于 1998~2010 年中国省级层面的分税种税收收入数据，实证研究发现，税务机关独立性的提升显著促进了税收收入的增长，相比于国税局长由本地晋升的地区，拥有异地交流国税局长的地区税收收入增长更快。他们的研究对我国现行税收征管体制的改革具有重要的政策含义。[③]

关于财政体制改革与地方政府债务治理方面的研究，华中科技大学的朱莹、王健从城投债风险溢价的视角，以 2014 年进行的地方政府债券"自发自还"试点为一项准自然实验，采用双重差分法检验了市场约束对地方政府债务风险的影响。研究结果的启示是：目前财政体制改革滞后于政府融资机制的改革，阻碍了政府债务市场化治理的进程。因此，加快财政体制改革是建立地方政府债务治理长效机制的关键。[④]

4. 金融学

金融是现代市场经济的命脉，具有最高的人力资本回报率，也聚集了大量学术精英的目光。金融学一直是湖北省经济学研究最为突出的领域之一，2018 年湖北经济学者在金融学领域的研究取得了丰硕的成果，主要集中在以下四个方面：一是货币政策；二是股票市场；三是债券市场；四是金融部门。

---

① 吴俊培、程文辉：《基于不完全信息博弈模型的预算效率激励机制设计》，《财政研究》2018 年第 11 期。
② 胡凯、吴清：《税收激励、制度环境与企业研发支出》，《财贸经济》2018 年第 1 期。
③ 田彬彬、谷雨：《征管独立性与税收收入增长——来自国税局长异地交流的证据》，《财贸经济》2018 年第 11 期。
④ 朱莹、王健：《市场约束能够降低地方债风险溢价吗？——来自城投债市场的证据》，《金融研究》2018 年第 6 期。

在货币政策的研究方面，武汉大学的侯成琪、吴桐等将生产过程划分为上游工业品生产和下游消费品生产两个阶段，建立了一个两阶段生产 DSGE 模型，分析中国 PPI 和 CPI 在 2011 年底至 2016 年初出现持续背离的原因。他们的研究发现：除非在福利损失函数中产出波动性的权重远大于通货膨胀波动性的权重，即中央银行极端重视产出稳定，否则货币政策就应该同时钉住 PPI 和 CPI。[①] 中南财经政法大学的庄子罐、贾红静等认为，中国人民银行应加强货币政策的预调微调和预期管理，引导公众形成可预期的货币政策环境，维持宏观经济的稳定运行。另外，在现阶段，中国货币政策应该继续以数量型工具为主，同时注重与价格型工具的协调配合，从而合理发挥货币政策调控宏观经济的职能。[②]

关于股票市场的研究方面，武汉大学的廖珂等基于 2003～2017 年 A 股上市公司的相关数据研究控股股东股权质押对上市公司在"高送转"与现金股利之间如何选择的影响。研究发现，在控股股东进行了股权质押后，上市公司更可能推出"高送转"的利润分配方案，回避或降低现金股利的倾向性更高，这与我国资本市场投资者对"高送转"与现金股利之间的偏好差异一致；这一关系在控股股东质押股份比例越高、质押股权面临的平仓风险越高时更为显著。他们的研究揭示了控股股东股权质押在公司股利政策选择方面的经济后果，并为市场投资者对"高送转"以及现金股利的不同偏好提供了增量证据。[③] 华中科技大学的李春涛、薛原和武汉理工大学的惠丽丽利用中国 A 股上市公司 2006～2015 年的数据，研究社保基金持股对上市公司盈余质量的影响。研究发现，社保基金可以通过抑制控股股东资金占用、增加机构调研次数等途径提升被持股公司的盈余质量。他们的研究有助

---

① 侯成琪、吴桐、罗青天：《PPI 和 CPI：持续背离与货币政策的选择》，《世界经济》2018 年第 7 期。
② 庄子罐、贾红静、刘鼎铭：《货币政策的宏观经济效应研究：预期与未预期冲击视角》，《中国工业经济》2018 年第 7 期。
③ 廖珂、崔宸瑜、谢德仁：《控股股东股权质押与上市公司股利政策选择》，《金融研究》2018 年第 4 期。

于认识和评估社保基金持股对于上市公司的监督与治理作用。[1] 华中科技大学的代昀昊考察了机构投资者与所有权性质如何影响公司的资本成本。他发现：机构投资者能够通过监督公司的治理行为以及提高公司的信息披露质量降低公司的资本成本。他建议监管部门注重管理机构投资者参股交易行为中的规范性。[2] 中南财经政法大学的李春涛、刘贝贝、张璇和武汉大学的周鹏利用 2006 ~ 2015 年中国 A 股上市公司数据，并采用 Kim and Verrecchia（2001）的方法测度信息披露质量，发现 QFII 持股与公司信息披露质量呈显著正相关。他们的研究表明，增加 QFII 的数量和逐渐放松资本项目管制有助于改善信息环境和保护中小股东权益，进而促进我国资本市场的健康发展。[3] 华中科技大学的杨继生、黎娇龙基于多层因子企业绩效模型和中小板上市公司数据，综合分析企业微观个体资源配置、行业周期和宏观经济环境对不同经营状态下企业绩效的边际效应。他们的研究表明，技术升级是中小民营制造企业维持生存的关键，但能否做强则主要依赖于政府的降税减负。反事实仿真实验验证了实证结论的稳健性。[4] 武汉理工大学的徐珊运用相关分析与多元回归方程建立了五个模型，对艺术品市场指数与四个金融资产指标进行投资收益的联动性实证分析。研究表明，我国的艺术市场发育不充分，需要政府加强政策引导，不断完善我国艺术品市场，实现从艺术品市场大国迈向艺术品市场强国的梦想。[5] 武汉大学的何国华、李洁以一个开放型理性预期均衡框架为基础，构建了跨境资本与金融风险的内生性关系，剖析并分离了跨境资本流动的国际风险承担渠道效应，从而为上述实证结论提供了理论支撑。他们从宏观视角为 2015 年 A 股大幅波动事件提供了

---

① 李春涛、薛原、惠丽丽：《社保基金持股与企业盈余质量：A 股上市公司的证据》，《金融研究》2018 年第 7 期。

② 代昀昊：《机构投资者、所有权性质与权益资本成本》，《金融研究》2018 年第 9 期。

③ 李春涛、刘贝贝、张璇、周鹏：《它山之石：QFII 与上市公司信息披露》，《金融研究》2018 年第 12 期。

④ 杨继生、黎娇龙：《制约民营制造企业的关键因素：用工成本还是宏观税负？》，《经济研究》2018 年第 5 期。

⑤ 徐珊：《股票市场资本收益与艺术品投资收益的联动性实证研究》，《管理世界》2018 年第 4 期。

一类理论解释。[1]

关于债券市场的研究，武汉大学的林晚发、李青原等利用 2008～2015 年在交易所债券市场发行的公司债券数据，分别考察高管的任职经历对债券发行成功率与信用利差的影响。研究表明，虽然高管的任职经历会有助于企业成功发行债券，但债券市场同时也让企业付出了更高的成本。[2]

关于金融部门的研究方面，华中科技大学的钱雪松、徐建利、杜立利用手工搜集整理的委托贷款这一独特数据，从正规信贷周期视角切入，实证考察我国影子银行运作问题。结果表明，委托贷款这一影子银行机制是对正规信贷不足的市场反应，正规信贷紧缩促使委托贷款资金流向融资约束较大地区和企业的同时也推高了影子银行风险。[3]

武汉大学的江春、司登奎等将股价、央行外汇干预及汇率预期纳入拓展的泰勒规则汇率模型之中，在两国开放泰勒规则汇率模型分析框架下阐释人民币汇率变动的微观机理，采用平滑转换模型并选择 2005 年 7 月至 2016 年 7 月研究样本进行实证分析。本研究为公众在新的人民币汇率形成机制条件下认识人民币汇率动态变化规律、波动成因提供启示。[4] 武汉大学的潘敏、刘知琪基于中国家庭追踪调查（CFPS）数据，实证检验了家庭杠杆对其总支出和消费性支出的直接和间接影响，以及这种影响在不同类型消费和城乡居民家庭消费中的差异。结果表明，在供给侧结构性改革的背景下，居民家庭"加杠杆"并不能直接有效地提高消费水平和促进消费结构升级，推动消费增长和消费结构升级的根本途径在于增加家庭收入和提高家庭总资产水平。[5]

---

[1] 何国华、李洁：《跨境资本流动的国际风险承担渠道效应》，《经济研究》2018 年第 5 期

[2] 林晚发、李青原、钟辉勇：《高管任职经历的得与失？——来自债券市场的经验证据》，《金融研究》2018 年第 6 期。

[3] 钱雪松、徐建利、杜立：《中国委托贷款弥补了正规信贷不足吗？》，《金融研究》2018 年第 5 期。

[4] 江春、司登奎、李小林：《基于拓展泰勒规则汇率模型的人民币汇率动态决定：理论分析与经验研究》，《金融研究》2018 年第 2 期。

[5] 潘敏、刘知琪：《居民家庭"加杠杆"能促进消费吗？——来自中国家庭微观调查的经验证据》，《金融研究》2018 年第 4 期。

关于资本流动的研究方面，中南财经政法大学的陈思翀、刘静雅基于动态资产组合最优权重的变化研究套息交易对中国短期跨境资本流动的影响。研究结果显示，当汇率及利差等状态变量随时间发生改变时，套息交易资产组合的最优权重也会发生改变，且能显著地解释我国短期资本流动的变化，但套息交易的资产配置并不是当前我国资本流动出现趋势性变化的根本原因。[①] 中南财经政法大学的李芳、卢璐等利用全球 149 个经济体1992～2015年的数据，采用不同的实证方法进行一系列分析，他们的研究为一些国家和地区在发生资本流动突然中断危机时重新盯住汇率制度的做法提供了经验上的支持，也为我国在增强汇率制度弹性的改革过程中有效应对资本流动突然中断的冲击提供了政策参考。[②]

关于外币债务的研究方面，中南财经政法大学的郭飞、游绘新、郭慧敏认为，我国上市公司外币债务融资的重要影响因素为外汇风险对冲；国际化水平较高的公司更可能使用外币债务。另外，他们首次直接研究并发现了外汇衍生品与外币债务的互补关系。通过进一步研究，他们发现，外币债务的使用能够降低债务资本成本，但人民币贬值带来的汇兑损失会抵消其低利率优势。他们的研究结果为我国企业平衡本外币债务成本（风险）与收益、优化负债水平和结构提供了借鉴。[③]

在风险披露的研究方面，中南财经政法大学的王雄元等从权益资本成本视角探究了中国上市公司年报风险披露的价值相关性及信息性质。他们首次检验了我国年报风险披露对权益资本成本的影响，得到与国外文献不一致的结论，丰富了信息披露与资本成本关系相关的文献。[④]

关于企业负债的研究方面，中南财经政法大学的李志生、苏诚、李

[①] 陈思翀、刘静雅：《套息交易对中国短期资本流动的影响——基于动态资产组合理论的研究》，《金融研究》2018 年第 6 期。

[②] 李芳、卢璐、卢逸扬：《资本流动突然中断、汇率制度与经济增长》，《财贸经济》2018 年第 2 期。

[③] 郭飞、游绘新、郭慧敏：《为什么使用外币债务？——中国上市公司的实证证据》，《金融研究》2018 年第 3 期。

[④] 王雄元、高曦：《年报风险披露与权益资本成本》，《金融研究》2018 年第 1 期。

好、孔东民认为过度负债的地区同群效应对企业经营的影响表现为：同群效应越强，企业过度负债水平越高，偿债能力越弱，过度投资越严重，盈利能力越低。①

关于汇率的研究方面，武汉大学的管涛通过分析信用货币创造过程指出，中国较高的 M2 绝对值和与 GDP 的相对值是由经济快速增长引致的货币需求以及较低的货币使用效率造成的，不能简单得出"货币超发"的结论，人民币并不存在因"货币超发"而必然贬值的逻辑。保持汇率稳定、实现汇率制度成功转型的最大挑战是金融体系的脆弱性而非货币数量。因此，他们提出了发展是关键、预期很重要、金融要稳健、开放宜审慎的政策建议。②

关于金融创新的研究，中南财经政法大学的龚强、王璐颖通过构建信息不对称下的平台投资理论模型，探讨不同项目风险特性下的承诺可置信性发现，在风控不足、风险较大的网络平台，风险准备金成为庞氏骗局的手段；在风控较好、风险较小的机构如银行，风险准备金是防止挤兑、保障投资者利益的有效手段。这项研究为规范金融市场提供了重要的理论支撑，确认机构风险是设立风险准备金的关键。③

华中农业大学的李剑、李崇光等构建了商品期货市场"泡沫综合指标"和归因分析模型，测度了 2006～2015 年我国商品期货市场价格泡沫整体水平和分布特征，并分析了商品金融化对商品价格泡沫形成机制的影响。研究结果发现：准确评估和科学防范商品金融化现象及其对商品定价机制的潜在影响，对于推进商品期货市场和商品经济平稳健康发展具有重要的理论和现实意义。④

---

① 李志生、苏诚、李好、孔东民：《企业过度负债的地区同群效应》，《金融研究》2018 年第 9 期。

② 管涛：《货币供应与汇率：中国"货币超发"必然导致人民币贬值吗?》，《金融研究》2018 年第 12 期。

③ 龚强、王璐颖：《普惠金融、风险准备金与投资者保护——以平台承诺担保为例》，《经济学》（季刊）2018 年第 4 期。

④ 李剑、李崇光、陈烨：《金融化与商品价格泡沫》，《管理世界》2018 年第 8 期。

关于产出结构对货币需求影响的研究方面，中南财经政法大学的陈思翀、李文学等利用中国 1978～2015 年省级面板数据进行了验证，结果显示，第二、第三产业单位产出对应的货币需求更高，尤其是第三产业的效应更为显著。[1]

5. 收入分配

协调增长与分配的关系一直是我国改革的头等大事，从"三步走"战略到"先富带动后富"无不具有收入分配的经济学思想。2018 年湖北经济学者在该领域的研究主要集中在收入分配与经济增长、收入分配与城镇化、收入分配与居民消费的关系三个方面。

在收入分配与经济增长的关系方面，湖北大学的程文和华中科技大学的张建华解释了许多贫富分化严重的后发国家在进入中等收入水平的发展阶段后，无法顺利转型为创新驱动的增长模式，落入"中等收入陷阱"的原因。[2] 此外，武汉大学的邹薇、袁飞兰认为，应该转变总需求增长机制，提高劳动收入份额，形成"工资提高—总需求提高—生产率提高"的持续良性发展模式。[3]

就收入分配与城镇化的关系而言，武汉大学的罗知等探讨从政府关注收入分配到城镇化水平的传导机制，发现关注收入分配问题，一方面促进了道路基础设施建设，从而减少了移民成本，另一方面带来了工业贷款的增加，从而通过工业化增加了移民的就业机会。[4]

此外，关于外生冲击对收入分配和居民消费的影响，武汉大学的江春、向丽锦、肖祖沔在经典新凯恩斯 DSGE 模型下，创新性地引入一定程度的家庭异质性，通过设定"李嘉图"和"经验规则"两类异质性家庭以及价格、

---

① 陈思翀、李文学、徐奇渊：《产出结构对货币需求的影响：基于中国省级面板数据的研究》，《世界经济》2018 年第 9 期。

② 程文、张建华：《收入水平、收入差距与自主创新——兼论"中等收入陷阱"的形成与跨越》，《经济研究》2018 年第 4 期。

③ 邹薇、袁飞兰：《劳动收入份额、总需求与劳动生产率》，《中国工业经济》2018 年第 2 期。

④ 罗知、万广华、李敬、张勋：《兼顾效率与公平的城镇化：理论模型与中国实证》，《经济研究》2018 年第 7 期。

工资黏性,分析了技术、工资加成和利率变动三种外生冲击下居民消费以及收入分配的动态变化。研究表明,正向技术冲击会提升经济产出并降低通货膨胀,提高消费分配的不平等程度,不影响居民收入分配。[①]

6. 产业经济学

市场经济的核心是微观产业组织,企业及产业的研究一直是经济学研究的传统基地。2018年湖北经济学者们在产业经济学方面的研究主要集中在微观企业层面,重点研究了征纳合谋对企业所得税逃税的影响、企业上级如何解读员工的成长需求强度(GNS)以及影响上级感知和行为转变的心理机制和互联网时代制造企业服务创新领域的未来研究方向三个方面。

中南财经政法大学的田彬彬等基于2010~2014年中国上市公司的微观层面数据,从经验上考察了征纳合谋对企业所得税逃税的影响。以企业的业务招待费支出占比为其贿赂支出的代理变量,他们发现,企业的业务招待费支出占比越高,其逃税程度也越高。同时,由于合谋的动机是逃税,业务招待费支出对企业逃税的提升作用主要存在于名义税率较高的企业,而在享受税收优惠的企业中则不明显。此外,由于反腐败力度的提升增加了征纳双方合谋的成本,降低了合谋的意愿,研究发现,2012年12月中央"八项规定"实施之后,业务招待费支出对企业逃税的影响显著下降。[②]

华中科技大学的刘智强、卫利华、王凤娟和唐双双则重点探讨上级如何解读员工的成长需求强度(GNS)以及影响上级感知和行为转变的心理机制。他们的结果表明:员工GNS正向影响员工创造性产出;激励机制导向正向调节员工GNS与创造性产出之间的关系;员工GNS、上级GNS、激励机制导向三项交互影响员工创造性产出。[③]

湖北经济学院的陈昀和华中科技大学的贺远琼、周琪针对现实问题以及

① 江春、向丽锦、肖祖沔:《货币政策、收入分配及经济福利——基于DSGE模型的贝叶斯估计》,《财贸经济》2018年第3期。
② 田彬彬、范子英:《征纳合谋、寻租与企业逃税》,《经济研究》2018年第5期。
③ 刘智强、卫利华、王凤娟、唐双双:《上下级GNS、激励机制选择与创造性产出》,《管理世界》2018年第9期。

资源基础观的理论发展趋势，从制造企业服务创新的驱动因素与绩效结果、基于用户需求链的服务类型以及基于资源编排的服务创新机制三个方面进行文献梳理，提出互联网时代制造企业服务创新领域的未来研究方向，以期为该领域的研究提供参考。[①]

7. 劳动经济学

随着中国社会的老龄化加速，人口经济学成为经济学领域的新热点。2018 年湖北高校、党校和社科院系统学者对劳动经济学的研究主要集中在人力资本和技术升级两个方面。

武汉大学的马颖、何清等认为，中国人口转型之势已不可逆转，经济活动人口规模持续数年下降，改善人力资本配置效率、释放人力资本潜力将成为中国经济持续增长的核心途径。他们的研究结论为提升人力资本使用效率、实现经济高质量发展提供了有益的启示。[②]

华中科技大学的杨继生、黎娇龙基于多层因子企业绩效模型和中小板上市公司数据，综合分析企业微观个体资源配置、行业周期和宏观经济环境对不同经营状态下企业绩效的边际效应。研究发现，对于经营状态较差的企业，用工成本确实是最主要的制约因素，"机器换人"和技术创新是企业脱困的必要手段。但对于经营状态较好的企业，约束主要来自宏观环境因素，而不是用工成本。所测得的宏观环境因子呈现典型的 L 型趋势，折点位置在 2010 年，其总体趋势与宏观税负高度吻合，而短期波动则与企业实际税负基本一致。因而，技术升级是中小民营制造企业维持生存的关键，但做强则主要依赖于政府的降税减负。[③]

8. 农业与农村经济

作为农业大省，农业与农村经济一直是湖北经济学者关注的重点领域之

---

① 陈昀、贺远琼、周琪：《基于用户需求链的制造企业服务创新研究》，《管理世界》2018 年第 12 期。

② 马颖、何清、李静：《行业间人力资本错配及其对产出的影响》，《中国工业经济》2018 年第 11 期。

③ 杨继生、黎娇龙：《制约民营制造企业的关键因素：用工成本还是宏观税负？》，《经济研究》2018 年第 5 期。

一。2018 年湖北经济学者对农业与农村经济领域的研究主要集中在以下四个方面：一是农业机械化；二是农民增收与农业贸易；三是农村土地流转问题；四是生态农业。

关于农业机械化的研究，华中科技大学的杨进等利用农村固定观察点的农户调查数据，研究了中国农业机械化发展对农户粮食播种面积的影响。研究结果表明：农户在粮食生产过程中是否使用农业机械化服务，对粮食播种面积都不会有显著影响；但是，不断上涨的每亩农业机械作业费用会降低农户粮食作物播种面积及其在农作物总播种面积中的占比；如果农户地处平原地区，每亩农业机械作业费用上涨对该类农户粮食播种面积及其占比的负向影响会被削弱。①

关于农民增收方面的研究，华中农业大学的罗斯炫、何可、张俊飚认为，建设"四好农村路"要因地制宜，为农机跨区作业发展提供应有便利，以促进农业机械资源在区域间的充分流动与合理配置，从而实现农业现代化的稳步推进。② 关于农民收入的研究，华中农业大学的李谷成、李烨阳、周晓时认为，农业机械化和劳动力转移对农民收入增长的作用机制及其因果关系是一个值得深入探讨的问题。他们基于 2000～2015 年的省级面板数据，构建中介效应检验模型，对三者之间的作用逻辑和因果关系进行实证分析。研究表明，农业机械化和劳动力转移是建立农民增收长效机制的两大抓手，不可偏废，但在这一过程中，要注意处理好两者的关系和节奏，不可颠倒前后因果次序，否则有可能发生对农业比较优势的偏离。③ 关于农业贸易的研究，基于新贸易理论，华中农业大学的高奇正、刘颖和叶文灿认为在农业领域存在显著的贸易技术溢出效应，但是，国内自主农业科研投入仍是各国农业全要素生产率增长的主要来源；各国农业资源禀赋差异会弱化农业贸易的

---

① 杨进、吴比、金松青、陈志钢：《中国农业机械化发展对粮食播种面积的影响》，《中国农村经济》2018 年第 3 期。

② 罗斯炫、何可、张俊飚：《修路能否促进农业增长？——基于农机跨区作业视角的分析》，《中国农村经济》2018 年第 6 期。

③ 李谷成、李烨阳、周晓时：《农业机械化、劳动力转移与农民收入增长——孰因孰果？》，《中国农村经济》2018 年第 11 期。

技术溢出效应；在农业贸易的大类里，农业中间品贸易的技术溢出效应相对于农产品贸易、农业资本品贸易来说更加明显；在农业贸易领域，发达经济体发挥了更多的技术溢出作用。他们的研究为新贸易理论在农业领域的应用提供了更多的经验证据。[①]

关于生态农业的研究，华中农业大学的黄炎忠和罗小锋认为，在考虑中国众多中小规模稻农对生产稻谷"既吃又卖"的现实背景下，应将食品安全纳入农户的多目标效用函数，探讨不同类型稻农生物农药施用行为的差异及其影响因素。口粮型稻农的生物农药施用行为受其食品安全重要性认知、农产品销售过程中的质检与户主受教育程度的正向影响。利润型稻农的生物农药施用行为受遵照说明施药能力、有区域品牌和口碑、农药施用成本、政府监管和种植规模的正向影响，受水稻单产收益的负向影响。[②]

关于农地整治方面的研究，华中农业大学的谢金华、杨钢桥、许玉光通过构建农地整治背景下农户生计策略的分析框架，并利用湖北省农户问卷调查数据，采用双重差分（DID）模型，分析不同农地整治模式对农户生计策略的影响。今后不仅要继续加大对农地整治的投资力度，还要创新农地整治实施模式，更要因地制宜地开展农地整治。[③]

9. 资源环境经济学

随着我国经济进入"新常态"，人与环境的矛盾日益突出，资源环境经济学及与其相关的生态经济学最近几年一直是湖北经济学者研究的重点领域之一。2018年湖北经济学者对该领域的研究集中在碳配额的市场波动风险及其稳定机制、智慧城市建设以及环境权益交易市场与绿色创新关系三个主题上。

在碳配额的市场波动风险及其稳定机制方面，武汉大学的魏立佳、彭妍

---

① 高奇正、刘颖、叶文灿：《农业贸易、研发与技术溢出——基于38个国家（地区）的验证分析》，《中国农村经济》2018年第8期。

② 黄炎忠、罗小锋：《既吃又卖：稻农的生物农药施用行为差异分析》，《中国农村经济》2018年第7期。

③ 谢金华、杨钢桥、许玉光：《不同农地整治模式对农户生计策略的影响研究——以江汉平原和鄂西南山区部分县市为例》，《中国农村经济》2018年第11期。

等从欧盟、北美、中国广东等现行碳市场的管控政策中分别抽象出数量稳定、价格稳定和价量联动稳定三种机制，并运用理论建模和经济学实验的方法加以分析。研究发现，各类型的市场稳定机制对企业的影响各不相同，其中，低排放企业相对于高排放企业在价量联动稳定的碳市场中占据最大优势，在其他稳定机制的碳市场中优势要小得多。[①]

关于智慧城市建设的研究方面，武汉大学的石大千，华中科技大学的丁海、卫平等基于中国 2005 ~ 2015 年 197 个地级市的面板数据，在熊彼特创新理论和波特创新驱动理论的框架下，利用双重差分方法评估了智慧城市建设对城市环境污染的影响，并运用双重差分倾向得分匹配法（PSM – DID）进一步进行了验证。结论表明：智慧城市建设显著减少了城市环境污染，机制验证表明，智慧城市建设运用现代信息技术推动了城市发展模式的创新，通过创新驱动产生技术效应、配置效应和结构效应，进而通过上述三大效应降低了城市环境污染；城市规模异质性研究表明，中等规模的智慧城市加剧了环境污染，而大型城市的智慧城市建设减污效应明显，智慧城市减少环境污染的效果随城市规模的扩大而增强；城市特征异质性研究发现，人力资本水平、金融发展程度和信息基础设施水平较高的城市可以显著增强智慧城市的减污效应，且人力资本在智慧城市减污效应的释放中发挥的作用最大。[②]

关于"大气十条"政策对空气质量的影响的研究方面，武汉大学的罗知、李浩然利用 258 个地级市的数据，对"大气十条"政策的实施是否有助于减轻北方地区冬季供暖对其空气污染的影响进行了研究。结果表明，如果用先进燃煤锅炉集中供热，减少散煤和燃煤小锅炉，将有效改善北方地区冬季空气质量，而且更加符合中国"富煤、少油、缺气"的现实资源禀赋状况，长期看有利于国家能源安全。[③] 中南财经政法大学的罗良文、茹雪、赵凡在

① 魏立佳、彭妍、刘潇：《碳市场的稳定机制：一项实验经济学研究》，《中国工业经济》2018 年第 4 期。
② 石大千、丁海、卫平、刘建江：《智慧城市建设能否降低环境污染》，《中国工业经济》2018 年第 6 期。
③ 罗知、李浩然：《"大气十条"政策的实施对空气质量的影响》，《中国工业经济》2018 年第 9 期。

对相关文献进行分析和梳理的基础上，分别从经济增长、农业、劳动力市场三个方面阐述了气候变化对经济活动的影响，同时也对适应和减缓气候变化的政策工具进行了总结和归纳，最后对相关研究进行了评论与展望。[1]

关于环境权益交易市场与绿色创新关系的研究，武汉大学的齐绍洲、林屾、崔静波认为：首先，相对于非试点地区以及清洁行业，排污权交易试点政策诱发了试点地区污染行业内企业的绿色创新活动；其次，该政策对绿色创新的诱发作用主要针对绿色发明专利，而非绿色实用新型专利；最后，就研究样本而言，相对于国企，非国企的绿色创新活动对试点政策的诱发反应强度更为显著。[2]

10. 世界经济

2018年世界经济形势风起云涌，在变化多端的时代背景下，湖北经济学者对世界经济的研究主要集中在对中美制造业发展质量的研究上。

武汉理工大学的赵玉林、谷军健从生产制造环节的生产效率、出口贸易环节的价值获取能力与技术含量三个角度进行了测算。研究发现：随着行业技术密集度提高，美国经济地位指数上升，而中国呈下降趋势，中国高技术产业增值能力与美国的差距大于制造业总体；增加值出口视角下中国制造业技术复杂度整体呈上升趋势，但始终低于美国、德国和日本；中国高技术产业的出口技术复杂度高于德国和日本，但低于美国。在研究创新方面，中国从生产制造和出口贸易两个环节，首次采用全要素生产率、全球价值链经济地位与增加值视角下的技术复杂度测度制造业发展质量。[3]

11. 国际贸易学

2018年，国际贸易相关话题是中国乃至世界经济的热点。湖北省经济学者对该领域的研究兴趣集中在如何用"性价比"解读中国出口"奇迹"

① 罗良文、茹雪、赵凡：《气候变化的经济影响研究进展》，《经济学动态》2018年第10期。
② 齐绍洲、林屾、崔静波：《环境权益交易市场能否诱发绿色创新？——基于我国上市公司绿色专利数据的证据》，《经济研究》2018年第12期。
③ 赵玉林、谷军健：《中美制造业发展质量的测度与比较研究》，《数量经济技术经济研究》2018年第12期。

和中国对外直接投资如何提升出口技术含量方面。

关于中国出口方面的研究，中南财经政法大学的廖涵、谢靖认为，"性价比"提高显著促进了中国制造业的出口增长，且在不同类型行业和不同类型进口地中呈现出一定的差异性。其通过结构分解发现，中国出口产品"性价比"的提高恰好满足了不断扩大的国外市场需求，成就了中国制造业的出口奇迹；"性价比"在结构上的动态调整揭示了在价格优势逐渐弱化而产品质量与发达国家尚存在差距的情况下，中国制造业出口仍能持续增长的原因。[1]

关于中国对外直接投资（OFDI）能否以及如何提升出口技术含量的研究方面，武汉大学的毛海欧和华中科技大学的刘海云研究发现：OFDI 的技术效应、结构效应和规模效应提高了中国出口技术含量；OFDI 对中间品出口技术含量的促进作用较为突出；不同动机 OFDI 对出口技术含量具有差异化影响。[2]

12. 制度经济学

作为市场经济运行的基础和保障，制度的功能不可忽视。湖北在制度经济学领域有较好的研究基础，该领域的研究也呈现出一些精品。2018 年湖北学者对制度经济学的研究主要集中在知识产权法律本土化和东道国制度环境与东道国国际创业的关系两个方面，其中一篇文章刊载于《中国社会科学》。

中南财经政法大学的吴汉东认为，改革开放 40 年来，中国从基本国情和发展需要出发，准确把握制度属性功能，塑造法律价值目标，建构法治与发展运行机制，能动地进行制度转化和法律精神再造，实现了知识产权法律本土化。[3] 关于企业投资环境的研究方面，中南财经政法大学的田毕飞、梅小芳、杜雍和中国民生银行的王波浪基于 2003～2013 年 52 个国家（地区）

---

① 廖涵、谢靖：《"性价比"与出口增长：中国出口奇迹的新解读》，《世界经济》2018 年第 2 期。

② 毛海鸥、刘海云：《中国 OFDI 如何影响出口技术含量——基于世界投入产出数据的研究》，《数量经济技术经济研究》2018 年第 7 期。

③ 吴汉东：《中国知识产权法律变迁的基本面向》，《中国社会科学》2018 年第 8 期。

的 GEM 非平衡面板数据，结合制度理论和吸收能力理论，构建了外商直接投资、东道国制度环境与东道国国际创业的概念模型，实证研究了外商直接投资与东道国制度环境对东道国国际创业的影响。他们据此提出了优化管制环境、健全规范环境、完善认知环境、合理引导外商直接投资以促进中国的国际创业的政策建议。[①]

13. 经济史

经济史是湖北经济学学科的传统优势领域，聚集了一批杰出的经济研究者。2018 年湖北经济学者在该领域的研究主要集中在古代契约精神和新中国经济史两个方面。

在中国古代契约的研究方面，武汉大学的李洪涛、陈国灿认为"和为贵"一直是中国传统文化中的一种精神，被称为"贵和"思想。中国古代民间的契约实践充分体现了传统的"贵和"思想。古代契约的"和合而同"思想就是对"贵和"思想的具体化。古代创制契约是把契约当作一套制度性安排，通过这套制度，不同的利益主体能够实现"和合而同"，从而订立契约实现各自的预期利益。在不同的历史时期，体现"贵和"思想的契约语式亦有变化，但都是"两和立契"的表达，如"先和后券"、"两共平章"和"三面评议"语式，且与古代契约简单—完善—简约的发展特征相一致。古代契约的"贵和"思想对规范市场经济条件下的市场行为和促进经济发展仍有现代价值和现实意义。[②]

在新中国经济史方面，中南财经政法大学的冯兵兵与赵凌云认为，1949～1960 年中国农田机电排灌事业的发展历程表明，工程和设备的合理配套、管理组织水平的提升、技术力量的增强、经济效益的提高对于农田机电排灌事业的稳步发展具有至关重要的作用。[③]

---

① 田毕飞、梅小芳、杜雍、王波浪：《外商直接投资对东道国国际创业的影响：制度环境视角》，《中国工业经济》2018 年第 5 期。
② 李洪涛、陈国灿：《"和合而同"——论中国古代契约的"贵和"思想》，《中国经济史研究》2018 年第 4 期。
③ 冯兵兵、赵凌云：《1949～1960 年中国农田机电排灌研究》，《当代中国史研究》2018 年第 4 期。

（二）2018年湖北与北京等5省市的经济学学术成果比较

通过对 2018 年湖北省与北京、上海、江苏、浙江和湖南 5 省市经济学学科发展的横向比较，我们可以更清楚地定位湖北省经济学学科研究的水平与特色。

北京市和上海市不仅经济实力雄厚，在科教方面也领先全国，北京市有 33 所大学入选"双一流"建设名单，北京市在原有的 26 所"211"工程高校基础上，又新增 7 所"双一流"建设高校。上海市则有 14 所大学入选"双一流"建设名单，上海市在原有的 10 所"211"工程高校基础上，又新增 4 所"双一流"建设高校。在教育部公布的全国第四轮学科评估中，北京与上海均有一所高校在理论经济学的学科评估中取得 A + 的评估结果，此外，北京有 3 所高校在应用经济学的学科评估中取得 A + 的评估结果。

江苏和浙江是东部发达省份，也是我国经济学研究的重要基地。江苏省是我国重点高校最为集中的地区之一，科教实力雄厚。在"双一流"评选中，江苏省在原有的 11 所"211"工程高校基础上，又新增 4 所"双一流"建设高校。浙江省的经济实力在我国排在前列，近年来科教实力飞速发展，虽然只有 1 所大学入选"双一流"建设名单，但其部分省属高校实力也不容小觑。

湖南毗邻湖北，拥有 4 所"双一流"建设高校，位居全国前列，虽较湖北少 3 所，但依然是中部地区重要的教育和科研基地。同时，两省地理位置和经济实力等多方面指标均较为接近，因此，湖南在科教方面可以作为湖北的参照省份。

1. 经济学顶级期刊及分类

为了量化比较 2018 年湖北省与北京、上海、江苏、浙江和湖南 5 省市的经济学学科发展水平，本报告综合考虑经济学学术期刊的学术声誉、期刊排名及影响因子等因素，选取了 11 种代表经济学最高研究水平的顶级期刊，力求反映 6 省市在经济学研究水平上的差异。其中第一档次期刊为《中国

社会科学》1种，代表中国整个社会科学界最高级别学术成果；第二档次期
刊为《经济研究》和《管理世界》2种，代表经济学界最高学术成就；第
三档次为《中国农村经济》《世界经济》《财贸经济》《中国工业经济》《数
量经济技术经济研究》《财贸研究》《金融研究》《经济学（季刊）》8种期
刊，《经济学（季刊）》为经济学界后起之秀，学术界认可度极高。11种期
刊及其出版单位、刊号及影响因子见表1。

表1 11种经济学顶级期刊出版单位、刊号及影响因子

期刊	出版单位	刊号	复合影响因子	综合影响因子
《中国社会科学》	中国社会科学院	CN11 – 1211/C	7.218	5.357
《经济研究》	中国社会科学院经济研究所	CN11 – 1081/F	11.232	7.912
《管理世界》	国务院发展研究中心	CN11 – 1235/F	6.016	4.056
《中国农村经济》	中国社会科学院农村发展研究所	CN11 – 1262/F	5.239	3.463
《世界经济》	中国社会科学院世界经济与政治研究所	CN11 – 1138/F	5.615	3.810
《财贸经济》	中国社会科学院财经战略研究院	CN11 – 1166/F	4.684	2.815
《中国工业经济》	中国社会科学院工业经济研究所	CN11 – 3536/F	11.204	7.258
《数量经济技术经济研究》	中国社会科学院数量经济与技术经济研究所	CN11 – 1087/F	4.878	3.187
《财贸研究》	安徽财经大学	CN34 – 1093/F	2.365	1.161
《金融研究》	中国金融学会	CN11 – 1268/F	7.130	4.417
《经济学(季刊)》	北京大学中国经济研究中心	CN11 – 6010/F	6.152	4.123

注：影响因子统计截至2019年1月31日，数据来源于中国知网。

2. 湖北与北京等5省市经济学学术成果整体水平比较

本报告以公开发表的学术论文为例，对湖北与北京等5省市经济学学术

成果整体水平进行比较。表 2 显示了 2018 年湖北和北京、上海、江苏、浙江、湖南 5 省市在经济学顶级期刊上发文的数量。由表 2 可知，就总体数量和质量而言，2018 年湖北省经济学学科在经济学顶级期刊上取得的成果在 6 省市中仅次于北京和上海，略胜江苏，并且与上海差距微弱，遥遥领先于浙江和湖南。可以说，除北京外，上海、湖北和江苏三省（市）经济学发展水平在同一档次。从经济学学科发文总数看，湖北排名第三。表 3 显示了 6 省市在三个档次的顶级期刊中的发文量，在第一档次期刊中，湖北省经济学学科表现中规中矩；但是就第二档次期刊而言，湖北省经济学学科在《经济研究》上发文 13 篇，相比其他省市，这是一个亮点；在第三档次期刊方面，湖北省经济学学科表现依旧稳定。

表 2　2018 年湖北与北京等 5 省市经济学顶级期刊发文量比较

单位：篇

期刊＼省份	湖北	江苏	北京	浙江	湖南	上海	湖北名次	湖北与第一名差距
《中国社会科学》	1	3	8	0	1	1	3	7
《经济研究》	13	7	65	6	2	11	2	52
《管理世界》	5	6	46	7	0	11	5	41
《中国农村经济》	7	12	46	7	0	3	3	39
《世界经济》	5	6	38	1	1	11	4	33
《财贸经济》	9	8	45	11	2	7	3	36
《中国工业经济》	13	14	38	5	4	10	3	25
《数量经济技术经济研究》	7	12	19	6	1	4	3	12
《财贸研究》	8	5	42	4	3	8	2	34
《金融研究》	15	5	54	1	1	22	2	39
《经济学（季刊）》	2	1	26	0	0	4	3	24
总数	85	79	427	48	15	92	3	342

注：（1）湖北名次是指湖北省在 6 省市中顶级期刊发文数量上的排名，包括全部经济学期刊发文；

（2）湖北与第一名的距离是指湖北省与各个期刊发文量排名第一的省市的差距。

表3　2018 年湖北省与北京等 5 省市三档次经济学顶级期刊发文量

单位：篇

省份档次	湖北	江苏	北京	浙江	湖南	上海	湖北名次	湖北与第一名差距
第一档	1	3	8	0	1	1	3	7
第二档	18	13	111	13	2	22	5	93
第三档	66	63	308	35	12	69	3	242
总数	85	79	427	48	15	92	3	342

注：（1）湖北名次是指湖北省在 6 省市中顶级期刊发文数量上的排名；
　　（2）湖北与第一名的差距是指湖北省与各个档次发文量排名第一省市的差距。

3. 湖北省与北京等5省市经济学热点研究领域对比

分领域来看，湖北省与北京、上海、江苏、浙江和湖南 5 省市的经济学研究也呈现出一些相似点和不同点。表 4 显示了 6 省市在经济学不同领域的发文量对比。

表4　2018 年湖北省与北京等 5 省市分领域经济学顶级期刊发文对比

单位：篇

省份领域	湖北	江苏	北京	浙江	湖南	上海	湖北名次	湖北与第一名差距
政治经济学	2	1	4	0	0	1	2	2
宏观经济学	7	5	36	2	1	7	2	29
财政学	10	9	44	5	1	9	2	34
金融学	22	7	61	5	0	18	2	39
收入分配	4	2	4	1	0	3	1	0
产业经济学	3	3	20	1	0	8	3	17
劳动经济学	2	4	4	1	0	4	4	2
农业与农村经济	6	11	41	5	0	4	3	35
资源环境经济学	5	5	12	1	0	3	2	7
世界经济	1	1	3	2	0	0	3	2
国际贸易	2	11	23	7	3	6	6	21
制度经济学	2	0	3	0	1	4	3	2
经济史	2	0	2	0	0	0	1	0
其他	15	19	156	15	9	22	4	141
总数	83	78	413	45	15	89	3	330

除去一些无法归类的学术论文，我们分十三个经济学领域列出了2018年6省市的发文数量。由表4可知，2018年湖北省经济学界最热衷于研究宏观经济学、金融学以及财政学三大类，这三个领域的论文数量大约占了总数的一半。而2018年江苏省经济学界发表的论文在国际贸易、农业与农村经济和财政学这三个领域比较集中，这三个领域的论文数量大约占总数的40%。北京市经济学界则热衷于研究金融学、财政学和农业与农村经济等领域，浙江省也热衷于研究金融学和财政学。与2017年一样，除了金融学和财政学两大热点领域外，湖北省经济学界对农业与农村经济和宏观经济学关注颇多，2018年湖北省经济学界在这两大领域顶级期刊上的发文量达到了13篇。

湖北省与北京、上海、江苏、浙江和湖南5省市经济学界都对财政学这一领域比较感兴趣，与2017年相比，2018年6省市在财政学领域的发文集中在某一刊物的现象依然存在。具体研究成果的期刊分布见表5。

表5 2018年6省市财政学研究成果的顶级期刊分布

单位：篇

领域	期刊	湖北	江苏	北京	浙江	湖南	上海
财政学	《中国社会科学》						
	《经济研究》		2	3			2
	《管理世界》			2			
	《中国农村经济》			1			
	《世界经济》						
	《财贸研究》	6	4	27	3	1	5
	《中国工业经济》		1	1			
	《数量经济技术经济研究》		1	2			
	《财贸经济》	2	1	7	2		1
	《金融研究》	2		1			1
	《经济学(季刊)》						
	总计	10	9	44	5	1	9

4. 湖北与北京等5省市经济学学术成果影响力比较

由于不同学术期刊的学术影响力有较大差异，仅仅对比各省市发文数量掩盖了期刊异质性，不足以准确评价学科发展的综合水平。为此，我们构建了学术成果影响力指数 $IIAA$（Impact Index of Academic Achievements）。该指数综合考虑了期刊影响力和成果数量，通过加权思想构建，用公式表示如下。

$$IIAA_i = \sum_{j=1}^{11} IIF_j \times N_j \tag{1}$$

其中，IIF 为期刊复合影响因子，N 为 i 省在该期刊上的发文数量，j 表示期刊编号。接下来，我们把 11 种期刊上 6 省（市）的发文量与相应期刊的影响因子代入公式（1），6 省（市）经济学学科学术成果影响力指数计算如下。

$IIAA_{hb} = 7.218 \times 1 + 11.232 \times 13 + 6.016 \times 5 + 5.239 \times 7 + 5.615 \times 5 + 4.684 \times 9 + 11.204 \times 13 + 4.878 \times 7 + 2.365 \times 8 + 7.130 \times 15 + 6.152 \times 2 = 608.19$

$IIAA_{js} = 7.218 \times 3 + 11.232 \times 7 + 6.016 \times 6 + 5.239 \times 12 + 5.615 \times 6 + 4.684 \times 8 + 11.204 \times 14 + 4.878 \times 12 + 2.365 \times 5 + 7.130 \times 5 + 6.152 \times 1 = 539.42$

$IIAA_{bj} = 7.218 \times 8 + 11.232 \times 65 + 6.016 \times 46 + 5.239 \times 46 + 5.615 \times 38 + 4.684 \times 45 + 11.204 \times 38 + 4.878 \times 19 + 2.365 \times 42 + 7.130 \times 54 + 6.152 \times 26 = 2892.44$

$IIAA_{zj} = 7.218 \times 0 + 11.232 \times 6 + 6.016 \times 7 + 5.239 \times 7 + 5.615 \times 1 + 4.684 \times 11 + 11.204 \times 5 + 4.878 \times 6 + 2.365 \times 4 + 7.130 \times 1 + 6.152 \times 0 = 305.19$

$IIAA_{hn} = 7.218 \times 1 + 11.232 \times 2 + 6.016 \times 0 + 5.239 \times 0 + 5.615 \times 1 + 4.684 \times 2 + 11.204 \times 4 + 4.878 \times 1 + 2.365 \times 3 + 7.130 \times 1 + 6.152 \times 0 = 108.58$

$IIAA_{sh} = 7.218 \times 1 + 11.232 \times 11 + 6.016 \times 11 + 5.239 \times 3 + 5.615 \times 11 + 4.684 \times 7 + 11.204 \times 10 + 4.878 \times 4 + 2.365 \times 8 + 7.130 \times 22 + 6.152 \times 4 = 639.16$

上述公式中的下标 hb、js、bj、zj、hn、sh 分别代指湖北、江苏、北京、浙江、湖南和上海。为了便于比较，将计算结果用图 1 展示如下。

由图 1 可知，2018 年湖北省经济学学术成果影响力指数在这 6 省市中排名第三，与排名第二的上海市差距不大，略胜江苏，并遥遥领先于浙江和湖南。总的来说，从经济学学术成果的综合影响力看，湖北与上海和江苏在同一档次，经济学学科综合实力位列全国前列。这表明了 2018 年湖北经济学发展水平稳中有进，在全国经济学界具有相当大的影响力，是湖北哲学社会科学中一股突出的力量。

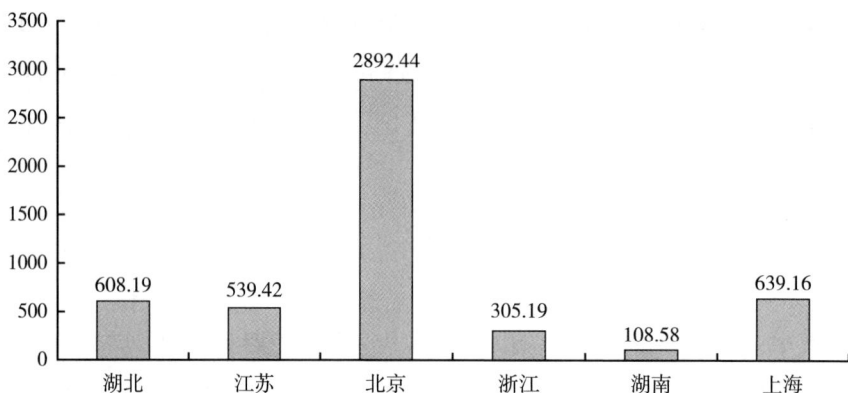

图 1　湖北与北京等 5 省市经济学学术成果影响力

（三）湖北经济学学科研究的荆楚特色

2018 年，湖北省经济学学科扎根荆楚大地，在全国发出了自己响亮的声音。2018 年湖北省经济学学科发展特色主要有以下三点。

首先，随着中国特色社会主义进入新时代，湖北省经济学者依然持续关注当前经济社会发展的热点、重点和难点。2018 年湖北省经济学者重点对财政问题进行了论述，6 篇论文发表于《财贸研究》，2 篇论文发表于《财贸经济》，2 篇论文发表于《金融研究》。这 10 篇论文分别探讨了地方财政、财政补贴、税收等问题，给国内研究相关领域的学者带来了启发。此外，2018 年湖北省经济学者在宏观经济学这一领域也颇有建树，发表了 7 篇论文，显示出湖北省经济学者对宏观经济走向的关注。与 2017 年度相比，2018 年湖北省经济学者对农业与农村经济问题关注热度有所下降，不过依然发表了 6 篇论文，体现了湖北省经济学者对 2018 年中央一号文件的积极响应。另外，值得注意的是，2018 年湖北省经济学者延续了 2017 年度对资源环境经济学研究的热度，这体现了湖北省经济学者时刻关注着环境问题。

其次，与 2017 年相比，2018 年湖北省经济学者对国际贸易、世界经济等领域关注的热度相对下降。这表明湖北省经济学研究的重点继续从国际转向国内。

最后，湖北经济学界依然最热衷于研究金融学，在这一领域，2018 年湖北省经济学者在顶级期刊上发表了 22 篇论文，比 2017 年增加了 8 篇，仅次于北京，超过上海，约为科教强省江苏的 3 倍，这表明了金融学分支在湖北经济学学科中的强势地位。

三　湖北经济学学科发展展望

回顾 2018 年的湖北经济学学科发展，并与北京等 5 省市进行横向比较，我们可以发现：湖北经济学学科巩固了其在全国的领先地位，湖北省仍是我国最主要的几个经济学研究基地之一。综合顶级期刊发文量和影响因子看，在全国，湖北经济学学科发展水平位于第二集团前列，仅次于北京，与上海和江苏在伯仲之间。但我们也清醒地看到，要想进一步缩小与北京和上海的差距，需要湖北经济学界克服困难，进一步拓展研究空间，并加强为湖北地方经济服务的意识。具体来说，湖北经济学科未来的发展空间主要表现在以下两个方面。

（一）加快构建具有中国特色的经济学理论体系，夯实理论基础

构建中国特色社会主义政治经济学话语体系是体现中国道路的经济发展理论自觉、理论自信和理论自强的一场革命，是对不断开拓当代中国马克思主义政治经济学新境界的呼唤。作为一个崛起中的世界第二经济大国，中国经济学者必须要对中国经济建设和改革开放的实践进行概括和总结，并上升到理论高度，创建具有中国特色的经济学理论体系。我国经济发展进入"新时代"，国际地位不断提高，连续多年对世界经济增长的贡献率在 30% 左右，成为世界经济的最重要增长极。[1] 如果简单用既有的西方经济理论来解释中国经济发展，忽略经济制度和发展条件以及国际环境上的差异，很难对中国经济发展奇迹做出令人信服的解释。从国际上看，中国 40 年的改革

---

[1]《习近平：连续多年对世界经济增长贡献率超过 30%　中国是世界经济增长主要稳定器和动力源》，新华网，http：//www. xinhuanet. com//video/2018 - 04/121c - 129849075. htm，访问日期：2019 年 11 月 26 日。

开放创造的"经济奇迹"是对发展中国家十分重要的经验，迫切需要在理论上阐述中国经济发展的道路，为世界的经济学做出应有贡献。

就我国自身而言，其在不同的经济发展阶段理应由不同的经济理论进行指导。从西方国家的经济发展历程来看，各国在不同发展阶段也有不同的经济理论。从早期亚当·斯密开创的古典经济学，到德国历史学派的"赶超战略"，再到近代马歇尔奠定的以自由竞争为特点的新古典经济学和 20 世纪中叶重新界定政府与市场范围的凯恩斯主义经济学，最后到当代以萨缪尔森、弗里德曼、斯蒂格利茨等人为代表的种种经济学理论，都是为不同发展阶段的资本主义国家服务的。西方经济学的形成和发展已有 200 多年历史，曾经对市场经济做出过较强的解释，并为经济理论研究提供了广泛的思维逻辑空间和方法论空间，这无疑对我国建立社会主义市场经济体制、认识市场经济的一般规律具有重要的借鉴意义。站在现有经济学理论的基础上，融合我国特有的制度和发展环境，构建具有中国特色的理论经济学体系大有可为。当然，把马克思主义政治经济学和西方经济学中的科学成分有机组合在一起，并融入中国特色经济学理论体系、夯实经理论基础，这是一项艰巨的任务，需要湖北乃至中国经济学者的不懈努力。

（二）加强湖北特色经济问题研究，打造"湖北经济学流派"

在当前复杂的国内外环境和供给侧改革的大背景下，2018 年湖北经济发展依然取得了显著成绩，但未来面临着严峻挑战。当前，湖北省发展不平衡不充分的矛盾还没有得到根本扭转，如"一主两副多极"态势未形成，2018 年武汉市 GDP 占全省总量的 37.7%，与周边城市的协调互动不足，没有显著改善；城乡经济还有待进一步融合，消费对经济拉动不足。

面对这些经济难题，湖北经济学者需要加强地方特色经济问题研究，发挥湖北位于全国前列的经济学研究实力，助力湖北经济发展，而不是仅仅放眼全中国甚至全世界。湖北经济学者应针对这些湖北现实经济问题，结合马克思主义经济学和西方经济学中的优秀思想，对湖北正在发生的重大现实经济问题进行分析和研究，在这一过程中着力打造具有鲜明特色的"湖北经济学派"。如同中国的经济学研究若脱离中国独特的政治、历史和经济等环境也就失去了生命力一样，湖北的经济学者如果不紧跟湖北的发展，积极讲述湖北的"经济故事"，构建中国经济学界的"湖北流派"，那么湖北的经济学研究的特色和生命力也会黯淡许多。湖北经济学者应该共同努力，加快推动湖北形成更具创新力、竞争力的现代化经济体系和机制。基于湖北经济学学科雄厚的人才储备和位居全国前列的研究实力，只要扎根于湖北现实经济土壤，我们就有理由相信一个具有湖北特色的经济学流派终会形成。

B.4
湖北法学学科发展报告（2018）

夏　雨*

摘　要：　2018 年湖北法学学科适应时代特征，立足现实问题，深入研
究基础理论，持续拓展研究领域，不断创新研究方法，在发
展学科体系、服务社会、人才培养、参与国际国内交流等方
面成就斐然，形成了令人欣喜的局面。法学一级学科研究积
极探索和回答加快社会主义法治国家建设进程中的理论和现
实问题；政治学一级学科研究聚焦基础民生，为经济社会的
健康发展建言献策；社会学一级学科研究从体察社会风情风
貌的角度，梳理社会发展脉络，提炼社会生活逻辑；民族学
一级学科研究强调主位视角，提出了应用性和对策性较强的
民族进步方案。为了更好地促进湖北法学学科的发展，改善
不平衡不充分的局面，可进一步凝练学科特色、强化问题意
识，积极构建学科学术话语权。

关键词：　法学学科　政治学　社会学　湖北

一　法学学科发展概况

2018 年是湖北省法学学科稳健推进的一年，也是学界硕果累累的一年。

* 夏雨，女，法学博士，湖北大学政法与公共管理学院副教授，硕士生导师，美国华盛顿圣路
易斯大学法学院访问学者。

在良好的政策环境下，湖北法学学科深思精研、砥砺互进。本部分按法学、政治学、社会学、民族学四个主要一级学科分别进行发展情况的阐述。

（一）人才队伍

根据 2018 年《全国普通高等学校科技（人文、社科类）统计年报表》数据，2018 年，湖北省从事法学相关研究活动的人员有 1533 人，较 2017 年度增加了 67 人，增长率约为 4.6%，其中教授 242 人，约占总人数的 16%；副教授 521 人，约占总人数的 34%；具有博士学位的 603 人，约占总人数的 39%；具有硕士学位的 717 人，约占总人数的 47%；教育部"长江学者"特聘教授 4 人，教育部"长江学者"青年学者 5 人。从事政治学相关研究与教学工作的人员有 462 人，较 2017 年增加了 29 人，增长率约为 6.7%，其中教授 89 人，约占总人数的 19%；副教授 167 人，约占总人数的 36%；具有博士学位的 166 人，约占总人数的 36%；具有硕士学位的 202 人，约占总人数的 44%。从事社会学相关研究与教学工作的人员 421 人，增加了 10 人，增长率约为 2.4%；其中教授 62 人，约占总人数的 15%；副教授 137 人，约占总人数的 33%；具有博士学位的 217 人，约占总人数的 52%；具有硕士学位的 160 人，约占总人数的 38%；教育部"长江学者"特聘教授 2 人。从事民族学相关研究与教学工作的人员有 141 人，较 2017 年增加了 9 人，增长率约为 6.8%，其中教授 29 人，约占总人数的 21%；副教授 61 人，约占总人数的 43%；具有博士学位的 59 人，约占总人数的 42%；具有硕士学位的 60 人，约占总人数的 43%。

总体来看，湖北法学学科的人才队伍呈规模上的持续壮大发展之势，教授、副教授的职称结构比例较为合理，高学历人才数量保持增长势头，也有一定数量的国家级学科领军人才。

（二）学科建设

1. "双一流"建设

根据课题组统计，湖北省有 2 所全国"双一流"建设法学一级学科高校，分别为武汉大学和中南财经政法大学；1 所全国"双一流"建设学科政治学一级学科高校，为华中师范大学。2018 年，根据国务院有关部署，按照《湖北省人民政府关于推进一流大学和一流学科建设的实施意见》（鄂政发〔2016〕75 号）精神，湖北省结合地方发展需要和重点，加强了法学大类一流学科建设工作。其中，武汉大学和中南财经政法大学的法学列为世界一流学科建设学科，中南民族大学的民族学列为国内一流学科建设学科。

2. 博士后流动站

2018 年，湖北省拥有 3 个法学博士后流动站，分别为武汉大学、中南财经政法大学、武汉理工大学；3 个政治学博士后流动站，分别为武汉大学、华中科技大学、华中师范大学；3 个社会学博士后流动站，分别为武汉大学、华中科技大学、华中师范大学；1 个民族学博士后流动站，为中南民族大学。

3. 学位点建设

湖北省法学学科 2018 年的学位点建设工作成绩比较突出，增加了 1 个博士学位点、3 个硕士学位点，学位点的增加凸显了湖北法学学科的整体实力水平不断攀升、学位点覆盖面逐渐拓宽、高层次人才培养能力有所加强的走势。

（1）博士学位点

湖北省现拥有武汉大学和中南财经政法大学 2 个法学一级学科博士学位授权点；拥有武汉大学和华中师范大学 2 个政治学一级学科博士学位授权点；拥有华中科技大学、华中师范大学 2 个社会学一级学科博士学位授权点，其中，华中师范大学属于 2018 年二级学科授权点新增为一级学科授权点；拥有中南民族大学 1 个民族学一级学科博士学位授权点。另外，武汉大学拥有我国唯一的体育法学博士点，华中科技大学拥有 1 个法律社会学二级学科博士点，武汉大学拥有 1 个社会学二级学科博士点。

（2）硕士学位点

湖北省拥有法学一级学科硕士学位授权点的单位为：武汉大学、中南财经政法大学、华中科技大学、华中师范大学、中国地质大学（武汉）、华中农业大学、湖北大学、三峡大学、中南民族大学、武汉工程大学。其中，华中农业大学属于2018年获批的已有二级学科授权点新增为一级学科授权点、武汉工程大学属于2018年获批的新增硕士学位授权点。武汉理工大学拥有2个法学二级学科硕士学位授权点，分别为经济法学、民商法学。武汉科技大学拥有1个法学二级学科硕士学位授权点，为马克思主义法学。湖北省委党校拥有1个法学二级学科硕士学位授权点，为宪法与行政法学。湖北省拥有法律硕士专业学位授权点的单位为：武汉大学、华中科技大学、中国地质大学、武汉理工大学、华中师范大学、中南财经政法大学、中南民族大学、长江大学、武汉工程大学、湖北师范大学。

湖北省拥有政治学一级学科硕士学位授权点的单位为：武汉大学、华中师范大学、湖北大学、中南财经政法大学、湖北省委党校。湖北省社会科学院拥有2个政治学二级学科硕士学位授权点：分别为政治学理论和中共党史。

湖北省拥有社会学一级学科硕士学位授权点的单位为：武汉大学、华中师范大学、华中科技大学、华中农业大学、中南财经政法大学、中南民族大学。中南民族大学拥有2个社会学硕士二级学科授权点，分别为社会学、民俗学。武汉科技大学拥有1个社会学二级学科硕士学位授权点，为社会保障学。湖北省拥有社会工作专业硕士学位授权点的单位为：武汉大学、华中科技大学、中南财经政法大学、华中师范大学、华中农业大学、中南民族大学、武汉科技大学、长江大学、湖北师范大学。

湖北省拥有3个民族学一级学科硕士学位授权点，分别为中南民族大学、湖北民族大学、三峡大学，其中，三峡大学属于2018年获批的新增一级学科授权点。

（三）研究平台

根据课题组统计，截至2018年底，湖北省研究平台建设形成了比较完备的系列，以"国家高端平台为引领，省市级重点平台为支撑，其他类型平台为补充"的格局体系基本形成。

湖北省建设的法学研究平台主要有：武汉大学的教育部人文社会科学重点研究基地——"国际法研究所"和"环境法研究所"；中南财经政法大学的教育部人文社会科学重点研究基地——"知识产权研究中心"；湖北省人文社会科学重点研究基地——法治发展与司法改革研究中心（与湖北法治发展战略研究院合署）。

湖北省建设的政治学研究平台主要有：华中师范大学的教育部人文社会科学重点研究基地——"中国农村问题研究中心"，武汉大学的湖北省新型智库——"湖北政治建设研究院"，湖北省改革智库——"政治体制改革与政府治理创新研究中心"等；华中师范大学的国家民政部重点研究基地——"湖北省城市社区建设研究中心"是全国民政政策理论研究四大重点基地之一，也是湖北省高校人文社会科学重点研究基地；国务院农村综合改革工作小组办公室研究基地——"中国农村综合改革协同创新研究中心"等；中南财经政法大学的国家民政部重点研究基地——"全国民政政策理论研究基地"；等等。

湖北省建设的社会学研究平台主要有：华中师范大学的湖北省高校人文社会科学重点研究基地——"社会政策与社会发展研究中心"；中南财经政法大学的湖北省协同创新中心——"城乡社区社会管理湖北省协同创新中心"。

湖北省建设的民族学研究平台主要有：中南民族大学的国家民委人文社会科学重点研究基地——"南方少数民族非物质文化研究中心"、湖北省高校人文社会科学重点研究基地——"南方少数民族研究中心"、湖北省政协研究基地——"湖北省区域历史文化研究中心"等；湖北民族大学的国家民委人文社科重点研究基地——"武陵山少数民族经济社会发展研究基地"和"武陵山民族理论政策研究基地"，及湖北省高校人文社科重点研究基地——"南方少数民族研究中心"和"鄂西生态文化旅游研究中心"；等等。

整体而言，湖北省各级各类研究平台的工作成效日益显著，社会公信力和影响力越来越高。在 2018 年的中国智库治理暨思想理论传播高峰论坛上，南京大学中国智库研究与评价中心和《光明日报》智库研究与发布中心公布了"中国智库索引（CTTI）高校智库百强榜"，湖北省有 6 家上榜，分别为：武汉大学的国际法研究所、环境法研究所；中南财经政法大学的城乡社区社会管理湖北省协同创新中心、知识产权研究中心、法治发展与司法改革研究中心；华中师范大学的中国农村研究院。其中，国际法研究所、城乡社区社会管理湖北省协同创新中心、知识产权研究中心、中国农村研究院四家的评价等级为 A＋，占据了全国 A＋总量的 16％。该项成绩显示出从研究产品、社会活动、媒体影响以及专家评价这四个维度来看，湖北的研究平台成绩比较突出，已进入国家先进行列，形成了旗舰品牌，具有良好的业界口碑。

（四）研究项目

根据 2018 年《全国普通高等学校科技（人文、社科类）统计年报表》和课题组统计，2018 年湖北法学学科大类共获得各级各类课题 4031 项，课题总经费 13213.455 万元；与 2017 年相比，2018 年所获课题总数量增加了 215 项；课题总经费增加 1926.563 万元。其中法学立项 1799 项，到账经费 5818.681 万元；政治学立项 645 项，到账经费 2174.075 万元；社会学立项 1185 项，到账经费 3663.099 万元；民族学立项 402 项，到账经费 1557.6 万元。

根据课题组统计数据，2018 年湖北省法学大类在国家社科基金项目上表现突出，其中，青年基金项目立项 26 项，占全省国家社科基金青年项目立项数的 48％；一般项目立项 46 项，占全省国家社科基金一般项目立项数的 28.6％；重点项目与重大项目立项数分别为 10 项与 4 项，占全省对应项目立项数的 37％与 19％；此外，法学学科还获得国家社会科学基金后期资助项目 5 项，获得阐释党的十九大精神国家社科基金专项立项课题 2 项。从教育部人文社科项目立项情况来看，2018 年湖北法学学科共计获得 34 项教育部人文社科一般项目立项，约占全省该类项目立项数的 14％；此外，法学还获得教育部重点基地重大项目 1 项。比较遗憾的是，2018 年湖北省法学学科未获得教育部重大课题攻关项目。

（五）成果推出

根据 2018 年《全国普通高等学校科技（人文、社科类）统计年报表》数据和课题组统计，2018 年湖北出版法学著作 132 部，其中专著 89 部，被译成外文 4 部；教材 41 部；皮书 2 部。发表论文 1149 篇，其中国内刊物 1096 篇，国外学术刊物 33 篇，港澳台刊物 20 篇。获奖 31 项，其中部级奖 9 项，省级奖 22 项。从法学学科有代表性的期刊来看，湖北省 2018 年在《中国法学》上发表法学类论文 9 篇，其中，中南财经政法大学 5 篇、武汉大学 2 篇、华中师范大学和华中科技大学各 1 篇；在《法学研究》上发表法学类论文 5 篇，其中，中南财经政法大学 4 篇，中南民族大学 1 篇。

湖北出版政治学著作 49 部，其中专著 22 部，被译成外文 1 部；教材 23 部；工具书参考书 1 部；皮书 3 部。发表论文 472 篇，其中国内刊物 466 篇，国外学术刊物 5 篇，港澳台刊物 1 篇。获奖 8 项，均为省级奖项。从政治学学科有代表性的期刊来看，湖北省在《政治学研究》上发表政治学类论文 16 篇，其中华中师范大学 8 篇、武汉大学 7 篇、三峡大学 1 篇；在《中国行政管理》上发表政治学类论文 20 篇，其中中南财经政法大学 5 篇、华中师范大学 4 篇、华中农业大学 3 篇、华中科技大学 3 篇、武汉大学 2 篇、武汉理工大学 1 篇、中国地质大学（武汉）1 篇、武汉科技大学 1 篇。

湖北出版社会学著作 42 部，其中专著 26 部；编著教材 14 部；工具书参考书 1 部；皮书 1 部。发表论文 429 篇，其中国内刊物 408 篇，国外学术刊物 20 篇，港澳台刊物 1 篇。获奖 13 项，其中部级奖 3 项，省级奖 10 项。从社会学学科有代表性的期刊来看，湖北省在《社会学研究》上发表社会学类论文 4 篇，其中华中科技大学 2 篇、中南财经政法大学 1 篇、华中师范大学 1 篇；在《青年研究》上发表社会学类论文 4 篇，其中华中科技大学 3 篇、华中师范大学 1 篇。

湖北出版民族学著作 15 部，其中专著 9 部，被译成外文 1 部；教材 4 部；皮书 2 部。发表论文 118 篇，均为国内刊物。获奖 8 项，其中部级奖 1 项，省级奖 7 项。从民族学学科有代表性的期刊来看，湖北省在《民族研究》上发表民族学类论文 5 篇，其中中南民族大学 4 篇、武汉大学 1 篇；在《中央民族大学学报》（哲学社会科学版）上发表民族学类论文 2 篇，发表单位均为中南民族大学。

特别值得称道的是，湖北省 2018 年在两本综合类权威期刊《新华文摘》和《中国社会科学》上亦收获颇丰。在《新华文摘》上发表论文 10 篇，其中法学 5 篇，武汉大学 3 篇、中南财经政法大学 2 篇；政治学 4 篇，发表单位均为华中师范大学；社会学 1 篇，发表单位为武汉大学。在《中国社会科学》上发表论文 7 篇，其中法学 5 篇，武汉大学 2 篇、中南财经政法大学 2 篇、华中科技大学 1 篇；政治学 2 篇，发表单位均为华中师范大学。

（六）学术活动

2018 年湖北的学术活动无论内容还是形式都丰富多样，实现了业内的有效交流。据课题组统计，除了四个一级学科方向的多次省级会议之外，湖北省 2018 年组织了 7 次国际性会议，这些会议均属法学类，分别是：武汉大学主办的"第五届中欧环境法会议"；中南财经政法大学主办的以"法学家与法的形成：从罗马法学家到中国的法典编纂"为主题的国际学术研讨会、"首届国际刑事司法合作与发展战略研讨会"、"南海地区安全合作国际研讨会"、以"后继受时代的民法发展：立法、判例与学说"为主题的"第一届金砖国家法学论坛"、"第六届中澳法学院院长论坛"；华中科技大学主办的"新修订《反不正当竞争法》实施问题研讨会"。

湖北省 2018 年组织了 17 次全国性会议，法学类会议是：武汉大学主办的"司法责任制改革背景下的民商事类案指导学术研讨会"、"新时代党内法规建设的理论与实践学术研讨会暨首届全国党内法规研究机构建设论坛"、"'一带一路'航空法研讨会"、武汉大学长江论坛第 59 讲暨第二届"国际法四人谈"、"第三届东湖国际法律论坛"、"《塔林手册 2.0 版》专题研讨会"；武汉大学承办的"构建人类命运共同体与国际法研讨会"；中南财经政法大学主办的"法学一流学科建设背景下律师行业发展高端论坛"、"法学一流学科建设'法学期刊与法学前沿问题'主题报告会"、"第八届新法学·青年论"；中南财经政法大学承办的以"新时代社会治理法治理论与实践"为主题的第四届法治社会·长江（国际）论坛、"第九届紫荆民事诉讼青年沙龙"、"湖北省法学会商法研究会 2018 年年会暨'创新驱动的商法保障'学术研讨会"。华中科技大学主办的"东湖论坛分论坛——知识产权青年学人交流会（第二期）"。政治学类会议为：中南财经政法大学主办的"第十二届中国政治经济学年会"。民族学类会议为：三峡大学主办的"三峡大学民族学学科建设会"；中南民族大学承办的"2018 年中国法学会民族法学研究会会员代表大会暨学术研讨会"。

此外，学者们积极走出国门，开展了卓有成效的对外交流活动。如武汉大学法学院黄志雄教授应邀参加了剑桥大学劳特派特国际法研究中心举办的"国际法与网络安全学术研讨会"以及在维也纳联合国毒品与犯罪办公室举办的网络犯罪大学教学模块专家组评审会；孙晋教授应邀访问了日本国士馆大学法学研究科，并做了《中国公司（企业）法制最新发展——兼论中日企业之间的法律争议》学术报告。

（七）社会服务

社会进步与国家发展都离不开高校和科研院所的社会服务，2018 年湖北省各高校和科研院所的社会服务同样成绩突出。课题组统计如下。

第一，提交了咨询报告 295 份。其中，法学提交咨询报告 174 份，被采纳 166 份；政治学提交咨询报告 70 份，被采纳 65 份；社会学提交咨询报告 36 份，被采纳 26 份；民族学提交咨询报告 15 份，被采纳 10 份。

第二，获奖成果较多。武汉大学桂胜教授的《村落民俗文化传承模式创新与实践》荣获 2016～2017 年度湖北发展研究奖三等奖，湖北省社会科学研究院苏娜等研究员的《湖北深度融入"一带一路"倡议进展、问题及对策研究》获得湖北省优秀调研成果奖三等奖，湖北省社会科学院李涛研究员的《论我国老年人监护制度的完善——以〈老年人权益保障法〉第 26 条为中心》获得武汉市第 16 次社会科学优秀成果奖三等奖，武汉纺织大学赵金龙学者的《大数据思维下的政协民主监督的实效性探析》荣获湖北省委统战部颁发的统战理论政策研究创新成果优秀奖。另外，武汉大学有四位学者获得了第七届"钱端升法学研究成果奖"，其中，肖永平教授的《法理学视野下的冲突法》获二等奖，孟勤国教授的《中国农村土地流转问题研究》、刘学在教授的《民事公益诉讼制度研究——以团体诉讼制度的构建为中心》获三等奖，江国华教授的《实质合宪论：中国宪法三十年演化路径的检视》获提名奖。

第三，学者们获得了良好的社会评价和高度的赞誉。在"2017 年度商法十大事件与中国商法年度人物"发布会上，武汉大学冯果教授获评"中国商法年度人物"。武汉大学丁煌教授及其领导的中国极地权益与极地政策研究创新团队，近年来依托国家领土主权与海洋权益协同创新中心平台，对我国极地事业发展的政策与战略问题进行了富有成效的研究，相继受到国家相关部门的专函感谢。此外，武汉大学段文杰副教授还受邀担任 SSCI（Q1）社会工作权威期刊 *Research on Social Work Practice*（RSWP）编委，任期三年（2018~2020），是本届入选该期刊编委会的唯一中国学者。

二 法学学科学术研究的比较分析与学术成果创新

（一）法学学科学术研究的比较分析

1. 湖北省2018年与2017年的研究成果比较

2018 年，湖北学术研究的成果总量持续增长。考虑到论文是表明创新观点最直接、最有效的方式，本报告按照每个一级学科方向选取了 2 本代表性期刊的文章刊发量进行对比。与 2017 年相比，2018 年代表性期刊的刊发量总体呈增长态势。法学类论文在《中国法学》上发表的数量增加了 5 篇、在《法学研究》上减少了 3 篇；政治学类论文在《政治学研究》上发表的数量增加了 13 篇、在《中国行政管理》上增加了 6 篇；社会学类论文在《社会学研究》上数量持平、在《青年研究》上增加 1 篇；民族学类论文在《中央民族大学学报》（哲学社会科学版）上增加了 1 篇（见图 1）。

通过对代表性样本的分析，我们可以看出湖北的法学研究活动不仅具有高水平论文呈数量上稳步增长的特点，也反映出水平层次日益提高的表征。

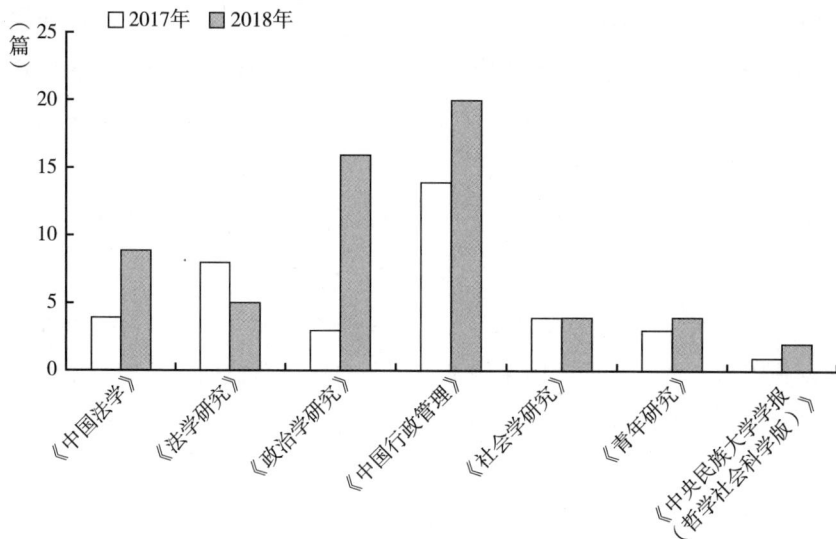

图1 代表性期刊刊发论文数量 2018 年度与 2017 年度对比情况

资料来源：课题组统计。

应当说，学术成果的丰厚对于提升湖北法学学科在全国乃至国际上的学术影响力起到了十分重要的推动作用。

2. 主要省域间2018年度的研究成果比较

省域间比较主要选取了北京、上海、江苏、浙江和湖南这些科研相对发达的地区进行了 1 本业内权威性期刊的成果对比。就法学来看，6 省市在《中国法学》上的刊文数量分别为：北京 33 篇、上海 12 篇、江苏 5 篇、浙江 5 篇、湖南 2 篇、湖北 9 篇，湖北居第三位。就政治学来看，6 省市在《政治学研究》上的刊发文章数量分别为：北京 29 篇、上海 9 篇、江苏 4 篇、浙江 4 篇，湖南 0 篇、湖北 16 篇，湖北居第二位。就社会学来看，6 省市在《社会学研究》上的刊发文章数量分别为：北京 25 篇、上海 9 篇、江苏 4 篇、浙江 9 篇、湖南 0 篇、湖北 4 篇，湖北与江苏并列居第三位。就民族学来看，6 省市在《民族研究》上的刊发文章数量分别为：北京 20 篇、上海 5 篇、江苏 4 篇、浙江 2 篇、湖南 0 篇、湖北 4 篇，湖北与江苏并列居第三位（见图2）。

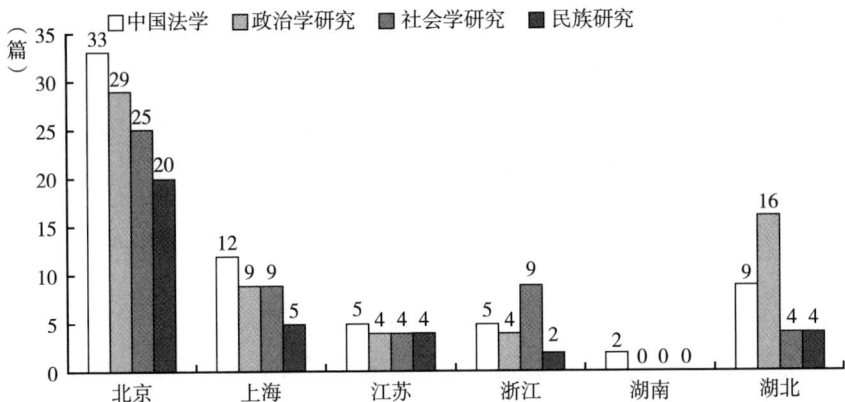

图2　2018年北京、上海、江苏、浙江、湖南、湖北6省市权威性期刊论文发表情况

资料来源：课题组统计。

通过省域间权威性期刊文章刊发量的比较，可以看出，无论是哪个一级学科方向，北京都以绝对优势稳居第一位；湖北和江苏、上海、浙江虽与北京差距较大，但一般居于第二位或第三位的位置，属于第二集团。这在一定程度上表明，法学学科获得了质与量的双重突破，可算中部地区的中流砥柱。当然，我们也必须注意到，除了国家重点支持和经济发展的推动作用之外，各省市所处的地理位置和属地高校、科研单位的历史渊源也影响了区域间的学术实力格局，湖北努力克服了客观条件上的不足。

（二）学术成果创新

2018年正值改革开放40周年，盘点本年度的学术成果，可以概括出法学学科研究的几个特点。第一，聚焦现实国情，遵循了"本国问题中心主义"。湖北省的研究紧密围绕"四个全面"战略布局，从理论上提出了一系列政策建议，有力推动了国家治理体系的完善。第二，坚持系统化研究思路，注意追踪时代课题。随着改革进入深水区，湖北省在研究的内容选取和对象筛选上，既夯实了基础性理论的精细研究，又关注了时代命题，拓展了研究的广度和深度。总体而言，从城市到乡村、从全球化到基层、从宏观到微观，研究成果涵摄了国家现阶段的重要社会议题。第三，采取多元且跨学科、静态与动态相互动的研究方法，实现了理论和实践的高频率联动和融会贯通。从涉及的研究方法来看，湖北省的研究既使用了概念分析、结构分析、规范分析以及文献分析的基础性研究方法，又使用了价值分析、实证分析、历史分析以及比较分析等探索性研究方法。

1. 法学研究

（1）革新研究方法，注重价值追求

学者陈柏峰认为，法律实证研究在回应法治实践需求中繁荣发展，问题意识更加广泛，研究视野更加开阔，方法运用更加丰富。同时，也出现了分化，在不同学科中分布不平衡。在繁荣与分化的背后，法律实证研究面临总体性挑战，缺乏宏大集中的问题意识和理论关怀。因此，需开拓多学科的理论视野，强化面向中国的问题意识和理论意识，开展多层次学术共同体的建设。[①]

学者秦小建认为，精神文明建设依托宪法主权协商结构，将主权的正当性逻辑延伸到价值多元时代的意识同一性、精神凝聚性和文化公共性的意义构建，并凝聚为"国家、社会、个体"三元同构的社会主义核心价值观。[②]

（2）解析本土法律文化，重塑基础理论研究

学者吴汉东认为，改革开放40年来，中国从基本国情和发展需要出发，准确把握制度属性功能，以法律价值目标的塑造、法治发展运行机制的构建以及制度的能动转化和法律精神的再造等为基础，实现了知识产权法律本土化。与此同时，一方面通过知识产权的制度创新促进知识经济发展；另一方面参与知识产权全球治理体系建构，成为知识产权国际保护的新动力。中国在知识产权法律本土化的基础上，开辟了自己的法律现代化实现方式和法律一体化选择路径，其法律变迁的基本面向具有丰富的创新内涵和明确的实践导向。[③]

学者熊琦通过梳理本土制度变革历史，提出实现中国著作权法制度创新

---

①　陈柏峰：《法律实证研究的兴起与分化》，《中国法学》2018年第3期。
②　秦小建：《精神文明的宪法叙事：规范内涵与宪制结构》，《中国法学》2018年第4期。
③　吴汉东：《中国知识产权法律变迁的基本面向》，《中国社会科学》2018年第8期。

的关键是管制规则和自治规则如何在价值定位上协调和互补，以及如何解决继受规则的制度理念与本土规则的运作传统的协同配合。①

学者杨凯通过分析民事诉讼裁判文书说理不充分的深层次原因，倡导司法案例研究和法律评注研究相结合的民事诉讼文书样式实例评注研究方法，提出借助民事诉讼文书样式实例的评注来研究范式的本土化路径与方法研究，找寻文书样式与裁判要旨对民事诉讼案件审判各主要环节的规范性指引作用，更深入地拓宽并强化具备说理性的文书制作、书写与创新思路，探析可以充分提升文书判决说理的法律职业技巧和养成能力的有效方法。②

（3）主动接轨现代科技，积极探索法律规范的适应性发展

学者徐汉明认为，网络社会治理的法治模式是指运用法治思维与方式，把网络社会治理的要素、结构、程序以及功能纳入法治的范围和运行轨道的治理理论、制度和实践。通过回溯我国关于网络社会治理法治发展的曲折进程，归纳网络社会治理中的有益建设经验，思考既有立法、执法以及司法的现实困境，其提出构建能够确保规范的完备性、实施的高效性、监督的严密性且保障有力的具有本国特色的网络社会治理法治规范体系。③

学者孙晋认为，互联网服务行业有着不同于传统行业的明显特征，这决定了其在竞争效果评估、救济措施选择及其实施三个阶段的适用中与传统行业大相径庭。互联网服务行业适用经营者集中救济，在执法原则上宜确立谦抑理念，实现包容审慎监管。④

学者皮勇认为，新型网络犯罪属于网络犯罪的新问题，如要对网络犯罪进行遏制，即须打击逐渐出现的新型网络犯罪。不过，基于新型网络犯罪有"积量构罪"的特征，现行刑法相关规定会遇到适用上的难题，而且按照传统的实质预备犯或者帮助犯的相关理论难以解释，也不能实现理论上的自洽。因此，新型网络犯罪立法应以网络犯罪新变化为动因，实现正当性立

---

① 熊琦：《中国著作权立法中的制度创新》，《中国社会科学》2018 年第 7 期。
② 杨凯：《论民事诉讼文书样式实例评注研究的引领功用》，《中国法学》2018 年第 2 期。
③ 徐汉明：《网络社会治理的法治模式》，《中国社会科学》2018 年第 2 期。
④ 孙晋：《谦抑理念下互联网服务行业经营者集中救济调适》，《中国法学》2018 年第 6 期。

法，即满足刑事违法性和刑罚可罚性的要件在于信息网络实施的特殊犯罪方法和限定犯罪危害量的情节。[①]

（4）深化规范法学研究，力求强化规制能力

学者万鄂湘等提出，国际条约在国内直接适用的范围和程度取决于两大条件：一为主权国家基于利益考量的自主决定；二为条约本身设定的适用范围。国家对每一具体国际条约可否适用于国内无涉外因素的民事关系具有自主选择权，国家直接适用国际条约的范围与程度主要取决于对其（国家）自身利益的综合考量，不能一概认为国际条约不能适用于国内无涉外因素的民事关系；司法机关在无涉外因素的民事关系中决定是否适用国际条约时，应当慎重考察国家缔结或者参加国际条约的意图和立法机关的意见。[②]

学者马一德认为商标权行使与姓名权保护的冲突不但涉及个人权利的范围，还事关私权和公共领域的界分。为维持社会公众利益与名人独占利益之间的平衡，需通过"直接商业性身份"测试来界定法律上的名人范围。而当自然人将与具有一定知名度之自己姓名作商标使用时，涉及了商标权与姓名权彼此的权利衡量。此时，比例原则适用的扩张为运用其对相冲突之个人权利予以权衡提供了可能。[③]

学者陈实提出我国"以审判为中心"的诉讼制度改革的重要内容为庭审实质化。不过，当下关于庭审实质化的理论研究还存在若干盲点，相关的改革举措也尚有较大的局限。推进庭审实质化并非刑事庭审制度局部的技术性改良，而是刑事审判方式转型的系统性工程。[④]

（5）构建国际话语体系，积极参与全球治理

学者肖永平指出，在全面依法治国和推动构建人类命运共同体的新时

---

① 皮勇：《论新型网络犯罪立法及其适用》，《中国社会科学》2018 年第 10 期。
② 万鄂湘、余晓汉：《国际条约适用于国内无涉外因素的民事关系探析》，《中国法学》2018 年第 5 期。
③ 马一德：《商标权行使与姓名权保护的冲突与规制》，《中国法学》2018 年第 4 期。
④ 陈实：《刑事庭审实质化的维度与机制探讨》，《中国法学》2018 年第 1 期。

代，需要我们把国际法治建设作为中国特色社会主义法治建设的有机组成部分。开创中国全面依法治国的新阶段，需要尽快促成国际条约入宪。①

学者刘仁山提出《选择法院协议公约》是不同法系主要国家在协议管辖及与之相关的判决承认与执行问题上妥协的结果，是当今国际民商事规则的重要组成部分和国际民商事秩序的重要内容。不过，我国批准公约所面临的整体性问题、声明问题及具体修法问题，均须妥善解决。在我国参与包括公约在内的全球国际私法造法活动及国际民商事新秩序的构建过程中，应正确看待国家主权与当事人私人利益之间的关系。②

学者张辉认为人类命运共同体理念反映了我国关于国际法社会基础的新认知，该理念把中华民族的优秀传统文化引入了全球治理的进程中，对马克思主义关于共同体的学说进行了发展；既关注了人类的整体和个体两个层面，又突出了对国际社会终极问题的关心，还强调了国际社会彼此间差异性与依存性的统一化。③

2. 政治学研究

（1）围绕时代发展的基础问题，从政治学角度审视当代中国政治的发展

学者王德福提出构建适应我国城市社会特点的社区治理体制，实现社区治理体系和治理能力现代化，是推进国家治理体系和治理能力现代化建设的题中应有之义。④

学者桂华认为，党的十九大确定了乡村振兴战略的总要求。乡村治理现代化是国家治理现代化的有机组成部分。当前正在发生的乡村治理转型，受国家能力、乡村体制和基层社会三重因素的影响。乡村治理现代化目标的实

---

① 肖永平：《全面依法治国的新阶段：统筹推进国内法治与国际法治建设》，《武大国际法评论》2018 年第 1 期。
② 刘仁山：《我国批准〈选择法院协议公约〉的问题与对策》，《法学研究》2018 年第 4 期。
③ 张辉：《人类命运共同体：国际法社会基础理论的当代发展》，《中国社会科学》2018 年第 5 期。
④ 王德福：《城市社会转型与社区治理体系构建》，《政治学研究》2018 年第 5 期。

现，取决于上述三重因素的匹配程度。①

学者吕德文认为，街头功能的多样性导致了治理目标的多元性。大致而言，街头治理现代化主要有三个路径：一是简约治理之路；二是行政理性化之路；三是公共治理之道。从以前的经验来看，在适应行政理性化进程中，中国街头治理体制机制不断进行了完善，而且通过对简约治理等国家治理传统的充分吸收，现代技术手段的融合进一步实现了对水平能力的提升。从这个意义出发，我国关于街头治理的现代化当然是多种制度逻辑的耦合。②

学者陈伟东认为，目前摆在社区治理面前的一个重要问题是治理中遭遇了居民的"理性无知"。在破解居民"理性无知"的过程中，应对社区的行政和慈善逻辑进行反思，对新的社区行动者逻辑进行构建，并不断激活党员、居民的参与意愿。与此同时，应完成社区治理中五个主体的主体性同步构建，五个主体分别为：基层党组织和政府、社区居民委员会、社会服务机构、社区居民以及其他社会力量。③

（2）立足中国经验，构建特色理论

学者徐勇认为，中国虽经历了无数变化，但唯一不变的是血缘关系，并以此为基础产生中国特有的血缘理性。血缘关系的祖先是人的生命的来源，由此构成血缘理性的本体原则——"祖赋人权"，即祖宗赋予同一血缘关系的人的存在与行为的合理性和依据。④

学者任路认为，中国的国家治理表现为纵横治理结构，这种结构原型来自本源性的"家户制"，形成了以"家"为基点的横向治理和以"户"为基点的纵向治理。当前，中国国家治理结构仍是纵向的政府治理与横向的群众自治的结合，因此，在推进国家治理体系和治理能力现代化过程中，应当重视家户制传统和国家治理结构的内在关系，重识家户观念、重建家户秩序、重组家户个体、重拾家户责任，实现政府治理与群众自治的有效衔接和

---

① 桂华：《面对社会重组的乡村治理现代化》，《政治学研究》2018 年第 5 期。
② 吕德文：《街头治理现代化：路径与挑战》，《政治学研究》2018 年第 5 期。
③ 陈伟东：《社区行动者逻辑：破解社区治理难题》，《政治学研究》2018 年第 1 期。
④ 徐勇：《祖赋人权：源于血缘理性的本体建构原则》，《中国社会科学》2018 年第 1 期。

良好互动。①

学者杨华认为，需从政治学角度对我国县域治理经验中的基本治理体制和机制进行总结和概括。就我国而言，县域治理中最重要的治理体制是党政体制。其一，它是展开县域治理的政治引擎；其二，它是实践县域治理的具体机制。我国县域治理的优势和特色正是党政体制，其无论是在过去，还是现阶段及未来很长一段时间内，都是难以替代的治理工具，为此，需在实践过程中持续进行改革与创新。②

（3）使用大数据、田野调查等研究方法，形成科学的研究范式

学者龚为纲等试图借助互联网大数据及其相关算法，对当前中国社会各阶层情绪体验的突出特征进行归纳，并对阶层互动场景中的情感氛围进行比较，认为社会结构骨干阶层与中间阶层情绪体验的积极程度明显高于社会结构普通阶层，社会结构普通阶层较之其他阶层更多地暴露于多种类型的压力与风险中，而且这些压力更容易唤起其负面情绪。③

学者黄振华认为，"家国同构"是中国国家治理的基本底色与特性，家户治理构成中国国家治理内生性演化的重要微观基础。在家户内部，产权具有支配性，是家户治理的核心，也是理解家户治理的关键。从"深度中国调查"来看，中国的家户产权具有"刚性治理"和"弹性治理"的双重治理逻辑，这既构成家户治理的重要微观机理，又提供了认识国家治理行为的一个解释视角。为此，中国的国家治理应高度重视家户微观底色与特性，并从中汲取智慧和养分，从而为当下的国家治理体系和治理能力现代化厘定方位。④

学者夏柱智认为，在家庭承包经营基础上，中国农业治理的目标是顺应农业的现代化趋势，转型小农的分散经营格局。经典理论曾指出小农户和现

---

① 任路：《"家"与"户"：中国国家纵横治理结构的社会基础——基于"深度中国调查"材料的认识》，《政治学研究》2018 年第 4 期。

② 杨华：《县域治理中的党政体制：结构与功能》，《政治学研究》2018 年第 5 期。

③ 龚为纲、朱萌：《社会情绪的结构性分布特征及其逻辑——基于互联网大数据 GDELT 的分析》，《政治学研究》2018 年第 4 期。

④ 黄振华：《"家国同构"底色下的家户产权治理与国家治理——基于"深度中国调查"材料的认识》，《政治学研究》2018 年第 4 期。

代农业间的矛盾是普遍存在的，但并非绝对。为促进农业治理体系和治理能力的现代化，可实施的路径有三条。其一，土地产权制度的创新，在家庭承包的稳定前提下，形成根据生产力变化调整土地的集体权力。其二，基层组织体系的强化，形成有助于小农户与现代农业对接的组织条件。其三，资源下乡机制的优化，提供集体能够发挥统一经营能力的有关经济条件。[①]

3. 社会学研究

（1）坚持经验研究导向，细致观察和分析社会现象

学者符平指出在农业产业化的推进过程中，尽管一些处于相同宏观制度环境的地区具有相似的自然资源禀赋且采取同样的产业组织形式，但在发展结果上差异明显。不同的市场体制通过建构显著不同的组织过程、市场结构、政策机会和创新能力强有力地提高了地方产业的竞争力，从而固化并强化了产业发展的地区间差异。不过，发挥市场体制的效用须满足若干前提条件，不仅在研究中，而且在实践中都应对此予以重视。[②]

学者阚祥才收集了福建农村地区的有关调查数据，依托多元线性的回归模型，从"信仰知识、信仰信念和仪式参与"三个方面出发，分析了农村婚姻礼仪中关涉民间信仰家庭代际传递的整体过程。结果显示：婚姻礼仪中的民间信仰存在代际传递效应；相较于婚姻礼仪中的民间信仰知识和信念，仪式参与的代际传递效应更为显著；婚姻礼仪中民间信仰的家庭代际传递存在性别差异。[③]

学者王水珍、马红宇以"自尊量表"、"网络社会资本量表"和"社交网络使用行为问卷"为工具对409名大学生进行调查，通过对高低自尊者社交网站使用行为及其后果的比较来进一步理解社会补偿说。结果表明：低自尊者在社交网站使用强度、信息表露方面得分均显著低于高自尊者。该结

① 夏柱智：《农业治理和农业现代化：中国经验的阐释》，《政治学研究》2018 年第 5 期。
② 符平：《市场体制与产业优势——农业产业化地区差异形成的社会学研究》，《社会学研究》2018 年第 1 期。
③ 阚祥才：《婚姻礼仪中民间信仰的家庭代际传递——基于对福建 X 镇数据的分析》，《青年研究》2018 年第 6 期。

论与社会补偿说的某些观点存在不一致之处，但进一步验证了网络行为是现实行为的拓展和延伸，在现实生活中采取自我保护呈现模式的低自尊者在网络上也是如此。①

（2）注重经典理论的再解构，拓展研究视域

学者郑作彧、胡珊认为，生命历程研究已成为我国社会学研究中的一个重要领域。除了主流的北美埃尔德范式之外，在欧陆生命历程研究中还有一个与之同等重要的科利范式。这一范式以"生命历程的制度化"理论为主轴，强调生命历程在社会制度的形塑下成为一种结构性的整体。基于此理论，欧陆范式发展出两大研究层面：制度分析层面和生平规划分析层面。借助欧陆范式，中国的生命历程研究可望拓展出新的研究视野。②

学者石智雷、吴志明提出，用双重累积劣势理论来解释早年不幸经历对健康不平等的影响机制，并利用中国健康与养老追踪调查数据（2011～2014年）对该理论进行实证阐释。多种回归模型的分析结果显示，早年不幸经历使得人们成年后的健康状况明显差于没有不幸经历的群体。③

（3）密切关注社会变迁与体制改革，多角度深化社会治理研究

学者贺雪峰认为，土地用途管理是国家土地制度执行的核心环节，而土地利用规划是国家实行土地用途管理的基础。2020～2035年土地利用规划编修在即，在当前中国正处在史无前例的快速城市化时期和中央决定实施乡村振兴战略的时期，高质量编修土地利用规划，具有毋庸置疑的重要意义。而决定土地利用规划编修质量的重要前提是深刻认识中国现行土地制度。分析讨论中国现行土地制度的一般规定及在中国不同地区落地时所形成的差异化实践，可以得出编修我国土地利用规划的若干前提性认识。④

---

① 王水珍、马红宇：《不同自尊者网络交往行为比较》，《青年研究》2018年第1期。
② 郑作彧、胡珊：《生命历程的制度化：欧陆生命历程研究的范式与方法》，《社会学研究》2018年第2期。
③ 石智雷、吴志明：《早年不幸对健康不平等的长远影响：生命历程与双重累积劣势》，《社会学研究》2018年第3期。
④ 贺雪峰：《现行土地制度与中国不同地区土地制度的差异化实践》，《江苏社会科学》2018年第5期。

学者陈颀提出，学界通常把农村基层政府认定为追求利益最大化的"企业"角色，但该种角色理论未对在经济活动中的基层政府的"公益"角色属性表现出足够的关注和重视。案例研究表明，基层政府会依据环境的差异采取相对应的行为策略，并实行多重目标取向，而不只是单纯地追求利益的最大化。此外，有些地区已经发生的社会冲突使得基层政府面临了"公益"与"经营"两种角色难以匹配的难题。不过，冲突的产生不能归责于政府的谋利行为，实际上它根源于政府经营内生而导致的权责失调。①

学者郑丹丹以重大历史事件为节点，通过分析三代人代际关系的不同表现，指出中国式个体化的重要特征是"与过去脱嵌、和未来一体"，其中，中国的血脉延续中蕴含着未来的维度，该未来维度具有"超越"性意义和强有力的嵌入式功能。改革开放和计划生育政策共同作用产生了叠加效应，当代中国家庭不平衡的代际关系和中国式个体化过程据此形成。另外，对孩子的无限投入是独生子女家庭顺理成章却又无可奈何的特性。在当下的经济新常态背景之下，尤其是人口政策已经产生了新变化的态势下，中国家庭的代际关系很有可能出现新的形态。②

4. 民族学研究

（1）强化应用，服务少数民族的社会稳定和经济社会发展

学者李俊杰、耿新认为"三区三州"是国家层面的深度贫困地区，贫困面广、贫困发生率高、区域发展位次差、人均生活水平低，且对扶贫政策有高度依赖性。要破解"三区三州"的深度贫困问题，应强调区域的协调发展战略，加强专项扶贫规划的实施，促进扶贫政策效应的提升；同时，应充分发挥宗教文化在扶贫事项中的"正能量"，积极扩大扶贫资金的投入，强调内生动力的培育。③

---

① 陈颀：《"公益经营者"的形塑与角色困境——一项关于转型期中国农村基层政府角色的研究》，《社会学研究》2018年第2期。

② 郑丹丹：《个体化与一体化：三代视域下的代际关系》，《青年研究》2018年第1期。

③ 李俊杰、耿新：《民族地区深度贫困现状及治理路径研究——以"三区三州"为例》，《民族研究》2018年第1期。

学者杨艳将边境少数民族贫困地区精准扶贫置于"一带一路"倡议语境下，基于对独龙族旅游扶贫现状与问题的田野调查，探讨了"一带一路"倡议之于滇西北边境少数民族旅游产业发展的意义，并结合"南方丝绸之路"与该区域的文化渊源、历史语境和地缘关联，提出了推进沿线少数民族贫困地区旅游扶贫的工作思路和具体建议。①

学者龙昭宝指出清水江是明清以来进入云贵高原的重要水道，作为当今社会丰厚的文化遗产——清水江文书，探讨该流域的生态实践和历史意义是拓展清水江学的应有之义。②

（2）开展深度调研，明晰少数民族的社会形态与发展变化

学者李忠斌基于"文化、人、经济"互动关系的分析框架，认为民族文化与经济发展具有弹力效应、回缩效应，同时，结合民族经济发展的现实情况，提出了创造性实现民族文化经济价值有效转换的策略与路径，主要为培育发展"文化＋产业"新业态、民族文化产业化的多样化、文化交流的全方位推动、提供文化服务的多元化、建设以村寨为平台的文化产业园、建设各类区域文化主题公园。③

学者李吉和周红英通过对改革开放以来的第三次、第四次、第五次、第六次人口普查数据的对比分析发现，东部地区城市少数民族人口数量增加迅速，民族成分增多；城市少数民族以中青年为主，但各少数民族变化差异较大；在受教育程度方面，受过初中、高中、大学阶段教育的人口大幅增长；从业人口中，脑力职业者比重提升，但体力劳动者仍占主体；城市族际通婚率越来越高。城市少数民族人口结构的变化，给东部地区城市民族关系以及民族工作带来新的挑战，需要加强顶层设计，制定相应政策，采取得力措

---

① 杨艳：《"一带一路"语境下滇西北边境少数民族旅游扶贫研究》，《中央民族大学学报》（哲学社会科学版）2018年第2期。

② 龙昭宝：《清至民国清水江流域的经济开发与环境保护》，《中央民族大学学报》（哲学社会科学版）2018年第6期。

③ 李忠斌：《论民族文化之经济价值及其实现方式》，《民族研究》2018年第2期。

施，进一步做好新时代城市民族工作。①

学者朱炳祥认为"主体民族志"叙事的本体论考察，有其独特的语境和学术背景。"主体民族志"叙事是一个统一性的结构，主要包括"事、叙事、元叙事"三种不同形态。当地人的直接陈述属于事，对当地人直接陈述的事实进行呈现、解读与构建属于叙事，对叙事进行叙事则属于元叙事。事、叙事以及元叙事三者间存有语境与意义上的转换。②

三 法学学科发展展望与建议

沧桑砥洗，春华秋实。尽管2018年度湖北法学学科建设取得了一些可喜的成绩，但在学科发展方面依然存在不足，发展不平衡不充分问题时常闪现，学科提升过程中应有的内察、反思与自省仍需加强。应当说，随着国家"世界一流大学和一流学科"建设战略部署的实施，湖北法学学科建设也必须迅速转到"中国特色、世界一流"的内涵式前进道路上来，围绕着精准建设目标、形成文化氛围、提升话语权等核心问题进行充分的思考。

（一）确定既有全局观又有地域特色的法学学科建设目标

在2016年5月17日哲学社会科学工作座谈会上，习近平总书记提出了"构建中国特色的学术体系和学科体系"的建设目标。③ 在哲学社会科学谱系中，法学学科作为应用型学科，无论是制度属性还是意识形态色彩均十分鲜明。有鉴于此，从学科特性的角度延展，法学学科建设尤其要重视对中国特色的打造。细化言之，湖北法学学科建设尚需在以下方面不断深入

---

① 李吉和、周红英：《略论改革开放以来东部地区城市少数民族人口结构变化》，《民族研究》2018年第6期。

② 朱炳祥：《事·叙事·元叙事："主体民族志"叙事的本体论考察》，《民族研究》2018年第2期。

③ 习近平：《在哲学社会科学工作座谈会上的讲话》，《人民日报》2016年5月19日。

前行。

第一，继续凸显中国问题意识，全面理解并加强对特色问题的研究。虽然近年来湖北的中国问题研究意识逐渐加强，关涉的研究领域亦有所突破和拓宽，但既有的研究成果常常表现为对某一具体问题的对策建议。关于"国家发展、民族命运、人民幸福"等深层次的宏大层面问题，许多研究者仍缺乏深度关切和思考。湖北在未来进行问题研究时，不仅要顾及微观操作层面，还必须全面研究学科发展中深层次的问题；不仅要开展政策性研究，还必须积极开展前瞻性和战略性研究。同时，还需注意到，每一个国家、每一个省市都有基于自己国情省情的运行机理和变化规律，湖北一定要善于深挖不同层面的特色问题，进行有针对性的研究。其中的关键就是要找准学科的定位和比较优势，服务于湖北作为国家中部地区教育大省的战略目标，提出法学学科功能维度上的湖北标准。只有立足本地，才能做到知根知底，才可以为湖北的经济社会发展提供应有的、有效能的智力支持。

第二，更加强化对现实法学问题的学理性研究，促进学理涵养丰富、逻辑结构明晰、能面向世界的湖北特色法学理论体系早日形成。湖北的法学研究不能止步于简单的规范解说和单纯的立场论证，还需强调学科的知识性和学术性。进一步言之，为推动具有湖北特色的法学学科理论体系逐渐形成并能走向全国、迈出国门，法学的研究者们首先要压实基础工作，即做好重大事件的讨论剖析、历史潮流的溯源探究、海量数据的整理分析和关键政策的解释说明；其次，注意在讨论剖析、溯源探究、整理分析和解释说明的过程中融入说理智慧和思想进益；最后以此拓展，依次开展"提升理念、升华价值、启迪思维"的联动环节，形成大学术真学术格局。

第三，提升学科境界，开阔学术视野，铸造宏大包容的学科品质。一方面，要自觉把湖北自身的法学学科发展融入全国法学学科发展的浪潮中，寻求匹配度高的统一点和契合点，做好普遍原理和湖北具体实际相结合的研究品格，争取为全国的法学学科发展奉献出有想法的湖北经验；另一方面，要打破地域限制，努力形成世界主义的视野，在人类命运共同体的立场上，主动地思考共同性问题的解决之道，力求在规则重塑的路径上形成整合的价值认同。

（二）优秀且深厚的法学学科文化获得深耕培育

学科文化不但能彰显每一学科的成熟度，而且能影响每一学科的演进趋势和研究前沿。一般而言，学科文化"规定了特定学科中的基本信仰、价值取向、行为规则和精神欲求，凝聚着学科群落最根本的精神特质"。[①] 因此，法学学科文化的建设主要包括了三个层面的要素：其一为主观精神层面，即法学学科的研究者形成对本学科价值和使命的信仰与认同，这可以从思想上构成学科凝聚力，统一研究队伍的研究志向；其二为制度措施层面，即以"抓学术创新、强学科建设"为理念，法学学科的组织者要从制度保障上提供支持，通过制定和执行各种配套制度和措施供给执行力；其三为行为规范层面，即对学术规范、学术道德的心理认可和自觉自愿遵从的行为习惯等，确保学术秩序有条不紊地形成。

为此，湖北法学学科文化的养成需要把握好以下几项工作。

第一，以制度规范为要件，形成帮助学科人才成长、促进学术创新的治理模式。制度的打造理念是"尊重思想和知识"；注意与时俱进、适度更新。有关制度的制定工作要做好两个促进：一方面，给予研究者充分的学术探索自由，尽量避免和排除外在的干扰和制约，促进知识获得和思想创新；另一方面，确保个体和单位责任机制的有效建立，促进从事学术活动的学人们遵守学术规范、遵从职业道德、形成学术自律。

第二，立足稳定高效的学术团队、梯队规划与建设，凝聚高素质的学科队伍。拥有一支结构分明、层级清晰、和谐稳定的学术队伍，无论对湖北法学学科整体进步，还是对湖北某一所高校或研究机构发展而言，均具有十分重要的意义。在趋近世界一流、国家一流的过程中，只有把法学学科的队伍建设好了，才能保证学科的发展生机勃勃、后继有人。众所周知，近年来，

---

① 陆根书、胡文静：《一流学科建设应重视培育学科文化》，《江苏高教》2017 年第 3 期。

很多省市都通过投入重金引入学术带头人或专业团队，实现了学科不同程度的飞跃。不过，有些省市因为缺乏文化凝聚力，流失了部分专业人才，严重的甚至失去了整个研究团队，这不仅导致学科失去了原有特色，还伤及学科建设的元气。这说明人才队伍不仅是学科发展的常规机制，还是学科建设的制胜法宝。不难预见，随着国家力度空前的一流学科建设经费划拨到位，人才竞争必然更加激烈，湖北法学学科的健康以及可持续发展特别需要学科队伍的和谐稳定、代代相继。只有形成以顶级人才为统领、以高级专家为核心、以中层学者为骨干、以助理人员为辅助的专业团队才能确实保证法学学科的砥砺前行。需要明确的是，学科队伍建设的日久见功，当然要依赖充分的物质支持，但营造良好和谐的学术环境、共生共荣的学术氛围、同心同德的学科认同更为迫切。只有促进各类人才安心治学、强化归属感，才能涵养其对学科的认同度和对所处团队、所在位置的忠诚感。

（三）具有主导性的学科话语体系建构

法学学科的建设从根本上说，是学科话语体系的建设。就湖北而言，法学本身就是优势学科，而且有九省通衢的地理优势和良好的工业发展为学科发展提供基础，因此更需要进一步强化学科话语的独立性和交流性，使法学学科能够保持领先地位，能够实现更精尖、更深入的发展。

首先，建构有机健全的法学学科体系。当今社会，知识量呈爆炸式增长、学科边界趋于模糊、学科交叉日益增多。面对知识模型和学科建设的转型，湖北的应对无疑还不够充分、学科体系相对还不够健全。要形成有机完整的学科系统，需从两个方面着手。其一，作为一个学科门类，法学设置了主要的一级学科方向，这些一级学科间并不是绝对割裂的。社会学的发展为法学、政治学、民族学奠定了基础，而法学又必须对社会学、政治学以及民族学等方向的问题做出反应。为形成学科的有机作用系统，湖北应在现有体系下促使这些主要分支方向形成相互支撑的关系，不能各自为政、松散分割。其二，着眼学科系统的持续完善，即不断发展新兴学科、逐步建设交叉学科、安心投入冷门学科、渐次放开传统学科、有选择地融合关联学科和次级学科等。

其次，以质量提升为基石，凝练标识性学科概念，通过输出原创性、内生性学术成果形成必要的国际影响力。学科建设的关键性考量指标之一为：能否产出、产生多少能在世界范围内有一定影响并获得国际社会认可的学术成果。大略来看，湖北的科研产出不可谓不多，但能获得较高社会影响力，尤其是国际影响力的成果极少。为改变这种不尽如人意的状况，湖北法学学科应优化研发资源，从初级的知识消费和传播转向大格局的概念供给、知识生产和理论塑造，对丰富多彩的社会生活实践显现出强大的解释力和推动力；提炼总结富有说服力且具有持久生命力的学术理论成果，更多地将学术成果发表在国际性权威刊物上并努力提高学术成果的正向引用率。另外，湖北还需依托智库的强劲实力，引导高端智库积极围绕国家战略需求开展全球热点问题的研究，多多参与重要媒体发声、主动参加国际性学术活动，为高水准学术成果的输出提供适宜的土壤，并能在各种渠道发出"湖北智声"。

最后，创新培养模式、培养拔尖人才。基于社会需求的多元化，湖北法学学科的人才培养不能模式僵化、过程固化，而是应抓住人才培养的核心素质实现整合式创新。具体言之，一方面，要促进不同层次不同类型的学生参与与其能力水平、爱好特长相一致的科研活动，培养学生的兴趣、动机、情感、意志和性格等非智力因素，从而推动其创造能力的发展[①]；另一方面，适应创新创业的社会大背景，增加实训环节，改革教学手段，推进学生有效参与社会调查、项目实验、创业实践、创新实验和自主创业的各项工作。

---

① 颜琳：《知识经济时代应注重培养大学生的创新精神》，《济宁学院学报》2009 年第 1 期。

B.5
湖北教育学学科发展报告（2018）

黄 平*

摘 要： 本报告分析了 2018 年湖北教育学类（不含心理学）学科发展概况，并从纵向和横向两个维度作了比较分析，发现湖北教育学学科发展水平在全国处于前列，湖北教育学学科研究主题范围比较广泛，主动回应时代需求，研究方法的科学性有提高，但与先进地区有较大差距，学科发展不平衡，基础理论研究水平有待提升，试验开发和政策研究有待加强。2019 年湖北教育学学科要把握教育发展的新形势、新任务，继续发挥自身优势，并努力提升教育学科的整体发展水平。

关键词： 湖北 教育学科 学科发展 体育学

一 湖北教育学学科发展概况

2018 年湖北教育学类（不含心理学）① 学科发展概况从人才队伍、学

---

* 黄平，教育学博士，湖北大学教育学院专任教师，副教授，硕士生导师，主持省部级课题多项，参撰著作6部，在《教育研究》《高等教育研究》等权威刊物上发表过论文，获湖北省优秀教学成果奖，提出并初步论证"学习人教育"理论。研究生李孟、李协成参与本报告部分初稿撰写工作。

① 本报告主要总结分析人文社科研究进展，鉴于心理学和体育学部分学科偏自然科学属性，本报告未将心理学、体育学部分学科列入研究范围。

科建设、研究平台、研究项目与经费、成果推出、学术活动和社会服务七个方面介绍。

（一）人才队伍

根据 2018 年《全国普通高等学校科技（人文、社科类）统计年报表》和课题组统计，2018 年湖北省教育学大类人文、社会科学活动人员共有 5308 人，其中教育学有科学研究人员 2169 人，其中女性 1236 人，具有研究生学历的 1341 人，具有博士学位的 406 人。其中教授 263 人，副教授 623 人，讲师 962 人，助教 207 人，初级 98 人，其他人员 16 人。

体育学有科学研究人员 2802 人，其中女性 910 人，具有研究生学历者 1224 人，具有博士学位者 221 人。其中教授 214 人，副教授 1087 人，讲师 1116 人，助教 278 人，初级 80 人，其他人员 27 人。总体结构基本合理。

心理学有科学研究人员 337 人，其中女性 215 人，具有研究生学历者 72 人，具有博士学位者 102 人。其中，教授 33 人，副教授 100 人，讲师 155 人，助教 36 人，初级 12 人，其他人员 1 人。

（二）学科建设

2018 年 1 月，湖北省教育厅、财政厅等部门联合发布《关于公布湖北省一流大学和一流学科建设高校和学科名单的通知》，确立湖北师范大学教育学、武汉体育学院体育学为国内一流学科建设项目。以一流学科建设项目设立为亮点，湖北教育学科建设 2018 年保持稳定发展。

2018 年，湖北高校教育学博士后流动站共有在站人员 13 人，华中科技大学、华中师范大学设有教育学博士后流动站，武汉体育学院设有体育学博士后流动站。

湖北具有教育学博士、硕士授权点的高校共有 12 所。其中华中师范大学和华中科技大学具有一级博士学位授予权，武汉大学、武汉理工大学、中南民族大学、湖北大学、长江大学、三峡大学、湖北师范大学 7 所高校具有一级硕士学位授予权，海军工程大学、武汉工程大学、湖北工业大学 3 所高校具有二级硕士学位授予权。华中师范大学、华中科技大学 2 所高校具有教育专业博士学位授予权，武汉大学（含职业技术教育试点单位）、华中科技大学、华中师范大学、中南民族大学、湖北大学、湖北师范大学、黄冈师范学院、中国地质大学（武汉）、湖北工业大学、江汉大学和长江大学共 11 所高校具有教育专业硕士学位授予权。

湖北高校中具有体育学博士和硕士学位点的高校有 6 所，具有体育专业硕士授予权的高校有 7 所。其中，具体分布为：华中师范大学和武汉体育学院具有体育学一级博士学位授予权，湖北大学具有体育学一级硕士学位授予权，武汉理工大学、长江大学和中国地质大学（武汉）3 所高校具有体育学二级硕士学位授予权，中国地质大学（武汉）、华中师范大学、中南民族大学、湖北大学、长江大学、武汉体育学院和湖北师范大学具有体育专业硕士学位授予权。

（三）研究平台

截至 2018 年，湖北省总计设立 144 个人文社科重点研究基地，其中教育学领域有 17 个[①]，体育学领域有 3 个。[②] 教育学的 17 个重点研究基地分属于华中科技大学、华中师范大学、湖北大学等 11 所高校和 1 个研究机构。华中师范大学设有 4 个，基地数量最多，华中科技大学和湖北大学各有 2 个，其他 9 个高校和机构各 1 个。从基地研究的重点领域来看，各高

[①] 教育学领域 17 个重点研究基地分别是：华中科技大学设有院校发展研究中心、区域高等教育改革与发展研究中心；华中师范大学有基础教育研究中心、湖北教育信息化发展研究中心、湖北省学校德育研究中心和教育政策研究中心；中国地质大学（武汉）有大学生发展与创新教育研究中心；中南民族大学有高校风险预警防控研究中心；湖北大学有湖北青少年思想道德教育研究中心、湖北中小学素质教育研究中心；湖北工业大学有湖北职业教育发展研究中心；湖北科技学院有农村教育与文化发展研究中心；黄冈师范学院有鄂东教育与文化研究中心；湖北第二师范学院有湖北教师教育研究中心；长江职业学院有湖北技能型人才培养研究中心；武昌理工学院有民办大学素质教育研究中心；湖北省教育科学研究院有湖北省教育治理现代化研究中心。

[②] 体育学领域的 3 个重点研究基地是：湖北大学设立的湖北休闲体育发展研究中心，武汉体育学院设立的湖北体育产业研究中心和运动与健康创新发展研究中心。

校和研究机构设立的基地体现了自己的学科研究优势。如华中科技大学设立的 2 个基地都是高等教育领域的；华中师范大学 4 个基地体现了在教育理论、教育技术和德育研究方面的优势；湖北大学的 2 个基地体现了对基础教育领域理论和实践研究的关注。湖北高校和机构设立的重点研究基地覆盖了广泛的教育学研究领域，能积极引领和回应教育和社会发展需求，少量基地初步向教育智库方向发展。

湖北高校设立的教育学领域的省级协同创新中心 2 个，即湖北第二师范学院的基础教育信息技术服务协同创新中心、华中师范大学的信息化与基础教育均衡发展协同创新中心。

（四）研究项目与经费

据课题组统计，2018 年湖北教育学科研工作者承担课题总数 2661 项，当年投入人数 597.7 人，其中研究生 57.7 人；[①] 当年投入经费 33184.24 千元，支出经费 28233.77 千元。

从课题类型来看，基础研究课题 981 项，投入人数 200.2 人，其中研究生 31.2 人；拨入经费 8603.24 千元，支出经费 8956.2 千元。应用研究课题 1670 项，投入人数 394.7 人，其中研究生 26.5 人；拨入经费 24568.0 千元，支出经费 19264.57 千元。[②]

就纵向课题来看，2018 年华中师范大学周洪宇教授获批国家社科基金教育学重大项目："建设教育强国的国际经验与中国路径研究"。湖北省获得教育学学科国家一般项目 18 项，国家青年项目 2 项。2018 年华中科技大学获批教育部重大攻关项目："加快教育现代化建设教育强国实施路径研究"。湖北高校教育学学科领域获得教育部一般项目 15 项。2018 年湖北社

---

① 本部分所涉"当年投入人数""研究生投入人数"等各类人员数，均指全时人数与非全时人数的折合人数，因此部分数据存在小数点。

② 报告中课题数以及相应研究经费计算，由基础研究，应用研究以及试验与发展研究三项构成，由于人文社科类相关学科在试验与发展类费用支出较小甚至无相关支出，故未统计试验与发展相关课题与经费使用情况，下同。

科基金一般项目（后期资助项目）批准设立教育类研究 17 项。

2018 年，湖北体育学科研工作者承担课题总数 1025 项，投入人数 160.1 人，其中研究生 12.6 人；拨入经费 20357.18 千元，支出经费 17588.56 千元。从课题类型来看，基础研究课题 251 项，投入人数 47.6 人，其中研究生 6.4 人；拨入经费 3194.43 千元，支出经费 26855 千元。应用研究课题 743 项，投入人数 107.9 人，其中研究生 6.2 人；拨入经费 16657.75 千元，支出经费 14398.06 千元。

从纵向课题来看，2018 年华中师范大学获批国家社科基金体育学重点项目：体育健康教育体系研究。湖北高校获得体育学国家一般项目 6 项，国家青年项目 1 项。2018 年湖北高校体育科学获得教育部一般项目 14 项。2018 年湖北社科基金一般项目（后期资助项目）批准设立体育类研究 3 项。

（五）成果推出

2018 年，湖北教育学科研工作者发表论文 2527 篇，其中国内学术刊物 2498 篇，国外学术刊物 29 篇。本年度出版著作 172 部，其中专著 93 部（被译成外文 1 部），编著教材 65 部，工具书参考书 1 部，皮书/发展报告 2 部，科普读物 11 部；另外，出版译著 3 部，电子出版物 1 件。2018 年湖北教育学科共 18 项成果获得奖励，其中省级奖励 17 项，部级奖励 1 项。湖北教育出版社出版的《中国教育改革大系》荣获我国新闻出版领域的最高奖——"第四届中国出版政府奖图书奖"。

除了论文和著作，湖北教育学研究人员在一些重要会议和机构进行学术演讲，推出学术成果。华中科技大学教育科学研究院孙婧博士应邀出席在美国纽约举行的"美国教育研究协会 2018 年会"，并做了"中国城市青年生活和学校中的校外课程——社交媒介"的报告。湖北第二师范学院张炜副教授受邀赴教育部学位与研究生教育发展中心开展专门交流并做了题为"中国教育指数研究与研究生教育质量评价指标体系的思考"的报告。武汉城市职业学院副校长杭勇敏应邀参加在宁波召开的由中国教育国际交流协会、浙江省教育厅主办的第三届"'一带一路'高峰论坛"，并做"服务国家战略，推进职业教育国际化"的主题演讲。华中科技大学刘献君教授应邀参加在北京大学举行的以"守正创新·融合超越"为主题的"院校研究国际研讨会"，并做题为"院校研究在中国的发展和未来"的主旨报告。长江职业学院党委书记李永健教授受邀参加"中国高等教育学会职业技术教育分会 2018 年学术年会暨全国高职高专教务处长研讨会"，并做了题为"高职院校办好人民满意教育的路径选择——构建'人民满意'高职教育质量评价体系研究"的大会交流发言。

2018 年湖北体育学科研工作者发表论文 1000 篇，其中国内学术刊物 963 篇，国外学术刊物 37 篇。本年度出版著作 113 部，其中专著 72 部（被译成外文 3 部），编著教材 33 部，工具书参考书 5 部，科普读物 3 部；另外，出版译著 1 部，发表译文 1 篇。2018 年湖北体育学科共 7 项成果获得奖励，其中省级奖励 6 项，部级奖励 1 项。

（六）学术活动

2018 年，湖北高校与研究机构组织举办或参加了一系列教育学、体育学学术活动。比较有影响的会议有：

4 月 20~22 日 湖北省高等院校教育技术研究会举办"智慧时代的教育创新发展"2018 年学术年会。

10 月 29 日至 11 月 7 日 由武汉大学发起成立，摩洛哥哈桑一世大学主办的第二届"中法非三方高等教育论坛"在摩洛哥召开。

11 月 9 日 第八届"中国班主任研究"圆桌论坛在湖北第二师范学院举行。

11 月 10 日 教育供给侧改革与"双一流"建设高端学术论坛在武汉大学举行。

11 月 15 日 "第二届警务实战教育论坛"在湖北警官学院举行。

12 月 1 日 陶行知与中国教育现代化——湖北省陶行知研究会暨教育史学会学术研讨会在江汉大学召开。

（七）社会服务

2018 年湖北教育学、体育学研究人员积极对接湖北教育、体育事业发展需求，提交了大量高质量实践研究成果，产生了良好的社会影响和效果。教育学、体育学研究人员提交教育学类研究与咨询报告 30 份，被相关部门采纳 16 份；提交体育学类研究与咨询报告 12 份，被采纳 8 份。湖北教育学、体育学研究人员获得湖北发展研究奖 8 项。其中，湖北大学《湖北贫困地区实施教育扶贫的对策研究》获得一等奖；湖北广播电视大学《关于建立健全我省全民终身学习体系的建议》、武汉体育学院《关于推进全民健身高质量发展加快建设湖北体育强省的建议》2 项成果获得二等奖。华中师范大学《湖北大学生创新创业调查》、黄冈师范学院《关注农村高中生存发展状况　审慎推进普通高中布局调整——农村普通高中生存价值及现状的调查与思考》、湖北省民宗委《湖北省民族教育事业发展调研报告》、长江大学《湖北省困境儿童文化权利保障相关建议》4 项成果获得三等奖。另外，有《湖北高校思想政治工作大调研大督查报告》等 4 项教育、体育研究成果获得湖北优秀调研成果奖。

二　2018年湖北教育学学科发展比较分析

（一）2017年与2018年湖北教育学学科发展纵向比较

湖北教育学类学科发展（不含心理学）纵向比较主要从科学活动人员、研究项目与经费、研究成果三个方面展开。

较之 2017 年，2018 年湖北教育科学活动人员总体呈上升趋势。教育学总人数增加 175 人，教授、副教授共增加 86 人，讲师增幅略大，为 119 人；具有研究生学历的增加 166 人，其中，拥有博士学位者增加 11 人。体育学总人数增加 231 人，其中，教授、副教授共增加 162 人，增幅较大，讲师增加 88 人，具有研究生学历者增加 179 人，其中，拥有博士学位者增加 21人。详细情况见表 1。

表1　2017年与2018年湖北省教育学学科科研人员比较

单位：人

学科	年度	总计	教授	副教授	讲师	研究生学历	博士学位	硕士学位
教育学	2017年	1994	260	540	843	1394	395	999
	2018年	2169	263	623	962	1560	406	1154
	增加量	175	3	83	119	166	11	155
体育学	2017年	2571	194	945	1028	1250	200	1050
	2018年	2802	214	1087	1116	1429	221	1208
	增加量	231	20	142	88	179	21	158

资料来源：课题组调查统计。

湖北教育科学类研究项目与经费2018年比2017年总体呈上升趋势，少数指标略有减少。其中，教育学和体育学课题总数、当年投入人数均有增加，与科学活动人员的增加幅度基本匹配。从课题类型来看，基础研究项目有减少，在应用研究和试验与发展研究项目方面，教育学增加287项、体育学增加218项。详细情况见表2。

表2　2017年与2018年湖北省教育学研究项目与经费比较

学科	年度	课题总计	当年投入人数（人年）	当年经费（千元）		基础研究		应用研究		试验与发展	
				拨入	支出	课题	人数	课题	人数	课题	人数
教育学	2017年	2482	547.5	37975.8	42799.4	1089	206.4	1375	337.2	18	3.9
	2018年	2661	597.7	33184.2	28233.8	981	200.2	1670	394.7	10	2.8
	增加量	179	50.2	-4791.6	-14565.6	-108	-6.2	295	57.5	-8	-1.1
体育学	2017年	879	146.2	12575.7	11668.3	323	59.9	532	80.4	24	5.9
	2018年	1025	160.1	20357.2	17588.6	251	47.6	743	107.9	31	4.6
	增加量	146	13.9	7781.5	5920.3	-72	-12.3	211	27.5	7	-1.3

资料来源：课题组调查统计。

2018年湖北教育科学类研究成果比2017年总体呈上升趋势。2018年在著作出版方面，教育学增加36部，体育学略有下降，比去年减少4部；发表教育学类论文 2527 篇，较上年增加 281 篇；发表体育学类论文 1000 篇，较上年增加 215 篇。详细情况见表 3。

表 3　2017 年与 2018 年湖北省教育学研究成果比较

学科	年度	出版著作（部）						古籍整理	译著（部）	译文（篇）	发表论文（篇）				研究与咨询报告（篇）	
		合计	专著	教材	工具书	皮书/发展报告	科普读物				合计	国内	国外	港澳台	合计	采用
教育学	2017 年	136	76	57	1	2	0	2	11	2	2246	2225	21	0	31	19
	2018 年	172	93	65	1	2	11	0	3	0	2527	2498	29	0	30	16
	增加量	36	17	8	0	0	11	-2	-8	-2	281	273	8	0	-1	-3
体育学	2017 年	117	75	42	0	0	0	0	4	2	785	764	19	2	12	10
	2018 年	113	72	33	5	0	3	0	1	1	1000	963	37	0	12	8
	增加量	-4	-3	-9	5	0	3	0	-3	-1	215	199	18	-2	0	-2

资料来源：课题组调查统计。

（二）2018年教育学学科发展省域间的横向比较分析

总体上看，我国各省市教育学学科发展不平衡，这里以北京、上海、江苏、浙江、陕西、湖南与湖北进行比较。北京、上海代表中国最高水平，可以帮助湖北找方向。江苏、浙江、陕西和湖南四省在教育发展水平、教育研究机构和人员等方面与湖北相当，但经济和社会发展水平有差异，教育理论和实践研究各有特点又有一定竞争。与这四个省进行比较，有利于明确湖北的发展形势。

关于省际横向比较可以从人员、学位点、基地、项目、经费等方面展开，但最主要的体现为学术生产力，如权威学术期刊发表学术论文情况。这里选择《教育研究》《高等教育研究》《北京大学教育评论》《电化教育研究》《课程·教材·教法》《江苏高教》《教育发展研究》《中国职业技

术教育》《体育科学》9 种在教育学学科领域具有较高权威性的刊物进行
比较。

2017 年，湖北在 9 种教育类学术期刊的发文总量在全国排名第五，前
四名分别是江苏、北京、浙江和上海，湖北之后紧邻的是陕西、广东和天
津。湖北与前四名数量相差较大，与最近的上海相差 80 篇；紧邻的陕西、
广东和天津数量与湖北相差大约 20 篇，其被"追尾"的形势明显。而到了
2018 年，湖北在 9 种教育类学术期刊上的发文总量在全国排名第六，前五
名分别是江苏、北京、上海、浙江和广东，广东以 39 篇的数量超越了湖北。
湖北之后紧邻的是陕西、天津和山东。与 2017 年情形相似，湖北与前四名
数量相差较大，紧邻的后三位与之相差很小，陕西与之相差 5 篇，山东与
之相差 18 篇，被"追尾"、被超越的形势依然没有改变。总之，湖北较之
全国第一梯队、第二梯队差距明显，在第三梯队里，优势也不明显。详细
情况见表 4。

另外，作为我国人文社会科学领域具有很大影响力的《新华文摘》
2018 年收录的教育学类论文只有 1 篇，即华中科技大学张应强教授的论文
《从科技发展新趋势看大学生核心素养培养》，而同期北京、上海、江苏、
浙江和湖南分别收录了 31 篇、9 篇、3 篇、1 篇和 2 篇。由此可见，北京市
遥遥领先，湖北、浙江和湖南等省市收录论文比较少。

表 4　2018 年 9 大期刊发文量的省际比较

单位：篇

期刊	北京	上海	江苏	浙江	湖北	陕西	湖南	期刊年度发文总计
《高等教育研究》	12	17	20	21	33	4	9	172
《北京大学教育评论》	22	6	4	0	0	0	0	39
《江苏高教》	19	10	149	11	7	6	5	274
《教育发展研究》	34	80	49	46	12	25	6	394
《中国职业技术教育》	66	22	102	71	11	13	19	590
《体育科学》	35	34	11	6	3	3	4	134

期刊	北京	上海	江苏	浙江	湖北	陕西	湖南	期刊年度 发文总计
《教育研究》	85	23	13	23	5	11	3	250
《电化教育研究》	38	23	37	10	23	17	2	211
《课程·教材·教法》	63	16	21	14	5	15	12	254
省市年度发文合计	374	231	406	202	99	94	60	2318

资料来源：课题组调查统计。

三 2018年湖北教育学学科学术研究进展与成果创新

2018 年湖北教育学类（不含心理学）学科学术研究持续推进，取得丰硕的研究成果。这里选择 2018 年湖北教育学研究者在 50 种①教育类学术期刊上发表的学术论文进行综合分析。

（一）教育学原理研究

教育学原理研究在 2018 年的研究主题偏传统，成果不多。教育治理、学校领导与管理研究有一定展开，在哲学教育、实践育人、制度德育、道德学习等方面作了一定深度的探讨。

---

① 50 种教育类学术期刊是《教育研究》《北大教育评论》《教育发展研究》《课程·教材·教法》《高等教育研究》《江苏高教》《中国职业技术教育》《电化教育研究》《体育科学》《教育研究与实验》《比较教育研究》《中国电化教育》《教师教育研究》《开放教育研究》《教育发展研究》《现代教育技术》《复旦教育论坛》《高等工程教育研究》《中国高等教育》《高教探索》《高校教育管理》《国家教育行政学院学报》《湖南师范大学教育科学学报》《教育学报》《华东师范大学学报（教育科学版）》《教育科学》《教育与经济》《清华大学教育研究》《全球教育展望》《外国教育研究》《现代大学教育》《现代远程教育研究》《学前教育研究》《学位与研究生教育》《研究生教育研究》《远程教育杂志》《中国高教研究》《中国教育学刊》《中国特殊教育》《中国远程教育》《体育学刊》《上海体育学院学报》《中国体育科技》《北京体育大学学报》《成都体育学院学报》《首都体育学院学报》《体育与科学》《天津体育学院学报》《武汉体育学院学报》《西安体育学院学报》，排除了其中基本属于自然科学类的论文。

1. 教育哲学与教育原理研究

孙银光等对柏拉图的教育哲学思想进行研究后，指出哲学（教育）必须与权力脱钩，而哲人（教师）也必须超越理性的自负。[①] 教育哲学如何成立并成为相对独立的哲学门类，仍然是困扰教育学家及哲学家们的一个根本性问题。吴畏通过对哈维·西格尔的教育哲学研究，指出哈维·西格尔对阐发批判性思维和推进教育哲学的认识论转向做出了重要贡献。[②]

从知识视域下探讨实践育人的意涵、特征及其意义向度是对实践育人的内涵及其外延的一种解读和建构。周洪宇等基于知识视域下的教与学关系、知识创生模式与系统，总结出教学与学习活动中的价值性、情境性和过程性，概括出实践育人的智性、实用理性与主体悟性三个特征。[③] 杨秀芹等认为，彰显教育的张力要通过构建"有人性、有温度、有故事、有美感"的新样态学校来实现。[④] 此外，程红艳等对民主在学校教育中的作用与局限以及教育改革与学校变革关系进行了研究。[⑤]

2. 教育治理研究

申霞等在大数据背景下对教育治理进行了研究，指出在教育治理过程中要转变观念，树立大数据治理意识。[⑥] 蒲蕊从法治的角度来研究教育治理，指出实现教育治理现代化，必须与法治相结合，走法治之路。[⑦] 王继新等在研究教育治理时引入了"共同体"的观点，从共同愿景、身份认同和多元文化建构三个方面阐述了其基本观点。[⑧] 石大千等对教育不平等与收入差距

---

① 孙银光、杜时忠：《"哲学王"的虚假与真实——兼论柏拉图的教育哲学思想》，《现代大学教育》2018 年第 4 期。

② 吴畏：《批判性思维、认识论和教育哲学——哈维·西格尔的教育哲学述评》，《高等教育研究》2018 年第 4 期。

③ 周洪宇、胡佳新：《新知识视域下的实践育人及其意义向度》，《教育研究》2018 年第 8 期。

④ 杨秀芹、陈如平：《新样态学校的教育张力》，《教育研究》2018 年第 7 期。

⑤ 程红艳、周金山：《论民主在学校教育中的作用与局限》，《教育学报》2018 年第 2 期。

⑥ 申霞、夏豪杰：《大数据背景下教育治理运行机制现代化》，《教育研究与实验》2018 年第 6 期。

⑦ 蒲蕊：《法治视角下的教育治理现代化》，《中国教育学刊》2018 年第 11 期。

⑧ 王继新、吴秀圆、翟亚娟：《共同体视域下的区域基础教育均衡发展模式研究》，《电化教育研究》2018 年第 3 期。

关系进行了研究。①

3. 学校领导与管理研究

社会转型大背景下的学校组织转型为开放、动态、复杂的形态，学校领导所面临的情境与挑战日趋复杂和多元。胡春光等认为，学校多元整合领导可从结构性领导、人力资源领导、政治性领导以及文化领导四个维度来建构，学校领导者应权衡运用多元的策略和方法，整合不同领导形态的多元领导，才能发挥出卓越的领导效能。②

在学校管理中，不可忽视农村教育的管理与名校集团化办学的管理。叶庆娜指出，政府和教育行政管理部门基于两类学校面临的问题和矛盾的差异，采取差异化的管理措施，取得了显著的成效。③ 在名校集团化办学的管理研究中，张建等认为，只有理念、制度和行动者三大要素形成合力，才能够有效消解名校集团化办学中校际合作的现实困境，使其走向深入。④

4. 德育研究

德育学术研究最为活跃的时期当属改革开放至今的 40 年。周小李认为，改革开放 40 年的德育本质研究，其思维方式主要体现为以定义与隐喻两种方式论述德育的现实状态与理想状态，关于德育本质的争鸣主要围绕适应论与超越论展开。⑤ 张添翼等认为制度情境以"道德化－民主化"为机制影响学生品德，道德化限定了制度情境影响的道德性质，民主化制约着道德心理能否外化为道德行为，二者交叠，深化了对制度何以育德的过程与机制认识。⑥ 傅淳华等对道德学习及其教育意蕴进行分析，指出要真正发挥道德教

---

① 石大千、张哲诚：《教育不平等与收入差距关系再检验——基于教育不平等分解的视角》，《教育与经济》2018 年第 5 期。

② 胡春光、董泽芳：《论学校领导研究的新趋势：多元整合领导的理论架构》，《教育研究与实验》2018 年第 1 期。

③ 叶庆娜：《农村小规模学校与大规模学校建设：举措、成效与经验》，《教育与经济》2018 年第 5 期。

④ 张建、程凤春：《名校集团化办学中的校际合作困境：内在机理与消解路径——基于组织边界视角的考量》，《教育研究》2018 年第 6 期。

⑤ 周小李：《改革开放 40 年德育本质研究回望》，《高等教育研究》2018 年第 10 期。

⑥ 张添翼、杜时忠：《再论制度何以育德》，《教育研究与实验》2018 年第 5 期。

育的可能作为，必定以道德学习的本然特质为实践基底。①

德育研究离不开对学生的研究。刘长海指出，学生管理育德功能的实现，需要从优化前提、完善过程、推动融合三个方面同步推进，力求保障校规的合理性，开展有机协调的学生管理，以生活为中心构建德育体系。② 李蔚然等认为高中生的德育，不仅仅限于单一的课堂教学，必须与新时代的新使命、新征程、新理念、新需要和新方法相结合。③ 孙银光从爱国主义教育的逻辑层次性及实践策略方面对德育进行了研究。④ 王磊等从班级环境对中学生暴力行为的影响入手，对道德推脱进行了研究。⑤

（二）课程与教学论研究

2018 年课程与教学论研究主要涉及课程论、学习论、教师队伍与教师职业、教师素养、教学原理与教育评价等领域，在课程知识、学习观、学习主体、学习自我、欣赏性评价等方面的探讨值得关注。

1. 课程论研究

廖哲勋提出构建由课程基础、课程构建与课程运行理论所组成的新时代课程学的理论体系及子学科体系。⑥ 郭元祥等论述了课程知识的文化属性、社会属性、辩证属性等本质属性，强调课程知识属性的教学表达需要转变教师的教学思维，引导学生进行深度学习。⑦ 杨季冬等通过对不同学科课程标

---

① 傅淳华、杜时忠：《论道德学习及其教育意蕴》，《现代大学教育》2018 年第 2 期。

② 刘长海：《学生管理：正当且重要的德育途径——与邓超〈德育管理化倾向的原因及对策探析〉商榷》，《中国教育学刊》2018 年第 10 期。

③ 李蔚然、李祖超、陈欣：《高中生价值观的新特征及对策分析——基于 9 省（区）6887 名高中生价值观发展现状的调研》，《教育研究》2018 年第 7 期。

④ 孙银光：《爱国主义教育的逻辑层次性及实践策略》，《中国教育学刊》2018 年第 3 期。

⑤ 王磊、邢诗怡、徐月月、陈娟：《班级环境对中学生暴力行为的影响：道德推脱的中介作用》，《教育研究与实验》2018 年第 5 期。

⑥ 廖哲勋：《以党的十九大精神为指针构建新时代课程学的理论体系》，《课程·教材·教法》2018 年第 7 期。

⑦ 郭元祥、吴宏：《论课程知识的本质属性及其教学表达》，《课程·教材·教法》2018 年第 8 期。

准进行研究，发现其呈现出多元价值取向的特点，建议课程相关材料采用多元化价值取向设计。[①] 王明分析了个体化视域下语文教科书中的人物形象，主张当前教科书须关注个体化社会的内在困境，并在集体主义的框架下思考个人与社会之间关系的重建。[②]

2. 学习论研究

郭元祥论述了学习观的变革问题，认为学习的根本旨趣在于促进学生的精神发育，让深度教学和深度学习真实地发展，是当前深化课程改革的本质诉求。[③] 常攀攀、陈佑清对学习主体内涵提出了新认识，指出学生是责、权、利相统一的主体，学习的责、权、利是三位一体的，它们联动作用于学生学习，且有一定的边界和限度。[④] 陈娜探讨了学习的自我感问题，认为学习的自我意识、创造性体验、勇气分别是学习自我感形成的基础性、过程性、动力性条件。[⑤] 徐碧波等利用可视化网络分析工具 CiteSpace Ⅱ 分析了个性化学习知识图谱，为后续研究提供了全面、切实的学术参考和借鉴。[⑥]

3. 教师队伍建设与教师职业研究

付卫东在论述改革开放 40 年我国农村中小学教师队伍建设举措的基础上，总结了重师德、抓源头、补短板、提待遇及加强督导评估等建设经验。[⑦]

陈文娇从供求关系的视角分析当前教师教育的课程现状，为开展有针对

---

① 杨季冬、王后雄：《高中科学教育课程标准（2017 版）中的课程价值取向——基于 NVivo 11.0 的编码分析》，《教育科学》2018 年第 6 期。

② 王明：《个体化视域下语文教科书中的人物形象分析——以 "人教版" 初中语文教科书为例》，《全球教育展望》2018 年第 7 期。

③ 郭元祥：《论学习观的变革：学习的边界、境界与层次》，《教育研究与实验》2018 年第 1 期。

④ 常攀攀、陈佑清：《责权利相统一的主体：对学习主体内涵的新认识》，《教育研究与实验》2018 年第 6 期。

⑤ 陈娜：《学习的自我感：内涵、形成条件与培养策略》，《教育研究与实验》2018 年第 1 期。

⑥ 徐碧波、谢涵、李想、洪建中：《基于 CiteSpace 的个性化学习知识图谱分析》，《教育研究与实验》2018 年第 3 期。

⑦ 付卫东：《改革开放 40 年我国农村中小学教师队伍建设：举措、成效及经验》，《教育与经济》2018 年第 4 期。

性的教师教育课程改革提供决策依据。① 付光槐基于解放旨趣从价值层面为消解教师教育课程的技术主义缺陷提供思考。② 免费师范生教育信仰是免费师范生对教育的极度信服与尊崇。田友谊等认为要培育免费师范生教育信仰，构建教育信仰的培育共同体。③

陶丽等从社会文化和社会心理层面以及教师专业身份的脉络化、关系化、情绪化、故事化四个维度来探讨师生互动视野中教师专业身份的发展路径。④ 雷万鹏等基于"教师—学科—学生"三维匹配的设计，检验了"绩效工资"背景下教师收入结构中"业务绩效"的贡献。⑤ 李红菊等着力解决班主任职业生活质量的科学评价问题，比较两岸班主任在职业生活质量上的差异，并对评价指标体系进行验证。⑥ 孙利等采用质化研究方式，抽取出九个直接衡量班主任职业生活质量的评价指标，归为个人、工作、组织三个层面。⑦

4. 教师素养研究

李晓燕探讨了中小学教师法律素养在法治教育中的师表作用，主张中小学教师在通过依法执教的行为实现"师表"作用的同时还应具备营造法治文化氛围的能力。⑧ 刘洪祥认为引导者角色的内涵应定位于学生个体生命成长的三个维度，建议教师通过做学生生命成长的价值导师、问题导师和兴趣导师来优化自身的引导者角色。⑨ 王仕杰等探讨了教师教力的内涵、结构与

① 陈文娇：《教师教育课程供求的不平衡分析——基于某地方综合性大学师范生的调查》，《教师教育研究》2018 年第 6 期。
② 付光槐：《解放旨趣之教师教育课程的内涵、价值与实现》，《高教探索》2018 年第 4 期。
③ 田友谊、丁月：《免费师范生教育信仰的现状、影响因素与培育对策》，《教育研究与实验》2018 年第 1 期。
④ 陶丽、李子建：《课程改革背景下教师专业身份的理解与建构——基于师生互动的视角》，《教师教育研究》2018 年第 3 期。
⑤ 雷万鹏、马红梅、钱佳：《教师教学绩效的经济回报》，《教育学报》2018 年第 4 期。
⑥ 李红菊、孙利：《两岸班主任职业生活质量比较研究》，《教师教育研究》2018 年第 4 期。
⑦ 孙利、张红梅、李红菊：《班主任的职业生活质量评价指标：质的分析》，《教育研究与实验》2018 年第 6 期。
⑧ 李晓燕：《中小学教师法律素养在法治教育中的师表作用及其实现》，《中国教育学刊》2018 年第 3 期。
⑨ 刘洪祥：《论教师引导者角色的内涵定位及实践优化》，《中国教育学刊》2018 年第 3 期。

特点，强调通过自身动力、同行助力、学校推力和政策引力，采用定性与定量相结合的评价方法促进教师教力发展。① 付光槐在论述了教师教学敏感的三维结构基础上，提出包括教师个体的教育叙事、行动研究以及外在的学校氛围与自主空间保障的教学敏感生成路径。②

关于教师学习，傅淳华、杜时忠聚焦于学校制度情境中的教师道德学习，指出学校制度正整体抹去教师在属己道德学习进程中的自主性，走出此困境需要积极推进学校制度的改革。③ 汪丽梅研制了职前教师反思水平考察工具，对调查对象的自传文本与学习自传研究过程进行分析。④

5. 教学原理与教育评价研究

鹿星南探讨了课堂教学中身体缺失的现实表征及其归因，指出应该确立具身性的课堂教学认识论基础，倡导身心一体的课堂教学模式。⑤ 许锋华等聚焦于教师教学话语问题，强调以自由权利的制度保障、教学话语的批判意识与能力、教学话语的范式转换、民主性的对话关系为抓手，矫正教师的教学话语。⑥

关于教育评价，罗祖兵讨论"欣赏性评价"作为综合素质评价的方法论问题，提出注重学生的自我评价、实行多元评价、采取表现性评价的思路。⑦ 杨玉芹采用案例研究的方式，探究反思性评价在知识创新能力培养中的作用和价值。⑧

---

① 王仕杰、焦会银：《教师教力：内涵、结构与特点》，《课程·教材·教法》2018 年第 7 期。
② 付光槐：《论教师教学敏感的内涵、结构及其生成路径》，《中国教育学刊》2018 年第 10 期。
③ 傅淳华、杜时忠：《论学校制度情境中的教师道德学习困境》，《教师教育研究》2018 年第 4 期。
④ 汪丽梅、吴刚平、吴婧：《教师自传的反思水平研究》，《全球教育展望》2018 年第 1 期。
⑤ 鹿星南：《论课堂教学中身体的缺失与回归》，《中国教育学刊》2018 年第 6 期。
⑥ 许锋华、徐洁：《论教师教学话语的异化及其矫正》，《教育研究与实验》2018 年第 2 期。
⑦ 罗祖兵：《欣赏性评价：综合素质评价的方法论选择》，《课程·教材·教法》2018 年第 1 期。
⑧ 杨玉芹：《反思性评价在协同知识创新能力培养中的应用研究》，《中国电化教育》2018 年第 1 期。

（三）教育史与比较教育学研究

2018 年的湖北教育史研究关注了陶行知、王星拱的教育思想，提出了教育记忆史研究问题；比较教育学研究中关于反校园欺凌、数字人才培养、德国的政治教育等研究值得借鉴。

关于教育家思想的研究，申国昌等聚焦于陶行知的乡村师范教育思想，以期为当今我国造就一支优秀的乡村师资队伍，进而推进城乡义务教育均衡发展提供借鉴。[①] 杨敏等关注了王星拱科学教育思想及实践，指出其教育思想的内涵主要体现在以富国强民为志业，力倡科学的普及与发展，重视科学方法的运用以及大学教育管理中的科学精神。[②] 教育记忆史是专门研究教育参与者对于过往的教育人物、活动、事件等的个体记忆和集体记忆。刘大伟、周洪宇探讨了教育记忆史的研究逻辑、研究取向、研究方法与研究成果表现形式等问题。[③]

比较教育迎来了学科创立 200 年的历史性时刻，学者们对如何理解比较教育 200 年来的发展历程与趋势进行了认真思考。胡瑞等参照库恩的范式理论，以"前科学"阶段为逻辑起点探索比较教育的发展历程，分析了比较教育在目前所处的"科学革命"阶段所面临的各种挑战和问题，并在此基础上展望未来比较教育学科的发展趋势。[④] 时燕妮等比较分析了国际上影响广泛的 10 个 ICT 素养框架，揭示了 ICT 素养本质和发展过程，提出了适合我国国情的概念框架开发和实施建议。[⑤] 王建梁等以"农村学校职前教师吸引与留任策略"项目为例，研究了澳大利亚农村职前教师培养问题，主张通过建立农村认同感、理论实践相结合、多方参与合作等措施促进农村教师教育发展。[⑥]

---

① 申国昌、唐子雯：《陶行知乡村师范教育观及当代价值》，《教育研究与实验》2018 年第 3 期。

② 杨敏、陈闻晋：《论王星拱科学教育思想及其实践》，《高教探索》2018 年第 4 期。

③ 刘大伟、周洪宇：《教育记忆史：教育史研究的新领域》，《现代大学教育》2018 年第 1 期。

④ 胡瑞、刘宝存：《世界比较教育二百年回眸与前瞻》，《比较教育研究》2018 年第 7 期。

⑤ 时燕妮、石映辉、吴砥：《面向未来教育的新能力发展：ICT 素养内涵、演化及其启示》，《比较教育研究》2018 年第 3 期。

⑥ 王建梁、赵鹤、姚林：《澳大利亚农村职前教师培养研究——以"农村学校职前教师吸引与留任策略"项目为例》，《教育研究与实验》2018 年第 4 期。

（四）学前教育学研究

湖北学前教育学研究以关注实践问题为主，普惠性民办幼儿园政策、幼儿园教师培训、家庭视角的学前教育研究等有重要的研究意义。

黎勇等在调查武汉市相关部门的家庭教育支持现状和服务供给水平的基础上，建议从调整家庭教育服务责任主体、加大家庭教育服务经费投入及加强家庭教育工作监督与评估三个方面，提升家庭教育服务水平。[①] 王声平等从与普惠性民办幼儿园政策最重要的内部利益相关者——园长出发，对我国中部地区政府认定和发展普惠性民办幼儿园的现状、影响因素和存在的问题进行实地考察和归因分析，为促进我国普惠性民办幼儿园的整体可持续发展提供政策参考。[②] 郭景川等依据教育交往空间的内涵定义和组成要素及其建构机制，探讨了民国时期的儿童教育学人所，构建了以陈鹤琴为核心人物、以中华儿童教育社和《儿童教育》杂志为平台的教育交往空间，主张从教育交往空间、学术交流环境、学术交流渠道入手，促进我国一流教育学科建设。[③] 龚欣等利用"中国教育追踪调查"基线数据，运用倾向得分匹配方法分析了学前教育经历对我国初中生非认知能力的影响效应。[④]

（五）高等教育学研究

高等教育学研究是湖北的一个优势研究领域，涉及主题广泛，研究成果丰硕，在大学生核心素养与人才培养途径及机制、高校教师与教学改革、高等教育治理、院校研究等领域取得了有深度和创新的研究成果，在一定程度

① 黎勇、蔡迎旗：《我国幼儿家庭教育支持现状及其完善建议》，《学前教育研究》2018 年第 4 期。
② 王声平、皮军功、关荆晶：《政府发展和管理普惠性民办幼儿园的现状及其改进建议》，《学前教育研究》2018 年第 8 期。
③ 郭景川、申国昌：《民国时期儿童教育学人的教育交往空间——以陈鹤琴及中华儿童教育社为考察中心》，《学前教育研究》2018 年第 9 期。
④ 龚欣、李贞义：《学前教育经历对初中生非认知能力的影响：基于 CEPS 的实证研究》，《教育与经济》2018 年第 4 期。

上发挥了引领作用。

1. 大学生核心素养与人才培养途径及机制研究

张应强等讨论了科技发展新趋势下的大学生核心素养及其培养问题，提出大学生核心素养的重要因素：批判性思维是基础，学习能力是关键，知识迁移和建构能力是重点，全球胜任力是价值观体现。[①] 张青根等探讨了大学生批判思维能力：发现一流大学本科生批判性思维能力水平及其增值高于非一流大学，提出本科生批判性思维能力培养成效应列入一流大学的绩效评价指标体系。[②] 郭卉等集中研究了本科生科研学习，认为大学生科技创新团队是最有效的本土化科研学习形式。[③] 刘献君提出创新教育空间问题，认为空间充当了教育的角色，教育通过空间来实现，个性化教育需要为学生提供选择空间。[④]

张俊超等运用大学教育力理论模型，从大学教育射程和学生期望两个维度将学生分为高度匹配型、被动顺应型、独立型和排斥型四种类型，追踪研究不同类型学生分布的变化和特征，并从学校支持和学生投入两个维度，探索其对学生类型及其变化的影响。[⑤] 赵作斌探讨了素质学分制大学生评价模式，认为实现由学分制向素质学分制的根本转变是大学全面实施素质教育的必然要求。[⑥]

2. "新工科"教育相关研究

新工科是基于国家战略发展新需求、国际竞争新形势、立德树人新要求而提出的我国工程教育改革方向。马廷奇认为，高等工程教育转型主要体现

---

① 张应强、张洋磊：《从科技发展新趋势看培养大学生核心素养》，《高等教育研究》2017 年第 12 期。

② 张青根、沈红：《一流大学本科生批判性思维能力水平及其增值——基于对全国 83 所高校本科生能力测评的实证分析》，《教育研究》2018 年第 12 期。

③ 郭卉、韩婷、姚源：《本科生科研学习收获因子相互关系研究》，《高等教育研究》2018 年第 9 期。

④ 刘献君：《创新教育空间》，《江苏高教》2018 年第 5 期。

⑤ 张俊超、任丽辉：《大学教育力视角下大学生类型的分布变化及其影响因素——基于 H 大学本科生学习与发展调查的追踪研究》，《高等教育研究》2018 年第 12 期。

⑥ 赵作斌：《素质学分制——大学生评价模式的新探索》，《中国高等教育》2018 年第 20 期。

为从传统的工程科学教育范式向现代工程实践教育范式的转型，其中，工科专业建设的实践性转向是高等工程教育转型发展的核心。① 高校的工科教师的胜任力水平关系到工程技术人才培养的质量。刘兴凤等基于"卓越计划"试点高校工科教师胜任力结构的实证研究，构建高校工科教师胜任力三维作用模型。② 靳敏等分析工科专业本科生在学习性投入和学业收获中存在的性别差异，提出工程教育改革应重视工科专业女生的专业自信心和归属感的建立，消除单一的男性主导的工科学习环境对女生学习及发展的潜在影响。③

3. 高校师资队伍与大学教学研究

师资队伍建设历来是大学发展的核心工作。王海凤等从教育史的角度研究了郭秉文创办名校时重视并用心建设师资队伍的经验，希望对当前中国高校"双一流"建设有所裨益。④ 刘晶晶等讨论了当前我国应用技术大学在师资队伍建设过程中亟待解决的问题，建议强化师资队伍建设的保障性措施，引导并加强"双师双能型"教师队伍建设，尽快实现教师队伍的结构优化与整体转型。⑤

关于高校教师流动性问题，李志峰等认为高校教师的流动意愿和行为是四种作用力共同作用的结果，除了推力和拉力的促进流动作用之外，组织黏力和斥力阻碍了教师流动。⑥ 学术创业是提高科技成果转化率，实现创新驱动发展战略的重要途径。

建设智慧教室是"互联网＋教育"战略背景下高校创新教学环境、提

---

① 马廷奇：《高等工程教育转型与工科专业建设的实践逻辑》，《国家教育行政学院学报》2018 年第 2 期。

② 刘兴凤、张安富：《高校工科教师胜任力的研究——模型构建与实证分析》，《高等工程教育研究》2018 年第 1 期。

③ 靳敏、胡寿平：《工科专业本科生学习性投入的性别差异分析》，《复旦教育论坛》2018 年第 5 期。

④ 王海凤、余子侠：《郭秉文与"南高—东大"教师队伍建设》，《高等教育研究》2018 年第 1 期。

⑤ 刘晶晶、李梦卿：《应用技术大学师资队伍建设的审思与推进》，《中国职业技术教育》2018 年第 27 期。

⑥ 李志峰、魏迪：《高校教师流动的微观决策机制——基于"四力模型"的解释》，《高等教育研究》2018 年第 7 期。

升人才培养质量的必然选择。贺占魁对高校智慧教室的建设理念与模式进行了研究，蒋立兵对智慧教室促进高校课堂教学变革的绩效进行了研究，毛齐明对高校教师应用智慧教室的有效性进行了研究。赵映川调查分析了大学生慕课满意度及其影响因素。①

4. 科研与人才工作研究

人才项目对高校治理和学术精英的培养产生了巨大的影响。蔺亚琼发现人才项目已成为我国学界特别是理工科领域塑造学术精英的重要制度。学术精英的成长呈现出"人才项目依托"与"人才项目嵌套"的特点，不同层次人才项目的重叠嵌套，形成了学术精英生成的结构性路径，"不入选则出局"成为塑造学术精英的法则。② 李燕萍等发现，"青年千人计划"入选者具有关系需求、公平需求、效率需求、基础科研需求和价值实现需求五个方面的需求，满足其五个方面的需求则能帮助他们建立成功愿景，并在其内部驱动力作用下实现更高质量的科研成果产出。③

5. 高等教育自信与"双一流"建设研究

彭湃对高等教育自信的概念与生成机制作了探讨，认为高等教育自信的生成机制包括成就效应、获得效应、评价效应、迁移效应、示范效应和传导效应。④

"双一流"的建设与研究已经如火如荼，但对"双一流"建设的理论研究还处于起步阶段。沈红等讨论了"双一流"在建设和研究上的维度，并提出某些存疑的问题。⑤ 李志峰等以 MIT 为案例分析世界一流大学教师队伍的结构与分类管理逻辑。⑥ 黄超认为"双一流"建设使我国高校面临重大战

---

① 赵映川：《大学生慕课满意度及其影响因素的调查研究》，《高等教育研究》2018 年第 2 期。
② 蔺亚琼：《人才项目与当代中国学术精英的塑造》，《高等教育研究》2018 年第 11 期。
③ 李燕萍、许颖佳、胡翔：《"青年千人计划"入选者的科研产出从何而来——基于扎根理论的研究》，《高等教育研究》2018 年第 8 期。
④ 彭湃：《高等教育自信：概念、问题与生成机制》，《高等教育研究》2018 年第 8 期。
⑤ 沈红、王鹏：《"双一流"建设与研究的维度》，《中国高教研究》2018 年第 4 期。
⑥ 李志峰、汪洋：《世界一流大学教师队伍的结构与分类管理逻辑——以 MIT 为案例》，《教师教育研究》2018 年第 1 期。

略转型，大学治理必须从传统弱契约关系走向新的强契约关系，建立教师主体意识的契约更新程序，把大学转型发展建立在积极进取的教师文化心理之上。[①]

6. 高等教育治理研究

我国高等教育改革发展逐步引入，形成了高等教育双重体制机制和"类市场化治理"模式。张应强等认为，为了实现高等教育治理体系和治理能力现代化的目标，我国高等教育治理模式需要实现从"类市场化治理模式"向"准市场化治理模式"的转变。[②] 董泽芳等认为，回归大学之道是促进社会发展与高校自身发展的强烈要求，更是统筹推进"双一流"建设的必由之路。[③] 彭宇文认为，中国特色现代大学制度建设应当夯实时代性基础，以习近平教育思想为指导，回归大学精神本原，进一步强化法治基础。[④]

高等教育质量文化是高校全体成员对质量意义的共同理解，它既包含技术层面上的管理和质量保障手段，又包括观念层面上的参与度和向心力。冯惠敏等分析了挪威推进高等教育质量文化建设的举措及其启示。[⑤] 张洋磊发现，大学跨学科学术组织冲突呈现"多重逻辑制约"的特征，其根本成因是大学对外部力量的"依附式自主"。[⑥]

7. 教育智库研究与院校研究

教育智库，是中国特色新型智库建设的重要组成部分。周洪宇等认为，习近平总书记有关智库建设的论述可以概括为"三明确，两强调"，新时代教育智库建设应以其为重要指导思想，坚持"五性论"。[⑦] 申昌国等探讨了

---

① 黄超：《"双一流"建设中的大学教师文化心理重塑》，《高等教育研究》2018 年第 2 期。
② 张应强、张浩正：《从类市场化治理到准市场化治理：我国高等教育治理变革的方向》，《高等教育研究》2018 年第 6 期。
③ 董泽芳、牛君霞：《回归大学之道——对我国大学发展现状的思考与建议》，《高等教育研究》2018 年第 10 期。
④ 彭宇文：《中国特色现代大学制度建设的时代性》，《复旦教育论坛》2018 年第 4 期。
⑤ 冯惠敏、郭洪瑞、黄明东：《挪威推进高等教育质量文化建设的举措及其启示》，《高等教育研究》2018 年第 2 期。
⑥ 张洋磊：《大学跨学科学术组织冲突的特征及其成因》，《高等教育研究》2018 年第 7 期。
⑦ 周洪宇、付睿：《以习近平智库论述为指导　加强教育智库建设》，《国家教育行政学院学报》2018 年第 4 期。

中国特色新型教育智库的角色定位及建设路径。[1] 褚照锋等分析了智库背景下高等教育研究机构的组织特征、职能使命及发展对策。[2]

我国20世纪80年代引入的院校研究已经步入"规范发展"阶段。许宏认为院校研究的中国话语体系已初步建立，但话语优势还未形成，院校研究的中国话语建构应从"院校研究在中国"的适应性阶段向"院校研究的中国模式"阶段转换。[3] 刘献君指出，中国的院校研究已经由最初的初步形成逐步走向规范发展，必须处理好转变过程中的四对关系：服务领导决策与服务学生发展之间的关系；数据分析与质性研究的关系；国际化与中国特色的关系；机构的行政性与研究的专业化的关系。[4]

8. 学位与研究生教育研究

研究生教育质量保障关涉政府、市场、学术三类主体，三类主体的价值取向分别指向公平、效益、自由，三者之间既有向心力也有离心力，达成了充满张力的三角制衡形态。[5] 梁传杰认为，我国研究生教育质量保障体系建设应借鉴美国经验，建立多元化参与的研究生教育质量保障体制、以高校自我评估为核心和基础的研究生教育质量保障体系、多样化和特色化的质量保障标准体系、学位授权单位和学位授权点动态调整机制。[6] 王传毅等在总结各类质量测度方法的基础上提出，要构建出包含条件支撑力、国际竞争力、社会贡献力和大师培养力四个分指数的研究生教育质量指数。[7] 郭劲松等提

---

① 申国昌、程功群：《中国特色新型教育智库的角色定位及建设路径》，《华东师范大学学报》（教育科学版）2018年第6期。

② 褚照锋、李明忠：《智库背景下高等教育研究机构的组织特征、职能使命及发展对策》，《高校教育管理》2018年第5期。

③ 许宏：《中国院校研究的话语建构与特色彰显》，《高等工程教育研究》2018年第4期。

④ 刘献君：《中国院校研究规范发展的路径》，《高校教育管理》2018年第1期。

⑤ 梁传杰：《研究生教育质量保障：价值取向、矛盾冲突与协调力量》，《高等教育研究》2018年第8期。

⑥ 梁传杰：《借鉴美国经验构建我国研究生教育质量保障体系》，《研究生教育研究》2018年第4期。

⑦ 王传毅、徐冶琼、程哲：《研究生教育质量指数：构建与应用》，《学位与研究生教育》2018年第12期。

出构建研究生先进典型教育机制的设想。[1] 胜任力结构模型是针对特定职位的要求对人员进行全面系统的研究而形成的结构，可用于鉴别绩效优异者与绩效一般者。陈志霞等构建了研究生胜任力结构模型。[2]

9. 比较高等教育研究

顾明远推动了比较高等教育学的创建，为中国高等教育学科的建立和发展做出了重大贡献。其高等教育思想涉及大学的本质、人才培养、改革发展等重大理论问题，充分体现了大格局、前瞻性、使命感等特征，对中国高等教育的改革与发展具有重要的指导意义。[3] 陈寒讨论了欧洲专业高等教育的发展特点、困境及启示。[4] 蒋洪池、夏欢分析了欧洲高等教育区质量保障标准的发展历程、内容理念和保证方式等。[5] 陈廷柱等回顾分析了学系在美国大学的诞生与发展。[6] 李晓楠等概述分析了美国高校学生事务专业标准及相关资源应用现状。[7] 魏署光讨论了美国大学社会服务职能的历史变迁及其机制。[8] 刘香菊对中世纪"牛桥"住宿学院院长制度展开了分析。[9]

（六）职业技术教育学研究

湖北在职业技术教育研究方面取得了一定成果，在不同层次研究了一些重要的现实问题，但研究水平和研究的科学规范性还需要不断提升。

---

[1] 郭劲松、叶秀娟：《论研究生先进典型教育机制的构建》，《学位与研究生教育》2018 年第 5 期。

[2] 陈志霞、郭金元：《研究生胜任力结构模型构建及其预测作用》，《学位与研究生教育》2018 年第 7 期。

[3] 张应强、李均：《试论顾明远的高等教育思想》，《教育学报》2018 年第 6 期。

[4] 陈寒：《欧洲高等教育区质量保障标准：发展与启示》，《中国高教研究》2018 年第 6 期。

[5] 蒋洪池、夏欢：《欧洲高等教育区外部质量保障：标准、方式及其程序》，《高教探索》2018 年第 1 期。

[6] 陈廷柱、吴慰：《学系在美国大学的诞生与发展》，《高等教育研究》2018 年第 12 期。

[7] 李晓楠、储祖旺：《美国高校学生事物专业标准及相关资源应用现状研究》，《清华大学教育研究》2018 年第 4 期。

[8] 魏署光：《美国大学社会服务职能的历史变迁及其机制》，《高等工程教育研究》2018 年第 6 期。

[9] 刘香菊：《中世纪"牛桥"住宿学院院长制度探析》，《高等教育研究》2018 年第 6 期。

1. 职教评价与发展研究

李永健等基于人民的内涵和相关利益者理论，以"人民满意"为统摄全局的逻辑红线，构建包括政府满意度、学生满意度、教师满意度、社会满意度4个一级指标和21个二级指标的共治型评价体系，以供高职院校办学和政府部门决策参考。[①] 李梦卿等探讨了职业教育第三方评价的价值原旨、需求功能与趋势常态。[②] 职业教育第三方评价是教育评价的重要手段与形式，是职业教育领域公共服务体系市场化的选择。第三方评价以其专业权威性、交互协调性与外部制衡力为职业教育质量评价体系的运行提供有效支撑，为政府部门的教育决策提供咨询，为职业院校的内生发展提供指导，为社会公众及行业企业的理性需求提供服务。

关于职业教育发展，研究者从国际、国内不同层面展开研究。张瑜珊等探讨了美国职业教育改革发展中三次大规模改革浪潮，以期为我国现代职业教育的理论研究和实践发展提供借鉴。[③] 罗恒等对中国－肯尼亚职业教育合作项目模式进行了基于质性数据的分析与评估，总结了"一带一路"倡议职业教育合作的经验成果。[④] 李运华等基于政策工具视角，指出当前我国职业教育政策存在政策工具选择上的整体失衡、政策工具与三螺旋主题的组合错配以及对高等职业教育的关注不足三大问题。[⑤] 陈新文等关注大职教观下高职教育社区化发展，认为高职教育社区化的目标应该是促进社区居民综合素质的发展，社区教育学院的建设应遵循以大职教观为指导、以终身教育思想为基础、以多方共治为理念、以数字化资源为主体、以专兼结合为主要形

---

① 李永健、李梦玲、黄东显：《"人民满意"的高职教育办学质量评价体系诠释与构建》，《中国职业技术教育》2018 年第 13 期。
② 李梦卿、刘晶晶、刘占山：《职业教育第三方评价的价值原旨、需求功能与趋势常态——基于 2017 年福建省职业教育教学成果奖评审的思考》，《教育发展研究》2018 年第 11 期。
③ 张瑜珊、贾永堂：《美国百年职业教育的三次改革浪潮》，《外国教育研究》2018 年第 10 期。
④ 罗恒、卡罗莱·穆西米、刘清堂：《"一带一路"倡议下职业教育国际合作模式探究——以中国－肯尼亚职教项目为例》，《比较教育研究》2018 年第 9 期。
⑤ 李运华、王滢淇：《新时代我国职业教育政策分析——基于政策工具视角》，《教育与经济》2018 年第 3 期。

式、以第三方评价为手段六大路径。[①]

2. 高职院校建设与管理研究

关于优质高职院校建设，李梦卿等认为优质高职院校的建设应遵循高等职业教育学科发展逻辑和区域经济社会需求逻辑，具备优质专业引领、优质社会服务与优质驱动效应等属性特征；主张通过健全决策机制、诊改机制、动力机制、评价机制推动优质高职院校的建设。[②]

关于产教融合、校企合作，奚进探讨校企合作的交易成本及补偿机制问题。[③] 混合所有制高职院校是在新形势下根据我国教育发展需要建立的一种新型高等教育模式。朱泓等以他物权入手，从高职院校资产融合与资产管理的角度出发，将混合所有制高职院校中的国有资产与非国有资产进行了比较分析。[④]

周金城等基于国际比较的视角，研究了我国高职院校生均拨款问题，建议通过加大高职院校的财政预算投入、"以奖代补"政策、制定差异化的生均拨款标准与高职教育经费使用绩效评价的实施细则来完善生均拨款制度。[⑤]

3. 职业技术人才培养理念与机制研究

关于高职院校人才培养，刘贤明认为，生态文明价值观是新时代高职院校人才培养模式构建的重要理念，工匠精神的传承与拓新是新时代高职院校人才培养模式生态价值观的深化和丰富，高职院校人才培养模式要发挥生态

[①] 陈新文、周志艳：《大职教观下高职教育社区化发展的目标、挑战与路径》，《中国职业技术教育》2018 年第 15 期。

[②] 李梦卿、刘晶晶：《我国优质高职院校建设的逻辑、特征与机制》，《高等教育研究》2018 年第 2 期。

[③] 奚进：《企业参与职业教育校企合作的交易成本及补偿机制构建》，《中国职业技术教育》2018 年第 33 期。

[④] 朱泓、朱忠贵：《基于他物权的混合所有制高职院校国有资产管理问题探析》，《中国职业技术教育》2018 年第 31 期。

[⑤] 周金城、戴文静、刘大尚：《我国高职院校生均拨款水平研究——基于国际比较的视角》，《中国高教研究》2018 年第 7 期。

价值观及工匠精神传承与拓新的功能。①

关于高职教育中的高技能人才培养，肖龙等基于高技能人才成长的视角分析了基础教育与高职教育衔接的必要性与可能性。② 黄琼探讨了我国高职学生成长的需要结构，提出高职学生成长需要的八因子结构，分别是校园适应、人际交往、集体认同、自主学习、认识自己、自我控制、调节情绪、创新发展。③

关于职业技术人才培养过程中的教学问题，胡茂波等借鉴瑞士职业教育交互式教学视频资源开发的经验，主张中国职业教育视频资源的开发应关注灵活性教学策略以及学习过程中自主分析的引入，聚焦教和学的有效性以及关注教育的公益性。④ 关于高职实践教学问题，肖龙等认为基于高职教学的实践性，需将创新能力培养贯穿于实践教学的始终，变传统机械的"制作逻辑"教学为"设计逻辑"教学，以此促进教学主体从劳动之兽到创造之人、教学环境从教导型到学习型、教学方式从线性服从到关系对话的转向。⑤ 曹靖对我国"现代学徒制"的研究作了回顾、反思与展望。⑥

（七）特殊教育学研究

2018 年湖北教育研究者进行了特殊教育信息化带动特殊教育现代化、特殊教育师资队伍、特殊教育中教学与学生发展等方面的研究。

以特殊教育信息化带动特殊教育现代化，提升特殊教育质量，是实现

---

① 刘贤明：《新时代高职院校人才培养模式生态价值观及工匠精神传承与拓新》，《中国职业技术教育》2018 年第 19 期。

② 肖龙、陈鹏：《基础教育与高职教育衔接：何以必要与可能？——基于高技能人才成长的视角》，《中国职业技术教育》2018 年第 21 期。

③ 黄琼：《高职学生成长需要结构建构及其现状调查》，《中国职业技术教育》2018 年第 10 期。

④ 胡茂波、徐鑫、韦妙：《瑞士职业教育交互式教学视频资源开发的经验及启示》，《中国职业技术教育》2018 年第 11 期。

⑤ 肖龙、陈鹏：《从制作到设计：创新能力培养视域下高职实践教学的逻辑转向》，《中国职业技术教育》2018 年第 29 期。

⑥ 曹靖：《我国"现代学徒制"研究的回顾、反思与展望》，《中国职业技术教育》2018 年第 24 期。

我国义务教育均衡发展的重要途径。尉小荣等从信息化基础设施、数字化教育资源、信息化教学应用、信息化管理措施和信息化保障机制五大维度开展调研，探究特殊教育信息化发展影响因素，主张从信息化康复教学训练环境、信息化经费投入和分配机制等方面，推动中西部地区特殊教育信息化发展。[1]

关于特殊教育师资队伍问题，王任梅探讨了美国幼儿教师全纳教育素养职前培养的内容、途径和特点，以期为我国幼儿教师职前培养提供借鉴与经验。[2] 高利等运用内容分析法，从基本理念和内容两方面分析比较《特殊教育教师专业标准（试行）》与中小学标准的异同，从师资发展角度，根据国家政策、职前培养、教师自身等因素来探讨推进融合教育的措施。[3]

关于特殊教育中教学与学生发展的研究，朱涵等以盲校数学优质课堂为例，利用改进型弗兰德斯互动分析系统来探讨盲校数学优质课堂教学师生言语行为互动的特征，在此基础上提出创设开放的课堂问题情境、综合利用信息技术资源等课堂教学改革建议。[4] 郭楠楠探讨了学生的特定阅读理解障碍认知缺陷问题，通过梳理特定阅读理解障碍者认知缺陷的基本观点及相关研究成果，在了解特定阅读理解障碍产生原因的基础上为特定阅读理解障碍者的鉴别、干预训练与研究提供参考。[5]

（八）教育技术学研究

湖北教育技术学研究力量雄厚，在教育技术理论与实践、教育信息化、

---

[1] 尉小荣、吴砥、李昊龙、邓柳、卢春、曹青林：《我国中西部地区特殊教育信息化发展水平及其影响因素研究》，《中国电化教育》2018 年第 11 期。

[2] 王任梅：《美国幼儿教师全纳教育素养的职前培养及启示》，《中国特殊教育》2018 年第 5 期。

[3] 高利、朱楠、雷江华：《中小学与特殊教育教师专业标准的比较及启示》，《中国特殊教育》2018 年第 6 期。

[4] 朱涵、郭卿、刘飞、雷江华、朱楠：《盲校数学优质课堂师生言语行为互动的案例研究——基于改进型弗兰德斯互动分析系统（iFIAS）》，《中国特殊教育》2018 年第 7 期。

[5] 郭楠楠、雷江华：《特定阅读理解障碍认知缺陷研究进展》，《中国特殊教育》2018 年第 2 期。

教育技术政策研究、教师培训和教育评价等方面成果比较突出。

1. 教育技术基础理论研究

熊才平等对近三年教育技术研究取得的进展和面临的问题进行了阐述和分析。① 田林等采用共词分析法总结国际教育技术近十年的研究热点和趋势。② 杨浩等从学生个体视角探究初中生信息素养影响因素，并据此提出有针对性的信息素养提升策略。③

信息技术的教学进路在于实现技术逻辑与人本逻辑的协调。④ 王鹄梳理了信息化时代教育格局发生的革命性变革，探讨了教育信息化中的技术赋权困境。⑤ 张屹等提出包含"学科内容层、跨学科大概念层、教学设计层和学习目标层"的四层基于设计的跨学科 STEM 理论框架。⑥ 刘凯等认为，在人工智能时代，教育学的研究对象要把机器的教育和学习也囊括在内，在更宽广的"人－机"二元主体视角下探究教育与学习的一般性规律，向"大学科"和"大科学"的方向迈进，提出了"教育领域人工智能的研究论纲"。⑦

2. 教育信息化研究

以信息技术支持的结构性变革推动信息化教育的创生发展是当代教育信息化的显著特征。⑧ 雷万鹏建议教育信息化政策研究应回归人本，以是否促进人的发展为根本准则审视教育信息技术的效果，应用科学研究方法探讨教

---

① 熊才平、戴红斌、葛军：《教育技术：研究进展及反思》，《教育研究》2018 年第 3 期。
② 田林、武滨、陈婵：《国际教育技术近十年研究热点和趋势分析——基于共词分析法》，《现代教育技术》2018 年第 2 期。
③ 杨浩、韦怡彤、石映辉：《中学生信息素养水平及其影响因素研究——基于学生个体的视角》，《中国电化教育》2018 年第 8 期。
④ 王帅：《信息技术的教学本体进路及阈限》，《教育研究与实验》2018 年第 6 期。
⑤ 王鹄：《技术赋权视阈下的教育信息化反思》，《中国电化教育》2018 年第 2 期。
⑥ 张屹、李幸、黄静等：《基于设计的跨学科 STEM 教学对小学生跨学科学习态度的影响研究》，《中国电化教育》2018 年第 7 期。
⑦ 刘凯、胡祥恩、马玉慧、那迪、张昱华：《中国教育领域人工智能研究论纲——基于通用人工智能视角》，《开放教育研究》2018 年第 2 期。
⑧ 杨宗凯、吴砥、郑旭东：《教育信息化 2.0：新时代信息技术变革教育的关键历史跃迁》，《教育研究》2018 年第 4 期。

育信息化政策，为政府和学校决策提供更可靠的信息基础。① 范福兰等运用 C‑SWOT 分析方法，以广东省个案基础教育信息化为例，定性构建教育信息化发展战略矩阵并定量择优定位战略类型。② 王继新等通过实践探索和调查研究，总结出了四种信息化促进县域教育均衡发展的实践模式。③ 钱佳等基于湖北省农村教学点的调研信息，从政策实施视角对农村教学点教育信息化发展中存在的问题进行了研究。④

3. 学习方式与教学模式变革研究

关于知识建构实践问题，杨玉芹等利用活动系统分析方法，揭示知识建构实践的变化发展⑤；张屹等在智慧教室环境下通过实验研究法分析学生在科学探究课上的学习兴趣以及参与度情况⑥；朱莎等通过准实验研究法探究基于移动终端的教学与基于传统多媒体的教学对学习动机和学习策略影响的差异，以及基于移动终端的不同学科教学对学习动机和学习策略影响的差异。⑦ 张昭理等以华中师范大学完全自主研发的多屏布局、多点触控的 StarC 教学系统为例，进行课堂教学活动的设计，展示了教学过程中利用四屏的优势关联多种数字化资源，探究其在多个学科中的创新应用，希望促进教师改变传统教学理念以及进行创新型教学模式的探索。⑧

---

① 雷万鹏：《教育信息化政策研究的三个误区》，《教育研究与实验》2018 年第 6 期。

② 范福兰、张屹、唐翠兰：《基于 C‑SWOT 的基础教育信息化发展战略模型构建研究》，《电化教育研究》2018 年第 12 期。

③ 王继新、张伟平：《信息化助力县域内教育优质均衡发展研究》，《中国电化教育》2018 年第 2 期。

④ 钱佳、郭秀旗、韦妙：《农村教学点教育信息化政策实施困境与路径选择》，《教育研究与实验》2018 年第 6 期。

⑤ 杨玉芹、陈倩倩：《知识建构实践的发展过程研究——以香港 W 中学的"视觉艺术"课程为例》，《现代教育技术》2018 年第 5 期。

⑥ 张屹、董学敏、白清玉、熊曳、朱映晖：《智慧教室环境下学生的探究参与度研究——以"食物在体内的旅行"为例》，《电化教育研究》2018 年第 5 期。

⑦ 朱莎、杨浩、徐顺：《基于移动终端的教学对学习动机和策略的影响》，《电化教育研究》2018 年第 2 期。

⑧ 张昭理、李阳、刘海：《多屏多点触控教学系统支撑下教学创新与变革》，《电化教育研究》2018 年第 3 期。

4. 网络学习研究

王亮以学习者的深度学习需求为出发点，提出了一种基于多模态知识图谱的个性化 MOOC 课程重构方法。[①] 左明章等基于互动话语分析理论，构建了一种基于在线学习平台的互动话语分析模式。[②] 精品专题教育社区是网络学习空间人人通应用的典型案例，对发展"互联网＋教育"的公共资源服务模式、推动教育信息化的发展具有积极的意义。刘清堂等对其进行了特征发掘、运行规律分析。[③] 针对网络学习空间中的数据未能被充分挖掘和利用的问题，吴林静等提出了一种基于数据挖掘技术的在线学习行为分析模型。[④]

黄志芳等对影响学习者使用系统的主要因素及机制进行了实证研究。[⑤] 蒋志辉、赵呈领等研究了在线学习环境中，教师的情感支持对学习者学习倦怠的缓解作用，构建了在线学习者感知的教师支持行为模型。[⑥]

5. 基于技术的学习环境研究

关于教育数据挖掘（EDM）的应用研究，刘三女牙等在分析基于地图的教育大数据可视分析应用模式与服务模型的基础上，提出了一种基于地图的教育大数据可视分析方法。[⑦]

教育 App 是技术与学习融合的产物。张国云等从"技术赋能学习"视

---

① 王亮：《深度学习视角下基于多模态知识图谱的 MOOC 课程重构》，《现代教育技术》2018 年第 10 期。

② 左明章、赵蓉、王志锋、李香勇、徐燕丽：《基于论坛文本的互动话语分析模式构建与实践》，《电化教育研究》2018 年第 9 期。

③ 刘清堂、张妮、王洋：《精品专题教育社区特征分析及发展研究》，《中国电化教育》2018 年第 1 期。

④ 吴林静、劳传媛等：《网络学习空间中的在线学习行为分析模型及应用研究》，《现代教育技术》2018 年第 6 期。

⑤ 黄志芳、梁云真、万力勇：《适应性学习支持系统用户使用行为及影响因素实证研究》，《电化教育研究》2018 年第 1 期。

⑥ 蒋志辉、赵呈领、李红霞等：《在线学习者感知的教师支持行为模型构建》，《中国电化教育》2018 年第 11 期。

⑦ 刘三女牙、周东波、李浩、孙建文、于杰：《基于地图的教育大数据可视分析方法探讨》，《电化教育研究》2018 年第 7 期。

角分析了新兴技术在教育 App 中的应用概况和前景。VR 全景视频是新兴的视频类型和学习资源，钟正等对两种方式的学习效果是否存在差异以及各自的优缺点是什么进行了实验研究，讨论了基于 VR 技术的体验式学习环境设计策略与案例实现。①

6. 信息化环境下的绩效评价研究

吴砥等回顾了国内外关于教育信息化评估的相关研究，并从评估的价值、内容、方法三个方面对开展评估的思路进行了分析。② 上超望等对大数据背景下在线学习过程性评价的特征进行了总结，设计了大数据支持下的在线学习过程性评价系统模型。③ 叶俊民等在分析数字化学习环境下的个体学习者特征的基础上，构建了个体学习者的概念模型、架构模型和实现模型，采用层次分析法设计了个体学习者的学习效果评估框架。④

吴砥等对国内外相关研究现状进行了总结与分析，提出当前中小学生信息素养评价研究的重点和难点。⑤ 石映辉等从信息意识与认知、信息科学知识、信息应用与创新以及信息道德与法律四个维度构建了我国中小学生信息素养评价指标体系。⑥

申静洁等基于创客教育的本质，形成了以多元主体与总结性评价为互连结点的复合式双螺旋评价体系。⑦ 周鹏等研究设计了基于教育云平台大数据

---

① 钟正、陈卫东、周东波、张月、薛飞跃、葛婉茹：《基于全景视频的空间认知效果实验研究》，《电化教育研究》2018 年第 12 期。

② 吴砥、余丽芹、李枞枞、吴磊：《教育信息化评估：研究、实践与反思》，《电化教育研究》2018 年第 4 期。

③ 上超望、韩梦等：《大数据背景下在线学习过程性评价系统设计研究》，《中国电化教育》2018 年第 5 期。

④ 叶俊民、黄朋威、王志锋、罗达雄、徐松、徐晨：《基于个体学习者模型构建的学习效果评估研究》，《电化教育研究》2018 年第 10 期。

⑤ 吴砥、许林、朱莎等：《信息时代的中小学生信息素养评价研究》，《中国电化教育》2018 年第 8 期。

⑥ 石映辉、彭常玲、吴砥等：《中小学生信息素养评价指标体系研究》，《中国电化教育》2018 年第 8 期。

⑦ 申静洁、赵呈领等：《创客教育课程中学生创新能力评价研究》，《现代教育技术》2018 年第 10 期。

的教育云服务绩效评价指标和方法体系。① 胡萍等借鉴三元交互理论，构建了在线教育资源 PEI 交互评价模型。②

（九）体育学研究

湖北体育研究主题比较丰富，定量研究成为重要的研究特色。

1. 体育管理与战略研究

柳鸣毅等在健康中国国家战略背景下，系统分析我国青少年体育核心政策，提出发挥政府"元治理"的整合效益、创新组织社会治理的基层性特色、培育青少年体育健康市场产业链的政策建议。③

潘磊研究了我国体育公共财政支出的时空动态演进及影响因素。胡庆山等分析了农村体育公共服务体制的现实弊端。④ 滕苗苗等对城市体育服务综合体发展的可行性及发展进程进行研究分析。⑤ 沈克印等解析了政府购买公共体育服务的内涵，提出了界定政府购买公共体育服务边界的对策。⑥

体育特色小镇已经受到政府、学界、业界等诸多领域的重视。鲁志琴从不同的角度研究了体育特色小镇问题。⑦ 李萍等对民间体育的融合治理进行了研究。⑧ 王宏等介绍了欧洲体育城市建设概况，为我国体育城市及体育强

---

① 周鹏、李环等：《基于大数据的教育云服务绩效评价研究》，《中国电化教育》2018 年第 6 期。
② 胡萍、赵呈领等：《在线教育资源 PEI 交互评价模型构建及实证研究》，《开放教育研究》2018 年第 2 期。
③ 柳鸣毅、王梅、徐杰、张毅恒、但艳芳、闫亚茹、胡雅静、孔年欣、胡琦：《"健康中国2030"背景下中国青少年体育公共政策研究》，《体育科学》2018 年第 2 期。
④ 胡庆山、曹际纬：《农村学校体育的生态困境及治理策略》，《北京体育大学学报》2018 年第 4 期。
⑤ 滕苗苗、陈元欣等：《我国城市体育服务综合体的发展：进程·困境·对策》，《首都体育学院学报》2018 年第 2 期。
⑥ 沈克印、吕万刚：《政府购买公共体育服务的学理逻辑与边界问题研究》，《首都体育学院学报》2018 年第 2 期。
⑦ 鲁志琴：《"产城人文"视角下体育特色小镇发展"顶层设计"问题反思》，《天津体育学院学报》2018 年第 6 期。
⑧ 李萍、汤立许：《乡土危机与行动逻辑：民间体育与魅力乡村的融合治理发展》，《武汉体育学院学报》2018 年第 8 期。

市建设提供了域外参考。①

2. 体育教育研究

舒刚民以"身体与国家政治，体育与国家关系"为切入点，围绕概念认知、哲学依据、时代困境、实现策略等内容，对大学体育"立德树人"进行了研究。② 汪全先等对我国当代学校体育发展中的既存问题及其背后的伦理蕴意进行了分析，提出我国当代学校体育中仍尚存学生身心割裂发展、人道本位放逐、发展公正偏失、诚信道德遗失、工具理性越位、幸福获得阙如等偏离伦理追求与伦理原则等的问题。③

一些研究者还从体操、游泳、网球、引体向上、气功、足球、体育舞蹈等具体体育项目方面对体育教育进行了研究。聂应军等梳理与总结了武汉体育学院体操课程建设10多年来理论研究及实践探索的成效和经验。④ 郑策等认为，未来对于引体向上评分标准的修订应朝着细化得分的方向发展；同时，在保障安全的前提下，将体操、攀爬、俯卧撑等需要上肢参与的项目引进校园，能够为学生的课余锻炼提供条件和指导。⑤

胡庆山等以生态学的整体性、协同性等特征为切入点，对农村学校体育的生态问题进行了研究。⑥ 赵富学等认为，校本研制、信息构建、有效教学、分层测评等方式可以实现对学生体育学科核心素养能力的引领。⑦ 何毅等采用文献资料法对美国中小学体育学习评价体系PEM的发展历史、内容及特征进行了分析。⑧

---

① 王宏、王健：《欧洲体育城市评选活动及其启示》，《武汉体育学院学报》2018年第3期。
② 舒刚民：《大学体育"立德树人"的时代审视》，《体育学刊》2018年第4期。
③ 汪全先、王健：《我国学校体育中的当代伦理问题及其消解路向》，《体育科学》2018年第1期。
④ 聂应军、吕万刚、魏旭波、郑湘平、王云涛、罗元翔、刘亮、陈永青、胡磊、李贵庆：《〈体操〉课程建设的创新与实践》，《武汉体育学院学报》2018年第3期。
⑤ 郑策、王晓娟、孔军：《〈国家学生体质健康标准〉中引体向上评分标准调整研究》，《武汉体育学院学报》2018年第10期。
⑥ 胡庆山、曹际玮：《农村学校体育的生态困境及其治理策略》，《北京体育大学学报》2018年第4期。
⑦ 赵富学、程传银：《学生体育学科核心素养能力化的引领与培育》，《成都体育学院学报》2018年第6期。
⑧ 何毅、董国永：《美国PEM体育学习评价体系研究》，《首都体育学院学报》2018年第6期。

3. 体育理论与体育史研究

郝家春等认为，习近平新时代体育强国思想已经初步定型，并成为习近平治国理政的重要组成部分。[1] 柳鸣毅等提出，习近平总书记的"体育强、中国强"体育思想已成为我国体育事业发展的奋斗目标，是全面引领中国体育治理能力与治理体系现代化的国策。[2] 周细琴分析了体育与新时代"人民日益增长的美好生活需要"之间的内在关联性，梳理了体育从社会发展的旁观者到参与者的变迁历程，阐述了体育在中国特色社会主义新时代的使命和担当。[3] 卫才胜认为，要对奥林匹克运动技术化保持必要的反思。[4] 赵富学从人体运动场域的视角，探讨身体运动与身体认知具身性转向之间的关系及其相互影响。[5] 谭延敏等基于社会资本理论研究了非正式结构体育社团成员社会资本对群体绩效的影响。[6]

体育法学是体育理论研究中得到较多关注的领域。徐翔认为，我国体育法学的学科建设从无到有，推陈出新，但未形成规模化、体系化的普及开设态势。汪习根等从健康权、平等权和文化权三个方面研究 2030 年可持续发展议程视野下体育的权利理念优化与价值实现方式，探讨可持续发展背景下体育权利价值实现的新思路；对中国国际体育执法话语权提升之道进行了讨论。[7] 李真思考了反兴奋剂规则统一适用的困难和发展问题。[8]

---

① 郝家春、杨金洲：《习近平新时代体育强国思想：形成基础、主要架构与统领作用》，《武汉体育学院学报》2018 年第 8 期。

② 柳鸣毅、丁煌、闫亚茹、胡雅静：《"体育强、中国强"的学理阐述——习近平总书记体育思想初探》，《武汉体育学院学报》2018 年第 1 期。

③ 周细琴：《体育在中国特色社会主义新时代的使命与担当》，《武汉体育学院学报》2018 年第 3 期。

④ 卫才胜：《三次科技革命对奥林匹克运动技术化影响的哲学探析》，《武汉体育学院学报》2018 年第 5 期。

⑤ 赵富学：《论身体运动与身体认识的具身性转向》，《武汉体育学院学报》2018 年第 8 期。

⑥ 谭延敏、张铁明等：《非正式结构体育社团成员社会资本构成的调查分析》，《体育学刊》2017 年第 4 期。

⑦ 汪习根、安效萱：《2030 可持续发展议程下体育权利理念的优化》，《北京体育大学学报》2018 年第 3 期。

⑧ 李真：《反兴奋剂规则统一适用的困难和发展——加特林案的思考》，《武汉体育学院学报》2018 年第 3 期。

关于体育史，饶林峰等考察了民国时期我国课外体育运动价值取向变迁，认为课外体育运动的价值取向经历了实用理性向理性精神转变再复归实用理性的交织演变过程。[①] 陈明辉等对中华全国体育协进会的体育慈善活动、特点及影响进行了梳理与总结。[②]

4. 民族传统体育与武术研究

雷学会等认为，民族传统体育应引入公共文化服务理念，以实现其现代化创新性发展与创造性转化。民族传统体育应成为公共文化服务建设的"源头活水"，公共文化服务建设应扎根于民族传统体育文化的沃土中，使人们更多地参与，两者通过良性互动形成新的合力与动力。[③]

民族传统体育代表之一就是中国武术。袁金宝等提出，武术作为中国传统文化的重要组成部分在国际文化传播领域、民族精神弘扬方面、体育事业发展方面发挥着日益重要的软实力作用，然而，当代中国武术文化软实力发展还面临诸多困境，应该站在"文化自信"的立场重新发现和思考其"发展繁荣"的问题。[④]

5. 体育经济与管理研究

王学实等分析了人民币有效汇率变动对我国体育用品制造业进出口贸易的影响，提出了基于人民币实际有效汇率变动的我国体育用品制造业发展的应对策略。[⑤]

职业体育俱乐部高质量发展是体育组织改革的重要内容。张毅恒等建议我国职业体育俱乐部需按照有效的治理方法厘清职业体育俱乐部的治理特殊

---

① 饶林峰、王健：《实用理性与理性精神的交织：民国时期我国课外体育运动价值取向之变迁》，《西安体育学院学报》2018 年第 5 期。
② 陈明辉、孙健：《中华全国体育协进会体育慈善活动述论（1924—1949）》，《武汉体育学院学报》2018 年第 1 期。
③ 雷学会、李卓嘉、王岗：《民族传统体育与公共文化服务互动研究》，《首都体育学院学报》2018 年第 1 期。
④ 袁金宝、王岗：《中国武术文化软实力发展的现状、困境及出路》，《首都体育学院学报》2018 年第 5 期。
⑤ 王学实、潘磊：《人民币有效汇率变动对我国体育用品制造业进出口贸易的影响——基于 2003－2014 年度数据的实证分析》，《武汉体育学院学报》2018 年第 4 期。

性，正确定位职业体育俱乐部中的政府角色与定位以及切实加强职业体育俱乐部治理结构与机制的建设与完善。① 王沂对中超俱乐部外援引进的利弊进行了深入剖析。②

关于体彩业，钟亚平等探讨了全国人均体育彩票销售量的地区差异、极化特征以及收敛性。③ 段宏磊等深入分析中国体彩业"政企合一"的经营体制及其危害，并结合俄罗斯《保护竞争法》的相关制度经验，为未来我国体彩业职能重合行为的法律规制体系进行初步设计。④

四　湖北教育学学科发展展望与建议

2018 年湖北教育学（不含心理学）学科继续保持稳定发展态势，与 2017 年度比，在科学活动人员、研究项目与经费、研究成果等方面处于上升状态，课题总数、投入人数均有增加。从课题类型来看，基础研究项目有减少，应用研究和试验与发展研究项目有较多增加。教育学科发表论文 2527 篇，较上年增加 281 篇；体育学科发表论文 1000 篇，较上年增加 215 篇。

从横向比较来看，根据课题组统计，湖北教育学学科发展水平在全国处于前列，虽与先进省市相比有较大差距，但追赶梯队力量强劲。从 2018 年发表论文来看，湖北教育科学研究主题范围比较广泛，研究选题主动回应时代需求，研究方法的科学性有提高，特别是教育技术学和高等教育学学科，前者以实证研究为主，后者定量研究增加。但是，湖北教育学学科发展不平衡。

一是学科间不平衡，如高等教育学、教育技术学成果丰硕，但成人教育

---

① 张毅恒、彭道海：《新时代我国职业体育俱乐部治理效率》，《武汉体育学院学报》2018 年第 6 期。

② 王沂：《中超足球俱乐部高薪引进外籍球员研究》，《北京体育大学学报》2018 年第 5 期。

③ 钟亚平、李强谊：《中国体育彩票销售量的时空格局及趋同演变研究》，《成都体育学院学报》2018 年第 5 期。

④ 段宏磊、杨成、周东华：《中国体育彩票产业职能重合行为的法律规制——基于俄罗斯〈保护竞争法〉的经验启示》，《天津体育学院学报》2018 年第 6 期。

学未见高水平成果。

二是教育科学研究机构之间不平衡。如体育学研究除武汉体育学院作为专科性大学成果突出以外，其他高校体育院系成果数量不多，相互间差距很大。高等教育学、教育技术学以华中科技大学、华中师范大学遥遥领先。

三是理论和实践研究不平衡。基础理论研究数量少，成果水平有待提升；应用研究数量居多，但研究缺乏系统性和长期跟踪，试验开发和政策研究有待加强。

展望2019年，湖北教育学（不含心理学）学科发展总体态势将保持上升走向，但难以有大跨度跃进。高等教育学、教育技术学会继续保持领先优势，在学科领域内全方位展开研究；其他学科如职业技术教育学、课程与教学论、教育史、比较教育学序位提升值得期待。

为落实《中共湖北省委关于加快构建中国特色哲学社会科学的实施意见》，湖北教育学学科科研工作者要发挥自身优势，努力走在时代的前列。湖北教育科研工作者需要把握教育理论与实践发展的新形势、新任务，重视研究新时代中国特色社会主义教育思想、新中国成立70周年教育研究的回顾与反思、教育信息化推进教育现代化、教育智库、人工智能与教育、数字学习与教育评价、教师队伍建设等主题，力争产出高水平研究成果。

B.6
湖北文学学科发展报告（2018）

黄晓华　熊高蝶*

摘　要： 2018 年，湖北文学学科在人才队伍、科学研究、成果推出、平台建设等方面不断努力，取得了突出成绩，在全国的学术影响持续扩大，服务社会文化建设能力持续加强。然而，由于外部与内部条件制约，学科发展也面临瓶颈。这要求湖北文学学科注重内涵式发展，充分利用现有的外部资源与内部资源，营造更好的学术氛围，激发内部潜力，培养本土人才，整合人才队伍，凝练学科特色，形成学科优势，从而进一步提升学科影响力。

关键词： 湖北　文学学科　新闻传播学　中国文学

2018 年，在湖北省委、省政府的大力支持下，在各相关单位及研究人员的不断努力下，湖北文学学科继续保持稳健的发展势头，在各方面都取得了显著成绩。

一　湖北文学学科发展概况

（一）人才队伍

湖北文学学科中的国家级领军人才数量较多。据课题组统计，截至

---

* 黄晓华，博士，湖北大学文学院教授，博士生导师，中华文化发展湖北协同创新中心研究员，主要从事叙事理论与中国现当代文学研究。熊高蝶，湖北大学文学院文艺学专业 2018 级博士研究生。

2018 年，湖北有国务院第七届学科评议组成员 2 人：武汉大学石义彬、华中科技大学张昆。教育部"长江学者"特聘教授 4 人：武汉大学尚永亮、陈文新、单波，华中师范大学王泽龙。教育部"青年长江学者"1 人：华中师范大学李遇春。"万人计划教学名师"2 人：华中师范大学胡亚敏、武汉大学李建中。"万人计划领军人才"1 人：湖北大学周新民。"万人计划青年拔尖人才"1 人：华中科技大学张明新。

湖北文学学科现有教授646 人，副教授2349 人，分别比上年增长7.3%与11.6%（见表1）。湖北文学学科人才队伍分布整齐且越来越壮大。在人才培养方面，现有博士后流动站4 个：华中科技大学、武汉大学、华中师范大学、湖北大学。现有博士后在站人员12 人。

表 1　湖北省文学各学科科研人员职称情况

单位：人，%

学科 年份	教授					副教授				
	语言学	中国文学	外国文学	新闻传播学	总计	语言学	中国文学	外国文学	新闻传播学	总计
2017 年	290	165	61	86	602	1359	336	183	226	2104
2018 年	307	179	61	99	646	1499	406	203	241	2349
增长比例	5.9	8.5	0	15	7.3	10.3	20.8	10.9	6.6	11.6

资料来源：2018 年《全国普通高等学校科技（人文、社科类）统计年报表》和课题组调查统计。

（二）学科建设

2018 年，在"双一流"学科建设热潮中，华中师范大学的中国语言文学成功进入国家队，入选"世界一流学科"建设学科，湖北大学的中国语言文学则入选湖北省重点建设的"国内一流学科"建设学科。

在学位点建设方面，2018 年，湖北文学门类博士、硕士授权点在 2017 年的基础上有所发展，新增了中南民族大学中国语言文学、华中科技大学外国语言文学 2 个一级博士点，中南财经政法大学中国语言文学、江汉大学中国语言文学、华中农业大学外国语言文学、中南民族大学新闻传播学 4 个一级硕士点，湖北师范大学、中南民族大学2个汉语国际教育专业硕士学位授权点，武汉纺织大学、长江大学、武汉轻工业大学3个翻译专业硕士学位授权点，武汉纺织大学新闻传播学1个专业硕士学位授权点（见表2）。

表2　湖北文学学科学位点情况

一级博士学位点	
中国语言文学	武汉大学、华中师范大学、华中科技大学、湖北大学、中南民族大学
外国语言文学	武汉大学、华中科技大学、华中师范大学
新闻传播学	武汉大学、华中科技大学
一级硕士学位点	
中国语言文学	三峡大学、湖北师范大学、长江大学、中南财经政法大学、江汉大学
外国语言文学	中国地质大学（武汉）、武汉理工大学、中南财经政法大学、湖北大学、中南民族大学、武汉科技大学、华中农业大学、武汉工程大学
新闻传播学	中国地质大学（武汉）、武汉理工大学、华中师范大学、中南民族大学、中南财经政法大学、湖北大学、武汉体育学院
专业硕士学位点	
汉语国际教育专业	武汉大学、华中科技大学、华中师范大学、湖北大学、湖北工业大学、湖北师范大学、中南民族大学
翻译专业	武汉大学、华中科技大学、中国地质大学（武汉）、武汉理工大学、华中师范大学、中南财经政法大学、中南民族大学、湖北大学、三峡大学、武汉科技大学、武汉工程大学、华中农业大学、湖北中医药大学、武汉纺织大学、长江大学、武汉轻工业大学
新闻传播学	武汉大学、华中科技大学、华中师范大学、湖北大学、湖北民族学院、武汉体育学院、武汉理工大学、中南财经政法大学、中南民族大学、武汉纺织大学

资料来源：课题组调查统计。

（三）学术平台

湖北省注重对既有平台的建设管理，没有启动各级平台的新增工作，湖北文学学科目前的国家级平台保持在2个，湖北省人文社科重点研究基地保持在11个（见表3）。

表3　湖北文学学科平台建设情况

平台级别	设置单位	平台名称
国家级基地	武汉大学	媒体发展研究中心
	华中师范大学	语言与语言教育研究中心
省级基地	武汉大学	湖北语言与智能信息处理研究基地
		湖北现代人文资源调查与研究中心
	华中师范大学	汉语国际推广研究基地
		湖北文学理论与批评研究中心
	华中科技大学	媒介技术与传播发展研究中心
	中南民族大学	中南少数民族审美文化研究中心
	湖北大学	当代文艺创作研究中心
	三峡大学	影视文化与产业发展研究中心
	江汉大学	武汉语言文化研究中心
	湖北师范大学	语言学研究中心
	湖北第二师范学院	湖北方言文化研究中心

　　然而，各个科研平台目前运行状态参差不齐。部分平台运行状态良好，但也有部分平台没有发挥应有的作用。加强学术平台的建设，实行优胜劣汰的动态管理机制，是促进湖北文学学科发展的重要思路。

　　2018年，湖北文学学科专业期刊在全国依旧保持强势影响力。在2019～2020年CSSCI来源期刊目录中，湖北有7种文学学科专业期刊入选（见表4）。这些专业期刊为发出湖北学术界的声音做出了重要贡献。

表4　湖北文学学科CSSCI来源期刊情况

入选CSSCI情况	期刊	主办单位
来源期刊	《汉语学报》	华中师范大学
	《外国文学研究》	华中师范大学
	《出版科学》	武汉大学
扩展版	《长江学术》	武汉大学
	《语言研究》	华中科技大学
	《新闻与传播评论》	武汉大学
来源集刊	《华中学术》	华中师范大学

（四）研究成果

2018 年度，湖北的中国语言文学、外国语言文学及新闻传播学三类学科共出版专著212 部，其中有 2 部被译为外文；古籍整理 1 部；译著 51 部；发表论文 3447 篇；获奖 46 项。

在第十一届湖北省社会科学优秀成果奖评选中，诸多文学类研究成果获得了高度肯定（见表5）。

表5　湖北文学学科在第十一届湖北省社会科学优秀成果中取得的成绩

奖项	论文类	专著类
一等奖	武汉大学赵世举《全球竞争中的国家语言能力》； 华中师范大学范军、欧阳敏、沈东山《中国现代出版企业制度研究》系列论文	武汉大学陆耀东主编《中国新诗史（1916—1949）》（第 3 卷）； 武汉大学陈文新主编《明代文学与科举文化生态》
二等奖	武汉大学於可训《长篇小说的文体革命——论近期长篇小说创作的一种新尝试》； 武汉大学石小川《大数据背景下恐怖主义信息的新媒体传播研究：关键问题与重要议题》； 武汉大学项久雨《当代中国价值观念及其国际传播策略研究》	湖北文理学院唐明生《中国古代戏曲批评文体研究》； 武汉大学汪余礼《双重自审与复象诗学——易卜生晚期戏剧新论》； 武汉大学陈水云《中国词学的现代转型》； 武汉大学荣光启《"现代汉诗"的发生：晚清至五四》； 武汉大学钟书林《隐士的深度：陶渊明新探》； 武汉大学余来明《"文学"概念史》
三等奖	湖北大学周新民《〈人生〉与"80 年代"文学的历史叙述》； 湖北大学何新文等《古代赋学研究》系列论文； 湖北第二师范学院黄芙蓉《"互联网＋"文化传播与区域产业发展对策研究》系列论文； 华中师范大学王树福《当代俄罗斯戏剧在中国》系列论文； 华中师范大学王庆卫《马克思主义文艺美学视野中的当代文艺现象》系列论文； 三峡大学刘波《百年新诗视域下的"新世纪诗歌精神转型和美学流变"研究》系列论文；	湖北大学朱伟明《汉剧史论稿》； 湖北大学薛梅《龙溪心学的传播与〈西游记〉研究》； 华中师范大学王伟《明代八股文选家考论》； 武汉大学邹元江《汤显祖新论》； 武汉大学熊桂芬《从〈切韵〉到〈广韵〉》

续表

奖项	论文类	专著类
三等奖	武汉大学李会玲《〈诗经·生民〉"履帝武敏歆"释义辨正——兼及历代阐释的学术史考察》； 武汉大学李建中《中国文论大观念的语义根源——基于20世纪"人"系列关键词的考察》； 武汉大学叶立文《形式的权力——论余华长篇小说叙事结构的历史演变》； 武汉大学强月新等人《增强主流媒体传播力、公信力、影响力》系列论文	—

资料来源：2018 年《全国普通高等学校科技（人文、社科类）统计年报表》和课题组调查统计。

（五）科研课题

据课题组调查统计，2018 年，湖北文学学科在国家社科基金项目立项方面取得了较为突出的成绩：华中师范大学李遇春的"多卷本《中国现当代旧体诗词编年史》编纂与研究及数据库建设"项目获批国家社科基金重大项目；华中师范大学姚双云的"位置敏感语法：基于汉语口语中的连词研究"、武汉大学尚永亮的"中古流贬文学文献整理与研究"、武汉大学余来明的"《钟惺全集》整理与研究"、湖北大学熊海英的"元代江南文人社集与元诗流变研究"、华中科技大学刘洁的"提升新时代中国特色社会主义新闻学国际话语权研究"等获批国家社科基金重点项目；此外，还有 38 个项目获批国家社科基金一般项目，21 个项目获批国家社科基金后期资助项目，7 个项目获批国家社科基金青年项目，分别比去年增多 11 个、14 个、2个，可见，2018 年湖北文学学科研究者们拥有扎实求进的学术态度。

在教育部社科基金项目方面，武汉大学赵世举"新时代国家语言文字事业的新使命与发展方略研究"获批教育部重大攻关项目，另有 23 个项目获批教育部人文社会科学研究一般项目。

（六）学术活动

湖北省文学学科各二级学科大多建有省级学会，部分学科有国家一级学会（见表6）。2018年，大多数学会召开了年会及相关专题会议，极大地促进了学者之间的学术交流，为相关研究发出湖北声音，在凝聚湖北特色方面发挥了重要作用。

表6 湖北省文学学科学会情况

学会级别	驻会单位	学会名称
国家一级学会	华中师范大学	全国马列文论研究会
	武汉大学	中国写作学会
	湖北大学	中国水浒学会
省级学会	华中师范大学	湖北省文艺学学会
	华中师范大学	湖北省比较文学学会
	华中师范大学	湖北省外国文学学会
	华中师范大学	湖北省中国现代文学学会
	武汉大学	湖北省古代文学学会
	武汉大学	湖北省语言学会
	武汉大学	湖北新闻与传播教育学会
	江汉大学	湖北省写作学会

二 湖北文学学科取得的主要成绩

2018年，湖北文学学科研究者们依旧紧跟学术前沿，保持旺盛的创造力，面向全国，在各个领域发出了具有影响力的声音，推出了一些具有湖北特色的研究成果。

（一）中国语言文学

作为在全国具有相当优势的学科，湖北的中国语言文学学科在2018年继续前进，研究者们坚持理论与实践相结合，贯穿古今文学发展脉络，并积极推进中西对话，以全球化的视野进行具有本土特色的学术研究。

1. 文艺学

截至2018年，文艺学学科有一项国家重大社科基金项目顺利结项——

华中师范大学胡亚敏主持的国家重大课题"马克思主义文学批评的中国形态研究"（11&ZD078）；两项重大课题在研——中南民族大学彭修银主持的"日本馆藏近代以来中国留日文艺理论家文献资料整理与研究"（12&ZD163）、武汉大学李建中主持的"中国文化元典关键词研究"（12&ZD153），目前进展顺利，课题组推出了一系列相关研究成果。

坚持省内共创，强化国内与国际对话，以相关平台及课题为中心，湖北文艺学研究持续扩大自己的学术影响力。

马克思主义文论中国化一直是湖北文艺学界关注的重心之一，也是其特色之一。2018 年，胡亚敏主持的国家社科基金重大招标项目"马克思主义文学批评的中国形态研究"顺利结项，其最新研究成果揭示了反映论存在的内在矛盾，运用实践维度探讨了文学批评与文学活动的主体、文学文本乃至社会的互相塑造和互相提升的对象化关系。① 黄念然的《"审美意识形态"论与马克思主义文学批评中国形态的建构》② 以及刘芳、黄念然的《黄药眠"生活实践论"与马克思主义文艺理论的中国化探索》③ 也是该重大项目的阶段性成果。

王庆卫围绕其主持的国家社科基金项目"中国生态批评的生态马克思主义范式建构研究"（17BZW072），推出了一系列阶段性成果。其《西方马克思主义文学批评中的意识形态批评探析》④ 探讨了西方马克思主义对意识形态的人本主义、科学主义两种理解路径及意识形态批评的取向；其《西方马克思主义文学批评中的"政治批评"形态》（《文艺争鸣》2018 年第 7 期）从马克思主义政治批评的角度分析了西方马克思主义文学批评的形态；其《马克思主义人类学视野中的文化批评理论》（《学术研究》2018 年第 2 期）对于明确文化批评在马克思主义思想中的理论定位以及研究马克思主

---

① 胡亚敏：《马克思主义文学批评中国形态的实践观》，《华中学术》2018 年第 1 期。
② 黄念然：《"审美意识形态"论与马克思主义文学批评中国形态的建构》，《华中学术》2018 年第 3 期。
③ 黄念然：《黄药眠"生活实践论"与马克思主义文艺理论的中国化探索》，《东南学术》2018 年第 3 期。
④ 王庆卫：《西方马克思主义文学批评中的意识形态批评探析》，《文学评论》2018 年第 5 期。

义人类学思想的当代发展都具有重要的学术意义；《文化唯物主义、共同文化与情感结构——论雷蒙·威廉斯"三条进路"对马克思主义文化观的继承与发展》（《中山大学学报》（社会科学版）2018 年第 2 期）则对雷蒙·威廉斯文化研究的这一动态过程进行了梳理，为我们的当代文化建设提供了镜鉴。

李松、余慕怡的《海外马克思主义美学研究的中西比较和思想建构》（《文艺理论研究》2018 年第 1 期）则关注海外马克思主义美学，认为研究当代中国马克思主义美学可以通过西方马克思主义美学这一参照，将其纳入当代中国思想史研究的体系。

古代文论的"现代转换"重在强调中国文论如何摆脱对西方文论的依赖，如何续接传统，让本民族的理论资源在新的历史条件下焕发出新的生命与活力。湖北学者对古代的重要文论进行整理及价值重估，以期为当下文艺理论的发展提供新角度、新思考。

围绕国家社会科学基金重大招标项目"中国文化元典关键词研究"（12&ZD153），李建中继续对中国古代文论关键词进行深入研究。殷昊翔、李建中的《从震卦到雷语："雷"关键词的洪荒之力》（《中国会议》2018 年第 12 期）从文化关键词"雷"入手，考察其从自然天象到易经卦象再到互联网语象的漫长而复杂的历史语义演变过程。李建中的《汉语"文学"的字生性特征》（《江海学刊》2018 年第 2 期）追问并验明文字与文学的血缘关系，揭示汉语"文学"的字生性特征，可为"文学"的释名彰义提供新的路径。李建中、朱晓璁的《大学：中西通识与古今通义》（《华中师范大学学报》（人文社会科学版）2018 年第 2 期）则诠解了"大学"的中西通识及古今通义。课题组成员刘金波的《论作为"方法的理论"的文化关键词研究——基于问题意识的思考》（《湖北大学学报》（哲学社会科学版）2018 年第 6 期）认为，关键词作为一种"方法的理论"，它不单纯是一些核心概念的逻辑进路与意义凸显，同时也是现实经验的总结，因此，从事关键词研究，不仅需要概念、范畴等，还应该始于问题终于问题，把关键词放在历史与现实的坐标里，做深入而广阔的思考。

王婧、高文强也从不同角度对古代文论展开研究，其《从"见山是山"到"见山只是山"——论古代文人自然观念的三重境界》（《华中学术》2018年第4期）探讨我国古代文人在文艺创作和批评中，对历史上所形成的自然之思想不断接纳和创新，其自然观念呈现三重境界。《庄禅会通视阈下"光"范畴之美学意蕴》（《中国会议》2018年第6期）分析在庄禅思想里，"光"意象所寄予的主体尊崇的审美情感与态度。《诗言智：星云大师的核心诗学观》（《贵州文史丛刊》2018年第1期）谈论如何从星云大师的诗作中感受到法喜充满的智慧，对人生与社会的思考和关怀，给人无限欢喜和希望。

在对古代文论的再度辨析与阐释方面，曹磊的《"真心"思想与李纲的文艺观》（《北京社会科学》2018年第2期）重新关注了两宋之际名臣李纲与佛教的关系。黄念然的《"折"与中国古代艺术结构创造》（《文艺研究》2018年第3期）以及黄念然、杨瑞峰的《间性与中国古代艺术结构创造》（《江汉论坛》2018年第4期）则关注中国古代的文艺结构思想。胡家祥在《严羽诗歌美学的观念系统辨识》（《东南学术》2018年第3期）中对严羽的《沧浪诗话》中的"兴趣""别材""妙语""入神"诸要素的诗学观念进行了系统辨识。

建构现代中国文学理论话语体系也是湖北学者关注的重要领域。张玉能的《继承和发扬"五四"传统，建构新时代中国特色社会主义文艺理论》（《文艺研究》2018年第8期），张玉能、张弓的《关于"新时期文论的变革与反思"的反思》（《云南师范大学学报》（哲学社会科学版）2018年第1期），黄念然的《朱光潜与民国"文学话"的创构——以〈谈美〉和〈谈文学〉为例》（《中山大学学报》（社会科学版）2018年第3期），黄念然、杨瑞峰的《报刊体"文学话"与中国现代文学观念的普及》（《云南社会科学》2018年第1期）等成果，代表着湖北学者在这方面的努力。

文学地理学是以文学与地理环境之关系为研究对象的一门新兴学科。凭着自身的理论活力和学科渗透力，文学地理学研究近年来在国内学术界不断升温，并逐渐成为湖北文学研究领域的热点之一，在相关研究领域发出了湖北声音。

《当代文坛》2018年第2期集中推出了一组文学地理学研究论文，其中主体就是湖北学者。邹建军的《文学地理学关键词研究》站在文学地理学向前发展的角度提出了"地理感知""地理记忆""地理根系""地理思维"四个术语，体现了文学地理学观念里的一些新概念，同时也体现了对文学地理学批评方法的新思考。王金黄的《地理感知、文学创作与地方文学》则承接邹建军所提出的关键词"地理感知"，认为地理感知是文学地理学研究中的一个基础概念，并结合微观维度及宏观维度，肯定地理感知以即时或间接的方式，与创作主体的社会阅历、家族环境、修养性情以及地理空间中复杂的权力关系一起，共同作用于作家的文学创作。邹建军与王金黄两人合作的《世界文学的区域形态及其基本方式》（《江汉论坛》2018 年第 9 期）从文学地理学理论出发，探讨了世界文学的区域构成形态及其相关的理论问题。华中师范大学周磊的《文学地理学关键词：地域与区域》则以"地域"和"区域"两个关键词为论述中心，分析了其存在的诸多共同点。

湖北省文艺学研究者对于文学地理学的关注，不仅为传统的文学研究提供了一种全新的视角和方法，解决了传统的文学研究所不能解决的诸多问题，丰富和深化了人们对文学家、文学作品、文学理论和各种文学现象的认识，展示了文学研究的诱人前景，也为人文地理学、历史地理学等相关学科的发展提供了新思路。

文艺理论与批评方法不仅涉及中西文论、小说批评，也为其他艺术形式，如诗歌、绘画等作品的解读提供指导。2018 年，湖北省文艺学学者对不同领域的问题进行了深入研究，拓宽了文艺理论与文艺批评的研究思路，增添了新的角度。

陈春莲的《〈施洗者约翰〉：达·芬奇的反讽》（《文艺理论研究》2018年第 1 期）将批评的眼光伸向绘画艺术，从此学者的研究中，我们可以看到文艺理论对于理解绘画艺术的重大作用。张三夕、邬玲的《论电影产业中的资本"异化"》（《北京联合大学学报》（人文社会科学版）2018 年第 1期）则从资本与文化的矛盾关系出发，阐述资本在电影产业发展中的作用与影响，探讨了资本对电影文化的"物化"和对人的"异化"。

在文艺美学研究方面，章辉的《走进分析美学》（《甘肃社会科学》

2018 年第 2 期）、吴飞和梁艳萍的《分析美学在国内的传播与研究》（《甘肃社会科学》2018 年第 3 期）等对于国内分析美学的研究现状进行重新梳理和反思，强调应该在翔实占有资料的基础上，客观呈现分析美学的命题及其效果史，习得其理论价值、思维方法和分析美学家的学术理性精神。冯黎明的《艺术自律与审美伦理》（《文艺研究》2018 年第 11 期）指出，"日常生活的审美呈现"只是一种生活美学，和以审美伦理为救赎之道的批判理论不可同日而语。黄念然的《现代西方形式主义文论中的二元对立》（《吉林大学社会科学学报》2018 年第 3 期）则通过分析西方形式主义内在的二元对立冲突来把握其自我消解与衰落的原因与轨迹。

此外，黄晓华将文化研究与文化产业研究结合起来，试图打通产学研之间的壁垒，其自 2017 年起，组织了众多跨学科的优秀青年学者，连续编撰"湖北文化产业蓝皮书"，已推出《湖北文化产业发展报告（2017）》与《湖北文化产业发展报告（2018）》，产生了良好的社会反响，为学术研究服务社会经济文化发展探索出了一条新路。

2. 中国古代文学

2018 年，湖北省中国古代文学学科新增国家社科基金重点项目 3 项：武汉大学尚永亮的"中古流贬文学文献整理与研究"（18AZW014）、武汉大学余来明的"《钟惺全集》整理与研究"（18AZW015）、湖北大学熊海英的"元代江南文人社集与元诗流变研究"，展现出湖北中国古代文学研究界的雄厚实力。

以相关课题为基础，以各自研究兴趣为领地，湖北学者在 2018 年推出了一些具有影响力的成果。

从宏观角度对古代文学史进行反思是陈文新的关注重点之一。其《论〈十四朝文学要略〉的文学史书写》（《江淮论坛》2018 年第 2 期）对《十四朝文学要略》的文学史书写，包括文学史理念和与主流文学史的视野之异进行了讨论。其《论刘永济〈文心雕龙校释〉的文学史阐释》（《文学遗产》2018 年第 3 期）则高度肯定了刘永济的文论研究价值。此外，刘航、孙宵兵的《明人编选明文总集的文体学价值》（《贵州社会科学》2018 年第

9 期）关注了明人编选的明文总集所反映出的明人的文体观念以及相关的文学观念，通过纵横比较历代、当代文总集的文体收录，反映出中国文学由古典向现代化的转型过程。

古代小说理论存在广阔的开拓空间。王齐洲的《从〈山海经〉归类看中国古代小说观念的演变》（《天津社会科学》2018 年第 2 期）从《山海经》这一个案看出中国古代小说并非一个亘古不变的文体概念，对它的认识始终处在发展变化之中，其核心内涵在不同时期并不相同，必须具体地历史地加以讨论。岁涵的《述"异"传统与中国古代的小说观念——以同性欲望为研究视角》（《华中科技大学学报》（社会科学版）2018 年第 3 期）从"异"的角度阐释了中国古代的小说观念是对原典"永恒回归"式的重述中不断产生的"差异"。王炜、窦瑜彬的《〈四库全书〉中的小说观念论略》（《华中科技大学学报》（社会科学版）2018 年第 3 期）则梳理了《四库全书》中的小说典型范例、构型方式、类型组成、质性特征。

"晚清小说"也是研究者们关注的一个富矿，王成的《从暴露到狂欢：晚清写实小说的叙事逻辑》（《东岳论丛》2018 年第 1 期）从叙事学的角度分析了晚清写实小说在延续传统小说的批判立场之下所传达出的"狂欢"特质。王成的《想象视域中的二律背反：论晚清小说的现代性面向》（《云南社会科学》2018 年第 6 期）则认为晚清小说于一种想象视域中体现出二律背反，具有既反抗传统又同情依赖传统的文学现代性。

在诗词研究方面，熊海英通过转变观察角度考察了江湖诗人现象的多层意义。① 陈水云认为以诗余界定"词"已无必要。② 吴晨骅通过将《兰皋明词汇选》与《明词综》进行比较，重估该选本在清代词学发展中的价值。③ 张思齐更是将研究的视域伸向邻国，分析当明时期越南文人用汉语写作七言

---

① 熊海英：《从政治场域的边缘到诗歌场域的中心——晚宋江湖诗人的价值取向与身份认同》，《华中师范大学学报》（人文社会科学版）2018 年第 1 期。
② 陈水云：《"诗余"说在明代的流行与新变》，《安徽大学学报》（哲学社会科学版）2018 年第 3 期。
③ 吴晨骅：《尚雅重情，论开清代——略论〈兰皋明词汇选〉的词学批评观》，《北京社会科学》2018 年第 4 期。

律诗的繁荣盛况及其与中国文化的关系。①

考证很能展现一个学者的功力。尚永亮的《唐人诗文及史书中之"商颜"考——兼与下定雅弘教授商榷》（《文学遗产》2018年第1期）通过对唐人诗文及史书中之"商颜"进行考证，做出了一个学术研究示范。王兆鹏、肖鹏等人则注重回到历史现场，在其国家社科基金重大项目"唐宋文学编年系地信息平台建设"（12&ZD154）的阶段性成果《贺铸〈青玉案〉情事索解——回归现场与细读文本之五》（《江海学刊》2018年第5期）中回归现场，用文本细读的方式，根据贺铸友人李之仪《题贺方回词》提供的线索，终于解开《青玉案》的隐秘情事；其另一成果《欧阳修〈朝中措〉词的现场勘查与词意新释》（《北京大学学报》（哲学社会科学版）2018年第1期）则回到欧阳修作《朝中措》词时的地理环境，力证读词不仅需要了解词人的人生经历，了解他的身体状况和心理状态，还要了解写作现场的地理环境、地形地貌。

谶纬神学对古代文学也有影响，湖北学者对此亦进行了关注。曹建国对发生在汉哀帝四年"行西王母诏筹"事件进行了再思考。之前，立足经学的解释将此事件视为灾异，而王莽依据谶书，将之视为祥瑞，并在不同时期分别赋予其不同的象征意义。曹建国在此基础上讨论了早期谶书之形态，以及经、谶之关系。② 张玖青立足于中国古典文学名篇《鲁灵光殿赋》，发现其处处表现出谶纬观念的影响，尤其是把灵光殿与为汉制法的玄圣孔子联系起来，使之成为汉室正当性的表征，优游圣域并予以神圣书写。③ 这些研究通过对具体作品进行深入分析，揭示了传统谶纬神学对古代文学的渗透与影响。

3. 中国现当代文学

2018年，该学科新增1个在研国家社科重大项目：华中师范大学李遇

---

① 张思齐：《杜甫律诗与当明时期越南七律的繁荣》，《广东社会科学》2018年第3期。

② 曹建国：《灾异还是祥瑞？——"行西王母诏筹"事件解读》，《安徽大学学报》（哲学社会科学版）2018年第5期。

③ 张玖青：《圣域发现与王延寿〈鲁灵光殿赋〉之神圣书写》，《安徽大学学报》（哲学社会科学版）2018年第1期。

春的"多卷本《中国现当代旧体诗词编年史》编纂与研究及数据库建设"（18ZDA263）。

湖北中国现当代文学研究界立足湖北，面向全国，推出了一系列能够代表湖北水平的研究成果。

在现当代旧体诗词研究方面，李遇春是湖北学界的代表，推出了一系列成果，包括《抗战时期旧体诗词的合法性建构问题》（《社会科学战线》2018年第3期）、《"名士风姿战士骨"——陶军旧体诗词创作流变论》（《华中师范大学学报》（人文社会科学版）2018年第6期）、《在旧体诗词与新体小说之间——论王统照的文体选择》（《南京师大学报》（社会科学版）2018年第6期）等。

对于新诗的研究，湖北学者围绕国家社科基金重大项目"中国新诗传播接受文献集成、研究及数据库建设（1917－1949）"展开了讨论，推出了系列成果。方长安的《现代新诗传播接受文献集成问题与方法》（《学术研究》2018年第9期）对现代新诗在传播接受过程中所遇到的问题进行了总结并试图寻找解决方案；其另一成果《百年新诗元问题重释》（《学术月刊》2018年第7期）指出时空意识、文化本质以及诗学品格是判定百年来不同时期不同作者所创作的作品是否属于"中国新诗"的重要依据。余蕙薇的《中国新诗起点的历史建构与文学史的接受和认定》（《河北学刊》2018年第5期）以宏观的视野参照中国百年文学史著的接受与认定，对新诗起点问题做出了自己的思考。王泽龙、高周权的《中国现代诗歌分行研究的回顾与思考》（《华中师范大学学报》（人文社会科学版）2018年第7期）则对中国现代诗歌的"分行"问题进行了深入探讨。

在对具体诗人诗歌创作的研究方面，方长安的《读者视野中的徐志摩》（《学习与探索》2018年第3期）着重探讨了我们今天所看到的徐志摩形象与徐志摩之本然形象之间的差别。魏天真的《从"原始的单纯"达到"圆满的单纯"——革命话语作用下的何其芳诗歌创作》（《华中师范大学学报》（人文社会科学版）2018年第3期）则指出何其芳的诗歌创作历程体现出"由原始的单纯"到"新的圆满的单纯"的精神追求。王泽龙的《朱英诞诗的艺术魅力探寻》（《华中师范大学研究生学报》2018 年第 1 期）、《隐没的诗神重新归来——纪念〈朱英诞集〉出版》（《兰州大学学报》（社会科学版）2018 年第 5 期）则对朱英诞的诗歌创作进行了评价。

赵小琪在对台湾诗歌的研究方面依旧保持活力，其《类比想象：台湾新世代本土诗人诗歌中的象征中国形象》（《贵州社会科学》2018 年第 9 期）、《再现式想象：台湾新世代本土诗人旅游经验中的现实中国形象》（《上海师范大学学报》（哲学社会科学版）2018 年第 4 期）等都对台湾诗歌中的中国形象进行了研究。

对于中国现当代小说的研究，湖北学术界在本年度依旧呈现出一派繁荣的景象。莫言是大家关注的重点对象之一。喻晓薇的《论莫言小说对明清笔记小说文体的继承与改造》（《江汉论坛》2018 年第 12 期）着重探讨了莫言小说与明清小说之间的关系，认为莫言的"新笔记"小说在继承明清笔记小说的基础上又做了一些现代转换。周文慧的《承继与反惯性：从叙事方式看莫言小说的"劳动"叙事》（《当代文坛》2018 年第 1 期）研究莫言的"劳动"叙事中所体现的对小说传奇化和诗化叙事传统的承继，也暗含其反惯性的叙事策略和精神探索。

湖北本土作家也是湖北学界重要的关注对象。陈国恩的《〈软埋〉：时空裂隙中的艺术与历史对话》（《南京师范大学文学院学报》2018 年第 1 期）对方方的新作进行了重返历史现场的考察。刘保昌的《在江湖与山林之间——论陈应松的地域叙事》（《当代作家评论》2018 年第 5 期）从地域文化的角度探讨了陈应松所具备的极强的文化整合能力和鲜明的主体创造精神。陈国和的《巫楚文化与陈应松的乡村小说》（《江汉论坛》2018 年第 6 期）探讨了陈应松小说中所体现的巫楚文化特点。

在流派研究方面，先锋小说依旧是热点。叶立文、王胜兰的《天涯·明月·刀——先锋小说的意象之魅》（《江汉论坛》2018 年第 12 期）探讨了天涯、明月、刀三个在 1980 年代的先锋小说创作中较为常见的文学意象。张岩泉、李蒙蒙的《后现代策略与神秘感：20 世纪 90 年代先锋女作家的话语实验》（《福建论坛》2018 年第 5 期）则对先锋女作家群进行了客观、全面的评价。"70后"作家同样受到了关注。陈国和的《论"70后"作家乡村书写的常态性特征》(《文学评论》2018年第3期)肯定了常被视为"低谷一代"的"70后"作家乡村书写的独特文学史价值。同样是对"70后"作家作品的探讨,李遇春的《"70后":文学史的可能性及其限度》(《小说评论》2018年第3期)则关注"70后"文学如何入史的问题,分析其可能性与限度。除此之外,谭杉杉的《论新世纪长篇小说的历史叙事》(《华中科技大学学报》(社会科学版)2018年第3期)探讨了在新世纪长篇小说的历史叙事中,作家们所表现出的回望历史、回归史传传统的整体性姿态。

"非虚构"写作作为时下的一个热点,自然也引起了湖北学者的关注与探讨。周新民、余存哲的《〈小上帝〉:非虚构写作新探索》(《南方文坛》2018年第3期)认为当前非虚构写作的桎梏日渐显现,而陈仓发表在2017年第2期《芳草》上的长篇非虚构作品《小上帝》则彰显了非虚构写作的新的可能性。王婧苏的《历史肌理、历史叙事与历史关怀——非虚构文学视阈下的〈大地上的亲人〉》(《社会科学动态》2018年第9期)从变态与常态乡村的历史肌理、偏离与留守混杂的历史叙事、忧患与直面现实的历史关怀等角度进行了文本探寻。张冀的《〈包身工〉与无产阶级革命文学》(《华中学术》2018年第1期)从报告文学的角度指出《包身工》重倾向、轻真实的叙事特征,彰显了一个时代文学的特殊逻辑。

史料是文学史研究的基础,现当代文学史料学近年来已经获得广大学者的重视,湖北学者在这方面也走在全国前列。金宏宇继续完善其版本学研究,其《考证学方法与中国现代文学研究》(《中国社会科学》2018年第12期)区分了现代文学的考证性研究与中国古典文史研究考据传统之间的异同与传承。其与徐文泰合写的《"改革文学"是如何"炼"成的——以张洁〈沉重的翅膀〉的版本变迁为考察对象》(《天津师范大学学报》(社会科学版)2018年第3期)、与马春景合写的《〈新青年〉:被遮蔽的历史》(《中国现代文学论丛》2018年第1期)、与罗先海合写的《版本视域下的"十七年"长篇小说》(《中国现代文学研究丛刊》2018年第2期)等都以版本考证的方法对小说文本进行了深入分析。罗先海的《当代文学的"网-纸"

互联——论〈繁花〉的版本新变与修改启示》（《当代作家评论》2018 年第 3 期）也是此项目下的一个成果，从网络文本诞生角度对《繁华》进行了研究。马春景的《"复"和"杂"的写作——溥仪〈我的前半生〉的成书历程》（《文学评论》2018 年第 4 期）则探讨了溥仪《我的前半生》的成书历程。

在作家作品研究方面，许祖华对鲁迅研究用力很深，2018 年推出了丰硕成果。《鲁迅关于人道主义的信念与知识》（《华中师范大学学报》（人文社会科学版）2018 年第 2 期）认为鲁迅的内向型与外向型的人道主义信念，不仅具有知识的属性，还具有丰富既往人道主义学说的意义与价值。《鲁迅关于自由主义及无政府主义的知识与信念》（《鲁迅研究月刊》2018 年第 5 期）、《鲁迅关于科学的模型信念及其主要功能》（《现代中国文化与文学》2018 年第 3 期）、《鲁迅关于个性主义的信念及知识》（《湖北大学学报》（哲学社会科学版）2018 年第 4 期）、《鲁迅关于宗教的模型信念与佛学知识》（《广西科技师范学院学报》2018 年第 5 期）等都从不同方面对鲁迅的知识结构及信念的个性特征进行了研究。章涛、陈国恩的《在迈向"人民文艺"的途中——"曹禺现象"新论》（《江汉论坛》2018 年第 7 期）主张返回历史现场，对"曹禺现象"做出新的解读。

现当代文学内在演变历程与核心动力是一个充满魅力的话题。於可训的《从近现代文学革新看传统的转化和发展》（《江汉论坛》2018 年第 6 期）、管兴平的《1980 年代以来中国文学视阈中的"学衡派"和保守主义思潮》（《中国文学研究》2018 年第 1 期）、章涛的《"人民文艺"的生成：1940 年代末共产党的团结作家政策与其"边界"问题》（《浙江社会科学》2018 年第 5 期）、郭芳丽的《新时期作家文学思想与中国当代文论建构》（《云南社会科学》2018 年第 1 期）分别选择现当代文学发展过程中的四个关键节点，探讨了现当代文学发展的内在动力与外在制约，为更深入准确地理解现当代文学的发展脉络提供了启示。

4. 比较文学与世界文学

王金黄、邹建军的《世界文学的区域形态及其基本方式》（《江汉论坛》

2018 年第 9 期）从文学地理学理论出发，探讨了世界文学的区域构成形态及其相关的理论问题。赵小琪、叶雨其的《论 1842—1919 年德语文学对中国的变异式想象》（《中外文化与文论》2018 年第 1 期）探讨了德语文学对中国的想象总体呈现为一种"变异化"的态势；其另一篇文章《1842 - 1919 年德语文学想象中国的动力机制论》（《福建论坛》2018 年第 2 期）认为，对于 1842～1919 年的德意志作家而言，其对中国进行文化过滤的直接原因，是其民族内部那最终总体化了的、强大的保守主义思想。

中外作家作品比较是比较文学的重点。陈晓燕分析了 2010 年度诺贝尔文学奖得主、秘鲁作家略萨的小说《胡利娅姨妈与作家》对中国作家莫言所产生的重要影响。[①] 王树福从语言与文学、历史与文化、精英与大众、学术与政治等不同层面分析莫言在俄罗斯的接受症候，将其视为当代中俄文学跨语际实践的鲜活案例。[②] 周肖肖认为从《米立：中国童话》到《K》，东西方文化的二元对立关系经历着被刻意书写和有意解构的过程，彼此形成了"对位书写"的关系。[③] 张驰以叙利亚诗人阿多尼斯的诗歌创作为例，阐述其创作与"一带一路文学"的关系，以及这种研究范式的建立对我国比较文学和跨文化研究的重大意义。[④]

5. 语言学及应用语言学

该学科 2018 年新增教育部重大攻关项目 1 项：武汉大学赵世举"新时代国家语言文字事业的新使命与发展方略研究"，体现出该学科在全国的影响力。

赵世举的《与时俱进是语言学科建设发展的必由之路》（《语言战略研究》2018 年第 1 期）指出，语言学是直接为人和社会服务的学科，应该与

---

① 陈晓燕：《两个"魔盒"，不同风景——莫言〈酒国〉与略萨〈胡利娅姨妈与作家〉比较》，《中国比较文学》2018 年第 1 期。

② 王树福：《形象、镜像与幻象：莫言在俄罗斯的接受症候》，《中国比较文学》2018 年第 1 期。

③ 周肖肖：《性别、种族、身份的对位书写——从〈米立：中国童话〉到〈K〉》，《中国比较文学》2018 年第 1 期。

④ 张驰：《从阿多尼斯的诗歌管窥"一带一路文学"新范式的未来》，《外国文学动态研究》2018 年第 2 期。

时俱进；《珍视优良传统　勇于开拓创新》（《中国社会科学报》2018 年 9 月 14 日）认为，需要认真研究中国语言学的真实面貌和品格并深入研究中国语言学的发展规律及问题。

这种与时俱进的精神，也正是湖北学界的精神。湖北学界围绕在汉语的应用与推广中产生的问题，进行了不断探索。陈禹的《作为反意外范畴标记的"还不是"》（《世界汉语教学》2018 年第 4 期）从对外汉语教学难点之一的"还不是"非否定用法出发，证明该用法实际上是一种反意外范畴标记。邵则遂的《麦都思〈英华词典〉的特点及影响探析》（《长春师范大学学报》2018 年第 5 期）指出麦都思在马礼逊《英华字典》的基础上，增加了大量汉语文献中的词语以及日常使用频率较高的口语词。

在修辞学方面，罗积勇的《对联创作要善于运用比喻》（《北华大学学报》（社会科学版）2018 年第 4 期）认为，在对联创作的过程中，善用比喻可极大地增强语言的丰富性和生动性，使有限的文字包蕴无限的意义。冯广艺、张俯霞的《唐诗中的"A 如 B/X 如 Y"式比喻研究》（《江汉学术》2018 年第 3 期）及《论唐诗中的 AA 式叠字"茫茫"》（《湖北师范大学学报》（哲学社会科学版）2018 年第 2 期）等论文通过探讨唐诗中的修辞问题，将修辞学研究与文学研究结合了起来。

6. 汉语言文字学

2018 年该学科新增国家社科基金重点项目 2 项：华中科技大学程邦雄主持的"《契文举例》及相关文献的整理与研究"（18AYY019）；华中师范大学姚双云的"位置敏感语法：基于汉语口语中的连词研究"（18AYY021）。这些重点课题也正体现了湖北学界在传统语文学与汉语语法学研究方面的优势。

在汉语语法学方面，姚双云有多篇成果，其《"一个 + NP"类指句的话语立场研究》（《中南大学学报》（社会科学版）2018 年第 1 期）研究"一个 + NP"类指句的话语立场；《言说动词"说"的语法化考察》（《湖北师范大学学报》（哲学社会科学版）2018 年第 2 期）对言说动词"说"的语法化进行考察；《口语中的连词居尾与非完整复句》（《汉语学报》2018 年第 2 期）在位置敏感语法的视角下考察连词居尾与非完整复句这一新兴用法，探求口语中语法结构的"趋简性"；《词汇规制与立法语言的简明性》（《语言文字运用》2018 年第 4 期）旨在从词汇运用的角度分析简明意义法则在我国立法语言中的实际运作，进而在词汇层面揭示立法语言与普通语言的差异性。石锓的《汉语交互关系的判定标准及典型性分析》（《语言研究》2018 年第 1 期）则分析了汉语交互关系的判定标准及典型性。张道俊的《程度性"V+人+X"兼语结构》（《湖北师范大学学报》（哲学社会科学版）2018 年第 6 期）分析了程度性"V+人+X"兼语结构的突出特点。高逢亮的《"V 以"类形式动词及其词汇化》（《汉语学习》2018 年第 6 期）认为"V 以"得以词汇化的关键在于宾语范围扩大至动词。刘琪的《"一个人"的副词用法》（《汉语学报》2018 年第 4 期）分析了现代汉语"一个人"的多种用法。邱庆山的《汉语笔类名词的属性义知识本体描写与构建》（《湖北大学学报》（哲学社会科学版）2018 年第 5 期）指出汉语笔类名词的具体用法体现着词义结构要素赋值扩展的诸多信息，从笔类名词的具体用法中抽取词的属性义可以构建词的属性义知识本体，这在词义资源建设和应用上都有一定的价值。柴湘露、刘云的《成语义变的途径与透明化倾向》（《新疆大学学报》（哲学·人文社会科学版）2018 年第 5 期）分析了五种现代汉语中常见的成语义变途径。龚琼芳的《"正（在）VP-1，VP-2"式时间复句》（《汉语学报》2018 年第 4 期）对同时性事件背景类时间复句的代表性句式"正（在）VP-1，VP-2"进行了讨论。刘云的《汉英接触产生的新兴结构"是时候 VP"》（《汉语学报》2018 年第 4 期）指出，"是时候 VP"的出现与使用是当代汉语中汉英接触加深而引发的一种语法演变。陈禹的《"V 好"的构式竞争与篇章动力》（《汉语学习》2018 年第 6 期）提出了一套判定构式义的方法，即考察动词 V 支配的事件是具体事件还是抽象事件，"V 好"构式的语义向"完善义"偏移是与类似功能构式竞争的结果。

语文学（传统语言学）也是湖北学者的一个强项。万献初指出，专名形声字一般只说声符表示读音，通过分析证明它的声符也是兼表核心义素的，即声符有义。① 曹海东的《〈齐民要术〉"劳戏"解诂》（《语言研究》2018 年第 3 期）对《齐民要术》卷六中的"劳戏"一词进行了不同的解诂。金克中的《〈红楼梦〉受事主语句研究》（《湖北大学学报》（哲学社会科学版）2018 年第 1 期）从主语的语义类型和谓语的结构类型两个方面对《红楼梦》中所有受事主语句进行了细致的描写和定量分析，发现了受事主语句的特点；他的另一篇文章《〈祖堂集〉释词三则》（《语言研究》2018 年第 2 期）选择五代时编辑的一部禅宗史料总集《祖堂集》中"白揌""灼然""党其所习"三个词语给予了考释。张与竞的《汉译〈道行般若经〉中的特殊定语》（《古汉语研究》2018 年第 2 期）认为东汉支娄迦谶所译《道行般若经》中一些后置结构与前文的逻辑关系似乎是一种修饰补充说明的关系，权且将其当作后置定语理解，并将这些后置的特殊定语进行了初步分类。

在方言研究方面，邵则遂有多篇论文，其《古楚方言词"粗粎"和"沈沈"》（《汉语学报》2018 年第 2 期）分别从《楚辞·招魂》《史记·陈涉世家》中类比寻找古楚方言词"粗粎"和"沈沈"的意思；《唐纳德〈汉口方言（口语）英汉对照袖珍词典〉的特点及影响探析》（《内蒙古财经大学学报》2018 年第 3 期）从词典的内容特点、不足以及作用影响等方面对唐纳德的《汉口方言（口语）英汉对照袖珍词典》进行了评述；《论表"高地"义的古楚地名"陵"》（《赤峰学院学报》（汉文哲学社会科学版）2018 年第 10 期）经过考证认为，在先秦时期，楚方言中的"陵"已与通语合流，"陵"除了具有"大土山""上升""侵犯""衰微""超越"等义项外，还可作地名，"陵"表"高地"义作地名为楚地特色。汪国胜、李塱的《汉语方言"VP – Neg"问句的类型及分布》（《华中师范大学学报》（人文社会科学版）2018 年第 5 期）分析了汉语方言"VP – Neg"问句的类型及分布。毛文静的《论汉语方言处所介词"的"的来源》（《语言研究》2018 年第 4 期）从共时方言分布和历时语法演变两个方面论证了汉语方言"V +

---

① 万献初：《形声字"声符有义"的正确理解与运用》，《黔南民族师范学院学报》2018 年第 6 期。

的 + NL" 句型中的 "的" 来源于 "得"。高逢亮、匡鹏飞的《汉语方言 "VP - Neg" 问句的类型及分布》(《语言教学与研究》2018 年第 3 期) 考察发现,"做出/作出、给出、提出、发出" 等 "V 出" 类动词可以分布在典型形式动词的句法位置,具有形式动词的一般属性,但尚处在词汇化的过程中,是形式动词的非典型成员。此外,罗积勇的《衡南话本字初考》(《人文论丛》2018 年第 1 期) 对湖南省衡南县当地人所说的方言中的一些特殊词语进行了词源学的考证。

7. 中国古典文献学

湖北的中国古典文献学者一贯低调扎实,在古籍整理方面产生了丰硕成果。如近年陆续推出的《中华大典·语言文字典》(含文字分典、训诂分典、音韵分典),就是武汉大学、华中师范大学、湖北大学相关学者通力合作的产物。以长期的学术积累为基础,近年来湖北学者在相关研究领域不断进行拓展。

钟书林的敦煌文献研究较有特色。其《唐代开元盛世的边疆格局及其西北民族关系——以敦煌遗书 P. 2555 陷蕃组诗为中心》(《文史哲》2018 年第 5 期) 以重要文书敦煌遗书 P. 2555 来考察当时唐代开元盛世的边疆格局及其与西北各民族之间的复杂关系;其《〈王昭君变文〉与唐蕃长庆会盟——〈王昭君变文〉作年考》(《复旦学报》(社会科学版) 2018 年第 1 期) 从敦煌遗书 P. 2553《王昭君变文》入手,进一步将《王昭君变文》的创作时间确定为长庆三年(公元 823 年)唐蕃会盟碑落成之后不久;其《名士与国师的风采:刘昞行迹与著述考论》(《人文杂志》2018 年第 7 期) 考见刘昞承传魏晋名士风流,肯定其极大地推动了当时敦煌文化教育事业的发展。这些都是敦煌学的新成绩。

音乐文献一直是被忽视的领域,温显贵则在这方面用力甚勤。其《清代乐论史料述论》(《中国音乐学》2018 年第 1 期) 开展清代乐论史料的整理工作;其《清末笔记小说所见戏曲的地域差异——以北京、上海为中心》(《音乐艺术》2018 年第 3 期) 探讨清末笔记小说中戏曲地域差异的表现及形成原因。这些研究丰富了古典文献学研究的版图。

罗积勇亦有多篇成果。其《唐宋科举与博物观念的发展》（《科举学论丛》2018 年第 1 期）证明了唐宋时期是博物观念从"求异"到"求用"的重要转变期，唐宋科举对该转变起到了推动作用；其《元祐党籍碑的立毁与版本源流——兼论元祐党籍名录的变更》（《北京社会科学》2018 年第 12 期）关注了元祐党籍碑的立毁与版本源流；其《碑志与书史：从碑志书丹管窥北宋中晚期书坛生态——以宋敏求为例》（《中国书法》2018 年第 16 期）从宋敏求的碑志书丹入手考察了北宋中晚期的书坛生态。

（二）外国语言文学

截至 2018 年，湖北外国语言文学学科拥有三个一级学科博士点，在全国处于领先地位；在外国文学研究以及外国语言学研究方面，具有一定的相对优势。

1. 外国文学研究

以本省的重要学术期刊《外国文学研究》为基地，湖北外国文学研究学界在文学伦理学、作家作品、思潮流派研究等方面陆续推出了一系列研究成果。

2017 年 9 月 2 日，"第七届文学伦理学批评国际学术研讨会"在伦敦举行，为文学伦理学的研究热度又加了一把火。以《外国文学研究》为主阵地，湖北学者推出了一系列相关成果，成功扩大了文学伦理学的学术影响。柏灵的《科学选择与安徒生对丹麦民族浪漫主义的反思》（《外国文学研究》2018 年第 2 期）聚焦安徒生中后期作品中的科技元素，分析了作家诗学观念和创作实践的转变，研究了转变背后作家的社会思考和伦理诉求。雷登辉的《论苏珊·桑塔格"反对阐释"的伦理关怀与话语实践》（《外国文学研究》2018 年第 3 期）则透过哲学与文学研究伦理学转向的历史背景，重探了"反对阐释"的理论意涵。刘兮颖的《空间表征、身份危机与伦理选择——〈卢布林的魔术师〉中雅夏形象解读》（《外国文学研究》2018 年第 5 期）对《卢布林的魔术师》中的雅夏形象进行了空间表征、身份危机与伦理选择三个方面的解读。何双的《太宰治与卡夫卡"罪"意识探源》（《吉首大学学报》（社会科学版）2018 年第 3 期）运用比较文学的方法，探讨了两位作家的"罪"意识，这既能揭示两位作家"罪"意识根源的相同因素，又能呈现不同民族的思想文化和伦理价值的差异。苏晖的《从脑文本到终稿：易卜生及〈社会支柱〉中的伦理选择》（《外国文学研究》2018 年第 5 期）从文学伦理学批评的重要术语之一"脑文本"出发，认为易卜生的戏剧《社会支柱》的四个稿本是作家脑文本的体现，脑文本的动态变化及其与伦理选择之间的关系体现出易卜生的伦理意识。杜娟的《虚假的荣誉：菲尔丁小说的道德批判与伦理含混》（《外国文学研究》2018 年第 6 期）运用伦理结构分析了菲尔丁小说中的伦理含混。池水涌的《高丽爱情歌谣抒情主人公的伦理困境与伦理选择》（《外国文学研究》2018 年第 6 期）分析了高丽爱情歌谣抒情主人公——妇女，在父权制伦理秩序下的伦理困境与伦理选择。这些研究从各个方面、选取各种文本对文学伦理学的理论进行呼应，共同致力于文学伦理学的发展。

外国作家作品研究是本学科的传统领地。许方的《试论昆德拉独特的创作之路》（《外语学刊》2018 年第 3 期）从昆德拉作品被禁的遭遇、昆德拉对于翻译的理解与要求以及创作语言的改变三个角度入手，追踪昆德拉独特的创作之路，探讨了其创作历程的特点。杨建的《"局外人"形象再审视》（《当代外国文学》2018 年第 4 期）从加缪笔下的"局外人"默而索出发，追溯到古希腊文学中普罗米修斯、西绪福斯、俄狄浦斯的影响，并发现其与西方近现代诗人、小说家笔下的主人公有着更多的血脉联系。陈后亮的《"被注视是一种危险"：论〈看不见的人〉中的白人凝视与种族身份建构》（《外国文学评论》2018 年第 4 期）通过分析《看不见的人》中两个具有代表性的视觉场景来揭示种族权力结构是如何通过视觉来建构和维系的。王树福的《当代俄罗斯新现实主义的兴起》（《外国文学研究》2018 年第 3 期）从宏观的视角探讨了新现实主义如何通过借用白银时代新现实主义的文学遗产、各种先锋现代思想和后现代主义思想，形成既区别于传统现实主义和后现代主义，又部分介乎两者之间或之外的独特文学态势。这些研究实践从不同向度丰富了学科的研究图谱。何卫华的《〈重生〉：创伤叙事中的历史与伦理》（《当代外国文学》2018 年第 1 期）探讨了巴克的伦理诉求，在强调和平共处的全球化语境中，将一战建构为个体创伤，一战被重新整合到英国集体性身份重构的架构中。徐彬的《卡里尔·菲利普斯小说中的流散叙事与国民身份焦虑》（《外国文学研究》2018 年第 1 期）探讨了菲利普斯如何巧妙的将其流散叙事中对流散者国民身份焦虑的探讨转换为对殖民与后殖民语境下英美社会白人的种族道德批判。王辰晨的《〈梅丽迪安〉中的头发与政治》（《外国文学研究》2018 年第 2 期）分析了艾丽丝·沃克的小说《梅丽迪安》中人物的头发如何微妙地呈现美国非裔女性面对的种族和性别政治。张亘的《文学价值的生成——论对韦勒别克创作的争议》（《外国语文》2018 年第 5 期）阐析了对于法国当代著名作家米歇尔·韦勒别克贬抑之词的机理所在。周婷、杨蕊的《莫迪亚诺小说中的永恒轮回》（《法国研究》2018 年第 4 期）以永恒轮回为重要切入点，梳理了莫迪亚诺小说中的永恒轮回意象。任洁的《论〈海边的卡夫卡〉中的拟似性伦理犯罪》（《外国文学研究》2018 年第 4 期）分析了日本作家村上春树如何采用与古希腊悲剧《俄狄浦斯王》互文的写作策略，并借助平行叙事结构和大量隐喻塑造了一个实施拟似性伦理犯罪的人物形象。任晓晋、刘堃的《我手写我心：蒙田和他的"美国嫡传弟子"爱默生的随笔》（《法国研究》2018 年第 2 期）从创作动机、创作形式和创作价值三个方面解读了蒙田和爱默生两位大师随笔作品中体现的人本主义主题和思想。李圣杰的《反乌托邦视阈下的〈蔷薇香〉》（《外国文学动态研究》2018 年第 6 期）探讨了日本女作家桐野夏生的新作《蔷薇香》中所体现的一个私欲横流、权力争斗、人性黑暗的反乌托邦世界。这些研究从不同角度丰富了读者对外国著名作家作品的理解。

在思潮流派方面，陈西军探讨了"决疑论"对英国早期现代文学的影响①，杨柳探讨了当代法国流散文学中的文化身份议题②，袁在成肯定了

---

① 陈西军：《决疑论及其对早期现代英国文学的影响》，《湖北大学学报》（哲学社会科学版）2018 年第 3 期。

② 杨柳：《刍议文化身份在当代法国流散文学中的表征》，《国外文学》2018 年第 4 期。

《多元文化视野中的美国族裔诗歌研究》对于美国族裔诗歌系统而深入的研究。[①]

此外，武汉大学法语系在 2018 年与法国学者进行了密切的学术交流。2018 年 3 月 6 日，法国图尔大学 Hélène Escudié 教授莅临武汉大学进行了一场题为"科幻小说中有关'正义'的表达"的讲座。3 月 7 日，法国克莱蒙费朗第二大学 Eric Lysoe 教授应邀举行了以"德彪西与《阿夏家的没落》"为题的讲座。3 月 18 日，法国著名女作家玛丽·达里厄塞克前来武汉大学法语系，与师生分享了其文学创作的历程。3 月 23 日，法国洛林大学教授多米尼克·马凯尔为法语系师生带来一场题为"法国当代小说教学分析——以若干女性作家的作品为例"的学术讲座。这些讲座和交流为湖北相关学科的教学与研究拓宽了视野。

2. 外国语言学及应用语言学研究

在该领域，湖北学界在翻译学及外语教学与研究等应用语言学领域用力较大，成绩较多。

在翻译学研究方面，黄勤、谢攀的《翻译场域中的资本较量对郭沫若翻译活动的影响》（《外语教学》2018 年第 5 期）考察了郭沫若在翻译场域中与不同行为主体间的资本较量及这种资本较量对郭沫若不同时期翻译活动的影响。覃江华的《社会学途径的口译史研究——〈纳粹集中营口译〉介评》（《外国语》2018 年第 1 期）针对口译史研究的难度，提出社会学的口译史研究路径。吕奇、王树槐的《国际译者风格研究可视化文献计量分析 (2002–2016)》（《外语学刊》2018 年第 2 期）从宏观的角度对国际译者风格研究文献进行了可视化计量分析。许方的《文学译介中译者与读者的互动——以昆德拉作品的汉译为例》（《外语及教学》2018 年第 1 期）以昆德拉作品的汉译为例，探讨了译者与读者的互动关系。黄勤、王琴玲的《林太乙〈镜花缘〉方言英译探究：求真还是务实?》（《外语学刊》2018 年第 1

---

① 袁在成：《族裔性与文化记忆的糅合——〈多元文化视野中的美国族裔诗歌研究〉述评》，《当代外国文学》2018 年第 3 期。

期）以林太乙《镜花缘》英译本中的方言为研究对象，考察了译者采用的翻译规范。黄文娟、刘军平的《儿童文学翻译研究：再叙事的审美愉悦体验——〈儿童文学翻译导论〉述评》（《东方翻译》2018 年第 3 期）致力于儿童文学的翻译研究。邹瑶、郑伟涛、杨梅的《冬奥会冰雪项目英汉平行语料库研制与平台建设探究》（《外语电化教学》2018 年第 5 期）以 15 项冬奥会冰雪项目为语料来源，实现了冬奥会冰雪项目英汉平行语料库的创建。许明武、赵春龙的《"一带一路"背景下国内少数民族语文翻译研究热点述评——兼论其民译、汉译与外译研究融合路径》（《外语电化教学》2018 年第 6 期）紧跟"一带一路"倡议，从翻译模式、翻译体裁、翻译主题三个层面分析了现阶段少数民族语文翻译研究热点。

在外语教学与研究方面，徐锦芬与多人合作，发表了多篇成果，其《我国语言学研究国际发表状况及未来趋势——基于 2000—2017 年 SSCI 论文的分析》（《外语电化教学》2018 年第 1 期）在宏观视野上对 2000～2017 年我国学者在 SSCI 期刊上发表的语言学论文进行了综合评估；其《任务前后语言形式聚焦对英语学习者语法习得影响的对比研究》（《外语教学理论与实践》2018 年第 1 期）对比了任务前和任务后形式聚焦对英语学习者学习被动语态的教学效果；其《任务类型对大学英语课堂小组互动的影响》考察了三种不同的任务类型对大学英语课堂小组互动的影响；其《认知要求对学习者口语产出质量与注意分配的影响》（《外语与外语教学》2018 年第 6 期）通过实验分析了认知要求对学习者口语产出质量与注意分配的影响，研究结果为多注意力资源模型提供了一定的支持；其《大学英语教材中的文化自觉及其实现》（《外语学刊》2018 年第 4 期）从母语文化和目的语深层文化方面分析了大学英语教材中的文化自觉和实现，为未来大学英语教材编写者提出了一些在教材中实现文化自觉的建议。马洁、董攀的《大数据背景下国内外语写作焦虑研究》（《外语电化教学》2018 年第 2 期）从外语写作的角度进行研究，以期厘清大数据背景下国内外语写作焦虑研究的发展方向。刘萍、刘座雄的《基于 ESP 语料库的学术英语词汇学习法的有效性研究》（《外语研究》2018 年第 3 期）表明语料库技术培训、良好学习环境的创设为基于语料库的词汇学习效果提供了保障。

湖北学界在外国语言学理论研究方面较为薄弱，但也取得了一定成绩。范静选择汉语和法语各 5 部近现代小说随机抽取语料，主要对其运动事件表达片段在运动动词使用和背景成分描述进行了对比分析。[①] 郝念东通过对福柯、德里达、拉康和利奥塔等法国后现代主义哲学家对主体概念的分析概括，认为后现代主义的主体消解现象可以从语言学方面得到解释和借鉴。[②] 冶慧颖逐一追寻英语"黑色"语义场所属词语的历时来源，同时归纳其语义引申的类型性，显示其语义发生的时代性，最后以"语义图模型"方式展示了英语"黑色"语义演化路径。[③]

（三）新闻传播学

湖北是全国新闻传播学研究版图中的高原。2018 年在相关领域依旧保持着领先势头。

1. 新闻学

该学科 2018 年新增国家重点基金项目 1 项：华中科技大学刘洁"提升新时代中国特色社会主义新闻学国际话语权研究"（18AXW001）。

在 2018 年，湖北学者在新闻史、新闻理论与新闻业务的研究方面，都有所拓展与深化。

近代报刊诞生以来，漫画新闻就是报刊新闻传播的核心要素。张昆的《漫画新闻——亟待拓展的新闻史研究领域》（《出版发行研究》2018 年第 5 期），毕耕、汤欣的《〈农民〉报的乡村建设话语评析》（《出版发行研究》2018 年第 5 期），漆雪娇、吴平的《〈点石斋画报〉编辑特色研究》（《出版发行研究》2018 年第 12 期），李京的《从政治秩序确立到政治记忆刻写——对〈人民日报〉1949－2017 年国庆头版图像叙事变迁的探讨》（《新闻界》2018 年第 1 期）等论文从不同角度拓展了新闻史的研究领域。

① 范静：《汉法运动事件书面语表达类型学研究》，《法国研究》2018 年第 2 期。
② 郝念东：《从语言学视角考量法国后现代思潮的主体消解》，《法国研究》2018 年第 4 期。
③ 冶慧颖：《英语"黑色"义词语多维分析》，《语言研究》2018 年第 3 期。

对于当下的新闻现象，学者们也进行了及时的专业分析。徐开彬、万萍主要分析了 2001~2016 年《人民日报》《南方都市报》《华西都市报》《新京报》《东方早报》刊登的新闻评论中有关医患矛盾的隐喻运用。[①] 刘骏、闫岩分析了植根于商业媒介体系的美国公共新闻运动的遭遇与启示，指出公共新闻运动所留下的对职业边界感的重塑、对传播"对话观"的推崇不仅为美国后续的新闻实践注入理念源泉，亦为我国当下的新闻实践提供了宝贵经验。[②]

在对新闻从业者的现状研究及培养方面，张昆的《学院文化：新闻传播人才的培养基》（《新闻记者》2018 年第 2 期）讨论了学院文化对新闻人才培养的重要意义；他的另一篇论文《新闻评论教育的"华科大模式"》（《新闻记者》2018 年第 6 期）则介绍了 21 世纪以来，为回应社会的需求，华中科技大学在新闻评论教育方面所创立的"华科大模式"。曹珊的《后真相语境下新闻从业者的书写权力研究》（《新闻界》2018 年第 2 期）发现新闻实践中的书写主体、书写规则、书写话语等逐渐突破传统新闻生产习惯，书写权力成为争夺焦点并主导着新闻生产传播。吴世文的《新闻从业者与人工智能"共生共长"机制探究——基于关系主义视角》（《中国出版》2018 年第 19 期）基于关系主义视角探究了新闻从业者与人工智能的共处机制及可能的新图景。

面对新闻的发展与生产问题，赵红勋的《新媒体语境下新闻生产的空间实践》（《新闻界》2018 年第 7 期）试图打破研究传统，在新媒体这一当代社会语境下，以新闻生产的物理空间与技术空间为着力点对其揭示的社会关系之变化进行意义解读。邓青、毕伟兵的《传媒变革时代电视新闻节目的正本作用》（《中国出版》2018 年第 12 期）指出，可以充分发挥广播电视新闻节目"正本"的作用。李建波的《新华社新闻报道量化文本分

---

① 徐开彬、万萍：《凸显与遮蔽：国内主流报纸新闻评论中医患矛盾的隐喻分析》，《国际新闻界》2018 年第 11 期。

② 刘骏、闫岩：《商业媒介沙漠中的绿洲？——美国公共新闻运动的困境与启示》，《新闻记者》2018 年第 6 期。

析——基于与美联社新闻报道的对比研究》(《中国出版》2018 年第 18 期)运用实证研究的方法,结合新华社与美联社新闻报道的比较,精确描述了新华社新闻报道的特征。王冠一的《强化新闻出版业高质量发展能力建设刍议——从"脚力、眼力、脑力、笔力"说开去》(《中国出版》2018 年第 21 期)探讨了有效提升新闻出版业高质量发展能力的现实路径。王敏、饶茗柯的《虚假新闻病理研究——基于我国历年"十大假新闻"的统计分析(2001 - 2017)》(《中国出版》2018 年第 24 期)运用统计和趋势分析法,从主要病因、次要病因、深层病根和发展趋势等方面探究了虚假新闻的病理,从而为新闻生产提供了警示意义。

2. 传播学

湖北传播学界始终紧跟时代前沿,围绕传播理论与技术、媒介发展、传播与社会等问题进行研究,从而引领了中国传播学的发展。

在传播理论研究方面,以单波为领军人物的跨文化传播研究始终在全国处于领先地位,2018 年继续推出了许多重要成果。单波的《从新体用观的角度建构中国传播学的反思性》(《国际新闻界》2018 年第 2 期)提出应该建构一个传播理论探讨的空间,以容纳更多的声音和更广泛深入的议程。刘建明的《传播的仪式观:仪式是传播的本体而非类比》(《湖北大学学报》(哲学社会科学版)2018 年第 2 期)讨论了关涉传播学研究基本的本体论问题。石义彬、刘骏的《议程建构理论的产生、发展及转向》(《现代传播》2018 年第 2 期)对议程建构理论的产生、发展及转向进行了梳理。舒咏平、肖雅娟的《品牌传播理论建构的主体性、史学观和思维变革》(《现代传播》2018 年第 1 期)提出了品牌传播研究本质是主体性传播理论建构、品牌传播史研究是对人类传播智慧的传承、品牌传播载体研究是对媒体思维的突破三个重要命题。

在技术层面,唐海江、曾哲扬的《图像技术、视觉呈现与现代中国:评吴果中著〈左图右史与画中有话——中国近现代画报研究(1874 - 1949)〉》(《国际新闻界》2018 年第 7 期)从新文化史与"媒介与文明"的研究视域出发,倡导传播史学研究可从技术、社会、文化的互动关系中展开，以实现学术探索的推陈出新。吕尚彬、黄荣的《中国传播技术创新研究——以技术进化机制为视角探究 2017 年 –2018 年创新特点》（《当代传播》2018 年第 6 期）试图洞悉未来中国传播技术创新的发展趋势。吕永峰、何志武的《融媒体场域下电视内容精准化传播的实践逻辑及路径》（《中州学刊》2018 年第 10 期）讨论了如何实现电视内容与用户的强连接，以提高电视媒体的传播力和影响力。

新媒体技术的兴起也带来了许多新的伦理问题，这方面也是关注现实前沿问题的湖北学界的重要研究领域。刘婷的《在线社交中的身体悖论》（《新闻界》2018 年第 11 期）、王敏的《大数据时代如何有效保护个人隐私？——一种基于传播伦理的分级路径》（《新闻与传播研究》2018 年第 11 期）以及姜小凌、马佳仪的《阅读的"暴力"：对新闻客户端算法推荐的再思考》（《中国出版》2018 年第 24 期）等所提出的问题都为新媒体时代下的传播发展提供了可靠的指导意义。

对于媒介发展的探讨是传播学绕不过的话题。冯济海的《媒介入寺与当代佛教传播——基于一座汉传佛寺的媒介人类学研究》（《北京社会科学》2018 年第 1 期）以 T 寺为田野点，借由人类学视角探视了现代媒介进入这座汉传佛教寺院的具体过程和影响。纪莉、董薇的《从情感研究的起点出发：去情绪化的情感与媒介效果研究》（《南京社会科学》2018 年第 5 期）对传播学领域中情感何以影响媒介效果的研究进行了梳理与分析。李华君、张婉宁的《媒介融合背景下移动新闻客户端的发展——基于青年群体的使用与满足》（《北京理工大学学报》（社会科学版）2018 年第 1 期）借助问卷分析法具体探究了青年群体对新闻媒介的接触状况及使用动机满足程度与媒介满意度之间的关系。王昀、邵培仁的《华莱坞作为跨国媒介实践——兼论"一带一路"的全球传播叙事》（《江西师范大学学报》（哲学社会科学版）2018 年第 5 期）探讨了如何以平等、交流、合作、共同发展的姿态持续融入新的国际文化流动体系。刘琴的《新闻小程序演进的技术逻辑与价值判断》（《编辑之友》2018 年第 10 期）从分析小程序演进的技术逻辑与市场逻辑入手，探讨了作为小程序中最重要的新闻小程序的用户价值与媒介价值。

关于新媒介的问题，王昀的《新媒介研究拐点：人工智能时代传播学的现貌与反思》（《编辑之友》2018 年第 2 期）指出，将人工智能置于传播媒介分析的互动框架，研究者有必要继续审视其如何助益多元化内容生产格局，提升人工智能数据分析、情景反应能力的精确性，同时，持续关注由此衍生的媒介素养与传播规范问题。李永的《新媒介语境下舆论监督本位回归：历程与方向》（《现代传播》2018 年第 1 期）指出，舆论监督未来的发展方向在于调动多方资源，促进监督合力的形成。廖秉宜的《中国媒介市场数据失范现象与治理对策》（《编辑之友》2018 年第 10 期）则重点分析了中国媒介市场存在的数据失范现象及对中国传媒业和广告业发展的深层影响，并提出了中国媒介市场数据失范的治理对策。

在传播与社会的关系方面，2018 年学者们围绕政治、经济、文化等社会生活领域与传播的关系进行了广泛、深入的研究。

在传播与政治方面，黄海燕的《民意大众传播的政治效能》（《江西社会科学》2018 年第 3 期）强调，建立一种综合评定和长效监测的民意传播政治效能评价机制，有助于推动民意传播管理向民意传播治理的范式转型。吕尚彬、徐键的《新旧媒体博弈与美国政治广告传播的转折——对近年来美国总统大选的分析》（《郑州大学学报》（哲学社会科学版）2018 年第 4 期）则对 2016 年美国第 58 届总统大选中共和党候选人特朗普制造的"黑天鹅"效应进行分析，指出新媒体对政治广告传播效果的颠覆。

在传播与经济方面，程明、周亚齐的《社群经济视角下营销传播的变革与创新研究》（《编辑之友》2018 年第 12 期）讨论了在社群经济的背景下营销传播领域怎样进行深刻变革与创新；他们在另外一篇文章《从流量变现到关系变现：社群经济及其商业模式研究》（《当代传播》2018 年第 2 期）中，基于社群经济的发展现状，梳理出了社群经济的一般商业模式，分析了社群经济在发展上面临的问题，并指出进行社群生态体系布局、拓展多元盈利模式等社群经济发展路径。

在传播与文化方面，2003 年以来，由民族国家共同体意识所主导的网络民族主义受到政府、社会以及学界的关注。学者们从历史学、民族学、社会学等不同学科对网络民族主义展开多维研究。冉华、王昆以传播媒介与民族共同体意识汇聚之间的关系为着力点，梳理了从口语传播到电子传播时代媒介是如何形构关于民族的想象与共同体情感的。[①] 王春晓、陈旭光通过对《人民日报》报道焦裕禄事迹的解读，分析特定的政治、社会语境下新闻媒体如何选择、采写典型报道，通过符号化过程和纪念性报道，实现记忆的建构、变迁，以及在记忆的变迁与传播过程中典型报道的时代特征。[②] 吴玉兰、何强则追寻全球化语境下"工匠精神"系列作品所呈现传播的文化意义。[③]

三 湖北文学学科发展展望及建议

2018 年，湖北文学学科总体发展态势良好，巩固并提升了湖北文学学科在全国的地位与影响力。50 年代的领军学者与 60 年代的学术骨干，以及七八十年代青年精英，老中青三代学者持续了此前的创新精神，学术梯队之间形成了良性互动，为湖北文学学科的创新发展营造了良好氛围，形成了良好的学术传统。

湖北文学学科发展也存在外部与内部制约。在外部条件上，由于种种客观条件的限制，湖北省政府对高校的财政支持和政策支持与其他省份还有一定距离，湖北文学学科缺乏弯道超车的外部条件，在人才引进、项目支持、成果奖励等方面，基本维持传统格局，没有取得大的突破。在内部条件上，文学学科具有自身的发展规律，需要长期的学术积累，这也不是能够一蹴而就的过程。

为实现湖北文学学科又好又快发展，需要从外部与内部两个方面着手。

---

① 冉华、王昆：《民族共同体意识的网络形构与表达》，《当代传播》2018 年第 6 期。
② 王春晓、陈旭光：《记忆的建构与变迁：典型报道的时代印记》，《当代传播》2018 年第 5 期。
③ 吴玉兰、何强：《全球化语境下经济传播的重塑与建构——基于〈大国工匠〉等纪录片的叙事研究》，《当代传播》2018 年第 2 期。

（一）争取外部支持

就外部条件而言，需要政府及相关学校更加重视文学这类基础性学科的建设发展，加大支持力度。

首先，需要注意文学学科人才的特殊性，在人才引进方面开辟绿色通道，从而在全国人才竞争中，取得进步。

其次，湖北省在省级课题设置方面，需要加大对文学学科等基础性学科的支持力度，增加文学类科研项目数量，提升项目经费支持力度。目前湖北省社科基金设置过于偏向应用，同时对每项课题的资助力度较小，难以发挥应有的支持鼓励作用。

再次，湖北省优秀社科成果奖应该大力扩围。湖北是社科强省，但湖北省社科评奖自我设限太严，每届评审的数量较少，文学学科虽然相对强势，但获奖总额从来没有太多突破。这也使湖北学者在全国各类人才竞争中处于相对劣势地位。因此，湖北省优秀社科奖评选可以适当增加各等级的名额。

最后，对科研平台实行动态管理，适当扩大基础学科重点研究基地数量，增加对研究基地的投入，放宽科研经费使用范围，充分发挥省级人文社科重点研究基地的学术作用。

（二）实现内部挖潜

湖北文学学科作为基础性学科，在现有条件下，更加要注意内部挖潜，实现自有人才的培养与整合，发挥集团效应，从而在全国发出更大的湖北声音。

第一，要充分利用好湖北现有的学术期刊，集束式推出湖北文学学科的科研成果，扩大湖北学术声音。

第二，更有效地利用湖北的国家级学会以及各省级学会，促进湖北学界内部交流与外部对话。

第三，强化学科内部跨校交流，加强团队建设，集中优势力量，承担重大课题，推出重要成果。《中华大典·语言文字典》是湖北各单位通力合作的示范性成果。由华中师范大学文学院的王齐洲教授担任古代部分（第一、二卷）主编、华中科技大学教授何锡章担任现代部分（第三卷）主编、湖北大学文学院院长刘川鄂教授担任当代部分（第四卷）主编的四卷本《湖北文学通史》可以算近年来湖北文学学科跨校合作的重要典范，但近年来这样的合作显然还不太多。

第四，加强内涵建设，培育本土人才。加大本土人才支持力度，规范本土人才管理，从有利学科发展角度，适当调整人才流动，杜绝湖北内部的恶性人才竞争。

第五，凝练荆楚特色，打造文化品牌。近年来，湖北文学学科在形成自己特色方面做出了诸多努力，取得了一定成效。当前，要在取得内部共识的前提下，进一步凝练荆楚特色，打造湖北文学学科的品牌。近年来，"鄂派批评"不仅逐渐获得省内学者的支持，也产生了一定的全国性影响。同时，武汉大学、华中师范大学、湖北大学等高校，有意识地为各自的校园诗歌命名，提出"珞珈诗派""沙湖诗风""桂子山诗派"等诗歌批评概念，这也是一种形成湖北特色文学学派的尝试。华中科技大学的"春秋讲学"，每年春秋两季邀请全国知名作家与评论家进校园，开展讲学活动，现已形成了明显的品牌效应，也是值得效法的方式。武汉大学与法国高校的密切联系则是强化国际合作的示范。

B.7
湖北历史学学科发展报告（2018）

张　敏*

摘　要： 湖北省历史学学科有着深厚的学术积淀，形成了严谨的学风和优良的文风，具备雄厚的学科优势和科研实力。2018 年，湖北历史学学科在既有基础上稳步前行，取得了一定的进步。历史学研究者队伍保持稳定，其总体构成呈现"倒金字塔型"，是一个高学历、高职称的团队，实力雄厚；学科优势和荆楚特色更加彰显，产出了大量高质量的科研成果；国家级和省级重点学科建设稳步推进。未来，需坚持正确的历史观，坚持"求真""求是"；加强人才队伍建设和学科建设，打造更多的研究基地，培养更多的高水平领军人才；立足荆楚，放眼中国，走向世界，推动湖北历史学学科的繁荣和发展。

关键词： 湖北　历史学　队伍建设　学科体系　唯物史观

　　历史学是一门研究人类社会发展历程和各种历史现象，并探寻其发生发展规律的科学。历史研究是一切人文学科和社会科学的基础，并为包括自然

---

* 张敏，史学博士，湖北大学教学名师，湖北大学历史文化学院副教授，硕士生导师，湖北大学荆楚文化研究中心副主任，湖北省荆楚文化研究会理事，湖北省三国文化研究会理事，研究方向为中国古代史和湖北地方史，主持省部级科研课题 3 项，首批湖北省精品在线开放课程 1 门，出版著作 3 部，在《中国边疆史地研究》《文史哲》《史学月刊》《新亚论丛》等刊物上发表学术论文 50 余篇，曾获武汉市第五次社会科学优秀成果奖。

科学在内的所有学科提供了顺时纵向考察的研究范式。湖北历史学学科是当代中国历史学的重要组成部分，多年来人才辈出，成果丰硕。2018 年，湖北历史学工作者坚持历史唯物主义的立场、观点和方法，深化各领域的研究，通古今之变，推出一批有思想穿透力的精品力作，为新时代历史学学科体系、学术体系和话语体系的构建做出了自己的贡献。

一 湖北历史学学科发展概况

从整体上来看，湖北历史学学科在既有基础上稳步前行，取得了一定的进步。历史学工作者队伍稳定，总体构成呈现"倒金字塔型"，是一个高学历、高职称的团队，实力雄厚；学科优势和荆楚特色更加彰显，产出了大量有高显示度的科研成果；国家级和省级重点学科建设稳步推进；史学界学术组织建设取得长足的发展。这些都凸显了湖北历史学学科深厚的学术积淀和强大的科研实力。

（一）人才队伍

根据 2018 年《全国普通高等学校科技（人文、社科类）统计年报表》和课题组调查统计，截至 2018 年底，湖北省从事历史学（含考古学）科研和教学活动的人员一共有 464 人（含考古学工作者 31 人），比 2017 年增加了 10 人，稳中有升。其中，63.15% 的人员拥有高级职称，60.78% 的人员具有博士学位，这些比例与 2017 年基本持平，并且显著高于全省哲学社会科学工作者队伍的平均水平（43.8% 和 23.5%）。总体上，湖北历史学学科工作者队伍是一个高学历、高职称的团体，其总体构成呈现"倒金字塔型"，即具有博士学位和拥有高级职称的人员占多数。但值得注意的是，这支队伍的性别结构严重失衡，男性约占 66%，女性约占 34%（见表 1），由于发展惯性和其他一些因素的影响，湖北省历史学工作者队伍性别结构失衡的局面预计在短期内难以改观。

表1　2018年湖北历史学学科科研人员情况

单位：人

总计	性别		职称					最后学历			最后学位		
	男性	女性	教授	副教授	讲师	助教	初级	研究生	本科生	其他	博士	硕士	其他
464	306	158	122	171	153	13	5	397	64	3	282	124	58

资料来源：2018年《全国普通高等学校科技（人文、社科类）统计年报表》和课题组调查统计。

2018年1月，教育部公布首批201个"全国高校黄大年式教师团队"名单，华中师范大学中国史教师团队入选这个名单。创建"全国高校黄大年式教师团队"是教育部党组贯彻党的十九大精神，落实习近平总书记对黄大年同志先进事迹重要指示精神的重要举措，旨在引导广大教师持续向黄大年同志学习，以团队建设形成长效机制，使崇敬典型、争做先进成为教育系统的常态。[①] 华中师范大学中国史教师团队不仅在辛亥革命史、历史文献学、商会史、中西文化交流史等学术领域颇有建树，先后组建了"经济发展与社会变迁""社会变动与国家治理""大数据与中国历史""宗教文化与社会发展""荆楚历史与区域文化"五个学术研究团队，而且该团队在教学研究与人才培养方面的成绩也很突出：中国近现代史、中国古代史、中国历史文选、中国近现代史纲要四门本科生课程先后入选国家精品资源共享课建设，中国近代史列入国家精品视频公开课；历史学专业列入国家高校专业综合改革试点；历史教育列入国家级卓越教师培养单位。

在高端领军人才方面，章开沅先生被公认为中国近代史学界泰斗级大师。2018年，他荣获第七届"吴玉章人文社会科学终身成就奖"。在颁奖典礼上，中国史学会会长、《求是》杂志社原社长李捷宣读了颁奖词："他善为人师，言传身教，润物无声，桃李满天下；他勤于治史，勇于创新，在多

① 《教育部认定首批"全国高校黄大年式教师团队"》，http：//www.edu.cn/zhong_guo_jiao_yu/jiao_yu_bu/xin_wen_dong_tai/201801/t20180122_1581812.shtml20190730，访问时间：2019年8月10日。

个史学研究领域取得累累硕果，把中国的辛亥革命史研究推向国际，将国外教会大学史研究引进本土。"①

2018 年 11 月，中共湖北省委宣传部公布了第二届"湖北文化名家"名单，29 人入选，其中，历史学学科有 4 位学者入选该名单，即华中师范大学马敏教授、武汉大学胡德坤教授、湖北省博物馆和省文物考古研究所孟华平研究馆员、湖北省文物考古研究所陈振裕研究馆员。马敏教授和胡德坤教授还同时荣获第二届"荆楚社科名家"称号。

马敏，四川雅安人，曾任华中师范大学副校长、校长、党委书记，第十二届全国政协委员，现任湖北省社会科学界联合会主席、华中师范大学中国近代史研究所所长。主要社会兼职有国家教材委员会专家委员（历史学科专家委员会主任）、国务院学位委员会中国史学科评议组召集人、教育部社会科学委员会委员、中央马克思主义理论研究和建设工程教材编写组首席专家、湖北省炎黄文化研究会会长等。

胡德坤，湖北随州人，曾任武汉大学副校长，武汉大学人文社会科学资深教授，主要研究方向为第二次世界大战与中日战争史研究、边界与海洋历史研究，学术兼职有国家社会科学基金学科评审组专家、教育部社科委综合学部委员、中国第二次世界大战史学会名誉会长等。

孟华平，湖北天门人，第三批国家"万人计划"哲学社会科学领军人才，文化部优秀专家，享受国务院政府特殊津贴，长期从事省文物考古发掘与研究工作，先后主持发掘天门石家河、武当山遇真宫、郧县辽瓦店子、荆州熊家冢、唐崖土司城址等数十处重要遗址与墓地的考古工作。其中，其主持的辽瓦店子遗址和石家河遗址获"全国十大考古新发现"，唐崖土司城址入选世界文化遗产，荆州熊家冢墓地入选国家考古遗址公园。

陈振裕，福建惠安人，曾任湖北省文物考古研究所所长、湖北省考古学会副理事长，主编的《云梦睡虎地秦墓》《云梦睡虎地秦简文字编》先后荣

---

① 《华中师大章开沅先生获第七届吴玉章人文社会科学终身成就奖》，光明网，http：//difang. gmw. cn/2018－12/12/content_ 32155284. htm20190805，2019 年 8 月 10 日。

获湖北省社会科学优秀成果奖。

截至 2019 年 2 月，国家已经先后遴选出哲学社会科学领军人才 569 人。2018 年 3 月，华中师范大学彭南生教授、湖北省博物馆和省文物考古研究所孟华平研究馆员入选第 3 批国家"万人计划"哲学社会科学领军人才名单。2019 年 2 月，武汉大学李英华教授入选第 4 批国家"万人计划"哲学社会科学领军人才名单。

彭南生，湖北黄陂人，华中师范大学教授、副校长，主要研究方向为中国近代经济史、辛亥革命史，主持多项国家级和教育部人文社科重点研究基地重大项目，出版《中间经济、传统与现代之间的中国近代手工业（1840－1936）》等 5 部专著，在《历史研究》《近代史研究》《史学月刊》等核心期刊上发表学术论文百余篇。

李英华，女，武汉大学历史学院教授，主要研究方向为旧石器考古学、史前人类技术认知与文化多样性问题，主持过湖北郧县后房旧石器遗址发掘，以及"旧石器技术研究之理论与实践""汉水上游远古人类技术行为与认知模式"等科研项目。代表作有《旧石器技术：理论与实践》（社会科学文献出版社，2017）。

（二）学科建设

湖北省历史学学科有着悠久的历史和深厚的积淀。新中国成立以来，经过全体历史学工作者的不懈努力和辛勤工作，湖北省在历史学学科建设方面取得了傲人的成绩，具备了雄厚的学科实力，在国内历史学界占据较高的地位。

一级学科博士点是高校和科研机构学术实力与教学水平的重要标志之一。目前，湖北省拥有中国史一级学科博士点的单位有 3 个，分别是武汉大学、华中师范大学和湖北大学；拥有世界史一级学科博士点的单位有 2 个，分别是武汉大学和华中师范大学；拥有考古学一级学科博士点的单位有 1 个，为武汉大学。此外，武汉大学和华中师范大学还建有历史学的博士后科研流动站。

武汉大学是教育部直属的副部级全国重点大学，国家首批"双一流"A类重点建设高校。武汉大学历史学学科始建于1913年，有着悠久的历史和深厚的积淀，现拥有中国史、世界史、考古学三个一级学科博士学位授予权。其中，中国古代史和世界史均入选国家重点学科。1999年，武汉大学历史学科建立博士后科研流动站。在教育部组织的全国第四轮学科评估中，武汉大学中国史一级学科评估结果为A＋（全国具有博士学位授予权的48所高校和具有硕士学位授予权的34所高校参评），世界史一级学科评估结果为B＋（全国具有博士学位授予权的31所高校和具有硕士学位授予权的27所高校参评），考古学一级学科评估结果为B（全国具有博士学位授予权的21所高校和具有硕士学位授予权的15所高校参评）。2018年，武汉大学获得中国历史类国家社科基金重大项目1项、一般项目2项，世界历史类一般项目1项、青年项目2项，考古学类一般项目2项、青年项目1项，共计9项。此外，武汉大学还获得2018年教育部历史学类人文社科研究青年基金项目2项。

华中师范大学是教育部直属重点综合性师范大学，国家首批"双一流"世界一流学科建设高校，现拥有中国史和世界史两个一级学科博士学位授予权，设有博士后科研流动站，中国近现代史入选国家重点学科。中国近代史研究所是教育部人文社科重点研究基地，道家道教研究中心入选湖北省高校人文社科重点研究基地。在教育部组织的全国第四轮学科评估中，该校中国史一级学科评估结果为A－，世界史一级学科评估结果为B－，总体排名虽然低于武汉大学，但综合实力亦是不俗。2018年，华中师范大学获得中国历史类国家社科基金一般项目2项，世界历史类一般项目3项，朱英教授的专著《商民运动研究（1924—1930）》入选2018年国家社科基金中华学术外译项目。

湖北大学是湖北省人民政府与教育部共建的省属重点综合性大学，入选国家中西部高校基础能力建设工程高校和湖北省国内一流大学建设高校。湖北大学中国史学科入选"十二五"湖北省特色学科、"十三五"湖北省优势特色学科群中国文化传承与发展学科群的支撑学科、"楚天学者计划"设岗学科。在教育部组织的全国第四轮学科评估中，中国史学科评估进入前五十名。2018 年，湖北大学历史学学科加大投入，加强了队伍建设，在学科建设方面取得重大突破，获批国家级项目 6 项。其中，获批 2018 年度国家社科基金重大项目和教育部哲学社会科学研究重大课题攻关项目各 1 项。

截至 2018 年底，湖北省拥有中国史一级硕士学位授权点的单位一共有 3 个，分别是湖北师范大学、长江大学、中南民族大学；拥有中国史二级硕士学位授权点的单位一共有 3 个，分别为湖北省社会科学院、武汉理工大学、中南财经政法大学。

湖北师范大学位于湖北黄石，是一所以服务基础教育为主体的省属重点本科高等师范院校，是国家产教融合发展工程应用型本科建设高校、湖北省国内"双一流"建设高校。1983 年，其创办历史学学科，1986 年成立历史系，2017 年获得中国史一级学科硕士授权点。

长江大学位于湖北荆州，是湖北省属综合性大学，入选国家中西部高校基础能力建设工程高校和湖北省国内一流大学建设高校。荆州是楚文化的主要发祥地之一，2003 年 4 月，长江大学成立荆楚文化研究中心，并入选湖北省高校人文社科重点研究基地。2006 年 9 月，该校专门史学科获批为省级重点学科，同年获得硕士学位授予权。2010 年，经教育部批准，专门史学科硕士点升格为中国史硕士点。目前已经形成了楚国历史与文化、荆楚文学和方言、荆楚非物质文化遗产研究等多个研究方向。

中南民族大学是直属于国家民族事务委员会的综合性普通高等院校，入选湖北省"国内一流大学建设高校"。该校中国史学科以民族学与社会学学院历史系、南方少数民族研究中心历史研究所、武陵民族研究所、北方民族研究所为依托，拥有中国史一级学科硕士点，设有中国民族史、明清社会文化史、中国近现代社会史、少数民族文化遗产保护与开发、历史文献整理与研究四个学科方向。此外，在民族学一级学科下的中国少数民族史二级学科是该校设立时间最早、实力最雄厚的优势学科之一，吴永章、张雄等学者在国内外都具有较大的学术影响力。2011 年，中国少数民族史学科获得博士点，主要研究方向有回族历史与文化、中国民族关系史和散杂居民族关系史等。

湖北省社会科学院是湖北省委直接领导的湖北省哲学社会科学研究的重要学术机构和综合研究中心，特别重视开展有湖北特色的历史学研究。1984年6月，湖北省社会科学院楚国历史文化研究所正式设立，1997年更名为楚文化研究所。研究方向包括楚文化、荆楚文化、长江文化、三国文化、文化产业等。楚文化研究所主编出版有学术年刊《楚学论丛》。

武汉理工大学是教育部直属全国重点大学和国家"双一流计划"建设高校，教育部和交通运输部、国家国防科技工业局共建高校。该校马克思主义学院下设中国近现代史系，承担中国史学科建设和人才培养任务。

中南财经政法大学是教育部直属全国重点大学和国家"双一流计划"建设高校。该校马克思主义学院拥有中国近现代史二级学科硕士点，设立了"中国近现代史基本问题研究"学科群。

（三）研究平台

科研平台是我国科技创新体系的重要组成部分，担负着建设创新型国家的重任，并成为反映一个地区、一个单位科研水平、人才培养等综合实力的重要标志之一。目前，湖北省历史学学科拥有2所教育部人文社科类重点研究基地。

2000年，华中师范大学中国近代史研究所被批准为教育部人文社科重点研究基地，现任所长为马敏教授。研究所下设4个研究室和4个研究中心：中国近代政治史研究室、中国近代社会经济史研究室、中国近代思想文化史研究室、宗教社会史研究室、东西方文化交流研究中心、涩泽荣一研究中心、池田大作研究中心、中国工业文化研究中心等。研究所创办有《近代史学刊》和《辛亥革命史丛刊》等学术刊物。

2000年，武汉大学中国传统文化研究中心被批准为教育部人文社会科学重点研究基地。该中心是跨学科研究中国文化的学术机构，包括文史哲等学科，中心现任主任是杨华教授，冯天瑜教授和郭齐勇教授担任名誉主任。"十三五"期间，中心围绕"中国传统文化近代转型"这一主旨实施了5个重大攻关项目，分别是"科举文化与明清知识体系研究"（陈文新教授主持）、"明清史学与近代学术转型研究"（谢贵安教授主持）、"阳明心学的历史渊源及其近代转型"（欧阳祯人教授主持）、"明清社会结构与社会变迁研究"（任放教授主持）、"地方佛教文献与明清汉传佛教世俗化研究"（周荣教授主持）。各项目在科研团队建设、科研成果发表等方面都取得了长足进展。

湖北省人文社科重点研究基地是省教育厅和依托单位按照"面向需求、问题导向，布局唯一、水平一流，绩效优先、动态管理"的建设方针，共同打造的省级人文社科创新平台体系。在已经挂牌的湖北省人文社科重点研究基地中，有 10 个基地属于历史学科或包含历史学的跨学科研究基地。

2006 年，武汉大学简帛研究中心入选湖北省人文社科重点研究基地，中心现任主任为陈伟教授。中心主要学术方向是：以战国文字为主的古文字研究；以简帛为主的战国秦汉出土文献整理与研究；以简帛文献为主要着眼点的先秦、秦汉史研究；新技术在简帛文献解读中的应用。中心下设资料室和简帛解读实验室，主办《简帛》集刊和"简帛"网站。中心还与美国芝加哥大学顾立雅中国古文字中心联合发起成立了一个连续性的国际学术会议平台——中国简帛学国际论坛。2018 年 12 月 18～19 日，"中国简帛学国际论坛 2018"在韩国济州成功举行。2018 年 11 月 29 日，国际著名学术期刊 Science（《科学》）在线推出武汉大学 125 周年校庆特刊，其中，简帛研究中心得到专文介绍，在国际学术界扩大了影响。

2007 年，武汉大学科技考古研究中心入选湖北省人文社科重点研究基地。该中心是一个集文、理、工、医为一体，以考古学为核心的综合性研究机构，也是武汉大学学科交叉密度最大的一个跨学科研究机构，中心现任主任为张建民教授。中心主要研究方向包括：大遗址本体保护与总体规划、考古与博物馆数字化、文物材料的检测分析与病害防治、金属文物的真伪辨识、非物质文化遗产和民间文献的保护与研究等。

2009 年，华中师范大学道家道教研究中心获批为湖北省人文社会科学重点研究基地，中心现任主任为刘固盛教授，熊铁基教授为名誉主任。中心下设老庄学研究室、全真道研究室和地方道教研究室。老庄学研究是该中心的优势和特色研究领域，其研究水平在国内外处于领先地位。

2004 年，湖北大学湖北当代文化研究中心获批为湖北省高校人文社会科学重点研究基地。中心以湖北大学中国思想文化史研究所为主要依托组建，中心现任主任是郭莹教授。中心设立当代湖北农村宗族文化、当代湖北民众信仰、湖北社区文化以及湖北文化精神的传统及其当代重构四个研究方向。基地关注湖北当代文化发展中的现实问题，为省委省政府决策服务，为湖北经济文化建设服务。

2003 年，长江大学荆楚文化研究中心获准成为湖北省高校人文社会科学重点研究基地，中心现任主任是徐文武教授。中心的研究方向主要包括荆楚历史与文化、荆楚文学与方言、荆楚非物质文化遗产等。2015 年 4 月，湖北省组建长江大学楚文化研究院。研究院的宗旨是"研究荆楚文化，探究学术源流；服务地方经济，弘扬民族精神"，致力于荆楚文化研究，为地方经济社会发展和文化建设服务。

2009 年，湖北理工学院长江中游矿冶文化与经济社会发展研究中心获评为湖北省高校人文社科重点研究基地。中心现任主任为李社教教授。中心整合了校内历史学和其他兄弟学科的学术资源，采用文理打通、校内外结合等研究理念与研究方法，形成了学科、队伍的特色与优势。中心建有矿冶历史、矿冶文学与艺术、矿冶城市（企业）、矿冶生态文化四个研究室。主要研究方向包括：矿冶历史、矿冶文学与艺术（矿冶文化虚拟博物馆）研究；矿冶城市与矿冶企业研究；矿冶生态文化研究。2018 年 10 月，研究中心、矿冶文化研究会获评全国大中城市社科联颁发的"2018 年全国社科组织先进单位"。

2016 年，湖北汽车工业学院武当文化研究与传播中心入选为湖北省人文社会科学重点研究基地。该中心是省内外唯一以武当文化研究为特色的科研平台，已经成为十堰市委市政府、武当山旅游经济特区和武当山道教协会的重要智库，中心现任主任为杨立志教授。中心研究方向主要为武当道教文化、武当道茶文化、武当艺术和武当武术。2019 年 6 月，杨立志教授负责的《武当文化概论》本科课程被认定为湖北省首批本科精品在线开放课程。

2011 年，湖北工程学院中华孝文化研究中心获评为湖北省人文社会科学重点研究基地。中心现任主任为王平教授。中心主要研究方向为孝文化基础理论、孝文化与文学艺术、孝德教育、孝文化与经济社会发展等。

2011 年，湖北科技学院鄂南文化研究中心获批为湖北省人文社会科学重点研究基地。中心现任主任为定光平教授。中心下设鄂南文史与方言研究室、鄂南非物质文化遗产研究室、鄂南生态文化与产业研究室、鄂南特藏室和鄂南文化展览馆。该中心致力于鄂南非物质文化遗产、鄂南历史文化和生态文化等领域的研究，在鄂南方言与民间叙事长歌、羊楼洞砖茶、古瑶文化、三国赤壁文化、向阳湖文化等研究领域具有优势地位。

2014 年，汉江师范学院汉水文化研究基地获批为湖北省人文社会科学重点研究基地。基地负责人、常务副主任是潘世东教授。基地现设有汉水历史文化、汉水流域经济社会与旅游发展、水文化与生态文明、汉水流域文学艺术和武当文化五个研究中心。2017 年，汉水文化研究基地启动"汉水历史文化系列著作出版工程"。至今，基地已先后出版《汉水上游报刊史话》《汉水流域文明暨中国古代文学学术研讨会论文集》《汉江歌魂（上、下）》《郧阳历史文化探研》《明代汉江文化史》《汉水战争史》等著作。

（四）研究项目与经费

2018 年，湖北历史学学科工作者瞄准学科发展前沿并紧扣学科建设的实际需要，积极争取承担各类科研课题共计 585 项，具体数据见表 2。

表 2　2018 年湖北省历史学学科课题情况统计

总数					基础研究			
课题数（项）	投入人数（人年）		拨入经费（千元）	支出经费（千元）	课题数（项）	当年投入人数（人年）		拨入经费（千元）	支出经费（千元）
		其中研究生					其中研究生		
585	174	34.3	33048.03	30120.31	382	110.4	23.9	11566.08	8953.06

续表

	应用研究			
课题数（项）	当年投入人数（人年）		当年拨入经费（千元）	当年支出经费（千元）
		其中,研究生		
203	63.6	10.4	21481.95	21167.25

资料来源：2018 年《全国普通高等学校科技（人文、社科类）统计年报表》和课题组调查统计。

国家社会科学基金研究课题是我国国家级的人文社会科学研究项目，具有导向性、权威性和示范性。2018 年，湖北历史学科学研究工作者在申报国家社科基金项目方面取得了较好的成绩。其中，重大项目立项 2 项、重点项目立项 3 项、一般项目立项 15 项、青年项目立项 4 项、后期资助项目立项 1 项，总计 25 项。项目总数相较 2017 年的 27 项略有减少。其中，获得2018 年度国家社科基金重大项目的有湖北大学高志平教授主持的"不结盟运动文献资料的整理、翻译与研究（1961－2021）"、武汉大学杨华教授主持的"中国传统礼仪文化通史研究"。

2018 年，湖北省获得教育部人文社会科学研究重大攻关项目 4 项，其中，历史学学科的有湖北大学吴成国教授主持的"海内外江汉关档案资料搜集整理与研究"。获得教育部人文社会科学研究一般项目资助 245 项，其中，历史学有 4 项。这与 2017 年的 2 项重大项目、5 项一般项目相比，数量有所减少。

（五）成果与获奖

2018 年，湖北历史学工作者开展特色性和创新性研究，产出了大量科研成果，展示出湖北历史学学科深厚的学术积淀和强大的科研实力。出版学术著作共计 83 部，整理出版古籍 3 部，出版译著 3 部，在国内外学术刊物上公开发表学术论文 592 篇，提供研究与咨询报告 8 篇，全部被有关部门采纳。这些成果为湖北历史学工作者赢得了 13 个省部级成果奖，集中体现了当前湖北历史学学科的科研实力。

中国出版政府奖是我国新闻出版领域的最高奖，旨在表彰和奖励国内新闻出版业优秀出版物、出版单位和个人。2018年1月，第四届中国出版政府奖获奖名单公布。华中师范大学马敏教授主编的《中国近代商会通史》（社会科学文献出版社，2015）获得"图书奖"提名奖。《中国近代商会通史》共计200余万字，分为四卷，从晚清时期一直写到新中国成立初期。这是国内首部对中国近代商会发展历史进行系统、全面研究的著作，具有开创之功。书中综合运用了历史学、政治学和社会学等多学科理论与方法，"探讨了商会制度的演进、商会与政府关系、商会的政治参与、商会与市场经济的孕育兴起演变、商会公益性参与、商会与国家形态间的复杂关系等问题"。[1]

湖北省社会科学优秀成果奖是湖北省人民政府设立的省级奖，是繁荣发展湖北省哲学社会科学的重要抓手，也使历史学研究精品力作得到展示与检阅。2018年9月，湖北省人民政府公布第十一届湖北省社会科学优秀成果奖评选结果。华中师范大学马敏教授等的《中国近代商会通史》（社会科学文献出版社，2015）、华中师范大学张全明的《两宋生态环境变迁史》（中华书局，2016）获得著作类一等奖；武汉大学李少军的《晚清日本驻华领事报告编译》（社会科学文献出版社，2016）、武汉大学陈锋的《晚清财政说明书》（湖北人民出版社，2015）荣获著作类二等奖；武汉大学徐少华的《简帛文献与早期儒家学说探论》（商务印书馆，2015）、湖北大学李灵玢的《洞商与羊楼洞区域社会研究》（中国社会科学出版社，2016）、湖北省文物考古研究所王先福的《襄阳考古探研》（科学出版社，2016）、武汉大学谢贵安等的《明代宫廷教育史》（故宫出版社，2015）、三峡大学黄柏权等的《宜昌文化简史》（湖北人民出版社，2016）荣获著作类三等奖；武汉大学吕博的《头饰背后的政治史：从"武家诸王样"到"山子军容头"》、湖北省社会科学院尹弘兵的《地理学与考古学视野下的昭王南征》荣获论文类三等奖。

---

[1] 夏巨富：《中国近代商会史研究里程碑式之作——评〈中国近代商会通史〉》，《近代史学刊》2016年第2期。

2018 年 12 月，武汉市第十六次社会科学优秀成果奖获奖名单公布，历史学类荣获著作类一等奖的成果有江汉大学方秋梅的《近代汉口市政研究（1881－1949）》，荣获论文类一等奖的有湖北省社会科学院尹弘兵的《多维视野下的楚先祖季连居地》、江汉大学邓正兵的《武汉抗战研究辨误三题》；荣获著作类二等奖的有江汉大学刘贵华的《人文主义与近代早期英国大学教育》、江汉大学高路的《"城市中国"的探讨：民国前期（1912—1937年）社会精英对城市现代化道路的求索》，荣获论文类二等奖的有武汉大学郑威的《出土文献所见秦洞庭郡新识》；荣获著作类三等奖的有武汉图书馆唐惠虎等的《武汉近代工业史》，荣获论文类三等奖的有江汉大学王肇磊的《明清以来武汉城市史研究》、湖北省社会科学院潘洪钢的《清代驻防旗人的社会生活及其变迁研究》、武汉大学胡鸿的《六朝时期的华夏网络与山地族群——以长江中游地区为中心》。

（六）学术活动

学术活动是相关学科和领域的科研工作者们交流研究成果、沟通情况、取长补短、相互促进、共同提高的一种团体活动。2018 年，湖北省历史学工作者进行学术活动的主要形式是参加学术团体组织的各种活动，以及出席专业学术会议。

湖北省历史文化资源十分丰富，深入研究荆楚文化的历史渊源和发展历程，充分挖掘湖北省历史文化资源的当代价值，是 2018 年相关学术活动的热点问题。5 月 26 日，由三峡大学民族学院、湖北大学历史文化学院、湖北省古建筑保护中心联合主办的第三届"宜红古茶道学术研讨会"在宜都召开。这次研讨会以"线路与文化"为主题，与会专家学者肯定了宜都"古道枢纽"的重要地位，并为后期保护利用提供了一些建议。

9 月 15 日，由武汉大学历史学院及国学院、日本东北学院大学文学研究科及亚细亚流域文化研究所、美国加州大学洛杉矶分校扣岑考古研究所等多家单位联合主办的"楚文化与长江中游早期开发国际学术研讨会"在武汉大学举行。与会学者对楚文化考古、楚国史地和长江中游早期开发、楚地出土资料等问题进行了交流探讨。

9月19～20日，曾侯乙编钟出土40周年学术研讨会在湖北省博物馆召开。来自中国、美国、韩国、德国等国家的50余位考古、古文字、音乐专家齐聚一堂，总结40年来曾侯乙编钟等曾侯乙墓出土文物研究成果，结合近年来曾国考古新发现，展望未来曾国历史、考古、文化研究趋势。

盘龙城遗址为夏商时期受中原文化的影响在长江中游地区所形成的规模最大的城邑聚落，被誉为"武汉城市之根"。2016年，由武汉大学历史学院张昌平教授领衔的"湖北黄陂盘龙城遗址考古发现与综合研究"成功获批国家社科基金重大项目。2018年10月21～24日，在四川成都举行的第二届中国考古学大会上，由武汉大学历史学院、盘龙城遗址博物院、湖北省文物考古研究所、武汉市文物考古研究所共同参与的"湖北武汉市黄陂盘龙城遗址考古发掘"荣获中国考古学会田野考古三等奖。

11月8～12日，由湖北省博物馆、湖北省文物考古研究所、武汉大学简帛研究中心、美国芝加哥大学顾立雅中国古文字中心共同主办的"湖北出土简帛日书国际学术研讨会"在武汉召开，来自中国、美国、法国、德国、日本、韩国等日书研究领域的数十位专家学者参加会议，并围绕湖北九店楚墓、云梦睡虎地秦汉墓、随州周家寨汉墓出土简牍之《日书》整理和研究等问题展开了深入的学术研讨和交流。

辛亥革命是改变中国历史发展方向的大事件，武昌首义发生在湖北武汉。湖北历史学界十分重视对辛亥革命的研究，经过多年积累，取得了十分丰硕的成果。湖北省社科联副主席谢双林称，辛亥革命研究是"中国史学界走向世界的一张学术名片；武汉的辛亥革命研究团队是世界辛亥革命研究的领军团队"[1]，为推动辛亥革命研究，培养辛亥革命研究人才，2018年10月27日，由武昌辛亥革命研究室、辛亥革命武昌起义纪念馆和辛亥革命博

---

[1] 《第十届辛亥革命研究青年学者论坛在武昌召开》，湖北社会科学网，http://www. hbskw. com/zixun/p/39519. html，最后访问日期：2019年8月5日。

物馆共同主办的"第十届辛亥革命研究青年学者论坛"在武汉举行。来自全国 10 余个省市、20 多所高校和科研院所的 10 余位资深专家学者和 70 多位青年学者会聚一堂，交流学术观点，碰撞思想火花。

青年历史学者思维活跃，是最有活力的学术团体，是推动历史学科学术创新的生力军。4 月 21 日，江汉大学主办以"多元视角下的五代与宋代文化"为题的"宋代文史青年学者学术研讨会"。与会代表就"社会、身份与人群"、"政治、制度与文化"、"建隆以后合班之制"和"文本制作与知识建构"等问题展开研讨。5 月 26 ~ 27 日，第五届"青年史学家论坛"在华中师范大学召开。论坛由中国社会科学杂志社《历史研究》编辑部和华中师范大学中国近代史研究所联合主办。参会学者分为中国古代史、中国近现代史、史学理论与世界史三个讨论组。来自中国社会科学院、北京大学、清华大学、中国人民大学、武汉大学、华中师范大学等高校和科研机构的 50 余位青年学者齐聚桂子山，共同探讨"历史阐释与当代中国史学话语体系建构"。

10 月 12 ~ 14 日，中国社会科学院近代史研究所中外关系史研究室与武汉大学历史学院共同主办"'区域视野下的近代中外关系：第七届近代中外关系史'国际学术研讨会"。与会学者们对近代中外交往中观念的变迁、晚清民国时期地方性的中外交涉、外国在华租界的华洋关系、长江流域政治经济发展中的外国因素、近代外国在华机构和团体的活动及其影响、抗日战争时期国民政府的对外关系、汪伪政权与日本关系、战后国际关系及冷战对东亚地区的政治经济产生的影响等议题进行了广泛而深入的探讨。

11 月 10 ~ 11 日，"'礼学与中国传统文化'国际学术研讨会"在武汉大学召开，研讨会由武汉大学中国传统文化研究中心主办，来自日本、韩国、美国、中国高校与学术机构的 70 余位专家学者出席会议。会议主题为礼学文献研究、礼乐制度与古代国家治理、古代礼乐思想研究、礼仪实践与古代日常生活。

11 月 17 日，由国务院学位委员会中国史学科评议组主办、华中师范大学历史文化学院承办的"中国史一流学科建设高端论坛"在华中师范大学召开。论坛旨在为国内各中国史一流学科建设单位搭建一个互动的平台，进一步加强各兄弟院校在中国史一流学科建设上的深层次交流合作，共同推动中国史学科建设发展。

12 月 2 日，由武汉大学中国传统文化研究中心、武汉大学历史学院共同主办的"明清以来的社会结构与社会变迁学术研讨会"在武汉大学举行。12 月 3 日，"冯氏捐藏馆"正式在武汉大学开馆。武汉大学人文社科资深教授冯天瑜与其兄长冯天琪、冯天瑾将一大批冯氏珍藏文物及艺术品捐赠给武汉大学。

在世界史学术活动方面，9 月 29 日，"《巴西黄皮书：巴西发展报告（2017～2018）》发布会暨湖北大学拉丁美洲民族与文化研究中心揭牌仪式"在北京社会科学文献出版社举行。《巴西黄皮书：巴西发展报告（2017～2018）》邀请了中巴两国 26 位学者共同撰写，是继《巴西发展报告（2016）》之后国内出版的第二部巴西国别年度发展报告，分层、立体地解读了 2017 年巴西的内政外交以及中巴关系。

二　湖北历史学学科学术研究新成果与新进展

2018 年，湖北历史学工作者在中国史、世界史和考古学三个一级学科领域都推出了新的研究成果，延续了近年来湖北省历史学研究的繁荣局面。

1. 在国内历史学权威期刊发文数量比较稳定，按照省域划分，湖北位于第一方阵，名列前茅

学术期刊是学者发布研究成果最主要的阵地。据课题组统计，截至2017 年底，中国共有期刊 10084 种，其中，学术期刊 6400 种，"经过国家新闻出版广电总局认定的哲学社会期刊 1918 种，占整个期刊总量的19%"。① 在这些学术期刊中，我们通常把那些由国家行业主管部委或全国

---

① 《中国有过万种期刊 学术期刊超六成》，科学网，http://news.sciencenet.cn/htmlnews/2017/11/395637.shtm20190810，访问日期：2019 年 11 月 20 日。

行业学会主办、在同行读者中影响较大并具有较高学术权威的期刊称为权威期刊。通过对《历史研究》《中国史研究》《近代史研究》《世界历史》《文物》《考古》《考古学报》七种学界公认权威期刊 2017 年和 2018 年所刊载文章作者的地域归属进行统计，我们发现，湖北历史学工作者在国内历史学权威期刊上的发文数量比较稳定，按照地域划分，湖北始终位于第一方阵，2017 年发文 29 篇，排名第二，2018 年发文 27 篇，排名第四（见表 3）。

表 3　七种历史学权威期刊作者地域分布统计

单位：篇

年度	总篇数	北京	上海	广东	湖北	天津	四川	山东	江苏
2017	487	148	25	24	29	19	26	20	24
2018	503	135	38	31	27	25	25	24	19

资料来源：课题组调查统计。

上述发文作者的单位主要集中在武汉大学、湖北省文物考古研究所、华中师范大学等高校和科研机构。以 2018 年为例，27 篇文章中，作者单位为武汉大学历史学院的就有 13 篇，湖北省文物考古研究所 6 篇，华中师范大学 3 篇（中国近代史研究所 2 篇、马克思主义学院 1 篇），湖北大学历史文化学院 1 篇，湖北师范大学历史文化学院 1 篇。

2. 中国史和世界史研究呈现精细化、纵深化、专题化等特征，学界推出了一批重要成果

2018 年适值我国改革开放 40 周年，对于历史学研究而言也是具有特殊意义的一年。湖北历史学工作者在回顾和总结 40 年来所取得成绩的同时，也在各自的研究领域不断发力，积极利用出土文献和新资料，探索新问题，开辟新领域。总体上说，中国史和世界史研究继续朝着精细化、纵深化、专题化等方向稳步推进。

在中国史研究方面，出土文献和新资料是中国古代史研究中发现新问题、探索新学问的重要抓手。2018 年湖北省历史学工作者对相关文献资料进行整理研究，发表了一批有分量的研究成果。如晏昌贵《禁山与赭山：

秦始皇的多重面相》将最近公布的岳麓书院藏秦简"秦始皇禁湘山诏"与《史记》中的相关记载进行了比较，指出，《史记》的历史叙事反映了被秦人征服的东方地区民众的集体记忆。①

魏斌《从领民酋长到华夏长吏：库狄干石窟的兴造与部落记忆》运用河北省唐县城北两山峡库狄干石窟的摩崖碑铭资料，对北朝佛教与地方信仰民俗、鲜卑民族汉化与封建化进程进行了考察。②

刘安志《清人整理〈唐会要〉存在问题探析》在中日学者已有研究成果基础上，通过认真核查比对海内外所藏十数种《唐会要》抄本，指出，经清代四库馆臣整理的武英殿本和四库全书本《唐会要》，尤其是今天广为中外学人所使用的武英殿本，存在补撰、补缺、删改、增补诸方面的问题，不少内容已非王溥《唐会要》原貌，今人用之，当慎之又慎，切不可笼而统之视为真实可信的第一手原始资料。③ 对《唐会要》进行重新整理，已是迫在眉睫之事。

2018 年，中国古代史传统研究领域的继续深化则体现在宏观视野与理论构建的反思与探索方面。如陈乐保《唐末剑南三川的军政格局演变》考察了唐朝末年剑南地区军政格局的变化。该文细致地分析了唐朝中央政权、剑南三川地方势力集团之间的矛盾与斗争，揭示了前蜀政权得以建立的深层原因。④

陈锋《明清变革：国家财政的三大转型》对明清变革过程中的国家财政转型进行了探讨。该文认为，当时发生了三大转型。一是从银两统计制度的确立到银元规范货币的发行，其中的关键是形成了"统计银两化"的模式，并不是所谓的"白银货币化"。二是从传统的钱粮奏销到新式预算的实行，其中的关键是由传统的"量入为出"变为"量出制入"，传统奏销制度

① 晏昌贵：《禁山与赭山：秦始皇的多重面相》，《华中师范大学学报》（人文社会科学版）2018 年第 4 期。
② 魏斌：《从领民酋长到华夏长吏：库狄干石窟的兴造与部落记忆》，《历史研究》2018 年第 3 期。
③ 刘安志：《清人整理〈唐会要〉存在问题探析》，《历史研究》2018 年第 1 期。
④ 陈乐保：《唐末剑南三川的军政格局演变》，《中国史研究》2018 年第 3 期。

终结。三是从起运、存留的划分到中央财政与地方财政的形成，其中的关键是由传统的"地方经费"变为"地方财政"，地方财政的基本形态大致具备。①

周积明《"经世"：概念、结构与形态》指出，"经世"一词，绾联古代士人的观念意识与行为方式，是儒学的文化标识。但在概念上，该词并非一开始就以"经国济世"为内涵，而是经历了语义学的演进。在结构上，经世之学的划分可从多种角度加以解读。在形态上，儒学经世思想并无固定模式，从孔孟到程朱，以至阳明心学、清代朴学，均围绕"经世"思想建构自己的话语、理路、逻辑、体系，其间虽形态不一，各流派也互相攻忤，但经世宗旨一以贯之。研究古代思想学术，务必以前人之"经世"还诸前人，而不能脱离历史语境，以一种今人认定的"经世"标准去理解、裁判历史上的多元经世形态。②

2018 年中国近现代史研究热点主要集中在晚清社会经济史、法制史和人物研究等方面。

虞和平、吴鹏程《清末民初轮船招商局改归商办与官商博弈》认为，轮船招商局在清末民初由"官督商办"转变为"完全商办"，是当时官企改制潮流中的一个重要案例，一方面反映了绩优官企改制的艰难，另一方面也反映了这一时期政府部门对待商产和商权的政策与态度逐渐转变，体现了商政改革的实际效果。③

李严成《"上海律师甚多败类"：从一起名誉纠纷看民国律师形象》指出，民国律师界一直努力建构自身高尚的职业形象，但律师的职业特点与角色定位使其难以摆脱讼师的阴影。在 1930 年上海律师"连环"名誉纠纷中，律师作伪证、诈骗当事人钱财、诽谤和人格侮辱、互相攻讦等行为恶化

---

① 陈锋：《明清变革：国家财政的三大转型》，《江汉论坛》2018 年第 2 期。
② 周积明：《"经世"：概念、结构与形态》，《天津社会科学》2018 年第 3 期，《新华文摘》2018 年第 19 期全文转载。
③ 虞和平、吴鹏程：《清末民初轮船招商局改归商办与官商博弈》，《历史研究》2018 年第 3 期。

了该职业在公众心目中的形象。上海律师公会整肃纪律、重塑律师形象的努力因担心"自暴其短"而没有"壮士断腕"，效果极其有限。[①]

刘守华《档案揭秘：人民英雄纪念碑建造始末》引用首都人民英雄纪念碑兴建委员会留存档案资料，对人民英雄纪念碑的选址、方案、奠基、动工、兴建和浮雕等问题进行了细致的勾勒和描述。[②]

在世界历史研究方面，学者们追踪和梳理了国际史学界对一些热点问题的研究现状。如熊芳芳《新财政史视域下法兰西近代国家形成问题述评》指出，新财政史在法国学界的兴起与近代国家形成问题的探讨密切相连。在考察财政体系的演变及其具体实践的同时，新财政史侧重将财政赋税看作相对独立的因素，探究其与政治和社会变迁之间的动态关系。以比较研究为基础，新财政史还从汲取财政资源的角度对历史上的国家形态进行了重新界定。新财政史家认为法兰西近代国家的起源可以向前延伸至1250～1350年，学者们对公共税制与国家形成的关系、绝对君主制的财政实践等问题的考察，深化了对法兰西近代国家起源以及中世纪晚期到近代早期法国政治和社会性质的思考。[③] 又如沈琦《"18世纪交通革命"：英国交通史研究的新方向》指出，长期以来，人们普遍认为，英国在交通方面的巨大变革始于19世纪，显著标志是蒸汽机和汽船。而21世纪以来，英国"18世纪交通革命"的理念逐渐成为欧美学界共识，不仅将英国交通变革的时间大大提前，而且极大丰富了对英国交通史、工业革命史乃至经济社会史的研究。[④]

杜华发表了多篇关于美国奴隶制问题的研究论文。《内战前美国反奴隶制政治的发展——以马萨诸塞州"1843年人身自由法"为中心的考察》指出，马萨诸塞州议会在1843年制定了新的人身自由法。该法律的制定推动

---

① 李严成：《"上海律师甚多败类"：从一起名誉纠纷看民国律师形象》，《近代史研究》2018年第1期。

② 刘守华：《档案揭秘：人民英雄纪念碑建造始末》，《档案春秋》2018年第5期，《新华文摘》2018年第14期全文转载。

③ 熊芳芳：《新财政史视域下法兰西近代国家形成问题述评》，《历史研究》2018年第3期。

④ 沈琦：《"18世纪交通革命"：英国交通史研究的新方向》，《光明日报》2018年6月18日，第6版"理论周刊"，《新华文摘》2018年第17期全文转载。

了美国北部各州制定内容相似的法案。在制定该法律的过程中，废奴主义者提出了全面的反联邦逃奴法思想，挑战了内战前美国法律界盛行的法律实证主义理念，促进了废奴运动的发展。① 《废奴运动与内战前美国主流政治话语的变迁——以"奴隶主权势"观念为中心的考察》则指出，19世纪初期，美国北部州出现了多个描述南部蓄奴州政治势力的观念。这些观念只是政党和地域之间的权力与利益争夺的工具，并未从道德和权利层面上反对奴隶制。在1846年开始的威尔莫特附文之争中，"奴隶主权势"观念进入美国主流政治，成为北部州议员的重要话语和修辞工具。"奴隶主权势"观念的演变表明，废奴运动虽然是一场社会改革运动，但是对内战前的美国政治同样产生了深远影响。

谢国荣《冷战与黑人民权改革：国际史视野下的布朗案判决》认为，二战结束后，美国国际角色定位的转变、美苏冷战的展开、第三世界国家的兴起、国际社会对人权保护的日益重视以及美国黑人争取民权的国际转向，促使美国的种族问题日趋国际化。为了维护国家形象和"世界领袖"地位，并努力把第三世界国家争取到资本主义阵营一边，美国政府不得不重视保障黑人权利。在布朗案等系列黑人民权诉讼案中，司法部代表美国政府以"法庭之友"身份提交书面陈述，从美国外交和国家利益的角度要求废除种族隔离制度。最高法院在多个方面受到国际因素的影响，从而最终作出了推翻"隔离但平等"原则的判决。美国充分利用这一判决结果和有利的国际舆论，改善国家形象，提升国家声誉。美国政府对布朗案判决的政治利用取得了一定效果，而国际舆论也进一步推动了美国的黑人民权改革。②

当代国际关系与世界历史发展趋势等问题也是2018年的研究热点。如张士伟《布雷顿森林会议与美国对苏合作政策》认为，布雷顿森林会议是二战期间盟国规划战后世界秩序的首次大型会议，反映了美国将美苏战时

① 杜华：《内战前美国反奴隶制政治的发展——以马萨诸塞州"1843年人身自由法"为中心的考察》，《史学月刊》2018年第7期。

② 谢国荣：《冷战与黑人民权改革：国际史视野下的布朗案判决》，《历史研究》2018年第1期。

合作关系延续到战后的决心和愿望。会议在双方的妥协下取得了成功。苏联成为国际金融体系的四强之一，同时承认了美国在战后世界金融秩序中的领导地位。当然，双方的合作也非一帆风顺，美国在基金黄金缴纳问题上十分强硬，体现了其在推动美苏合作时是以不损害自身核心利益为前提的。①

张安、李敬煊《开辟空中"丝路"的尝试——20世纪50年代中阿关于通航问题的交涉》认为，20世纪50年代，阿富汗在诸多主观与客观、历史与现实等因素的共同作用下向中国提出了通航问题。面对阿富汗积极主动的态度，中方一度也赞成中阿通航。中国外交部不仅要求中国驻阿大使馆收集、调研阿富汗民航的相关资料，与阿富汗有关部门沟通，而且与中国交通部多次共同商讨这一问题。但中方经过再三考量，出于中国民航客观条件的限制，也受制于国际冷战局势，最终婉拒了阿富汗直航的要求。此次交涉的搁浅，说明了20世纪50年代阿富汗在中国周边外交中只处于边缘地带，也揭示了这一时期中阿关系虽一直平稳发展，但未根本改善。②

胡德坤《合作共赢发展模式是世界历史整体发展的产物》从宏观角度探讨了500多年来世界历史发展的整体趋势③。该文指出，自15、16世纪至今，世界历史的发展经历了侵略发展、自我发展和合作共赢发展三种发展模式。自15、16世纪起至第二次世界大战结束，占世界主导地位的发展模式是侵略发展模式。第二次世界大战后至21世纪初期，世界占主导地位的发展模式是以和平求自我发展的模式。21世纪初期至现在，世界发展模式开始了由自我发展模式向合作共赢发展模式的转换。

3.考古发掘与文物保护工作成果丰硕，大遗址保护和考古遗址公园建设进入快车道

中国社会科学院考古研究所主办的"中国考古新发现"评选，以及国

---

① 张士伟：《布雷顿森林会议与美国对苏合作政策》，《世界历史》2018年第2期。
② 张安、李敬煊：《开辟空中"丝路"的尝试——20世纪50年代中阿关于通航问题的交涉》，《世界历史》2018年第3期。
③ 胡德坤：《合作共赢发展模式是世界历史整体发展的产物》，《世界历史》2018年第6期。

家文物局委托中国文物报社和中国考古学会主办的"全国十大考古新发现"评选是在全国范围内评选当年重大考古发现的两项重大活动。从 2013 年起，湖北是全国唯一连续 6 年在这两项评选中都上榜的省份。

2018 年，湖北沙洋城河新石器时代遗址再一次成为同时入选"中国考古新发现"和"全国十大考古新发现"的湖北考古新发现遗址。该遗址位于湖北省荆门市沙洋县后港镇，地处汉江西岸和长湖北岸。近年来，中国社科院考古研究所、湖北省文物考古研究所和荆门市博物馆等单位组成联合考古队，对遗址进行了五次发掘和系统钻探。联合考古队发现同穴多室合葬墓和独木棺，后者是长江中游地区新石器时代考古中的首次发现。遗址的随葬品丰富，改变了屈家岭文化只见城址、不见大型墓葬的现状。对此，中国社会科学院考古所陈星灿所长评论说："这个时代刚好是中国文明起源的时代，这个墓地第一次这么清楚地揭露出这个时代墓葬的具体特点，所以它填补了很多的历史空白，也解决了很多重大的学术问题。"①

2018 年湖北考古工作者还围绕"长江中游文明进程研究"进行了大量主动性发掘，取得了不俗成绩。

在史前时期考古方面，穆林头遗址屈家岭文化时期高级别墓地首次出土大型玉钺、玉牙璧等权力象征物。石家河遗址的蓄树岭地区是后石家河时期遗存最丰富的地点，为深入探索后石家河文化及其分期提供了重要资料。

在商周时期考古方面，"曾国考古和楚文化考古争相斗艳"。② 其在庙台子遗址、苏家垄遗址、随州汉东东路墓地和枣树林墓地均有新发现。其中，在庙台子遗址发现大型建筑基址和冶炼遗迹、遗物，进一步证明了当地是西周早期曾国的政治中心。以万福垴遗址为中心的沮漳河下游地区田野调查明确了四个大型遗址聚落群，有利于推进对楚文化源头的探索。

在秦汉时期考古方面，荆州胡家草场 M12 出土 3000 多枚西汉简牍，内

---

① 《2018 年中国考古新发现揭晓》，央视网，http：//news. cctv. com/2019/01/11/ARTIJVrUS4q4geRWVDygEiXh190111. shtml，访问日期：2019 年 8 月 10 日。

② 海冰、凡国栋、段姝杉：《湖北 2018 年重大考古发现盘点：曾国和楚文化考古争奇斗艳》，《湖北日报》2019 年 1 月 25 日，第 11 版。

容包括历谱、编年纪、律令、病方和遣册，具有重要价值。

2018 年，湖北考古学者走出国门，在巴基斯坦巴哈塔尔遗址进行联合发掘，取得丰硕成绩。

2016 年 11 月，国家文物局印发了《大遗址保护"十三五"专项规划》，要求坚持"保护为主、抢救第一、合理利用、加强管理"的文物工作方针，落实《国务院关于进一步加强文物工作的指导意见》，坚持稳中求进，协调做好对文物的研究、保护、传承、利用和发展，为统筹推进文物保护与经济社会发展服务。湖北省大遗址项目类型多样、特色鲜明、内涵丰富、价值巨大，在中华文明体系中占有重要地位。全省现有的楚纪南故城、龙湾、盘龙城、屈家岭、石家河、铜绿山、走马岭、容美土司、播鼓墩九处大遗址和万里茶道（湖北段）被列入国家文物局《大遗址保护"十三五"专项规划》。大遗址保护荆州片区是全国六大片区之一。

湖北省委、省政府高度重视大遗址保护和考古遗址公园建设，2017 年 11 月，湖北省委印发《关于学习贯彻落实党的十九大精神全面建设社会主义现代化强省的决定》，提出实施荆楚大遗址保护传承工程。该工程被列入《2018 年湖北省政府工作报告》，2019 年 1 月 7 日，《荆楚大遗址传承发展工程实施方案（2019—2023 年)》经湖北省政府常务会议审议通过。

三 湖北历史学学科发展展望与建议

展望未来，湖北历史学学科要在已有的基础上取得更大的成绩，就必须充分发挥历史学知古鉴今、资政育人的作用，坚持正确历史观，坚持"求真""求是"；必须加强人才队伍建设和学科建设，打造更多的研究基地，培养更多的高水平领军人才；必须立足荆楚，放眼中国和世界，推动新时代历史学学科体系、学术体系和话语体系的构建。

1. 充分发挥历史学知古鉴今、资政育人的作用，坚持正确历史观，坚持"求真""求是"

湖北历史学工作者要深入学习贯彻习近平总书记系列重要讲话精神，学习中共中央《关于加快构建中国特色哲学社会科学的意见》，切实增强做好新时代历史学研究的责任感、自豪感和使命感。广大史学工作者要坚持正确的政治方向，潜心治学，研以致用，充分发挥历史学知古鉴今、资政育人的作用，不断提升科研和教学水平，为中华民族伟大复兴做出了应有贡献。

湖北历史学工作者要坚持正确历史观，用唯物史观来认识和记述历史，让历史说话，用史实发言。这是历史学工作者加强自己理论素养的必然途径，也是达到史学研究"求真""求是"宗旨的必由之路。"求真"，就是研究者尽力搜集、分析和整理各种史料，尽量接近历史真实，呈现历史真实。这绝不是一件简单的事。它需要研究者付出艰辛的努力，不断去伪存真。"求是"，则是在复原真实历史的基础上，探寻历史事实之间的联系，力图发现历史规律，用以指引当代社会实践。为此，湖北历史学工作者应认真学习马克思主义经典著作，继承优良学术传统，提高理论水平。同时，还要拓展知识面，在广博的基础上不断专精，从而能够很好地运用马克思主义唯物史观，运用各种阐释历史的范式研究历史，使自己的研究达到"求真""求是"的要求。

2. 加强人才队伍建设和学科建设，打造更多的研究基地，培养更多的高水平领军人才

湖北省历史学学科拥有深厚的学术积淀，具备雄厚的学科优势和科研实力。一方面，大量学术资源和高水平领军人才集中在武汉大学、华中师范大学等少数高校和科研机构，全省的科研力量分布不均衡；另一方面，国家级、省级的历史学类重点研究基地数量还不多，湖北历史学学科也无一进入国家"双一流"建设学科名单。因此，必须加强历史学人才队伍建设和学科建设，进一步凝练学科方向，加大对湖北省历史学研究力量的培养和整合，打造更多的研究基地，培养更多的高水平领军人才，巩固和提升湖北省历史学研究在全国的领先地位。

3. 立足荆楚，放眼中国和世界，推动新时代历史学学科体系、学术体系和话语体系的构建

历史上的湖北人才辈出，涌现了许多改变中国文化乃至世界文化格局的

名人，也诞生过许多杰出的史学家。新中国成立以后，尤其是改革开放 40 年以来，湖北历史学在全国学术版图中占据十分重要的地位，在许多领域代表着中国史学研究的最高水平。在新时代中国历史学学科体系、学术体系和话语体系构建过程中，湖北历史学工作者必须做出不可替代的贡献。

在研究中，一定要立足荆楚。历史上，荆楚先民们留下了无数灿烂的文明成果和文化结晶，留下了浩如烟海的文献和实物史料。我们需要研究荆楚文化，发掘历史文化遗产，继承人类优秀文化成果，汲取当代研究成果和实践经验以形成具有当代特色的荆楚文化。

在研究中，还要放眼中国和世界。我们必须把眼光扩展到整个世界，要明确建立中国话语体系的目的，主动承担世界历史发展的责任，回应时代和公众的需求，"请进来，走出去"，更加自觉地运用各种资源，积极推动世界经济社会发展，共筑人类命运共同体。

以《中国社会科学（英文版）》（*Social Sciences in China*）为例，这是中国最重要的人文社会科学综合类英文学术期刊，创刊于 1980 年。它面向海外读者，介绍中国人文社会科学研究方面的学术成果、理论动态和学术研究信息，促进国际文化交流，为中国现代化建设和人文社会科学的繁荣发展服务。该刊物 2018 年第 1 期刊发了武汉大学历史学院魏斌教授的 *The Sacred Imagination of Mountains and Its Spatial Influence in Early Medieval China: The Case of Mount Tiantai*（《中古早期山岳的信仰想像及其空间影响：以天台山为例》）。该文对中古早期山岳宗教圣地形成过程中僧人的信仰想像与空间选择之间的关系进行了系统性的阐释。今后类似的尝试一定会越来越多，与国际史学界会有更加深入的沟通和交流，可以在世界范围内传播湖北史学、中国史学的观点和声音。

B.8
湖北管理学学科发展报告（2018）

谢 迪 高益必*

摘 要： 以加快建设服务地方经济社会高质量创新性发展，推动湖北人文强省建设为目标，以构建具有荆楚特色的湖北管理学研究范式和研究方法为切入点，2018年湖北管理学学科发展成果显著，在人才队伍、学科建设、研究平台和研究项目及成果、学术交流和服务社会等方面成绩不俗，展现了湖北管理学学科的实力，奠定了湖北人文社科发展大省的地位。但荆楚特色不足、研究范式不清、学科发展不均衡等问题依然存在，今后应该在研究范式和研究方法创新、扶持学科和校际均衡以及推进交叉学科研究等方面创新拓展，推动湖北管理学学科发展。

关键词： 湖北 管理学 工商管理 荆楚特色 农业经济管理

为贯彻中央关于建设"双一流"高校的重大决策部署，湖北省人民政府办公厅于2018年印发了《关于印发湖北省推进一流大学和一流学科建设实施办法的通知》，通知指出，湖北省"双一流"建设旨在落实内涵式发展要求，以提高人才培养能力为核心，提高学校学科建设、科学研究、社会服

---

* 谢迪，博士，湖北大学政法与公共管理学院讲师，硕士生导师，湖北县域治理研究院中心主任，研究方向为基层治理现代化；高益必，女，湖北大学政法与公共管理学院行政管理专业2018级硕士研究生。

务、文化传承创新和国际合作交流水平，集聚一流的学术领军人才和创新团队，推进学校治理体系和治理能力现代化，推动一批高校和学科进入世界一流、国内一流行列，在履行立德树人根本使命、支撑国家创新驱动发展战略、服务湖北经济社会发展、弘扬中华优秀传统文化、培育践行社会主义核心价值观等方面发挥更大作用。湖北省管理学学科以此为目标，在过去的一年里努力建设、长足发展，取得了显著的成绩。

一 湖北管理学学科发展概况

（一）人才队伍

管理学学科是湖北省人文社会科学发展的重点学科，经过长时期的人才队伍吸纳和建设，湖北省高等院校、科研院所和军校中从事管理学学科教学、研究与咨询工作以及直接为教学、研究与咨询工作服务的教师和其他技术职务人员、辅助人员的数量逐年攀升。根据 2018 年《全国普通高等学校科技（人文、社科类）统计年报表》数据和课题组调查统计，2018 年湖北省从事管理学学科研究的人员总数为 6556 人，女性为 3216 人，比 2017 年总数增加 1667 人，女性人数增加 708 人，无论总数还是增加数均位于湖北省哲学社会科学各学科前列，展现出一个较好的发展态势。

从职称结构上看，湖北省管理学学科从业人员中拥有教授职称的人员为 937 人，拥有副教授职称的人员为 1975 人，拥有讲师职称的人员为 2839 人，拥有助教职称的人员为 487 人，拥有其他初级职称的人员为 318 人。从业人员中讲师人数最多，副教授其次，教授职称再次，初级职称人数最少，职称结构总体合理，老中青搭配合适，以年轻人为主，具有较大活力。

从最后学历上看，湖北省管理学学科从业人员中，拥有研究生学历者有 4939 人，拥有本科学历者有 1550 人，本科以下学历者有 67 人。[①] 就学历、

---

① 资料来源于 2018 年《全国普通高等学校科技（人文、社科类）统计年报表》。

学位结构整体而言，湖北省管理学学科人员以研究生为主，学历水平较高。本科及以下学历人员主要从事辅助工作。

（二）学科建设

为贯彻落实党中央"双一流"建设重大决策部署，加快推进湖北省"双一流"建设，巩固和提升湖北省科教优势地位，湖北省委、省政府在2016年底印发了《关于推进一流大学和一流学科建设的实施意见》。经过不懈的奋斗和努力，湖北省的管理学学科取得了显著的进步和丰硕的成果，华中农业大学的农林经济管理和武汉大学的图书情报与档案管理跻身世界一流学科建设学科。从教育部学位与研究生教育发展中心公布的全国第四轮学科评估结果来看，湖北省管理学学科整体发展较为均衡，管理学门类下的五大学科齐头并进、发展迅速且处于较高水平。具体看：在工商管理学科中，武汉大学、华中科技大学的评估成绩为A－；在农林经济管理学科中，华中农业大学的评估成绩为A－；在公共管理学科中，武汉大学的评估成绩为A，华中科技大学的评估成绩为A－；在图书情报与档案管理学科中，武汉大学的评估成绩为A＋。武汉大学和华中科技大学的公共管理学科、华中农业大学的农林经济管理学科以及武汉大学和华中科技大学的工商管理学科均位于全国前列。虽没有被评为A类管理科学与工程学科的高校，但武汉大学和华中科技大学的评估成绩也处于B＋的水平，从目前的发展态势来说，在不久后的一段时间内有望发展成为最顶尖学科。总的来说，湖北省的管理学学科实力较强，综合水平位于全国前列。

从博士后流动站数量上看，截至2018年底，湖北省共有9个管理学博士后流动站，占全省人文、社科博士后流动站总数的20%；在站人数为37人，占全省人文、社科博士后总人数的30%。管理学博士后流动站主要分布为：华中科技大学2个、武汉大学2个、华中师范大学2个、华中农业大学2个、武汉理工大学1个。

学位点建设是学科建设的集中反映，也是各高校各学科培养研究型人才队伍的摇篮。2018年湖北省管理学学科的博士、硕士授权点建设情况如下

（下列高校均含军事院校、党校和社科院）：湖北省管理学学科学术型学位共有博士学位点 19 个，其中，一级博士授权点 14 个，二级博士授权点 5 个；硕士学位点 40 个，其中，32 个一级硕士授权点，8 个二级硕士授权点。专业型学位硕士授权点 57 个，主要是公共管理、工商管理、会计以及工程管理专业硕士，分布在 22 所高校中。在管理科学与工程学科中，湖北省有武汉大学、华中科技大学、中国地质大学（武汉）、武汉理工大学和华中师范大学 5 所高校拥有一级博士学位授予点；14 所高校拥有一级学科硕士学位授权点；同时还有 8 所高校具有工程管理专业硕士学位授权点。在工商管理学科中，湖北省有华中科技大学、武汉大学、中南财经政法大学 3 所大学拥有一级学科博士学位授权点，武汉理工大学拥有 2 个二级学科博士学位授权点；13 所高校拥有一级学科硕士学位授权点；4 所高校具有二级学科硕士学位授权点，分别可授予企业管理和技术经济及管理 2 个专业学位。在农林经济管理学科中，湖北省华中农业大学拥有一级学科博士学位授权点，中南财经政法大学和长江大学拥有一级学科硕士学位授予点。在公共管理学科中，湖北省有武汉大学、华中科技大学、中南财经政法大学、华中师范大学拥有一级学科博士学位授予点，华中农业大学和中国地质大学（武汉）拥有土地资源管理方向二级学科博士学位授权点；全省有 7 所高校拥有一级学科硕士学位授权点，武汉理工大学拥有教育经济与管理二级学科硕士学位授权点；此外，全省共有 13 所高校拥有公共管理硕士专业学位授权点。在图书馆、情报与档案管理学科中，武汉大学拥有图书情报与档案管理一级学科博士学位授权点，华中师范大学拥有情报学二级学科博士学位授权点和图书情报与档案管理一级学科硕士学位授权点，湖北大学拥有档案学二级学科硕士学位授权点。由以上全面的统计可以看出，管理科学与工程、工商管理和公共管理是湖北省管理学学科的强势学科，全省高校学位授权点分布较多，博士、硕士学位授权点较为齐全，图书馆、情报与档案管理和农林经济管理学科在湖北省高校授权点较少，只有 1 个博士学位授权点和 2 个硕士学位授权点。

（三）研究平台

2018 年，湖北管理学学科在研究平台的搭建和人文社科重点研究基地的建设方面也取得了优异成绩。武汉大学社会保障研究中心是全国第一批被教育部批准的全国人文社会科学重点研究基地，是湖北省管理学学科研究平台的排头兵，截至 2018 年，湖北省管理学学科有 2 个教育部全国人文社会科学重点研究基地——武汉大学社会保障中心和武汉大学信息资源研究中心。2002 年湖北省着手建设人文社会科学重点研究基地，至今全省建立的人文社会科学重点研究基地中管理学学科就占到了 1/10，研究主题不仅结合国内热点问题，也紧跟国际学术界前沿。

为配合国家战略部署，湖北省推出湖北省"2011 计划"协同创新中心。截至 2018 年，湖北省管理学学科"2011 计划"协同创新中心有 2 个，分别是华中科技大学国家治理协同中心和中南财经政法大学城乡社区社会管理协同中心；1 个管理学和经济学交叉中心，即武汉大学宏观质量研究中心。近年来，各类智库建设走上正轨。在 2018 年湖北省新增的 10 个新型智库中，属于管理学学科的就有 6 个，包括湖北省社科院的湖北发展战略研究院、中南财经政法大学的湖北经济建设研究院、华中农业大学的湖北生态文明建设研究院、华中师范大学的湖北社会建设研究院、中南民族大学的湖北全面建成小康社会研究院和华中科技大学的湖北地方治理研究院。在湖北省委政研室成立的"湖北省十大改革智库"中管理学学科就有 5 个，包括湖北大学县域治理研究院、武汉大学政治体制改革与政府治理创新研究中心、华中科技大学国家治理研究院、中南财经政法大学社会建设与社会治理研究中心和深化改革研究院等，剩余 5 个智库也都与管理学有交叉。

在"大众创新、万众创业"的时代背景下，关于创新创业方面的科研平台在湖北省管理学学科建设中也发展迅速，中南财经政法大学建有创业与就业研究中心等省级科研平台；华中师范大学建有省级科研创新平台湖北省电子商务研究中心；武汉理工大学建有湖北省产品创新管理研究中心省级科研平台；武汉科技大学建有湖北省产品创新管理研究中心和武汉·中国城市科技政策与科技管理研究中心；三峡大学建有区域社会管理创新与发展研究中心；等等。湖北省各高校依托优势平台展开的校际合作研究也取得了巨大成就，如华中农业大学和长江大学共建的湖北农村发展研究中心依托两所高校的农业经济管理、土地资源管理等优势学科，融合经济学、社会学等相关学科，形成了运用跨学科研究湖北农业与农村经济社会发展中重大问题的研究机构。

（四）研究项目与经费

据课题组统计，湖北省各大高校在管理学学科上的课题研究成果收获颇丰：2018 年湖北省申请立项的国家社科基金重大项目 21 个，其中管理学学科有 8 个，主要有：武汉大学范恒山的"新时代促进区域协调发展的利益补偿机制研究"和李青原的"政府职能转变的制度红利研究"，华中科技大学宋德勇的"环境保护与经济高质量发展融合的机制、路径和政策体系研究"和鲁耀斌的"基于大数据的智能化社会治理监测、评估与应对策略研究"，华中农业大学张安录和中国地质大学（武汉）胡守庚的"长江经济带耕地保护生态补偿机制构建与政策创新研究"（2 项）、华中农业大学李谷成的"新形势下我国农业全要素生产率提升战略研究"，华中师范大学涂正革的"环境保护与经济高质量发展融合的机制、路径和政策体系研究"等项目；2018 年国家社科基金一般项目和重点项目中，管理学学科立项数量有 15 项，其中，武汉大学卫武的"众创空间培育机制及发展策略研究"获得国家社科重点项目立项，湖北大学胡芬的"乡村旅游益贫性增长的机制调适及行为范式研究"等 14 项获国家社科一般项目立项；2018 年国家社科基金青年项目管理学学科获得立项数量为 2 项，华中农业大学李思呈的"复杂网络结构下中小企业资金担保链风险防范机制研究"和中共湖北省委党校李淑芳的"基于大数据的公共预算绩效管理模式创新研究"；等等。

2018 年教育部人文社会科学研究基金项目评审结果统计显示，湖北省管理学学科一共获得规划基金项目和青年基金项目 38 项（其中，规划项目 7 项，青年项目 31 项）是所有学科门类中数量最多的学科。湖北大学的林叶获批 1 项管理学学科青年基金项目；湖北工业大学孙德芝、胡娟分别获批 1 项管理学学科规划基金项目和青年基金项目；湖北经济学院曾宇容和曾义、夏喆分别获批 1 项管理学学科规划基金项目和青年基金项目；湖北中医药大学刘丽丹获批 1 项管理学学科青年基金项目；华中农业大学石绍成等 3 名学者分别获批 1 项管理学学科青年基金项目；华中师范大学张珺等 2 人分别获批 1 项管理学学科青年基金项目；黄冈师范学院杨兴锐获批 1 项管理学学科青年基金项目；武汉大学严若森等 3 名学者分别获批 1 项管理学学科规划基金项目，赵良玉等 4 名学者分别获批 1 项管理学学科青年基金项目；武汉纺织大学李晶晶等 2 名学者分别获批 1 项管理学学科青年基金项目；武汉工程大学邵路路获批 1 项管理学学科青年基金项目；武汉工商学院黄晗获批 1 项管理学学科青年基金项目；武汉科技大学刘茂红、王旭分别获批 1 项管理学学科青年基金项目；武汉理工大学罗帆等 2 名学者分别获批 1 项管理学学科规划基金项目，涂燕等 2 名学者分别获批 1 项管理学学科青年基金项目；长江大学张董敏获批 1 项管理学学科青年基金项目；中南财经政法大学彭伟等 5 名学者分别获批 1 项管理学学科青年基金项目；三峡大学彭峰获批 1 项管理学学科青年基金项目。

此外，2018 年湖北省管理学学科申请的课题总数为 4735 个，当年投入这些课题的总人数约 1125 人，当年拨入经费总数约 1.55 亿元，当年支出经费总数约 1.35 亿元。这些研究课题分为三个大类：基础研究课题为 1209 个，当年投入人数为 262 人，当年投入经费约为 2379 万元，当年支出经费约为 2368 万元；应用研究课题为 3480 个，当年投入人数约为 853 人，当年投入经费约 1.3 亿元，当年支出经费约 1.1 亿元；试验与发展研究课题数为 46 个，当年投入人数约为 10 人，当年投入经费约为 112 万元，当年支出经费约为 117 万元。①

（五）研究成果与获奖

2018 年湖北省管理学学科领域总计出版著作 311 部，包括专著 188 部（含 6 部译著、12 篇译文、4 部电子出版物），其中，4 部被翻译成外文；编

---

① 2018 年《全国普通高等学校科技（人文、社科类）统计年报表》和课题组调查统计。

著教材 119 部，其中，工具参考书 1 部、发展报告（皮书）3 部。管理学出版著作数占 2018 年湖北省哲学社会科学出版著作总数的 17%，领先于其他学科。从发表论文数量上看，2018 年湖北省管理学学科共计发表论文 3155 篇，其中，国内学术刊物 2776 篇（含港澳台刊物 1 篇），国外学术刊物 379 篇。

从研究与咨询报告来看，2018 年湖北省管理学学科共计发表 245 篇，被相关部门采纳 205 篇，体现了管理学理论与实际结合的学科特色。2018 年湖北省管理学学科共获 48 篇（项）成果奖，包括 6 项部级奖励，42 项省级奖励。如欧阳康等的"中国（湖北）绿色 GDP 绩效评估报告"获得湖北省优秀调研成果奖一等奖；彭玮等的"关于习近平'大农业'重要论述与湖北农业供给侧结构性改革路径研究"的调研报告获得湖北发展研究一等奖；李荣娟等撰写的报告"湖北文化小康建设对策研究"获湖北省优秀调研成果奖二等奖；等等。

为了更深入了解湖北省管理学学科成果，本报告对《公共管理学报》《管理科学学报》《管理世界》《中国社会科学》《新华文摘》《中国软科学》《图书情报工作》《南开管理评论》《科研管理》《经济管理》这 10 种业界公认的管理学权威期刊进行了发文统计。2018 年湖北省管理科学工作者在 10 种权威期刊上发表论文 132 篇。其中，武汉大学、华中师范大学、华中科技大学、中南财经政法大学、华中农业大学和武汉理工大学六所高校共发表论文 127 篇，具体分布见表 1。

表 1　湖北省管理学学科 10 种权威期刊发文数

单位：篇

期刊 ＼ 高校	武汉大学	华中师范大学	华中科技大学	中南财经政法大学	华中农业大学	武汉理工大学
《公共管理学报》	1	0	3	0	0	0
《管理科学学报》	0	0	1	0	1	0
《管理世界》	4	0	2	1	3	2
《经济管理》	3	0	0	4	2	0

高校 期刊	武汉大学	华中师 范大学	华中科 技大学	中南财经 政法大学	华中农 业大学	武汉理 工大学
《科研管理》	3	1	1	3	0	6
《南开管理评论》	4	0	3	0	1	0
《图书情报工作》	29	13	2	4	0	0
《中国软科学》	8	1	1	1	1	1
《新华文摘》	3	7	1	1	0	0
《中国社会科学》	1	2	1	1	0	0
合计	56	24	15	15	8	9

资料来源：课题组调查统计。

从表 1 可以看出，武汉大学在管理学核心期刊上发表的论文篇数最多，约占全省发文总数的 42%；华中师范大学位居第二，共计发文 24 篇；华中科技大学和中南财经政法大学位居第三，分别发文 15 篇；武汉理工大学和华中农业大学分别发文 9 篇和 8 篇。这六所高校为 2018 年湖北省管理学学科优质论文的产出主体，除此以外，还有湖北大学、湖北工业大学、中南民族大学等高校也在其中一些期刊上发表过优秀文章。综上，2018 年湖北各高校管理学学科发展在一定程度上呈现出不均衡状态，这种不均衡是绝对的。从相对层面看，各相当级别的高校之间又是均衡的。

（六）学术活动

为增进学术交流，促进学科发展，2018 年湖北省管理学学科组织了多次学术会议和学术大事件。据统计，2018 年湖北省管理学学科召开了 9 个国际型学术会议、42 个全国型学术会议以及 7 个省级学术会议。举办的国际会议情况是：华中科技大学举办了第一届"中国 – 东盟发展与治理论坛""第四届全球治理·东湖论坛——人类命运共同体与全球治理国际研讨会"；武汉工商学院举办了"2018 年（第十七次）中国物流学术年会"；武汉大学举办了"第二届供应链与服务创新研讨会"等。

国家级会议主要包括：华中科技大学举办的"第五届国家治理体系和

治理能力建设高峰论坛""全国工程管理专业学位研究生学位论文交流研讨会（华中地区）""第四届全国城市治理与学科建设论坛""2018 中国公共关系发展大会"中国社会学会社会发展与社会保障专业委员会年会暨'养老服务体系建设与中国老龄社会发展'论坛""2018（第十六届）中国物流企业家年会""首届电子商务供应链优化论坛暨国家自然科学基金重点项目开题会""第六届全国教育博士论坛"；武汉大学举办的首届"实验经济学与管理学国际研讨会""'一带一路'相关国家贸易竞争与互补关系研究2018 年度学术研讨会""2018 年中国人民大学人文社会科学学术成果评价发布论坛暨学术评价与学科发展研讨会"；华中师范大学举办的"第二届县域治理高端论坛"；中南财经政法大学举办的"2018 年财务管理专业建设论坛暨财务管理/公司财务课程教学研讨会""2018 年首届华中地区高等院校会计专业建设高级研讨会""全国城市管理高峰论坛第三届暨全国大学生城市管理竞赛中部地区选拔赛（2018）""2018 年运营与供应链管理创新高峰论坛""中国 MPAcc 学生案例大赛 2018 年第五届总结会暨 2019 年第六届筹备会议""第二届政府会计 PLUS 学术论坛""国家治理体系现代化下的信访工作制度改革学术研讨会"等。

省级层面的学术会议主要包括：武汉科技大学举办的"'深化地方机构改革，建设人民满意政府'理论研讨会暨湖北省行政管理学会 2018 年年会"；华中科技大学举办的"湖北省人力资源学会年会暨学术研讨会"；中南财经政法大学举办的"乡村振兴战略高峰论坛暨纪念湖北农村改革 40 周年研讨会"；三峡大学举办的"2018 年度湖北省公共管理研究会年会"；湖北经济学院举办的"湖北区块链应用物流企业联盟化发展研讨会"；等等。

（七）社会服务

2018 年湖北省管理学学科学者共完成研究与咨询报告 245 项，其中，被采纳的数量为 205 项，采纳率达到 83% 以上。这些被采纳的报告既有对"一带一路"的政策研究，也有关于乡村振兴战略下"三农"问题的研究。这些调研报告为国家的政策以及地区发展提供了多维度的建议和发展思路，是管理学学科社会服务的重要体现。

湖北省各高校利用自身优势，积极开展与地方政府和社会的对接联系，以自身学科优势服务地方。一是各高校管理学学科在强调人才培养与科学研究的同时，积极为国家、省、市政府部门建言献策，提供政策咨询报告，服务地方决策；二是利用自身优势服务地方，如湖北大学政法与公共管理学院利用自身学科优势在全国率先成立了"博士义工队"，深入基层，利用所学奉献农村、奉献社会；三是工商管理等学科，积极与企业对接，为各类大中型企业提供了众多优质、实用的企业策划、企业诊断及决策咨询等各类支持，如武汉大学工商管理专业已经或正在为湖北京山轻机、武汉中商集团、武汉中百集团、武汉凡谷电子等上市公司提供独立董事支持。

二　湖北管理学学科学术研究的比较分析与学术成果创新

（一）湖北管理学学科学术研究的比较分析

为了更直观地衡量湖北省管理学学科的发展水平和发展成就，我们对湖北省管理学学术研究进行横向和纵向对比。"国家社科基金""教育部人文社科基金"是人文社会科学领域最具有代表性的两个国家级项目，为了对比公平，我们采用这两个项目的中标数为对比指标，这里的国家社科基金项目数统计不包含西部计划、少数民族地区计划等有特殊指向性的项目。

1. 省际横向比较

（1）国家社科基金项目数

2018 年湖北省管理学学科共获国家社科基金重点项目、一般项目和青年项目 28 项，立项数位列全国第四，占全国管理学社科基金同类项目立项总数的 7.5% 左右。具体而言，湖北省管理学社科重点项目 3 项，与四川并列全国第三，一般项目立项 21 项，位列全国第四；青年项目 4 项，与浙江、重庆并列全国第四。

表 2   2018 年国家社科基金项目管理学领域各省排名

单位：项

	总计	重点项目	国家社科一般项目	国家社科青年项目	排名
全国	373	27	293	53	
北京	49	5	36	8	1
江苏	39	5	32	2	2
浙江	31	2	25	4	3
山东	21	1	17	3	5
广东	21	1	18	2	5
上海	20	1	16	3	7
重庆	20	1	15	4	7
湖北	28	3	21	4	4
辽宁	17	0	16	1	9
河南	16	1	10	5	10
湖南	16	2	11	3	10
四川	14	3	6	5	12
江西	13	2	10	1	13
福建	11	2	9	0	14
陕西	10	0	9	1	15
河北	9	0	8	1	16
天津	9	0	9	0	16
安徽	7	0	7	0	18
山西	6	0	4	2	19
吉林	5	0	3	2	20
新疆	4	0	3	1	21
甘肃	3	0	2	1	22
贵州	2	0	2	0	23
海南	2	0	1	1	23
内蒙古	2	0	2	0	23
青海	2	0	2	0	23

	总计	重点项目	国家社科一般项目	国家社科青年项目	排名
西藏	2	0	1	1	23
云南	2	0	2	0	23
广西	1	0	1	0	29
宁夏	1	0	1	0	29
黑龙江	1	0	1	0	29

资料来源：课题组调查统计。

注：本表仅统计 2018 年国家社科基金重点项目、一般项目和青年项目立项数，未统计两部计划和重大项目立项数。

（2）教育部人文社科基金项目

2018 年湖北省管理学学科共获教育部人文社科项目 47 项，占全国 487 项中的 9.6%，其中规划项目 15 项，占全国 179 项中的 8.4%，青年项目 32 项，占全国 308 项中的 10.4%。从项目总数上看，湖北仅次于江苏，位列全国第二，该排名略高于湖北省教育部人文社科基金项目立项数在全国的排名。这也反映出湖北管理学学科科研实力雄厚、后备力量比较充足等特点。

2. 湖北省管理学学术研究纵向比较

对比 2017 年与 2018 年数据，我们发现，相比 2017 年，2018 年湖北省在国家社科基金项目立项数上略有下降，但在教育部人文社会科学研究项目上，其立项数大幅上升，尤其体现在青年项目上。

（二）湖北省管理学学术成果创新

2018 年湖北管理学学科以坚实厚重的学术发展底蕴、勇于担当的学术创新精神，推动管理学学科继续高质量、高水平发展，取得了一系列成果，湖北管理学优势领域继续得到巩固和提升，短板领域得到大幅度提升，管理学学科的荆楚特色更加鲜明。

1. 管理科学与工程

管理科学与工程的研究主要集中在管理科学、项目管理与投融资管理、系统优化与决策、物流与供应链管理和资产管理等方面。与 2017 年相比，湖北省管理科学学者们在注重协同创新研究的基础上，更加注重管理的效率和理论与实践的结合，注重经济绩效的提升。

（1）管理科学

如何健全组织管理体系、提高科学管理的效率是 2018 年湖北管理科学领域的研究重点。武汉大学的李唐等学者利用管理效率测量对管理效率、质量能力与全要素生产率三者之间的逻辑机制进行研究，发现管理效率、质量能力对于现阶段中国企业而言均为全要素生产率提升的重要因素，相较而言，后者具有更强的直接效应，前者通过后者对企业全要素生产率产生间接影响。[1] 学者程虹则探讨了企业管理效率对现阶段我国企业劳动生产率提高和宏观经济长期稳定增长之间的关系，研究发现，新时期无论企业从哪方面进行转型升级，都离不开良好的管理，政府应将提升企业管理水平纳入供给侧改革的重要内容，倒逼企业进行管理升级和管理创新。[2]

对已有研究成果进行综述性研究既可以为后续学者研究提供纵向与动态的观察视角，又可以为实证研究学者积累大量的经验数据。华中农业大学曹祖毅等学者对 1979～2018 年中文管理学期刊实证研究和理论研究进行横向对比研究，结果表明，40 年来，尽管研究角度和研究方法不同，但总的分析结果显示，科学严谨性与实践相关性始终既没有完全脱节，也没有完全弥合，而是处于动态的差序平衡状态中；而无论从理论建构还是研究方法来看，实践相关性的不同层面既可以对科学严谨性与知识合法性的正向关系产生促进作用，又可以产生抑制作用，同时也可以不产生显著作用。[3]

（2）项目管理与投融资管理

在项目管理方面，2018 年湖北管理学的学者们更多关注的是项目制和

---

[1] 李唐、董一鸣、王泽宇：《管理效率、质量能力与企业全要素生产率——基于"中国企业——劳动力匹配调查"的实证研究》，《管理世界》2018 年第 7 期。

[2] 程虹：《管理提升了企业劳动生产率吗？——来自中国企业——劳动力匹配调查的经验证据》，《管理世界》2018 年第 2 期。

[3] 曹祖毅、谭力文、贾慧英：《脱节还是弥合？中国组织管理研究的严谨性、相关性与合法性——基于中文管理学期刊 1979～2018 年的经验证据》，《管理世界》2018 年第 10 期。

项目工程领域，前一种偏向理论分析，后一种偏向模型分析。

项目制是一种把中央与地方（高校）、计划体制与市场机制、集权与分权糅合在一起的体制机制和制度安排。湖北工业大学的张熠以 D－S 证据理论为基础，同时结合基于三角模糊数的层次分析法（TFAHP）和理想点法（TOPSIS）构建工程项目评标决策模型。采用 TFAHP 确定指标权重，运用 D－S 证据合成方法对多个专家关于定性指标值的意见进行综合；最后，采用 TOPSIS 模型进行指标合成，并应用实际案例进行实证分析，为工程项目评标提供了一种新的方法和思路。[①] 这种新型项目评估模型不仅是 2018 年项目管理的创新点，而且获得教育部人文社科青年项目基金支持。

在投融资管理研究中，湖北学者们更多关注的是量化投资和减少股票投资回报风险等领域。在线投资组合选择（online portfolio selection）问题是量化投资领域一个热点研究问题。可投资标的的爆炸式增长急需能够有效计算的投资组合选择策略，而现有高绩效算法大多具有指数级或多项式级的时间复杂度，不利于在实际中应用。武汉大学学者李斌等提出了一种基于次梯度投影的泛投资组合选择策略 SGP，将次梯度投影的思想应用到资产组合构建的过程中，得到策略的再平衡规则。[②] 在股票投资回报领域，公司股价受何种因素制约一直是研究热点。华中农业大学学者彭旋等研究了客户盈余信息对供应商企业股价崩盘风险的影响及路径发现，盈余较好的客户可降低供应商企业股价崩盘风险，当客户具有更强的谈判力时，客户盈余对供应商企业股价崩盘风险发挥"支持效应"；客户盈余与企业股价崩盘风险之间的负相关关系在供应商信息透明度较高、客户与供应商企业关系较稳定以及盈余波动性较弱时才显著。[③]

---

① 张熠：《基于 D－S 证据理论和 TFAHP－TOPSIS 的工程项目评标决策模型》，《统计与决策》2018 年第 11 期。

② 李斌、张迪、唐松慧：《基于次梯度投影的泛投资组合选择策略》，《管理科学学报》2018 年第 3 期。

③ 彭旋、王雄元：《支持抑或掠夺？客户盈余信息与供应商股价崩盘风险》，《经济管理》2018 年第 8 期。

（3）系统优化与决策

对零售商销售策略的系统优化决策一直是学者们的研究热点。华中科技大学管理学院的潘林等以两个制造商通过一个共同的零售商销售互补产品的供应链为研究对象，考虑产品的交叉弹性对需求的影响，构建基于溢出效应的线性需求模型，通过分析和比较不同销售方式下的均衡结果及利润关系，探讨零售商关于互补产品的最优捆绑销售策略。[①] 柏庆国等研究了碳排放政策下二级易变质产品供应链的运作策略问题，利用构建的碳限额与交易政策和碳税政策下的二级供应链库存优化模型，证明了在碳限额与交易政策和碳税政策下，存在唯一的最优订购策略使供应链的利润值最大；与碳税政策相比，碳限额与交易政策能够使供应链实现高利润和低排放的效果。[②] 此外，华中科技大学学者龚朴选择房产中介为研究对象，在考虑买房"跳单"的行为下，市场上买方对房屋的支付意愿较低时，相对于目前中介普遍使用的中介费策略，基于买方"跳单"行为的定价策略更优。

为了提升组织内部的成员的积极性，促进有利竞争，达到最优组织目标，湖北学者们把系统优化决策与团队人员的研究相结合，通过测量量表开发及其结构验证发现，促进型竞争与防御型竞争作为两个独立维度，构成人际竞争的二维结构模型。实证检验发现，促进型竞争对任务绩效有正向影响，防御型竞争对任务绩效有负向影响；组织公民行为在促进型竞争/防御型竞争与任务绩效之间起部分中介作用，任务互依性在该过程中起正向调节作用。[③]

（4）供应链管理

供应链管理一直是湖北省管理学学科的研究热点，2018 年湖北管理学学者们更多的是探讨了制造商和零售商构成的二级供应链，通过建立无再制

---

① 潘林、周水银、马士华：《供应链环境下零售商互补产品捆绑销售决策研究》，《管理工程学报》2018 年第 4 期。

② 柏庆国、徐贤浩：《碳排放政策下二级易变质产品供应链的联合订购策略》，《管理工程学报》2018 年第 4 期。

③ 常涛、刘智强、周苗：《团队中成员间人际竞争维度解构：调节聚焦视角》，《管理工程学报》2018 年第 4 期。

造与再制造两种情形下制造商的渠道入侵决策模型，分析产品再制造、渠道竞争和制造商渠道入侵决策之间的内在关系。

华中科技大学的郑本荣等学者把对供应链管理的研究细化到二级供应链，并深入制造商的决策系统与产品再制造过程紧密联系，研究发现，无再制造情形下制造商的渠道入侵会直接损害零售商的利益；而在考虑产品再制造的闭环供应链中，再制造会对零售商产生正向的外部性效应，直销与传统渠道之间的竞争较小时，制造商的渠道入侵会提高零售商的收益；当渠道间的竞争较强时，再制造对零售商的外部性效应难以抵消渠道冲突对零售商利润降低的影响，从而渠道入侵会损害零售商的利益。[①] 信息时代背景下，核心企业能够通过提高供应链能力来促使其所处供应链更具竞争优势。因此，知识管理与供应链能力之间的相互关系吸引了相关学者的注意力。众多研究结果显示，信息交流水平在信息技术水平与社会控制的相互作用关系、信息技术水平与供应链能力的相互作用关系中均具有部分中介作用。

（5）资产管理

相对而言，资产管理一直是湖北省管理学学科的冷门研究领域，近年来研究成果比较少。2018 年湖北省学者在该方向的研究主要集中在商品期货市场泡沫机制和泡沫资产配置领域。

华中农业大学学者李剑等构建了商品期货市场"泡沫综合指标"和归因分析模型，测度了 2006～2015 年我国商品期货市场价格泡沫整体水平和分布特征，并分析了商品金融化对商品价格泡沫形成机制的影响。研究结果显示，我国商品期货市场呈现出一定程度的金融化特征，股票指数与商品价格泡沫水平存在显著的负向关联，我国股票市场与商品市场表现出"此消彼长"的资本轮动关系。[②] 武汉大学学者熊和平等利用 2005～2015 年中国基金季度持股数据，构建了基于投资标的的近邻矩阵以及持股相似性矩阵，

---

① 郑本荣、杨超、杨珺、黄宏军：《产品再制造、渠道竞争和制造商渠道入侵》，《管理科学学报》2018 年第 8 期。

② 李剑、陈烨、李崇光：《金融化与商品价格泡沫》，《管理世界》2018 年第 8 期。

然后利用空间计量模型对基金在泡沫资产上的资产配置决策行为进行了研究，同时分析了标尺效应对资本市场的影响和后果，结果显示，基金在泡沫资产配置上存在显著的攀比或者是模仿行为，表现出同群效应，资产相似或者相近的基金之间标尺竞争的模仿要强于简单的近邻基金。①

2. 工商管理

（1）会计学

2018 年湖北省会计学方向学者的研究领域主要集中在财务管理分析的绩效考核研究、财务人员作用以及分析师跟进网络研究等方面。

中南财经政法大学学者王清刚等认为，在传统的业绩考评中，受会计政策、职业判断、会计估计等人为因素的影响，绩效考评指标在一定程度上无法如实反映被考评单位的真实水平。会计分析能够在战略分析的基础上，消除数据失真，减少人为弹性，剔除考评指标计算过程中的噪音和水分，最大限度地使考评结果客观公正，为此，应将会计分析引入财务分析。②

在财务管理人员方面，武汉大学学者蒋德权等分析了财务总监地位与股价崩盘风险之间的关系：二者之间呈现显著负向关系，财务总监地位越高越能降低股价崩盘风险，但这种关系仅存在于民营企业中；财务总监可以通过提高企业投资效率和降低研发投入强度来降低股价崩盘风险。③

此外，分析师跟进网络研究亦是 2018 年湖北省会计学学科的研究热点和创新点。中南财经政法大学和武汉轻工大学的部分学者探讨了分析师跟进网络程度对公司融资决策间关系的影响，发现分析师跟进网络引致的相关融资同群效应的存在揭示了分析师在公司融资决策间的信息传递作用及其作为同群效应的重要来源，并认为分析师应充分关注及搜集上市公司的融资决策相关信息，在符合相关规则的前提下通过其广泛地跟进网络进行信息传递，

---

① 熊和平、刘彦初、刘京军：《基金竞争与泡沫资产配置的模仿行为研究》，《管理科学学报》2018 年第 2 期。

② 王清刚、董驰浩：《基于哈佛财务分析框架的绩效考评优化研究——以湖北电力公司为例》，《中国软科学》2018 年第 8 期。

③ 蒋德权、姚振晔、陈冬华：《财务总监地位与企业股价崩盘风险》，《管理世界》2018 年第 3 期。

以提高资本市场信息效率。①

（2）企业管理

2018 年湖北省企业管理方向的研究重点主要集中在人力资源管理和企业创新机制研究等领域。

企业创新通常分为产品创新和流程创新两种类型，为了获得和维持竞争优势，企业往往需要同时具备这两种创新能力。武汉大学学者汪涛和雷志明从流程创新的特殊性——生产导向出发，讨论企业生产目标的实现难度对管理层选择独立创新、合作创新和模仿这三种流程开发模式的影响。研究表明，若企业鼓励自主流程开发，那么在短期生产目标上不要设置太大阻碍，应使管理者将注意力放在流程开发长期价值相关议题上，关注创新而非模仿；若企业重视的是每期生产计划的实现，那么高生产目标对管理者而言既是一种管理压力也是动力，加大其对生产目标的注意力投入，有利于生产目标实现。②

信息技术的发展带来了用户需求特征以及制造企业价值创造逻辑的变化，湖北经济学院学者陈昀等从制造企业服务创新的驱动因素与绩效结果、基于用户需求链的服务类型以及基于资源编排的服务创新机制三个方面进行文献梳理，提出互联网时代制造企业服务创新领域的未来研究方向。他们还发现在制造企业的服务创新中存在"服务悖论"现象——服务创新为制造企业提供了新的利润增长点，但同时也增加了制造企业的成本，导致成本高于服务收入，资源编排机制及其应用的边界条件的相关研究有助于解决服务悖论的困惑，这是对企业创新的实践启示。③

在人力资源方面，武汉大学学者寿志钢等研究了企业边界人员对企业间关系的影响发现，企业边界人员的私人关系对企业间关系的影响如同一柄双刃剑，既可能抑制也可能促进企业间机会主义行为。当企业内部激励较为公

---

① 许汝俊、袁天荣等：《分析师跟进网络会引起上市公司融资决策同群效应吗？——分析师角色视角的一个新解释》，《经济管理》2018 年第 10 期。

② 汪涛、雷志明：《创新还是模仿——生产目标对流程创新决策的影响》，《科研管理》2018 年第 6 期。

③ 陈昀、贺远琼、周琪：《基于用户需求链的制造企业服务创新研究》，《管理世界》2018 年第 12 期。

平或企业所处制度环境较好时，私人关系会通过促进企业间的信任和承诺来抑制企业间机会主义行为；反之，则可能通过放松企业层面的监督和控制促进交易对象的投机行为。该研究还发现了一项颇具本土特色的结论：在非均衡的依赖关系中，因私人关系的存在，弱势企业的投机倾向表现得较为明显，强势企业反而有更少的机会主义行为。[①]

（3）旅游管理

2018 年湖北省学者们对于旅游管理的研究成果主要集中在对星级酒店的实证研究和区域美丽中国建设与旅游业的耦合性研究。中南财经政法大学的张大鹏等学者利用中国星级饭店 2001～2015 年共 15 年的省际面板数据，运用随机前沿分析方法（SFA）测算了星级饭店经营效率，并对新时期中国星级饭店经营面临的重要宏观影响因素进行了实证分析。研究发现，观察期内中国星级饭店处于规模报酬递减的发展阶段，经营效率呈先升后降趋势，总体平均水平偏低，区域间差异分化较大，区域内部变异特征不一；地区旅游发展水平对星级饭店经营效率具有倒 U 形的非线性影响作用，说明住宿市场多元化发展进一步加剧了星级饭店竞争态势；对外贸易对星级饭店经营效率具有显著正向影响，且影响效应较大，实质上反映出商务市场对星级饭店经营效率提升具有重要意义；高星级规模对星级饭店经营效率具有显著正向影响，但影响作用偏小；反腐倡廉对星级饭店经营效率具有显著负向影响，特别对高星级饭店冲击更大。[②] 美丽中国 - 旅游业是内涵广泛且结构复杂的具有耦合特征的开放性巨系统。武汉大学和华中师范大学的时朋飞、李星明等学者在全面剖析美丽中国系统与旅游业系统耦合互动作用机理的基础上，建构了美丽中国 - 旅游业耦合协调度指标体系，并运用加权 TOPSIS 法对长江经济带 11 省份两大系统的综合发展水平进行测度，然后基于耦合协调模型从时空维度对该区域 11 省份两大系统的耦合协调演化关系进行分析，

①　寿志钢、王进、汪涛：《企业边界人员的私人关系与企业间机会主义行为——双刃剑效应的作用机制及其边界条件》，《管理世界》2018 年第 4 期。

②　张大鹏、舒伯阳：《中国星级饭店经营效率及其影响因素的实证研究——基于随机前沿分析方法（SFA）》，《经济管理》2018 年第 9 期。

研究发现：美丽中国系统与旅游业系统之间耦合协调发展特征显著；长江经济带 11 省份美丽中国系统与旅游业系统发展水平呈波动上升态势且发展态势趋同，但旅游业系统发展水平波动幅度较美丽中国系统更为明显；该区域美丽中国系统评价值长期高于旅游业系统评价值，表明旅游业对美丽中国建设的驱动作用滞后于美丽中国建设对旅游业的促进作用。[1]

（4）技术经济及管理

在技术经济及管理方面，湖北省学者们的研究内容较为丰富和广泛，主要集中在信息技术、科技期刊评价指标体系、核心技术的协同创新以及偏向型技术进步等领域。

信息技术的进步对实现企业的可持续发展是一把双刃剑，关键是如何利用。武汉大学学者曾伏娥等学者运用结构方程模型实证分析了 IT 能力对可持续发展绩效的全面影响及其内在机制，实证结论发现，IT 能力有助于提升可持续发展绩效，业务流程敏捷性是 IT 能力重塑企业的关键环节，对于 IT 能力与可持续发展绩效之间的关系具有显著的中介效应。[2]

建立科学、完整、客观的科技期刊评价指标体系对于改进科技期刊评价、学者评价乃至整个科研评价体系均有极为重要的意义。武汉大学的余雪松等学者回顾了传统的科技期刊评价指标，分析了互联网时代科技期刊的发展趋势，以汤森路透（Thomson Reuters）和爱思唯尔（Elsevier）发布的报告为数据源，在总结国内外对于科技期刊评价指标的最新研究成果的基础上，筛选出若干新的科技期刊评价指标，并运用主成分分析和信息熵来确定指标的权重，从而得出期刊的综合得分，为科学地评价期刊奠定了有利的基础，完善了影响因子和评价指标体系。[3]

武汉大学学者辜胜阻等认为推动核心技术创新有利于促进我国经济高质

---

① 时朋飞、李星明、熊元斌：《区域美丽中国建设与旅游业发展耦合关联性测度及前景预测——以长江经济带 11 省市为例》，《中国软科学》2018 年第 2 期。

② 曾伏娥、郑欣、李雪：《IT 能力与企业可持续发展绩效的关系研究》，《科研管理》2018 年第 4 期。

③ 余雪松、吴良顺等：《基于 JCR 和 SJR 的科技期刊评价指标体系问题研究》，《科研管理》2018 年第 5 期。

量发展、维护国家安全与抢占全球科技发展先机。掌握核心技术主动权，关键在于深入推进创新驱动战略，通过改革加快我国核心技术创新，要深化有利于激发企业家和科技人员积极性和创造性的制度创新，构建以企业为主体、充分发挥大学知识创新作用的产学研一体化技术创新体系，完善支持核心技术创新的财税体系和金融体系，培育和优化创新生态环境，在开放合作中推进核心技术创新能力的提升。① 吴传清等学者基于 1997～2015 年长江经济带沿线 11 省份面板数据，测算长江经济带上中下游地区技术进步偏向性指数和全要素能源效率。研究结果表明：长江经济带全要素能源效率地区差异显著；偏向型技术进步对长江经济带全要素能源效率具有明显促进作用，下游地区技术进步偏向人力资本，中上游地区技术进步偏向物质资本。②

3. 公共管理

（1）行政管理

行政管理是湖北省公共管理学科的强势学科，亦是研究热点和重点所在，湖北省公共管理学科的成果一大部分出自行政管理方向。2018 年湖北省学者们多以政府、组织的治理为着力点，紧紧围绕党的十九大报告中提出的各种亟需完善的领域，集中研究社会上出现的各种热点问题。综合看，该方向成果多集中在国家和地方治理体系和治理能力现代化、落户政策、推行乡村振兴战略以及基层治理协同创新等领域。

在基层治理创新领域，武汉大学学者李慧敏对社会上的慈善法人组织的治理结构科层化的趋势进行了新制度主义分析，认为采用包括明确组织边界、克服科层化组织结构、对慈善组织体进行柔性的组织设计、回归慈善法人治理结构特有的生态位等措施，可以解决我国慈善法人组织治理结构的科层化、组织活力不足等问题。③ 华中师范大学学者郑永君对社会组织如何促进社区治

① 辜胜阻、吴华君等：《创新驱动与核心技术突破是高质量发展的基石》，《中国软科学》2018 年第 10 期。
② 吴传清、杜宇：《偏向型技术进步对长江经济带全要素能源效率影响研究》，《中国软科学》2018 年第 3 期。
③ 李慧敏：《我国慈善法人治理结构科层化的新制度主义分析》，《中国行政管理》2018 年第 7 期。

理的实践逻辑进行了深入讨论，并有针对性地提出了自己的建议。① 常轶军等学者认为治理现代化与治理方式的选择密切相关，恰当的治理方式往往能够与地方社会文化系统无缝嵌入，形成整体性、系统性治理路径，降低治理中交易成本，取得良好治理绩效。② 乡村振兴战略自提出以来就颇受学界的关注，协同治理下的多元主体治理模式以及协商民主自治是 2018 年的研究热点。华中师范大学学者张立荣等认为，农村基层协同治理中多元主体行动与社会需求匹配的精准性，体现在民众个体和村庄集体两个层面，农村基层协同治理的实践样态可分为行政主导的弱合作、公私合作和协作政府三种模式。③ 华中农业大学学者李祖佩等认为规范意义上的协商民主难以实现对村级政治社会现实问题的有效克服，这需要在协商民主理念要求的基础上，结合项目进村和村庄政治社会实际，作出推进当下村级协商民主的阶段性设计方案，而分配型协商民主正是作为协商民主一个阶段性方案而被提出的。④

此外，2018 年湖北省的学者们还格外关注公共管理学科的非传统安全问题研究、信息安全监管研究和政府网络规制研究。华中科技大学危怀安等学者以稳定、有效和公平的第三方支付市场信息安全的监管目标、以央行为主多方协调的强制介入的监管机制，提出引入第三方评估机构实行外部评估并定期汇报、明确第三方支付机构信息安全的管理要求，实施差异化监管，加大对重点机构信息安全检查和披露等多个方面的政策措施。⑤ 武汉大学学者叶正国认为，我国网络规制组织构造超越了传统体制的政府全能型痕迹，既保留了对抗式监管体制的痕迹，又借鉴了协同型监管体制的特点。⑥

---

① 郑永君：《社会组织建设与社区治理创新——厦门市"共同缔造"试点社区案例分析》，《中国行政管理》2018 年第 2 期。
② 常轶军、元帅：《"空间嵌入"与地方政府治理现代化》，《中国行政管理》2018 年第 9 期。
③ 张立荣、朱天义：《农村基层协同治理的需求匹配精准性研究》，《中国行政管理》2018 年第 6 期。
④ 李祖佩、杜姣：《分配型协商民主："项目进村"中村级民主的实践逻辑及其解释》，《中国行政管理》2018 年第 3 期。
⑤ 危怀安、李松涛；《我国第三方支付信息安全监管政策框架及对策》，《中国行政管理》2018 年第 11 期。
⑥ 叶正国：《我国网络规制的组织构造及其优化路径》，《中国行政管理》2018 年第 9 期。

2017 年武汉市实行人才留汉的"双百工程",如何落实这一政策,尤其是户籍制度方面如何配合就成为 2018 年湖北省行政管理领域的研究重点。华中师范大学学者袁方成等认为资源分布的空间失衡、政策创制的地方权力主导、地方政策执行情境的不确定性、社会力量舆论压力影响是此种困境的四个地方落户政策"整体失效"的原因,需要政府有针对性探求有效措施来化解。①

（2）社会医学与卫生事业管理

社会医学与卫生事业管理成果主要集中在华中科技大学。

余栋等学者基于异质性随机前沿模型,定量测算了中国各省份在存在成本约束的情况下的卫生支出效率。结果表明:成本约束的存在使我国卫生支出效率比最优水平低了15%~25%,平均支出效率为79.7%。②朱吉鸽等学者分析了"公共卫生服务券"在中国实践中的"公平"和"效率"困难,并针对性地提出了一些解决措施。③武汉大学的王文杰、肖琳琪等人对农村医疗卫生事业改革发展政策进行研究,运用投入—过程—产出法,从人、财、物等方面投入,对健康水平提升结果进行分析。④汪鹏等学者针对武汉市二级以上医院信息系统中传染病信息报告管理信息系统建设与使用情况进行分析,为卫生行政部门推进医疗机构公共卫生信息化建设和管理提供依据。⑤

（3）教育经济与管理

2018 年湖北省学者们在教育经济管理方向的研究主要集中在职业教育、

---

① 袁方成、康红军:《"张弛之间":地方落户政策因何失效?——基于"模糊 - 冲突"模型的理解》,《中国行政管理》2018 年第 1 期。

② 余栋、石大千:《成本约束、不确定性与公共卫生支出效率测算》,《统计与决策》2018 年第 6 期。

③ 朱吉鸽、张亮:《浅析"公共卫生服务券"的公平和效率》,《中国卫生事业管理》2016 年第 10 期。

④ 王文杰、肖琳琪等:《以加强基层党建推动农村医疗卫生事业改革发展政策效果分析——以全国八县为例》,《中国卫生事业管理》2018 年第 5 期。

⑤ 汪鹏、彭颖等:《武汉市二级以上医院传染病报告管理信息系统应用情况调查分析》,《医疗卫生装备》2018 年第 5 期。

学前教育和教育不平等与收入差距的关系等领域。

"中国制造 2025"时代，产业结构调整升级对高技术、应用型、创新型人才的迫切需求引致经济社会对职业教育的更高要求，在中国，职业教育政策是推动职业教育发展的重要力量。武汉大学学者李运华和王滢淇从政策工具视角对 1996 年以来我国中央层面出台的职业教育政策文本进行研究后发现：尽管政府逐步强化对职业教育的重视并加大对职业教育的相关投入，但仍然存在政策制定周期性明显、政策工具的选取整体失衡、政策工具与三螺旋主题错配、对高等职业教育的关注不足等问题。[①] 华中师范大学学者龚欣等创造性地用实证研究考察学前教育对儿童非认知能力的影响，利用"中国教育追踪调查"基线数据，运用倾向得分匹配（PSM）方法分析了学前教育经历对我国初中生非认知能力的影响。结果显示，学前教育机会的获得存在不平等性，受小学前的身体状况、家庭经济状况、父母受教育年限等因素的影响；学前教育经历对初一和初三学生的思维开通性、自律性和朋友质量具有统计上显著的正影响，对消极情绪性具有降低效果。[②] 武汉大学的石大千等学者从教育不平等中的结构性因素出发，将教育不平等分解为教育机会不平等和教育努力不平等，认为教育不平等与收入差距的关系应该取决于上述结构因素中效应较大的部分。[③]

（4）社会保障

2018 年武汉大学社会保障研究中心对社会保障领域的研究角度尤其丰富，研究成果颇多，内容涉及养老保险和养老管理制度、老年人口的收入再分配、中国城镇职工养老金和医疗保险等方面。

王翠琴等学者以内生增长理论为基础，运用中国城镇职工基本养老保险和城乡居民基本养老保险的最优财政支出规模进行测算，发现中国城镇职工

---

① 李运华、王滢淇：《新时代我国职业教育政策分析——基于政策工具视角》，《教育与经济》2018 年第 3 期。

② 龚欣、李贞义：《学前教育经历对初中生非认知能力的影响：基于 CEPS 的实证研究》，《教育与经济》2018 年第 4 期。

③ 石大千、张哲诚：《教育不平等与收入差距关系再检验——基于教育不平等分解的视角》，《教育与经济》2018 年第 5 期。

基本养老保险和城乡居民基本养老保险的财政支出皆已超过了最优财政支出规模，为缓解养老保险的财政补贴压力，建议落实划转国有资本充实全国社会保障基金政策，实施基础养老金全国统筹，激发城镇职工和城乡居民缴费的积极性。①

社区养老作为一种新型的养老方式，同时吸收了社会养老和家庭养老两者的优点，具有现实优越性，华中科技大学的邱思纯等学者就新时代社区养老的管理制度创新问题提出了合理化的建议。② 武汉大学邓大松、贺薇等学者基于中国居民收入调查数据库，对政府转移支付收入老年再分配效应进行了分析。③ 邓大松、薛惠元还对城镇职工的基础养老全国统筹进行了对策研究，提出可以实行"中央基础养老金＋地方基础养老金"的模式。④ 薛惠元、田勇等学者在此领域进一步探索城镇职工医疗保险个人账户改革的方案设计，提出医疗保险个人账户改革需要采取"过渡方案＋最终方案"模式。⑤

（5）土地资源管理

2018年湖北省关于土地资源管理方向的研究成果多集中在以华中农业大学为代表的少数学校，以武汉及周边城市为研究对象的实证研究和以省际比较研究为主，内容涉及土地整治项目、耕地多功能利用、农户宅基地的有偿退出和对农地的依赖度研究等方面。

华中农业大学的谢向向、汪晗等学者在土地整治方面认为应继续推进尤其是主产区的土地整治项目实施，加大土地整治投资强度，建立长期稳定的

① 王翠琴、李林等：《中国基本养老保险最优财政支出规模测算——基于柯布－道格拉斯生产函数的一项研究》，《贵州财经大学学报》2018年第6期。

② 邱思纯、王静美、黄长义：《新时代中国社区养老管理制度创新之路》，《管理世界》2018年第7期。

③ 邓大松、贺薇：《政府转移支付收入老年再分配效应的统计测算》，《统计与决策》2018年第19期。

④ 邓大松、薛惠元：《城镇职工基础养老金全国统筹的阻碍因素与对策建议》，《河北大学学报》（哲学社会科学版）2018年第4期。

⑤ 田勇、殷俊、薛惠元：《城镇职工医疗保险个人账户改革方案设计与评估》，《经济管理》2018年第9期。

投入机制。① 余亮亮、蔡银莺研究发现，国土空间被管制强度越高的区域，其地方政府可以运作的土地要素就越少，该地区地方政府在发展区域经济竞赛中的竞争力就越弱，进而其经济发展水平就相应较低，与国土空间被管制强度较弱区域的经济发展差距就逐渐拉大。② 此外，李诗瑶和蔡银莺通过实证研究分析农户家庭农地依赖度及多维生存状况，为改善农户家庭生活质量、制定精准政策提供参考。③ 胡银根、吴欣等人基于 IAD 延伸决策模型，围绕户主特征及家庭概况、政策实施环境、宅基地"双有偿"规则、认知改革四个方面的变量进行分析，研究发现：科学推进宅基地有偿退出，一是要尊重农民的意愿，并建立有效的利益驱动机制；二是要考虑退出的时序分区问题。④

4. 农林经济管理

（1）农业技术与贸易

华中农业大学和湖北省粮食作物产业化协同创新中心的高奇正、刘颖等学者基于新贸易理论，在估计 1995～2015 年 38 个国家（地区）的农业研发资本存量和统计其农业贸易额的基础上，对农业贸易的技术溢出效应进行了研究，结果显示，在农业领域存在显著的贸易技术溢出效应，国内自主农业科研投入是各国农业全要素生产率增长的主要来源；各国农业资源禀赋差异会弱化农业贸易的技术溢出效应；在农业贸易的大类里，农业中间品贸易的技术溢出效应相对于农产品贸易、农业资本品贸易来说更加明显；在农业贸易领域，发达经济体发挥了更多的技术溢出作用。⑤

---

① 谢向向、汪晗等：《土地整治对中国粮食产出稳定性的贡献》，《中国土地科学》2018 年第 2 期。

② 余亮亮、蔡银莺：《国土空间规划管制、地方政府竞争与区域经济发展——来自湖北省县（市、区）域的经验研究》，《中国土地科学》2018 年第 5 期。

③ 李诗瑶、蔡银莺：《农户家庭农地依赖度测算及多维生存状态评价——以湖北省武汉市和孝感市为例》，《中国土地科学》2018 年第 11 期。

④ 胡银根、吴欣、王聪等：《农户宅基地有偿退出与有偿使用决策行为影响因素研究——基于传统农区宜城市的实证》，《中国土地科学》2018 年第 11 期。

⑤ 高奇正、刘颖、叶文灿：《农业贸易、研发与技术溢出——基于 38 个国家（地区）的验证分析》，《中国农村经济》2018 年第 8 期。

农业机械化和劳动力转移对农民收入增长的作用机制及其因果关系一直是一个值得深入探讨的问题,华中农业大学的李谷成等学者基于 2000～2015 年的省级面板数据,对三者之间的作用逻辑和因果关系进行了实证分析,发现机械化与劳动力转移均可显著地促进农民收入增长。① 华中农业大学的罗斯炫等学者基于农机跨区作业的视角,检验了 1997～2015 年中国 13 个粮食主产省份公路基础设施建设对农业增长的空间溢出效应与门槛效应,研究发现,农机跨区作业对农业增长有正向影响,且存在基于公路基础设施建设的门槛效应。②

（2）粮食安全与价格

近年来,随着国内外粮食市场供求形势深刻变化,我国现行粮食价格支持和收储制度实施过程中也逐步显露出了一些亟待解决的新情况、新问题。华中农业大学的王雅鹏等学者认为以价格支持和政府收储为核心的粮食市场调控政策效能正趋于弱化,且政策对市场的强烈介入导致市场价格信号被人为扭曲,市场机制对粮价的调节作用难以发挥,不断提高的粮食托市收购价格产生的误导资源配置的风险不断上升,造成社会资源和效率的巨大损失。③

（3）农村集体经济

农村经济是农林经济管理学科的研究热点,也是全国范围内的研究热点,该领域成果多涉及综合交叉学科。

武汉大学学者孙敏基于深圳、苏州、宁海三地农村的田野调研发现,工业发达型农村集体经济"收支结构"的差异化变迁呈现了农村集体经济组织的三种发展趋势:以深圳为代表的私人化、以苏州为代表的国家化和以宁

---

① 李谷成、李烨阳、周晓时:《农业机械化、劳动力转移与农民收入增长——孰因孰果?》,《中国农村经济》2018 年第 11 期。
② 罗斯炫、何可、张俊飚:《修路能否促进农业增长?——基于农机跨区作业视角的分析》,《中国农村经济》2018 年第 6 期。
③ 王雅鹏、李霜:《探寻中国粮食价格和收储制度市场化改革之路——评〈我国粮食价格支持政策的市场化转型路径研究〉一书》,《农业经济问题》2018 年第 10 期。

海为代表的空壳化。① 华中师范大学学者王敬尧等研究发现，通过土地规模经营，引入外来资本，或者通过培育农民合作社等新型经营主体可以有效降低交易成本，实现规模化、产业化、专业化，提升资源产出率、劳动生产率及产品商品率，进而实现农业增效、农村增绿和农民增收的"三农"之梦，实现乡村振兴。②

（4）农民主体行为研究

2018 年湖北管理学学者对农业主体行为和心理的研究兴趣增加，产出了不少成果。

华中农业大学学者钱泽森联合浙江大学的朱嘉晔等学者利用浙江大学中国农村家庭调查数据库（CRHPS）的农民工样本，考察了农民工城市融入的影响因素。研究发现，近年来农民工的城市融入状况有明显改善的趋势。③ 武汉大学的董延芳、罗长福等学者使用终生效用函数和客观约束条件的消费——闲暇选择模型，通过对消费和闲暇跨期效用替代的分析发现，农民工工资率和工作时间的负向关系源于农民工无法突破以低工资率为特征的次属劳动力市场，低工资率进而低收入使农民工更偏好收入而非时间灵活性，而为增加收入，在次属劳动力市场不存在高工资率的工作岗位前提下，他们除了加班并接受越来越低的工资率之外别无选择。④

5. 图书馆、情报与档案管理

（1）图书馆学

2018 年湖北省学者对图书馆学的研究成果主要集中在武汉大学，研究领域主要是图书馆建设的启示和图书馆的公共服务以及智慧数据背景下的智

---

① 孙敏：《三个走向：农村集体经济组织的嬗变与分化——以深圳、苏州、宁海为样本的类型分析》，《农业经济问题》2018 年第 2 期。
② 王敬尧、王承禹：《农业规模经营：乡村振兴战略的着力点》，《中国行政管理》2018 年第 4 期。
③ 钱泽森、朱嘉晔：《农民工的城市融入：现状、变化趋势与影响因素——基于 2011—2015 年 29 省农民工家庭调查数据的研究》，《农业经济问题》2018 年第 6 期。
④ 董延芳、罗长福、付明辉：《加班或不加班：农民工的选择还是别无选择》，《农业经济问题》2018 年第 8 期。

慧图书馆建设。

武汉大学学者肖希明等对美国与世界其他国家的图书馆学教育史进行了评述，认为国外图书馆学教育史研究体现了明显的"今史观"，其通过回顾图书馆学教育的历史，思考当今图书馆学教育存在的问题和未来图书馆学教育的发展。[①] 学者严玲艳等介绍了美国公共图书馆为儿童提供个性化公共服务，由此建议我国公共图书馆提高儿童数字资源质量，注重儿童年龄差异，加强多方合作，拓宽儿童数字阅读活动渠道。[②] 学者司莉等选取 QS 2017 年世界大学排名前 100 的高校的图书馆作为调查对象，通过网站调查了解其科研支持服务开展情况，对主要的服务项目类型及相应的服务内容与形式进行分析，为推动我国高校图书馆服务高校，加快"双一流"建设目标提出建议。[③]

武汉大学学者陈庚等认为，我国公共图书馆免费开放政策虽然取得了一定成效，但是也存在不少问题，主要是因为动态的政策调整和优化未能及时跟进，中央地方事权与支出责任划分不明确、支出责任与财力不匹配以及政策成本高于收益，因此要采取有效措施来解决上述问题。[④] 傅才武等学者观察和分析发现：全国县级公共图书馆整体上滑入"L 型"绩效模式；不同区域的县级图书馆的绩效水平呈现出明显差异，传统的"增人加钱"的模式已经逐渐失去效率，深化文化领域供给侧结构改革而不是机制性创新或者技术性改良已成为优化行业管理、提升单位绩效的根本性政策路径。[⑤]

在大数据时代，图档博机构不仅是智慧数据的提供者，也是直接受益者，智慧数据建设不仅能有效促进数字人文的发展，也将成为图档博机构最

① 肖希明、杨婧婷、齐斌弟：《美国与世界其他国家的图书馆学教育史研究述评》，《图书情报工作》2018 年第 19 期。
② 严玲艳、胡泊：《美国公共图书馆儿童数字阅读推广实践调查及启示》，《图书情报工作》2018 年第 4 期。
③ 司莉、曾粤亮：《世界一流高校图书馆科研支持服务调查与分析》，《图书情报工作》2018 年第 8 期。
④ 陈庚、白昊卉：《我国公共文化场馆免费开放政策检视与反思——以公共图书馆为中心》，《中国图书馆学报》2018 年第 3 期。
⑤ 傅才武、岳楠：《公共文化服务体系建设中财政增量投入的约束条件——以县级公共图书馆为中心的考察》，《中国图书馆学报》2018 年第 4 期。

重要的新兴工作。华中师范大学的夏立新等学者在分析人在智慧活动中的本质规律及其对图书馆的核心需求后，提出融合"资源""人""空间"三大核心要素，构建智慧环境以支持用户智慧活动的智慧图书馆建设理念及服务模式，智慧图书馆未来发展应在构建个体智慧图书馆环境的基础上，进一步向"大图书馆"智慧共同体努力。①

（2）情报学

武汉大学巴志超等学者认为，新时代情报学研究也被赋予了新的特征、功能和历史使命，对情报学在理论和实践两个方面都提出了更高的要求，并对这两种要求进行了分析。② 武汉大学徐健等学者以情报学学者为研究对象，认为当前我国情报学研究综合性最为突出，尽管情报学可分为不同领域，但大部分作者研究并不局限于单个领域，竞争情报和文献计量领域界限明显，较少有作者将彼此作为次要隶属社群。③ 吴江等学者基于多智能体建模仿真的方法来探究网民所处的网络拓扑及其性质对人肉搜索效率的影响，这个基于多智能体的人肉搜索仿真系统从微观层面对网民线下搜索、线上交流的过程进行模拟，得到网民所处网络结构对人肉搜索效率的影响规律，有助于政府和网络平台利用和控制人搜索现象，实现网络虚拟空间的和谐健康发展。④

（3）档案学

档案文化创意研究是 2018 年湖北省档案管理研究的一个创新点。目前全国范围内档案文化创意产品开发尚处于起步阶段，理论与实践经验不足，梳理档案文化创意产品开发的理论依据，对推进档案文化创意产品开发具有十分重要的意义，部分学者梳理了档案文化创意产品开发的理论依据，包括文化资本理论、公共文化服务理论、档案艺术开发理论、档案情感理论、档

---

① 夏立新、白阳、张心怡：《融合与重构：智慧图书馆发展新形态》，《中国图书馆学报》2018 年第 1 期。
② 巴志超、李纲等：《数据科学及其对情报学变革的影响》，《情报学报》2018 年第 7 期。
③ 徐健、毛进等：《基于核心作者研究兴趣相似性网络的社群隶属研究——以国内情报学领域为例》，《情报学报》2018 年第 12 期。
④ 吴江、贺超城等：《集成复杂网络与多智能体仿真的人肉搜索效率研究》，《情报学报》2018 年第 1 期。

案多元论。① 根据上述档案文化创意理论，王玉珏等学者还对档案文化创意服务发展策略进行了研究，提升了档案馆对其文化职能的认同感。

构建档案馆安全协同治理机制是总体国家安全观战略指引的必然选择，也是对档案馆安全工作政策要求的积极回应和对档案馆安全责任的主动分担。武汉大学的周耀林、姬荣伟从完善基于主体协同的组织框架、强化基于客体认知的风险识别、探索基于工具优化的治理手段、构筑基于制度设计的保障体系四个方面，探讨了档案馆安全协同治理机制的实现策略。② 同时，周耀林、常大伟也对国家重点档案信息资源的融合及其实现策略进行了一定的研究，国家重点档案信息资源融合是在一定的规则约束下，借助信息融合技术对国家重点档案信息资源进行综合处理与协同利用，从而生成新的信息空间和知识架构的过程。他们从推动国家重点档案信息资源的整合与共享、规范国家重点档案信息资源开发的基础工作、优化国家重点档案信息资源融合的方法体系、创新国家重点档案信息资源融合应用的模式等方面，提出了国家重点档案信息资源融合实现的策略。③

三 湖北管理学学科发展特点与展望

（一）湖北管理学学科发展特点

1. 管理学学科的成就

党的十九大以来，以理论创新为支点，以平台建设为抓手，以"建成支点、走在前列"、服务"一心两带三区"建设和湖北省高质量创新性发展为出发点和落脚点，湖北省管理学迎来了前所未有的繁荣兴盛。

---

① 王玉珏、洪泽文等：《档案文化创意产品开发的理论依据》，《档案学研究》2018 年第 4 期。
② 周耀林、姬荣伟：《我国档案馆安全协同治理机制研究——巴西国家博物馆火灾后的思考》，《档案学研究》2018 年第 6 期。
③ 周耀林、常大伟：《国家重点档案信息资源融合及其实现策略研究》，《档案学研究》2018 年第 2 期。

一是湖北省管理学学科全方位迅速发展。近年来，管理学学科每年获得的课题数量和投入的课题经费不断增长，各所高校的学位授权点数量不断增加，管理学学科下属全部一级学科硕士学位授权点在湖北省都有设置，一些学科甚至还有一级博士和二级博士学位授权点，在全国都是名列前茅的。此外，湖北省管理学学科还拥有一批人文社会科学研究重点基地和协同创新中心。

二是高学历、高水平管理型人才数量进一步壮大，并且呈现多学科性、国际化的发展趋势。在"双一流"大学政策的驱动下，湖北省各高校提高了对管理学学科的人才引进力度，高校与研究机构中管理学学科教学人员结构也发生了一些变化，具有博士研究生学历和海外留学背景的人员与日俱增。

三是管理学学科对涉及政府、社会组织、市场主体以及乡村的研究进一步深入，研究角度更广泛，会为湖北省各项政策的制定贯彻和实施提供更加重要的参考价值。工商管理和公共管理是湖北省管理学学科最重要的二级学科，亦是产出成果最为丰富的学科。2018年，这两门学科以市场主体和政府组织为研究对象，在论文发表、研究报告撰写等方面产生大量成果，为湖北省经济社会的创新性高质量发展提供了重要的智力借鉴。

2.管理学学科发展存在的短板

放眼全国，湖北省管理学学科发展依然存在以下几方面不足。

一是"本土化"与"拿来主义"之间的冲突，未能将中国特色尤其是现代以来具有荆楚特色的管理经验和实践转变为具有创新性、有效性的管理范式。当前湖北管理学界对于如何归纳研究范式存在以下两种路径。第一，坚持纯粹"本土化"，这一路径研究者倾向于从中国近现代管理的发展史中梳理概括总结适合中国本土化的管理经验和规律，以构建中国特色社会主义的管理学科体系为目标。但中国作为一个幅员辽阔的大国，地方经验各具特色，波澜壮阔的中国近现代史又给中国的管理事业增加了独具的特色，如何更好地概括出"中国特色"是一个宏观的难题。第二，瞄准世界管理学学科发展前沿，与世界并轨，利用既有管理理论和经验来解释中国现象。部分学者认为，在中国日益融入世界经济政治的今天，中国的管理学理论必然要紧随国际潮流，与世界并轨。由于发达国家的先发优势，很多理论可以被用来解释中国现象，"中国特色"命题的意义更多在于为管理学学者提供了一个研究对象和验证既有理论的平台，其自身不会具有太多的创新性。从近年来的研究成果看，借鉴西方管理理论的观点处于主流地位，这一路径已有的研究成果更容易在国内外高质量期刊上发表，再加上当前高校考核外文期刊和成果的有效性要大于中文成果，造成很多管理学学科的优秀青年学者只关注欧洲、北美的主流管理学期刊，在研究方法和研究范式上更倾向于借鉴西方理论，忽视对中国经验的总结和概括。

二是管理学各学科发展不均衡，各高校之间的差距仍在扩大。湖北省管理学学科整体水平居于全国第一方阵。但是横向比较，湖北管理学学科之间发展不平衡，这种不平衡主要体现在学科方向和学校之间。第一，学科方向之间发展不平衡。管理科学与工程、工商管理和公共管理是优势学科，2018年各方向成果产出丰富；农林经济管理和图书馆管理则相对处于弱势，2018年产出较少。从各个方向内部来看，亦存在这种发展不平衡的问题，以公共管理学科为例，2018年湖北省学者在管理学权威期刊发表论文的一半以上集中在行政管理、社会保障等方向，卫生事业管理和教育经济管理则相对要少得多。第二，各高校之间发展不平衡。以图书馆、情报与档案管理方向为例，2018年湖北省学者在该方向权威期刊上发表的文章60%以上来自武汉大学，如果将华中师范大学纳入考虑，那么全省有将近70%权威期刊上的成果来自这两所高校。在卫生事业管理领域的成果有一大半来自华中科技大学，在农林经济管理领域，70%以上权威期刊上的成果则来自华中农业大学。

（二）管理学学科发展展望

一是在"本土化"和"拿来主义"之间创造具有荆楚特色的管理学研究范式。高速发展的中国经济和不断变革创新的国家治理体系为湖北管理学学科发展和管理范式的提出提供了丰富的土壤。百年未有之大变局和不断发展进步的湖北省情要求湖北省管理学学者必须摒弃纯粹的"本土化"和

"拿来主义"，创立一套符合国情、具有荆楚特色的新范式。为此，要在开展本土研究的同时，结合严格的国际标准和生动的荆楚管理实践，采用创新、有效的研究范式，构建多层互动的荆楚特色管理学学科发展体系。

二是加强对新进"双一流"高校的扶持，减少管理学学科发展在高校之间的不平衡状态。在原来"211"工程和"985"工程的实施下，很多高校抓住机会，成为管理学学科发展的排头兵，这些高校的各个学科的建设都取得了不错的成果，但是在新建"双一流"高校的号召下，一些院校成为省部级重点扶持的对象，而管理学学科在这些高校的发展将面临巨大的机遇，从而也可以增加高校的实力，缩小与武汉大学、华中科技大学、华中师范大学这些实力较强的高校的差距，此外，也可以加强湖北院校之间、院校与各机构之间的沟通与合作，以增长极推进的模式，以点带面地促进湖北省管理学学科的发展。武汉作为湖北省的省会中心城市，管理学学科的大部分优质专业学位授予点和人才基地都在武汉市，必须加强以武汉市为中心带动其他地区的院校之间的管理学的研究，从而推动湖北省的管理学学科的区域协调性发展，让湖北省管理学学科更上一层楼。

三是加强学术理论研究，深入对各个学科和专业领域更多具有探索价值的维度的研究。2018年虽然湖北省管理学学科在人文社科学科门类各个衡量指标中所占比例较大，但还是有些领域研究成果不多，如林业经济管理领域，这一领域的研究角度和成果偏少，还有待加强。很多二级学科如社会医学和卫生事业管理、土地资源管理、图书馆学和情报学由于在很多高校未设置专业，因此，对该领域的研究也比较缺乏，若能进一步加强对此领域的研究，弥补管理学学科的不足，对湖北省的管理学学科的理论研究也具有巨大的推动作用。

B.9
湖北艺术学学科发展报告（2018）

彭茹娜*

摘　要： 2018 年度湖北艺术学科整体呈现出良好的发展势头，艺术学科聚焦时代主题，深入挖掘湖北地方艺术资源，形成荆楚艺术特色，并加强了与其他学科在学术上的相互渗透。同时，湖北艺术学科在发展中也存在一些问题，如艺术学科中音乐与舞蹈学较弱，戏剧与影视学还有待发展，与北京、上海、江苏等地相比仍然存在差距等。湖北艺术学科应进一步加强学术理论研究，努力提升省内艺术学科学术刊物在国内外的影响力；加强与国内外、省内外院校及各级机构之间的沟通与合作，推动湖北省艺术学科高水平发展。

关键词： 湖北　艺术学科　荆楚特色　音乐与舞蹈学

　　2018 年是改革开放 40 周年，也是实施“十三五”规划承上启下的关键一年，湖北艺术学科在全面贯彻落实党的十九大精神，对焦时代坐标，牢牢把握文艺工作的正确方向的同时，坚持凸显艺术学科发展的荆楚特色，注重与其他相关学科的学术渗透，致力于艺术学科的创造性转化和创新性发展。2018 年度湖北艺术学科整体呈现出良好的发展势头，国家社科基金艺术学重大项目的突破表明湖北省艺术学科在高水平研究方面迈出了实质性步伐。

---
* 彭茹娜，博士，湖北大学艺术学院副教授，硕士生导师，美国佛罗里达大学研究学者，主持有教育部人文社会科学研究项目和国家留学基金委项目等，主要研究方向为设计艺术史论。

一 湖北艺术学学科发展概况

（一）人才队伍

据教育部2018年《全国普通高等学校科技（人文、社科类）统计年报表》和课题组统计，湖北省艺术学科活动人员总计4965人，其中，女性2860人，约占总人数的57.6%。在所有活动人员中，具有教授、副教授高级职称的人员共计1581人，约占总人数的31.8%；教授345人，约占总人数的6.9%；具有研究生学历的人员共计3025人，约占总人数的60.9%；有博士学位的人员共计305人，约占总人数的6.1%。随着各高校与研究机构对高层次人才培养与引进的持续重视，2018年湖北省具有高级职称和博士学位的艺术学科活动人员数量较2017年稳健增长（见图1）。

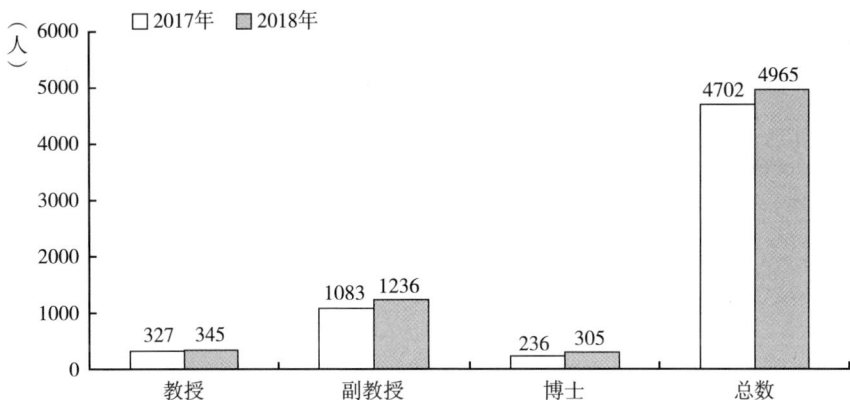

图1 2017年、2018年湖北艺术学科活动人员比较

（二）学科建设

2018年湖北省教育厅、湖北省财政厅以及湖北省发展和改革委员会联合发布鄂教研〔2018〕1号文件，公布了湖北省一流大学和一流学科

建设高校和学科名单，湖北美术学院和武汉音乐学院 2 所艺术类院校进入湖北省 11 所国内一流学科建设高校名单，湖北美术学院的美术学专业和武汉音乐学院的音乐与舞蹈学专业被列入湖北省 29 个国内一流学科建设学科。

截至 2018 年 12 月 31 日，湖北省艺术学科拥有 1 个博士后流动站[1]，2 个博士一级学位授权点[2]，21 个硕士一级学位授权点[3]，1 个硕士二级学位授权点。从湖北省艺术学科硕士学位授权点一级学科、硕士学位授权点二级学科分布情况来看，设计学仍然位居第一，不仅拥有 1 个博士一级学科授权点，其硕士一级学科授权点也占到全省总数的 47.6%（见图 2）。

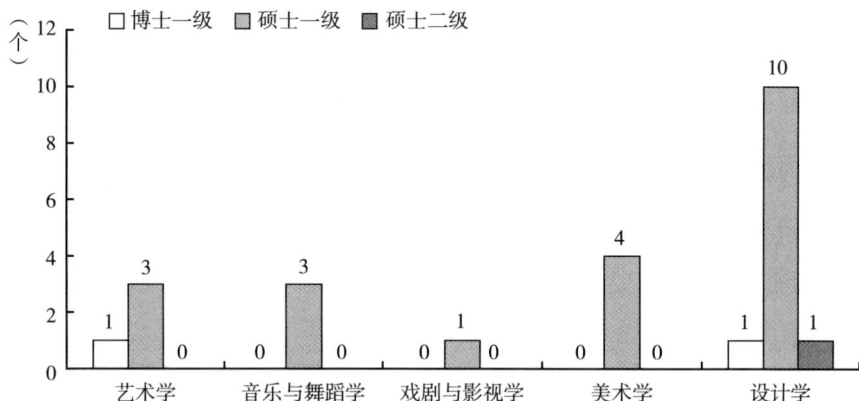

图 2　湖北省艺术学科博士、硕士学位授权点二级学科分布情况

---

① 武汉理工大学艺术与设计学院拥有湖北省唯一的艺术学博士后流动站。
② 湖北省 2 个博士一级学位授权点为武汉理工大学的艺术学和设计学。
③ 湖北省 21 个硕士一级学位授权点分别为：湖北美术学院、华中师范大学、武汉纺织大学（2016 新增）3 所艺术学硕士一级学位授权点；华中师范大学、武汉体育学院、武汉音乐学院 3 所音乐与舞蹈学硕士一级学位授权点；武汉大学（2016 新增）1 所戏剧与影视学硕士一级学位授权点；湖北大学（2017 新增）、湖北美术学院、华中师范大学、武汉理工大学 4 所美术学硕士一级学位授权点；湖北大学（2017 新增）、湖北工业大学、湖北美术学院、华中科技大学、华中师范大学、武汉大学、武汉纺织大学、武汉工程大学（2017 新增）、武汉科技大学（2017 新增）、中国地质大学（武汉）10 所设计学硕士一级学科授权点。

此外，为进一步推动湖北省艺术学科的繁荣与发展，湖北省文化厅开展了第二批湖北省舞台艺术和美术人才培养工程，分别资助了 100 名舞台艺术人才和 100 名美术人才。

（三）研究平台

2018 年，湖北省的文化部重点实验室和 15 个艺术学科省级人文社科重点研究基地充分依托所在院校的传统学科优势，通过论坛、研讨会等进行学术交流，举办工作坊、作品展览、文化周等活动，组织各项艺术培训、发布开放基金研究项目，集聚学界俊杰，服务湖北地区经济建设、社会建设、文化建设，推动湖北艺术学科发展。从研究基地的二级学科分布来看，设计学研究基地仍然占最大比重，占比 47%（见图 3），7 个设计学省级人文社科研究基地主要涵盖产品设计和视觉传达设计等研究领域。[1] 4 个艺术学研究基地均来自综合性大学，且多依托于各自学校的传统学科优势和整体力量，形成了学术相互渗透的血缘结构，并产生了在国内外具有影响力的学术成果。

（四）研究项目与经费

2018 年湖北省项目拨入经费较上一年度略减，但新增课题数量和投入人员均较上一年度有所增长。2018 年度共新增艺术学类课题 2218 项，

---

[1] 2018 年湖北省人文社科重点研究基地的二级学科分布情况依次为 7 个设计学研究基地，分别是湖北美术学院的"现代公共视觉艺术设计研究中心""湖北省时尚艺术研究中心""湖北美术学院手工艺文化研究中心"，武汉理工大学的"湖北省产品创新管理研究中心"，中国地质大学（武汉）的"珠宝首饰传承与创新发展研究中心"，武汉纺织大学的"湖北省服饰艺术与文化研究中心"，以及湖北工业大学的"湖北文化创意产业设计研究中心"；4 个艺术学理论研究基地，分别是三峡大学的"巴楚艺术发展研究中心"，长江大学的"荆楚文化研究中心"，中南民族大学的"少数民族审美文化研究中心"和湖北大学的"湖北大学当代文艺创作研究中心"；2 个音乐与舞蹈学的研究基地，分别是武汉音乐学院的"长江传统音乐文化研究中心"和华中师范大学的"中国合唱艺术研究中心"；2 个戏剧与影视学研究基地，分别是黄冈师范学院的"黄梅戏艺术研究中心"和三峡大学的"影视文化与产业发展中心"。

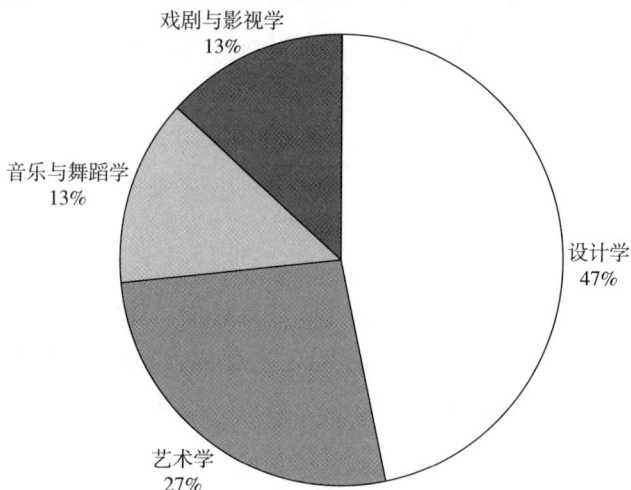

图3　湖北省艺术学科人文社科重点研究基地二级学科分布情况

比上一年度多279项，同比增长约14.4%，2018年投入总人数464人，比上一年度多46人，总投入经费达46314.86千元，比上一年度减少3358.97千元，总支出经费达43603.3千元，比上一年度减少1250.33千元。

2018年新增的艺术学课题仍然主要集中在应用研究与基础研究两个方面，其中，应用研究课题占较大比重，并在课题数量与人员投入上均较上一年度有较大幅度增长。2018年度应用研究课题共计1327项，约占课题总数的59.8%，比上一年度增长331项，同比增长约33.2%；投入人数299人，约占总人数的64.3%；投入经费37841.27千元，约占总投入经费的81.4%；当年支出经费35958.19千元，约占总支出经费的82.3%。基础研究课题共计891项，约占课题总数的40.1%；当年投入人数约165人，约占总人数的35.5%；当年投入经费8473.59千元，约占总投入经费的18.2%；当年支出经费7645.11千元，约占总支出经费的17.5%。

2018年，湖北新增的国家级、省部级项目主要包括国家艺术基金31项；国家社科基金艺术学项目13项，含重大项目1项，一般项目11项，青年项目 1 项；教育部人文社会科学研究艺术学项目 24 项①，含规划基金项目 10 项，青年基金项目 14 项。

（五）成果推出

艺术学科成果包括理论研究成果与艺术创作成果。

在理论研究方面，2018 年湖北省新增著作类成果 224 部，其中，教材 122 部，约占 54.5%，专著 90 部，约占 40.2%，此外，还有工具书、参考书 4 部，译著和电子出版物各 3 部（件），科普读物 2 部；论文类成果 2302 篇，其中，2262 篇文章发表于国内学术刊物，约占 98.3%，40 篇文章发表在国外学术刊物，约占 1.7%；研究与咨询报告成果 61 篇，其中，21 篇成果被采纳，约占 34.4%。② 2018 年湖北艺术学科获奖成果均为省级奖项。在第十一届湖北省社会科学优秀成果奖评选活动中，华中科技大学李晓峰的《湖北古建筑》获一等奖；湖北美术学院陈日红的《荆风楚韵——湖北民间手工艺研究》等 3 部著作和湖北美术学院吴继金的《抗战美术研究》等 2 篇论文获二等奖；湖北大学朱伟明的《汉剧史论稿》等 4 部著作和华中师范大学王树福的论文《当代俄罗斯戏剧在中国》获三等奖。在湖北省首届非物质文化遗产保护与传承优秀科研成果评选活动中，《社会史视角下的汉剧（1912—1949）》等 5 部专著和论文《基于 AR 技术的非物质文化遗产资源产业化开发研究——以黄鹤楼传说为例》获一等奖；《荆州花鼓戏传承群体的社会学考察》等 2 部专著和《非物质文化遗产"楚剧"发展存在的问题及建议》等 5 篇论文获二等奖；《孝感雕花剪纸中的民俗与风情》等 11 篇论文获三等奖；《阳新采茶戏彩调研究》等 2 部专著和《湖北省非物质文化遗产与高校艺术的融合》等 22 篇论文获优秀奖。在湖北发展研究奖（2016～2017 年）评选活动中，湖北工业大学研究报告《湖北省特色小镇规划建设发展研究》获三等奖。从上述获奖学者与成果来看，湖北省已经有

---

① 其中 7 项为交叉学科。

② 以上数据来源于教育部 2018 年《全国普通高等学校科技（人文、社科类）统计年报表》和课题组调查统计。

越来越多的非艺术专业学者加入艺术学科研究，这些非艺术专业的学者大多来自文学、历史学、民族学、美学等文、史、哲学科领域，他们的加入拓展了艺术研究的领域与视野，推动了艺术学科交叉综合研究的发展。

在艺术创作方面，本年度国家级艺术成果主要集中在音乐与舞蹈学、戏剧与影视学、美术学和设计学四个方面。在音乐与舞蹈学方面，湖北文理学院翟欢获中国声乐家协会主办的第六届孔雀奖全国高等院校声乐展演综合师范院校教师美声组二等奖。在戏剧与影视学方面，湖北省民族歌舞团演出的土家乡村音乐剧《黄四姐》被文化和旅游部评为6部全国优秀音乐剧之一，参加全国第十三届声乐展演暨全国优秀音乐剧展演；湖北省文学艺术界联合会52集电视连续剧《金水桥边》获第31届电视剧"飞天奖"和"优秀电视剧大奖——提名作品"；江汉大学非遗传承微电影《李家糖画》获全国第五届大学生艺术展演活动微电影类二等奖；江汉大学原创话剧《新青年下乡》获全国第五届大学生艺术展演活动优秀文艺节目戏剧类一等奖。在美术学方面，湖北美术学院6件作品入选"第六届全国青年美术作品展览"，此外，该校中国画系3位师生创作的山水长卷《楼倚春江烟波平》在中央电视台《筑梦新时代》"五月的鲜花"全国大中学生文艺会演中展示。在设计学方面，湖北工业大学艺术设计学院汪涛设计的《中华人民共和国第十三届全国人民代表大会》纪念邮票正式发行。

（六）学术活动

2018年度湖北省艺术学科学术活动主要包括国际、国内会议，全国展览、艺术节活动，省级展览、艺术节活动，以及国际交流与合作。

在艺术学方面，湖北省文艺评论家协会主办了"《湖北文艺名家研究》出版座谈会"，阐述当代湖北文艺事业发展的成就和经验；武汉科技大学艺术治疗与心理健康研究中心中国表达艺术治疗协会等机构联合主办了"第二届表达艺术治疗国际高峰论坛"，并联合南京航空航天大学校友会等多家单位主办了"中国首届陶笛与心理健康学术研讨会"；湖北大学主办了"全国艺术与设计学院院长论坛"和"中国高等教育博览会全国艺术与设计学院院长论坛"；中南财经政法大学主办了"艺术教育与实践研讨会"；湖北美术学院承办了"全国艺术院校社会科学协同发展联席会议"。这些研讨会与论坛总结新时代艺术教育规律，聚焦创新教育模式，关注艺术设计教育的国际化和校企合作；湖北民族大学举办了"第一届区域性民族民间文化艺术研究论坛"，围绕武陵山地区高校专业艺术教育协作与共赢的可行性探索、基于民族民间艺术田野调查个案研究、民族民间艺术审美的创作实践和民族民间艺术资源的教育转化开发途径等议题进行探讨。

在音乐与舞蹈学方面，湖北省文学艺术界联合会主办了为你歌唱——"湖北音乐金编钟奖"成果展，热情讴歌改革开放40周年；中国高等教育学会和宜昌市人民政府联合主办了"长江钢琴·2018全国高校钢琴音乐周"，推广普及音乐文化并推动高校钢琴音乐教育发展；三峡大学主办了"2018中国少数民族音乐学会第十六届年会暨巴楚艺术创新教育学术会议"，围绕"一带一路"与少数民族音乐研究、巴楚区域音乐文化研究及其他研究、少数民族音乐研究中的新思维与新方法、少数民族音乐教育的区域研究等主题进行了深度交流和探讨；华中师范大学主办了"全国高师音乐教育联盟教师艺术展演暨联盟理事长大会"和"让钢琴讲好中国故事——著名作曲家黄安伦钢琴作品研讨会"，通过提供实践舞台，开展音乐舞蹈艺术切磋，建立观摩学习平台；文华学院主办了首届"武汉高校古琴文化节"，贯彻落实中华优秀传统文化传承发展工程，增强武汉大学生对古琴文化、知音文化的认知。

在戏剧与影视学方面，湖北省文化厅举办了2018年全省校园戏曲展演活动，活动历时半年，分县和市、州展演交流和全省现场集中展示两个阶段，内容涵盖京剧、汉剧、楚剧、荆州花鼓戏和黄梅戏等湖北主要戏曲剧种；湖北省文学艺术界联合会主办了"第十二届湖北戏剧牡丹花奖颁奖暨戏曲进校园展演"，评选出20名"牡丹花奖"演员和2名"牡丹花大奖"演员，内容涵盖京剧、汉剧、楚剧、荆州花鼓戏、黄梅戏、豫剧、阳新采茶戏、襄阳花鼓戏、话剧等剧种；湖北省电视艺术家协会主办了首届"长江杯"湖北电视艺术（主持）新人赛，发现了一大批富有潜力的电视主持新秀；湖北省电影家协会和黄冈师范学院联合主办了湖北青年影人研究暨省高校电影工作委员会成立大会，探讨了湖北青年影人的创作特点与生存现状，以及湖北电影助推青年影人的方式与途径；江汉大学主办了"张明智湖北大鼓艺术研讨会"，总结张明智湖北大鼓的艺术成就，研究传播湖北大鼓等传统曲艺形式的新方式。

在美术学方面，湖北省书法家协会主办了"长江颂·长江流域书法名家邀请展""印苑楚声·第二届湖北省篆刻艺术展"，召开了《中流篆刻十家》丛书研讨会，对推动地域书法史整理与研究和全省篆刻事业产生了积极影响；湖北省摄影家协会聚焦"一带一路"主办全省摄影大展，用影像的力量宣传、勾勒湖北深度融入"一带一路"建设的新发展、新气象；湖北美术学院美术馆主办了"期颐艺境·德承百年——湖北美术学院世纪艺术家馆藏精品展""多维景观——湖北女性艺术家作品展""'步漆而语'——湖北省高等院校首届漆艺作品展"，湖北大学主办了"'生命的颂歌'董继宁中国画作品展"，以展览为契机，梳理湖北艺术家的艺术贡献、文化贡献和教育贡献。

在设计学方面，武汉理工大学主办了"湖北省动漫协会第三届第一次会员大会暨湖北省 2018 动画与数字媒体高峰论坛"，为推动创意文化产业建言献策，为动漫与数字媒体的发展助力，举办了"当代审美与设计美学价值"学术研讨会，围绕艺术的终结与当代美学的走向、现象学与哲学、中国传统美学与设计伦理、工匠精神的美学价值、当代美学价值的设计实践等议题进行探讨，从不同学科、不同角度剖析中国当代设计美学的价值与未来发展趋势；湖北工业大学主办了"湖北工业大学艺术设计学院建院 40 周年庆祝大会暨 2018 第七届面向未来的可持续设计国际论坛"，围绕设计生态、设计伦理和服务设计等议题进行研讨；中国地质大学（武汉）主办了"新时代一流设计专业及其课程、教材、人才建设研讨会"，130 余位艺术与设计学院院长、领军人或校企骨干出席了会议，共商设计教育大计；湖北美术学院主办了"2018 武汉时尚艺术季"，在湖北美术学院美术馆主办了"红 T/象·素时尚插画艺术展"，展出 100 幅时尚插画，内容涵盖时尚、服装、城市文化。

2018 年度，湖北省在国际交流与合作方面也取得了重要突破。湖北美术学院与法国圣埃蒂安高等艺术与设计学院签署合作协议；湖北工业大学获准加入国际艺术、设计与媒体院校联盟（CUMULUS），成为正式会员单位。

（七）社会服务

2018 年，湖北艺术学科继续调动高校和社会各界力量，坚持打造湖北地区艺术发展特色，服务社会与群众文化艺术生活。湖北省文学艺术界联合会和湖北省音乐家协会举办了"荆楚红色文艺轻骑兵"活动、走进高校惠民演出活动和"曲艺进校园"公开课活动，首次以公开课形式在校园进行系统辅导与授课；湖北省音乐家协会赴襄阳市、宜昌市开展创作辅导培训，提升基层文艺骨干及音乐爱好者的创作水平；湖北省文化厅和江汉大学联合举办 2018 年湖北省曲艺传承人群培训班；武汉社科讲坛和江汉大学在武汉图书馆开展题为"漫说湖北四大曲种"的社科讲座，为群众普及湖北戏曲知识；湖北省美术家协会组织省内知名美术专家赴孝感开展主题为"纪念改革开放 40 周年创作培训活动"，搭建地方广大文艺爱好者学习、交流的平台，构筑省、市文艺工作者联系沟通的桥梁，提高了地方美术工作者的创作热情和创作水平，对湖北省美术文艺工作者深入生活、扎根人民起到了示范作用；湖北大学和湖北省美术家协会联合主办"艺术进校园·水彩画展"活动，汇集湖北省老中青三代知名艺术家 80 余件作品，丰富了大学生的校园文化生活，并提高了大学生的艺术修养和人文素质。

二　湖北艺术学学科学术研究的比较分析与学术成果创新

（一）湖北艺术学学科研究的主要学术成果分析

以 2018 年度在《新华文摘》《中国社会科学》两部顶级刊物上发表的

艺术类文章，以及在《文艺研究》、《美术研究》、《美术》、《音乐研究》、《戏剧艺术》、《电影艺术》、《南京艺术学院学报》（美术与设计）和《建筑学报》八种 CSSCI 来源期刊上发表的艺术学学科研究主要学术成果为依据①，本年度湖北艺术学学科理论研究主要涵盖以下方面。

1. 艺术学

（1）新时期文艺理论研究

华中师范大学张玉能的《继承和发扬"五四"传统，建构新时代中国特色社会主义文艺理论》指出"五四"新文学运动确立了新文学的文论传统，在建设中国特色社会主义的新时代，应该全面继承和发扬"五四"新文学的文论传统，高度统一文艺理论的批判性、审美性、民族性、多元性，建构新时代中国特色社会主义文艺理论。②

（2）艺术美学

华中师范大学黄念然的《"折"与中国古代艺术结构创造》对中国艺术体系中重要的理论范畴"折"进行了研究，认为"折"以"意""法"融合为基础，逻辑起点在于"循理"，思维起点在于"折中"，形式感创造起点在于"相度"，最终审美目的在于"得势"，其内在运动力不仅为高效能的结构布置模式储力、蓄势，更呼应了中国艺术对诗情、文理、词脉、书势、画韵、曲趣、园境的追求，因而在中国古代艺术结构创造中具有非常重要的审美价值③；武汉大学冯黎明的《艺术自律与审美伦理》对艺术自律与审美伦理进行了分析研究，指出审美伦理生成于自律性的艺术，实验艺术、先锋艺术等以其对形式自律的诉求表达了一种自由游戏的生命经验，20 世纪中期以来，随着非自律性的艺术以及知识界的新思潮的出现，审美伦理在

---

① 受限于时间和精力，本年度期刊取样仅分析了艺术学科部分 CSSCI 来源期刊，未能涵盖艺术学科全部 CSSCI 来源期刊，以及在其他 CSSCI 来源期刊（如各大学学报，以及教育学等其他学科的 CSSCI 来源期刊）发表的艺术类文章。本年度取样的部分 CSSCI 来源期刊涵盖了艺术学每一个二级学科门类，且基本上遵循了选取最权威、最具有代表性刊物的原则。

② 张玉能：《继承和发扬"五四"传统，建构新时代中国特色社会主义文艺理论》，《文艺研究》2018 年第 8 期。

③ 黄念然：《"折"与中国古代艺术结构创造》，《文艺研究》2018 年第 3 期。

价值和意义的判断方面的合法性逐渐减弱，而"日常生活的审美呈现"与以审美伦理为救赎之道的批判理论不可同日而语①；华中科技大学白舸等在《中国古典园林中"游观"的美学阐释》中从美学的角度指出，游观是古代中国人独特宇宙观的体现，其美学本质在于"以大观小"，作为一种体验，游观是节奏化的行动，其效果呈现出以时率空、层次空间、情景交融三个特征，对游观的研究可进一步阐释借景理论的内涵。②

2. 音乐与舞蹈学

（1）经典民族音乐研究

武汉音乐学院刘正维的《"三色"析〈二泉映月〉》着重探究华彦钧对民族音乐中旋律调式的徵羽宫"三原色""三音列"的运用。③

（2）湖北民间音乐研究

武汉音乐学院孙晓辉的《鄂西民间手抄唱本音声符号"&"考释》围绕鄂西地区民间歌师傅承用的手抄唱本进行文献整理及其相关音乐文化阐释，从手抄唱本中特殊符号的纯文本含义和仪式操演中手抄唱本符号的含义两个方面，对鄂西手抄唱本中特有的"落板"记号"&"进行深入研究，指出以汉字手写传抄为载体、以活态口头表演传唱的双重方式传承的鄂西唱本是"纪念仪式"中"抄写实践"和"身体实践"并行的鄂西乡土"社会记忆"的重要音乐文学载体，认为只有建立文献研究与田野考察的双重坐标，才能在手抄唱本和活态口传之间实现音乐史学和音乐人类学的历史田野和民间田野的对应。④

3. 戏剧与影视学

（1）戏曲传承研究

武汉大学邹元江的《传承作为昆曲国家文化战略确立的关键》提出，

---

① 冯黎明：《艺术自律与审美伦理》，《文艺研究》2018 年第 11 期。

② 白舸、屈行甫：《中国古典园林中"游观"的美学阐释》，《南京艺术学院学报》（美术与设计）2018 年第 4 期。

③ 刘正维：《"三色"析〈二泉映月〉》，《音乐研究》2018 年第 4 期。

④ 孙晓辉：《鄂西民间手抄唱本音声符号"&"考释》，《音乐研究》2018 年第 5 期。

从剧本、音乐、美术、导演四个方面传承传统昆曲，通过"京昆国家文化战略"来解决目前昆曲剧目的地域性丧失与昆曲传承人才短缺的现状，将昆曲传承提到文化战略的高度①；武汉大学刘玮的《〈南北词简谱〉的谱式渊源及特点——兼论传统格律谱对当代新编昆剧的意义》对近代曲学大师的著作《南北词简谱》进行了研究，指出《南北词简谱》北词谱属《太和正音谱》一派，南词谱归沈璟《南曲全谱》一脉，其突出特征为"简"，不仅例曲选择简明精当，而且每曲之校记言简义丰，对联套中的疑难问题——"梳爬搜剔，独下论断"，认为归纳每宫通行格式，示昆剧词坛歌场以轨则，对昆剧创作乃至保护传承具有重要意义。②

（2）戏剧作品研究

武汉大学汪余礼在《论莎士比亚四大悲剧中的隐性艺术家形象——兼论"隐性艺术家"与"隐含作者"的差异》中对莎士比亚四大悲剧进行了研究，指出在作品中置入"隐性艺术家"是莎士比亚创作悲剧的一个重要技巧，并将莎士比亚悲剧中的隐性艺术家形象划分为扮演着制造危机、煽风点火、压榨人心角色的魔鬼艺术家和具有高度的超越性，在重重困境中坚守理想，不惧死亡，想方设法去实现理想的自由艺术家两类，认为这些隐性艺术家在作品中的主要功能是暗暗引导作品实现艺术的本质或作家的创作意图③；武汉大学夏纪雪在《憧憬、自欺与救赎——评〈泰坦尼克弦乐队〉》中对保加利亚剧作家赫里斯托·波伊采夫的《泰坦尼克弦乐队》进行了研究，指出这部典型荒诞喜剧既剖析出人类生存的荒诞本质，又在此基础上重新探讨了自欺与救赎的关系，以及幻象之于生命的意义问题，认为剧中人对生命意义的追求实际上是在自我欺骗，是为了生存不

---

① 邹元江：《传承作为昆曲国家文化战略确立的关键》，《艺术百家》2017 年第 4 期，《新华文摘》2018 年第 2 期全文转载。

② 刘玮：《〈南北词简谱〉的谱式渊源及特点——兼论传统格律谱对当代新编昆剧的意义》，《戏剧艺术》2018 年第 1 期。

③ 汪余礼：《论莎士比亚四大悲剧中的隐性艺术家形象——兼论"隐性艺术家"与"隐含作者"的差异》，《戏剧艺术》2018 年第 2 期。

得已而为之的深度自欺①；湖北工程学院的刘怀堂对中山大学人文科学学院陈志勇先生戏剧研究的一部著作进行了研究，在《小支点与大格局——评〈民间演剧与戏神信仰研究〉》中指出该书以民间演剧为切入点，将中国纷繁复杂的戏神信仰纳入了一个符合逻辑的体系当中加以研究，建立起一个关于戏神信仰研究内容的大格局，认为令人信仰的精神史是支撑起这一格局的重要支点。②

（3）西方著名戏剧大师研究

武汉理工大学李银波等认为挪威戏剧大师易卜生的宗教观不仅影响了其戏剧创作，同时赋予其戏剧深刻的思想性，他们在《论易卜生宗教观的嬗变及其戏剧创作》中对易卜生宗教主题或题材的戏剧进行了研究，指出这些戏剧证明易卜生宗教观发生了由信仰路德派新教到倾向无神论的重大转折，且其路德派新教信仰前后也有较大差异，认为易卜生宗教观的变化与其人生经历密切相关，其中，德国文化是影响易卜生宗教观的重要因素，不仅是其宗教观的主要内容，也是其宗教观发生转变的重要诱因。③

（4）电影创作研究

武汉大学的彭万荣等对匈牙利著名导演、制片人贝拉·塔尔进行了访谈，在《成为你自己——贝拉·塔尔访谈》一文中，探讨了其电影的哲学意味和诗性特质、其电影与同辈和前辈的关系、长镜头的剪辑功能、电影剧本与即兴创作，以及电影的教与学等话题，强调了"成为你自己"是其电影贯穿始终的独立人格与自由精神，并由此构成其感知世界的影像风格④；武汉大学朴婕对2018年上映的国产新片《马兰花开》进行了研究，在《走进工业的"娜拉"——论电影〈马兰花开〉中的"女—工人"》中指出，该片通过讲述家庭妇女马兰成为筑路工人的故事，建立起重工业生产空间中

---

① 夏纪雪：《憧憬、自欺与救赎——评〈泰坦尼克弦乐队〉》，《戏剧艺术》2018年第5期。
② 刘怀堂：《小支点与大格局——评〈民间演剧与戏神信仰研究〉》，《戏剧艺术》2018年第6期。
③ 李银波、苏晖：《论易卜生宗教观的嬗变及其戏剧创作》，《戏剧艺术》2018年第2期。
④ 贝拉·塔尔、彭万荣、谢诗思、谢小红：《成为你自己——贝拉·塔尔访谈》，《电影艺术》2018年第1期。

的妇女形象，这一形象颠覆了此前的社会生产分工制度，塑造出性别意义上的理想"新人"，认为马兰的"女—工人"身份既反映出当时社会主义工业体制对家庭的改造，建立了突破公私界限的理想工业形象，也提示性别问题如何为生产问题所遮蔽，体现当时调节生产秩序与性别秩序的手段，马兰所代表的"女—工人"形象参与社会主义时期对性别、生产及"新中国"形象的构造，体现了社会主义初期文艺形式的探索及文化政治的运作手法。①

4. 美术学

（1）艺术家及作品研究

湖北美术馆冀少峰《一张中国人的脸——读张晓刚的画》对中国当代重要艺术家张晓刚的绘画作品进行了研究，指出张晓刚的作品展现出的是画家曾经历的、充满着个人趣味的历史图像，以及画家对其进行的思考与反思，认为其作品以视觉的图像重构了人们的历史记忆与文化记忆，关联着生命与社会深沉的思考及个体命运与国家情怀间有关家庭记忆、个人历史与国家历史间独特的内在生命和文化。②

（2）当代美术发展趋势研究

由于刘寿祥等一批中国当代著名水彩画家在湖北省居住、工作，湖北水彩画在全国范围内颇具影响力，近年湖北大学成立了水彩画研究中心，关于水彩画的研究成果也在不断推出。湖北大学杨帆的《当代文化背景下中国水彩画的多元形态与发展路向》对当代文化背景下中国水彩画的多元形态进行了分析，指出水彩画家应该把握主流文化方向，强化现实主义创作，重振精英文化精神，提升水彩画的学术高度，同时还应该吸纳西方文化元素，挖掘传统文化内涵，寻找现代创作新灵感，并适应大众化节奏，满足人民的艺术需求。③

（3）美术创作研究

中南民族大学占跃海在《从"梦境叙事"到"梦境制造"》中指出，

---

① 朴婕：《走进工业的"娜拉"——论电影〈马兰花开〉中的"女—工人"》，《文艺研究》2018 年第 6 期。

② 冀少峰：《一张中国人的脸——读张晓刚的画》，《美术研究》2019 年第 1 期。

③ 杨帆：《当代文化背景下中国水彩画的多元形态与发展路向》，《美术》2018 年第 5 期。

"梦境萦绕梦者"是基督教艺术中发展出来的图式，在文艺复兴艺术中，"沉睡"化为睡美人的优雅形式，不断激发观者的古典理想，而18、19世纪的浪漫主义画家则将"梦"作为自由想象的托词，现代艺术中的超现实主义更多的是研究梦的语言形式，借助梦的现象去再造艺术之梦①；湖北美术学院黄汉成以自己的作品为例，探究美术创作的途径，在《覆盖岁月的符号——我对油画创作的感悟》中，从"形象符号化"、"色彩符号化"和"对艺术创作的反思"三个方面阐述自己在创作过程中对认识、表达与反思的感悟②；长江师范学院杨贤艺的《土家族民族风情绘画创作短札》以作者自己的艺术创作活动为例，介绍了自己对民族风情绘画创作的感悟。③

（4）湖北地域美术研究

湖北美术馆胡莺的《地域美术与文化自觉——湖北优秀美术作品展的学术指向》以2018年9月湖北省主办的"从长江走来——湖北优秀美术作品展"为依据，对湖北地域美术进行了系统梳理和专题研究，指出湖北美术的历史与百年来中国社会文化环境及美术格局的演变息息相关，但在风潮之外，又因其固有的地域特质和文化属性而保持着相对的独立性④；湖北大学杨帆的《湖北当代水彩画意象文化探析》以湖北当代水彩画在写实、写意、抽象等方面的意象表达为对象，分析湖北当代水彩画意象文化的表现与特征，指出湖北当代水彩画意象文化是建立在荆楚本土文化基础之上的民族文化自觉与自信的表现，对区域文化建设与新时代文化发展有积极意义。⑤

（5）湖北艺术名家研究

湖北艺术名家研究包括对湖北老一辈艺术家的研究、对湖北当代主流艺

① 占跃海：《从"梦境叙事"到"梦境制造"》，《南京艺术学院学报》（美术与设计）2018年第2期。
② 黄汉成：《覆盖岁月的符号——我对油画创作的感悟》，《美术研究》2018年第2期。
③ 杨贤艺：《土家族民族风情绘画创作短札》，《美术》2018年第5期。
④ 胡莺：《地域美术与文化自觉——湖北优秀美术作品展的学术指向》，《美术》2018年第11期。
⑤ 杨帆：《湖北当代水彩画意象文化探析》，《南京艺术学院学报》（美术与设计）2018年第2期。

术家的研究和对湖北新兴艺术家的研究。

张振铎和朱振庚均是 20 世纪卓有成就的花鸟画画家，前者是"长江画派"的开先河者，后者曾任湖北省美协中国画艺委会副主任，武汉美术馆宋文翔对张振铎的艺术生涯进行了梳理与研究，在《从白社到长江画派——张振铎花鸟画的创作历程与艺术成就》中，将其艺术人生划分为两个阶段，指出博采众长、厚积薄发和外师造化成就其艺术造诣①；华中师范大学钱忠平对朱振庚的绘画作品进行研究，在《独步由心——朱振庚绘画艺术评述》中指出朱振庚并不将自己寓于某种一定的风格或样式的作品之中，而是始终随着其个人的绘画感觉游走，敏于发现，让其在绘画历程中保持了一种游牧特性，其作品始终洋溢着"活泼泼的"自由的生命意志②；湖北美术馆胡莺的《开物成务——傅中望的"雕"与"塑"》对湖北艺术家傅中望的雕塑作品进行了研究，认为深谙传统文化的精义，敏锐捕捉与之契合的接点，以及独特而智慧的转换方式，使傅中望的作品在中国当代雕塑发展中有着不可忽视的位置③；湖北师范大学王慧娟等的《力量造就风格——戴少龙写意重彩画探微》对湖北当代中国画家戴少龙的重彩画语言与其写意重彩画风格的形成进行了研究，指出其写意重彩作品从个人的隐秘天地走向了真正的公众阅读，同时也折现出当代中国画表现方式的多种可能性④；武汉工程科技学院柳锦的《柳秀林造型语义与笔墨语言的新融合》对柳秀林的绘画作品进行了研究，强调其灵动的笔墨中呈现出画家对生活的热爱和对艺术的执着。⑤

5. 设计学

（1）设计史论研究

设计史论研究主要集中在学科交叉性较强的环境艺术设计专业方向。

武汉理工大学刘炜的《社会冲突视野下美国波士顿唐人街空间演变研

---

① 宋文翔：《从白社到长江画派——张振铎花鸟画的创作历程与艺术成就》，《美术》2018 年第 9 期。

② 钱忠平：《独步由心——朱振庚绘画艺术评述》，《美术》2018 年第 11 期。

③ 胡莺：《开物成务——傅中望的"雕"与"塑"》，《美术》2018 年第 3 期。

④ 王慧娟、孟亮：《力量造就风格——戴少龙写意重彩画探微》，《美术》2018 年第 7 期。

⑤ 柳锦：《柳秀林造型语义与笔墨语言的新融合》，《美术》2018 年第 8 期。

究》通过对波士顿唐人街的"空间隔离—空间竞夺—空间协商"三个重要历史时期的回顾与分析，梳理波士顿唐人街空间"借用—自发—强化"的生成与演化模式，总结出美国冲突型社会环境中历史街区"内生式"保护发展的历史与经验①；图尼基沃蒂斯的《现代建筑的历史编纂》是建筑界不多的关于历史编纂的专著，武汉理工大学王发堂等在《基于诗性的史学纂写——〈现代建筑的历史编纂〉书评》中指出，该著作通过研究现代建筑史学的编纂历史，解构史学中现代建筑的历史，还原史学中的现代建筑运动，同时通过现代建筑史学的编纂本身研究，解构史学的写作规律，呈现当代历史编纂的发展趋向②；华中科技大学周钰等通过梳理从古希腊时期到20世纪的欧洲城市建设史，发现街道界面形态的历史演变可分为古典时期、封建时期、工业革命至二战时期及二战以后四个时期，在《欧洲城市街道界面形态的历史演变探析——从古希腊时期到20世纪》中指出，欧洲城市街道界面演变过程受到居住和交通、市场、防御、法规、美学等复杂因素的共同影响，历史性地看待街道界面问题，或能给我国的街道界面管控带来启示③；华中师范大学王文新等对张爱玲文学作品的部分插图进行了研究，在《精致而苍凉——张爱玲的肖像插图研究》中指出，张爱玲插图分为杂志扉页、散文插图与小说插图三个系列，其中，小说插图最为精美，勾勒出既时尚又具古典气质的精致的人物肖像，引导读者对故事中人物形象进行想象与接受，实现对文本的预设与补充。④

（2）设计应用研究

中国地质大学（武汉）李待宾等通过对现代展示空间中科技展项的发展及现状的分析，总结现代科技展馆中科技展项选择与使用的合理方法，梳理科技展项与展馆空间形态等设计要素之间的关系，指出科技展馆中核心科

① 刘炜：《社会冲突视野下美国波士顿唐人街空间演变研究》，《建筑学报》2018年第4期。

② 王发堂、王菁睿：《基于诗性的史学纂写——〈现代建筑的历史编纂〉书评》，《建筑学报》2018年第12期。

③ 周钰、耿旭初、甘伟：《欧洲城市街道界面形态的历史演变探析——从古希腊时期到20世纪》，《建筑学报》2018年第S1期。

④ 王文新、李淑春：《精致而苍凉——张爱玲的肖像插图研究》，《文艺研究》2018年第8期。

技展项的选择与使用只有通过科学的取舍，在展示理念、展示内容、展示方式、展示技术上进行无缝对接，最终才能设计出符合当代复合型科技展馆需求的展示空间作品①；武汉理工大学陈飞从政府、社会资本、游客、村民这些 PPP 项目利益相关者的角度分析对价格的影响，以及这些影响因素的内在关系，得出传统村落保护 PPP 项目产品服务价格因果反馈系统，并预测相关因素对传统村落保护 PPP 项目最终价格的影响趋势。②

（3）设计教育研究

华中科技大学贾艳飞等对国内外建筑院校境外教学的发展状态进行分析后，归纳了各高校境外教学的内容和特征，在《基于建筑教学需求的短学期型境外教学探索——以华中科技大学的实践为例》中，解读了华中科技大学建筑与城市规划学院组织的"欧洲历史建筑与城市设计工作营"短学期型境外教学项目，提出推进建筑院校短学期型境外教学的建议和制度化路径。③

6. 艺术学学科研究的主要学术成果发表分析

与北京、上海、江苏相比，湖北省艺术类成果在重要刊物，尤其是艺术学 CSSCI 来源刊物上的发表仍然不容乐观。究其原因，除去文章质量本身，湖北省缺乏艺术类核心期刊，无艺术学 CSSCI 来源刊物也是重要原因之一。从 2018 年度 6 省市在 10 种刊物上发表的文章数量来看，北京市发表的文章数量遥遥领先于其他省市，为湖北省的 14 倍之多，而 10 种取样刊物中，《文艺研究》《美术研究》《美术》《音乐研究》《电影艺术》《建筑学报》6 种艺术类 CSSCI 来源刊物以及《新华文摘》和《中国社会科学》2 种顶级刊物均来自北京市。发表文章数量位居第二的是江苏省，共195 篇，其中，106 篇来自该省的《南京艺术学院学报》（美术与设计）；

① 李待宾、张露：《展示空间设计中对于科技展项的"选"与"择"的再思考》，《南京艺术学院学报》（美术与设计）2018 年第 1 期。
② 陈飞：《传统村落保护 PPP 项目价格影响因素研究》，《建筑学报》2018 年第 S1 期。
③ 贾艳飞、李晓峰、谭刚毅：《基于建筑教学需求的短学期型境外教学探索——以华中科技大学的实践为例》，《建筑学报》2018 年第 5 期。

上海市发表文章148篇，位居第三；浙江省发表文章35篇，位居第四；湖北省发表文章33篇，位居第五，仅高于湖南省（见图4）。

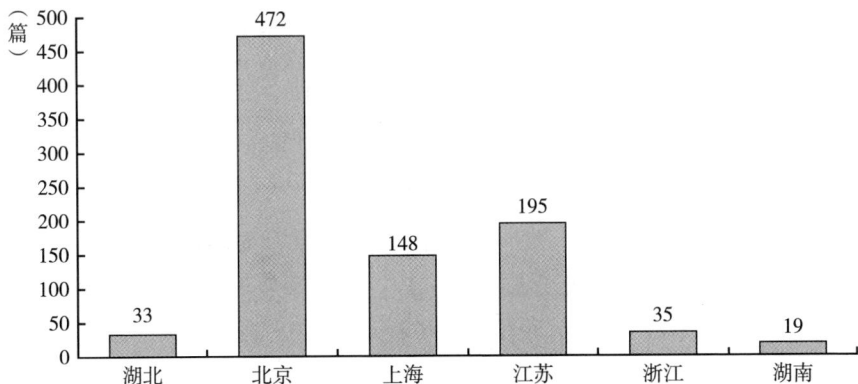

图4 2018年度6省市在8种艺术学科CSSCI来源期刊新增论文成果情况

资料来源：课题组调查统计。

从2018年度湖北省在10种取样刊物上新增艺术学科重要论文作者所在机构与所属二级学科来看，武汉大学2018年度在10种取样刊物上新增艺术学科论文成果数量远远领先于湖北省其他高校，共7篇，约占21.2%。武汉理工大学2018年度在取样刊物上新增文章共4篇，占12.1%。需要特别指出的是，湖北美术馆本年度新增文章3篇，其数量仅次于武汉大学和武汉理工大学，与华中科技大学、华中师范大学并列第三；湖北大学、武汉音乐学院与湖北工程学院各新增文章2篇；中南民族大学、中国地质大学（武汉）、湖北美术学院、长江师范学院、武汉工程科技学院、武汉美术馆和湖北师范学院，各新增文章1篇。从上述机构新增文章所属二级学科来看，武汉大学作为湖北省排名第一，且湖北省唯一列入全国高校排名前十的高校①，于2016年新增了戏剧与影视学硕士一级学科授权点，本年度新增的7

---

① 据艾瑞深公布的《2018中国大学评价研究报告》，武汉大学在2018年全国大学排名中列于第7名，在2018年综合类大学排名中列于第6名，在2018年湖北高校排名中列于第1名。艾瑞深研究院是目前我国持续开展大学评价时间最长的研究团队，至今已有近30年历史。

篇文章中，有 6 篇属于戏剧与电影学相关研究，占湖北省新增戏剧与电影学文章的 75%，从武汉大学近 3 年的新增项目、成果推出情况来看，武汉大学充分发挥了综合性大学的研究优势，在戏剧与电影学研究，尤其是戏曲、戏剧研究方面已经相当成熟。武汉理工大学作为湖北省唯一拥有艺术学、设计学两个二级学科一级博士点授权单位和艺术学博士后科研流动站的综合性大学，同时也是中南地区首所拥有设计艺术学博士点、艺术学博士后科研流动站和工业设计领域工程硕士学位授予权的综合性大学，其新增的 4 篇文章中有 2 篇属于艺术学理论研究，说明武汉理工大学作为湖北省艺术学高端人才培养的重要高地，其艺术学研究亦代表了湖北省艺术学研究的高度。湖北省美术馆新增的 3 篇文章和武汉美术馆新增的 1 篇文章全部属于美术学范畴，反映了湖北省的美术馆等非营利性、公益性文化事业机构，不仅以展览、收藏、教育、交流服务等为主要职能，在美术史、美术现象与美术理论研究方面也为湖北省艺术学科的发展做出了重要贡献。华中科技大学新增的 3 篇文章均属于设计学，其内容侧重于建筑和城乡规划等工科或交叉学科领域，也反映了华中科技大学在该领域的研究位于湖北省高校前列，其工科背景和学校现有的高水平建筑学科、城乡规划学科平台对该校艺术学科，尤其是设计学科发展起到了积极作用。武汉音乐学院作为我国中部地区唯一独立设置的高等音乐学府，其 2018 年度新增的 2 篇文章均属于音乐与舞蹈学中的音乐研究范畴，学校的国家级实验教学示范中心、国家级特色专业，以及在全国范围内都具有一定影响力的学术刊物《黄钟》均集中在音乐表演、音乐学、音乐研究等方面，这些音乐类的教学、研究平台为该校在音乐研究方面的成果产出提供了有力的支撑。总体来看，2018 年度湖北省新增论文成果所属二级学科依次为美术学 12 篇，约占 38.7%，内容涵盖中国画、油画和水彩画的研究，且以中国画和水彩画研究居多，作者来自省内高校和各级美术馆；戏剧与影视学 8 篇，约占 25.8%，内容较多地集中在戏曲、戏剧研究，作者主要来自武汉大学，反映出武汉大学文、史、哲传统学科优势与研究平台优势；设计学 7 篇，内容主要集中在环境艺术设计研究，作者主要来自华中科技大学、武汉理工大学，反映出这两所高校仍然是湖北省环境艺术设计研究的领军者；艺术学4篇，作者全部来自武汉理工大学、武汉大学、华中师范大学3所部属综合性大学，说明与专业艺术院校相比，综合性大学学科门类丰富齐全，便于艺术学科与其他学科的交叉融合，更有利于艺术学理论研究；音乐学2篇，全部为音乐学相关领域的研究，且作者全部来自武汉音乐学院，表明武汉音乐学院的传统优势学科音乐学仍然代表着湖北省最高水平（见图5、图6）。

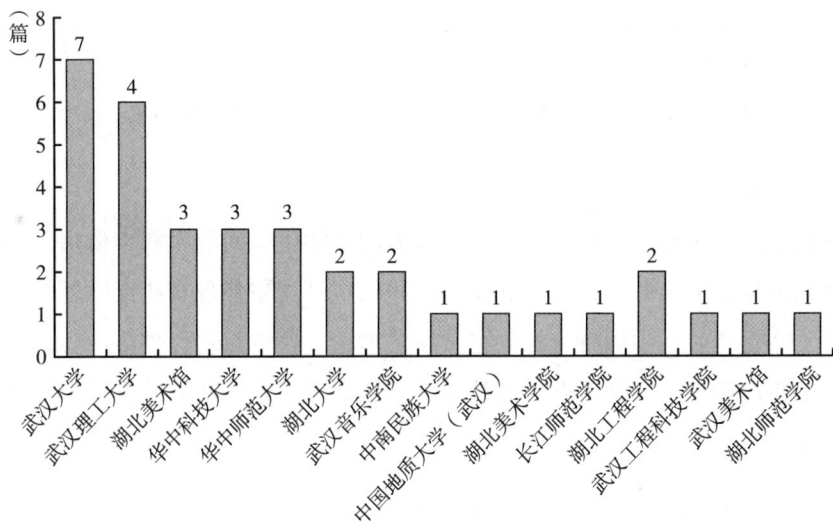

图5 2018年度湖北省在10种取样刊物上新增艺术学科重要论文作者所在机构

从2018年度湖北省新增艺术学科重要论文的题材与内容来看，本年度新增论文主要聚焦荆楚艺术与现实热点问题等方面。聚焦荆楚艺术的文章共9篇，约占本年度全部文章的27%，内容涵盖了对湖北地区绘画与音乐的研究，以及对湖北地区美术名家的研究两个方面，所属二级学科主要分布在美术学、音乐与舞蹈学。对湖北地区绘画及湖北美术名家的研究涵盖了中国画、油画、水彩、雕塑、民间绘画五个领域，其中，国画、油画和水彩方面的研究居多，这与湖北拥有一批在全国范围内颇具影响力的中国画、油画和水彩画大家密不可分（如周韶华、董继宁等国画家，冷军、曾梵志等油画家，刘寿祥等水彩画家），这些艺术大家不仅带动了湖北省的国画、油画和

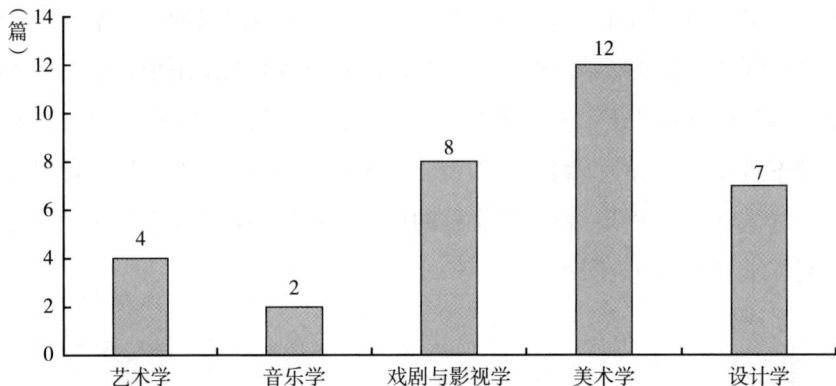

图6 2018年湖北省在10种取样刊物上新增艺术学科重要论文所属二级学科

资料来源：课题组调查统计。

水彩画创作与研究，还培养了一大批优秀的留学生、研究生和本科生，为全国乃至世界范围绘画艺术的发展做出了积极贡献。聚焦现实热点问题的文章涵盖了践行新时代中国特色社会主义文艺理论、传统村落保护等内容，且主要集中在设计学，反映了湖北省设计学聚焦时代主题，注重服务地方经济与社会发展。

（二）艺术学科国家级、省部级新增项目分析

以国家艺术基金、国家社科基金艺术学项目、教育部人文社会科学研究艺术学项目和湖北省社科基金一般项目（后期资助项目）新增艺术学科项目为依据，进行2018年与2017年的纵向发展比较，以及2018年省域间的横向比较，我们会发现近几年在交叉学科、综合研究领域新增的艺术学科国家社科基金和教育部人文社会科学研究项目正在逐年增长，这说明艺术学科的领域正在不断拓宽，其他学科门类（尤其是文学、历史学、哲学、语言学、新闻与传播学、民族学、教育学等文科领域）的学者开始从自己所属学科的视角审视、研究艺术学科问题，这种研究范围的拓宽和研究队伍的拓展对艺术学科的发展十分有利。从全国范围2018年度新增交叉学科、综合研究项目的数量来看，江苏省在艺术学科的交叉、综合研究上遥遥领先于全

国其他地区，湖北省在艺术学科的交叉、综合研究上处于中等偏上位置。从湖北省 2018 年度新增交叉学科、综合研究项目所在的学科领域来看，设计学的交叉、综合研究项目最多，这些项目主要集中在环境艺术设计和新媒体设计等专业方向，前者通常密切结合新时期的国家政策，聚焦从传承与保护、重建与改造的立场与角度进行相关研究，反映了艺术学科关注人类发展、注重为国家所用、为社会和人民服务的自觉；后者通常秉持"大设计"的观点，关注国际前沿问题，致力于通过设计为人类创造更好、更便利的生活环境与生活方式。

1. 国家艺术基金项目分析

总体来看，2018 年度湖北省国家艺术基金申报数量与 2017 年相比有所增长，本年度湖北省项目申报数量居全国第十六位，从立项情况来看，2018 年度立项比例约为 15.5%，比 2017 年度略为下降，但仍然高于 2018 年全国国家艺术基金立项率。① 新增的国家艺术基金在促进湖北艺术学科发展方面发挥了积极作用，各级各类艺术单位、机构也纷纷出台相应政策措施，积极支持本单位申报、完成国家艺术基金项目（见表 1）。

表 1　2017～2018 年度 6 省（市）国家艺术基金项目申报数量和立项数量比较

单位：项，%

省份	2017 年度项目申报与立项			2018 年度项目申报与立项		
	申报数量	立项数量	立项比例	申报数量	立项数量	立项比例
湖北	160	29	18.1	200	31	15.5
湖南	216	29	13.4	282	32	11.3
江苏	463	64	13.8	412	48	11.7
浙江	250	54	21.6	282	44	15.6
上海	170	34	20	198	49	24.7
北京	765	156	20.4	681	111	16.3

从申报主体类型来看，2018 年度各类企业、机构和社会团体新增项目 14 项，比 2017 年度增长 6 项，项目集中分布在大型舞台剧和作品创

---

① 2018 年度国家艺术基金立项率约为 13.7%。

作、小型剧（节）目和作品创作，以及 2 个传播交流推广项目①，反映了湖北省一部分成立时间久、资质完善、资源充足的企业、机构和社会团体在此类艺术创作活动中资源充足，创作实力强，呈现出良好的发展势头。2018 年度新增的 5 个人才培养项目全部由高等院校承担，新增的 12 个青年艺术创作人才资助项目，除 1 个项目申报主体来自企业之外，其余 11 个项目申报主体也均来自高校。② 高等艺术院校承担艺术人才培养项目既体现了湖北省高等艺术院校在人才培养方面的优势，也反映了湖北省高校通过基金项目引导艺术活动积极发挥服务社会的效力。青年艺术创作人才资助项目数量之多，以及此类项目申报主体主要来自高校反映了湖北省各类艺术高等院校对国家艺术基金青年艺术创作人才资助项目的重视，能够充分发挥自身优势，整合资源，有组织地指导、支持本单位青年艺术工作者申报项目，并出台相应的政策措施支持本单位青年艺术工作者的艺术创作活动。

从新增项目类型分布来看，2018 年度"大型舞台剧和作品创作""小型剧（节）目和作品创作""艺术人才培养"新增数量均较上一年度有所增长，且本年度青年艺术创作人才项目单项新增数量跃居全国第五位；2018 年度"传播交流推广项目"新增数量与 2017 年度持平；2018 年度"青年艺术创作项目"新增数量较上一年度略有下降，减少 1 项，但从全国范围来看，本年度艺术人才培养项目单项新增数量位居全国第四，且与上一年度相比，本年度在音乐作曲和版画创作青年艺术创作项目上实现了零的突破，在油画和水彩（粉）画创作青年艺术创作项目数量上有所增长（见图 7、图 8）。

2018 年度国家艺术基金项目新增数量依次为"舞台艺术创作项目"12

---

① 在新增的 14 个项目中，除一个项目申报主体为中专之外，其余项目申报主体均为各类企业、机构和社会团体。

② 在新增的 11 个来自省内高校的青年艺术创作人才资助项目中，申报主体单位依次为湖北美术学院 3 项，武汉音乐学院 2 项，华中师范大学 2 项，中国地质大学（武汉）1 项，湖北大学 1 项，长江大学 1 项，江汉大学 1 项。

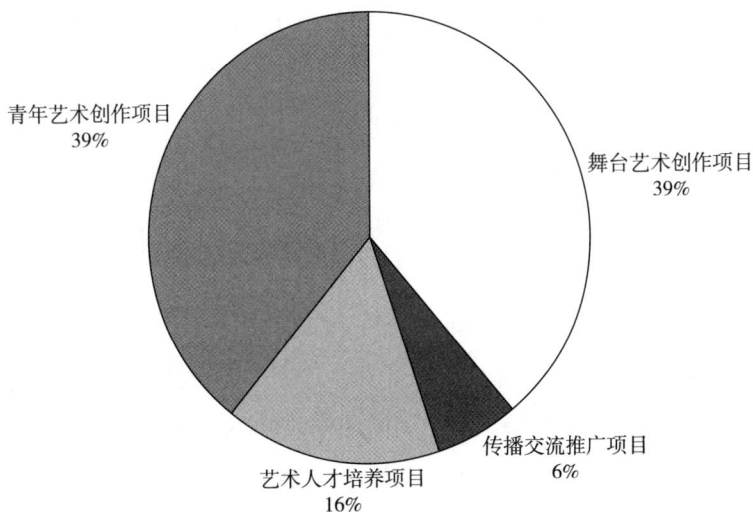

图7　2018 年度湖北省国家艺术基金新增项目类型分布情况

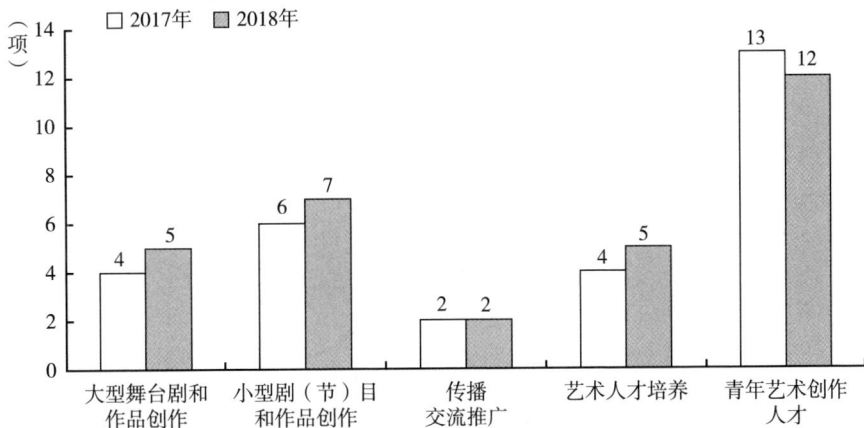

图8　2017 年度、2018 年度湖北省国家艺术基金新增项目类型情况比较

资料来源：课题组调查统计。

项、"青年艺术创作项目"12 项、"艺术人才培养项目"5 项、"传播交流推广项目"2 项。新增的 5 项大型舞台剧和作品创作约占本年度新增项目的16.1%，其中，3 项为湖北地方戏剧，分别是荆州花鼓戏、汉剧和楚剧，契合了对传统民族文化艺术的支持和对荆楚特色的强调。新增的 7 项小型剧

（节）目和作品创作约占本年度新增项目的22.6%，含杂技2项，群舞2项，歌曲2项，小戏曲1项，且所有新增项目均来自基层艺术单位和机构，反映了基层文艺院团贴近实际、贴近生活、贴近群众的优势，这些新增的小型剧（节）目和作品创作将更好地为基层群众的艺术化生活服务。新增的2项传播交流推广项目约占本年度新增项目的6.4%，2项均为湖北地方戏剧巡演，均来自基层戏剧院团。新增的12项青年艺术创作人才项目约占本年度新增项目的38.7%，依次为油画创作和工艺美术创作各3项，音乐作曲和水彩（粉）画创作各2项，以及中国画创作、版画创作和摄影创作各1项，戏剧编剧，舞蹈舞剧编导，中国画创作，雕塑创作，书法、篆刻创作则没有新增项目，可见，在湖北省的艺术学科中，美术学学科仍然占据优势，音乐与舞蹈学较弱，戏剧与影视学还有待发展。新增的5项艺术人才培养项目约占本年度新增项目的16.1%，项目内容均反映出对本省文化艺术资源的挖掘（见图9）。

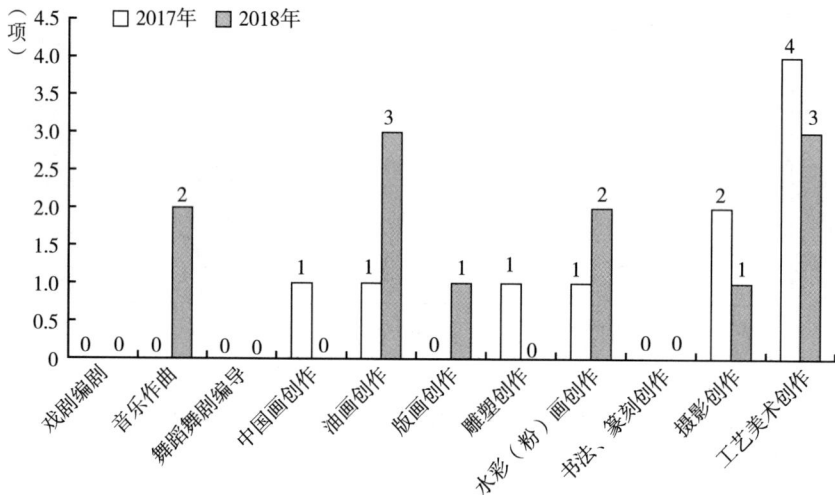

图9　2017年度、2018年度湖北省国家艺术基金新增青年艺术创作项目类型情况比较

2. 国家社科基金艺术学项目分析

2018年度湖北省国家社科基金艺术学新增项目共13项，包括重大项目1项、一般项目11项和青年项目1项。项目总数较上一年度有所增长，同

比增长 62.5%，且在重大项目上实现了零的突破，一般项目同比增长约 83.3%（图10）。

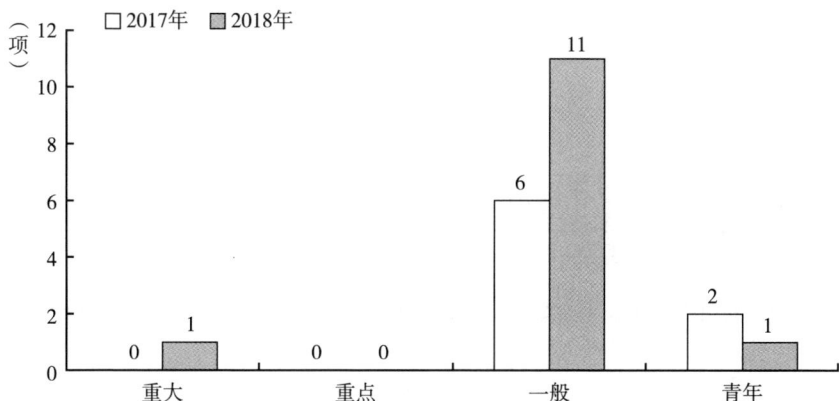

图10 2017年度、2018年度国家社科基金艺术学各类项目湖北省立项情况比较

从新增项目负责人所在机构来看，综合性大学在国家社科基金艺术学项目申报立项方面仍然具有绝对优势。2018年度新增的国家社科基金艺术学项目有11项全部来自综合性大学，约占84.6%，其余2项来自艺术类专业院校。① 在新增的13个项目中，负责人来自部属高校的有7项，约占53.8%，另外6项则来自省属高校。华中师范大学2018年度项目新增数量比上一年度增长1项，且在数量上仍然领先于其他高校；湖北第二师范学院新增2个项目，是本年度的新起之秀，与武汉理工大学并列跃居第二位；武汉大学2018年度与上一年度持平（见图11、图12）。

从新增项目所在二级学科门类来看，2018年度湖北省国家社科基金艺术学新增项目所在二级学科门类依次为设计学5项、美术学和音乐与舞蹈学各3项、艺术学和戏剧与影视学各1项，设计学仍然位居第一。与上一年度相比，设计学、美术学和音乐与舞蹈学均有所增长且涨幅较大，美术学与上一年度相比实现了零的突破，新增项目3项，设计学和音乐与舞蹈学均增长

---

① 分别是武汉音乐学院和湖北美术学院。

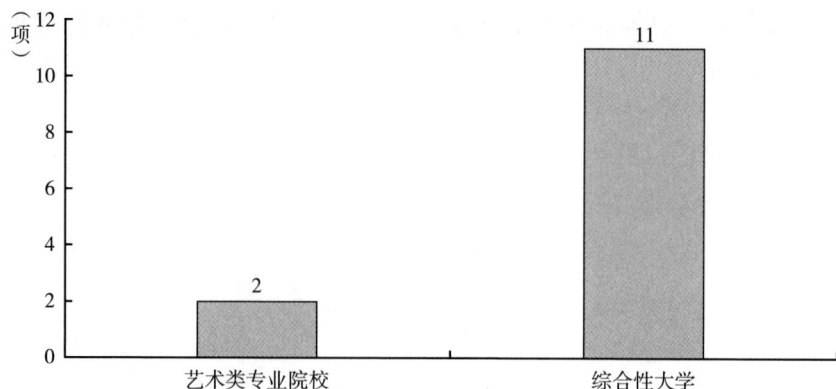

图11　2018年度湖北省国家社科基金艺术学新增项目负责人所在机构类型情况

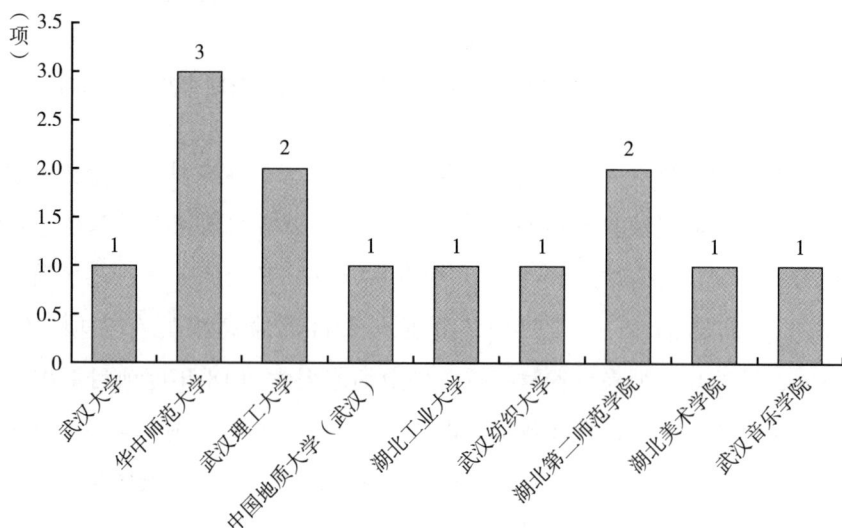

图12　2018年度湖北省国家社科基金艺术学新增项目负责人所在高校情况

2项，戏剧与影视学与上一年度持平，艺术学尽管比上一年度减少1项，但含金量很高，实现了本省艺术学科国家社科基金艺术学重大项目的重要突破（见图13、图14）。

　　3. 教育部人文社会科学艺术学科新增项目分析

　　总体来看，湖北省2018年度教育部人文社会科学艺术学科新增项目数

艺术学
8%

美术学
23%

音乐与舞蹈学
23%

戏剧与影视学
8%

设计学
38%

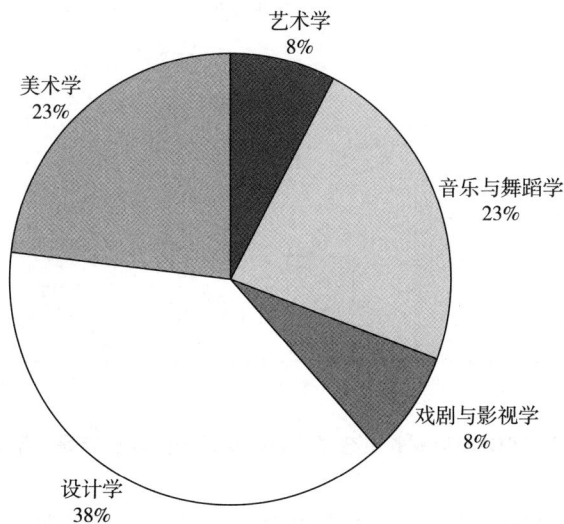

**图 13　2018 年度国家社科基金艺术学项目
湖北省新增项目所在二级学科门类**

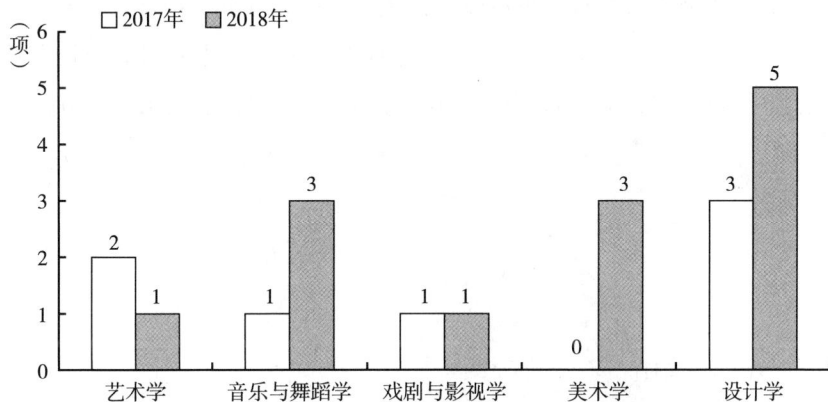

（项）

□2017年　■2018年

**图 14　2017 年度、2018 年度国家社科基金艺术学项目
湖北省新增项目所在二级学科门类比较**

量较上一年度略有下降，2018 年度新增项目 24 项，比上一年度减少 3 项。
从 6 省市的横向比较来看，江苏省 2018 年度艺术学科教育部新增项目数量
最多，约为湖北省新增项目数量的 1.7 倍，湖北省与浙江省并列第三，仅比
位居第二的北京少 1 项（见图 15）。

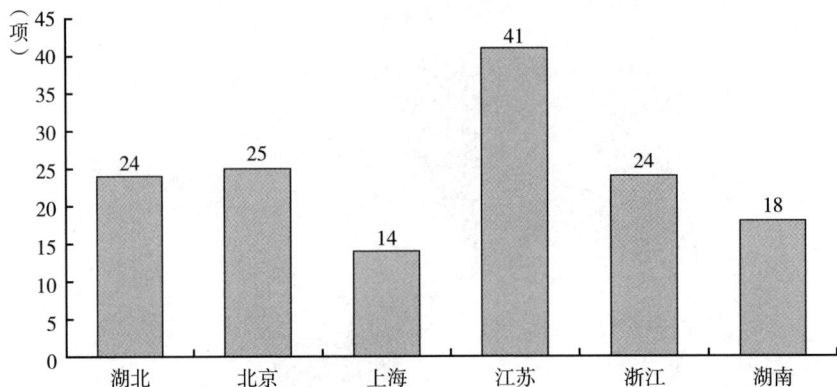

图15　2018年度6省市艺术学科教育部一般项目新增数量比较

从2018年度湖北省艺术学科教育部一般项目新增类型来看，青年基金项目占58%，这与湖北省近几年在青年艺术人才的引进与培养方面的大力推进密切相关（见图16）。对6省市进行横向比较可以发现，青年基金项目在其他地区新增项目数量中也占较大比重，其中，江苏省新增青年基金项目27项，远远超出其他省市，说明江苏省对青年艺术人才的引进与培养值得其他地区学习借鉴，浙江省新增青年基金项目15项，位居第二，湖北省新增14项，位居第三，高于北京、上海和湖南，可见湖北省吸引青年艺术人

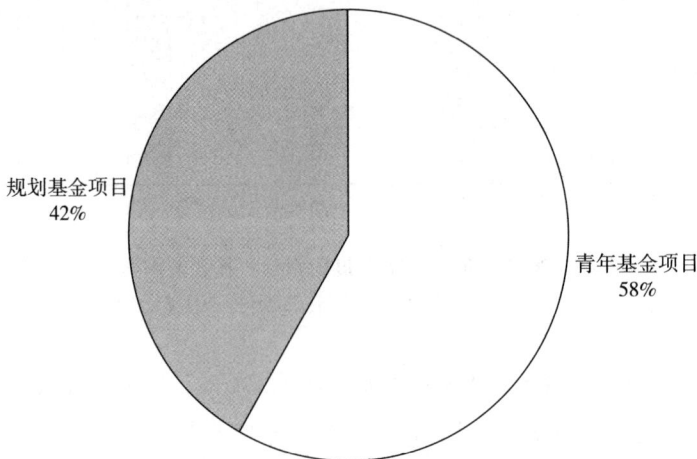

图16　2018年度湖北省艺术学科教育部一般项目新增类型情况

才、培养青年艺术人才的工作颇有成效。2018年度湖北省新增规划基金项目10项，仅次于江苏省和北京市，位居第三。交叉学科研究是近几年艺术学科各类项目中的重要研究趋势。交叉学科研究多集中在教育学、文学、语言学、新闻传播学等与艺术学密切相关的文科门类，且综合性大学在交叉学科研究方面具有绝对优势。从6省、市的横向比较来看，目前江苏省在艺术学科的交叉研究方面居于领先地位，湖北省仅次于江苏和浙江，高于北京、上海和湖南，位居第三，说明湖北在艺术学科交叉研究方面有发展潜力。

从2018年度湖北省艺术学科新增教育部一般项目负责人所在单位情况来看（见图17），除了8所院校有艺术硕士专业学位授权点之外，其余9所高校均属于艺术学科本科教学单位，这些本科教学单位在教育部一般项目上的突破，一方面说明湖北省部分本科教学单位也开始重视艺术学科的研究工作，而不再只是专注于教学工作，另一方面也反映了这些本科教学单位近年来在艺术学科人才引进和艺术学科科研人才培养方面的工作力度。

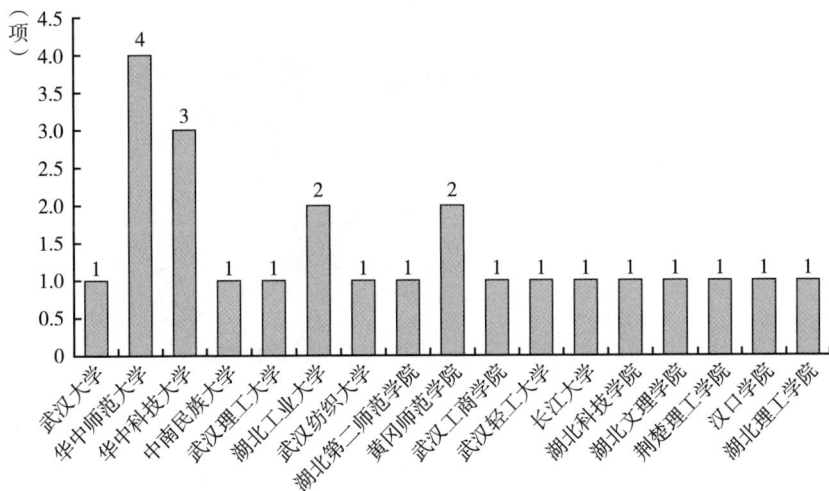

图17　2018年度湖北省艺术学科新增教育部一般项目负责人所在单位情况

从 2018 年度湖北省艺术学科新增教育部一般项目所属二级学科情况来看，设计学仍然占优势。设计学科新增项目约占项目总数的 52%（见图 18），远远超出其他 4 个二级学科，且在设计学新增项目中，青年基金项目、规划基金项目和交叉学科 3 类项目数量也全部超出其他二级学科。从 6 省市的横向比较来看，湖北省设计学新增项目数量仅次于江苏省；美术学新增项目数量仅次于江苏省，与浙江省并列；艺术学新增项目数量略次于北京和浙江，与江苏省持平；音乐与舞蹈学新增项目数量次于北京和湖南省，与江苏省和浙江省持平；戏剧与影视学新增项目数量依次为上海 8 项，江苏和浙江各 6 项，北京 4 项，湖北 2 项，说明与上述地区相比，戏剧与影视学是湖北省艺术学科纵向研究中较为薄弱的专业领域（见图 19）。

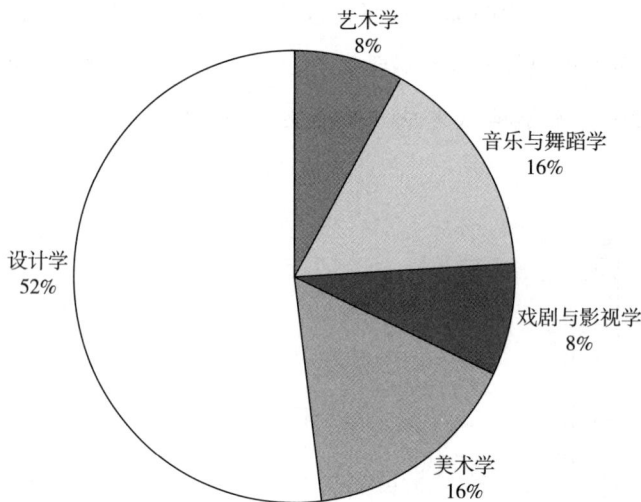

图 18　2018 年度湖北省艺术学科新增教育部
一般项目所属二级学科情况

4. 湖北省社科基金一般项目艺术学科新增项目分析

2018 年度湖北省社科基金一般项目（后期资助项目）中艺术学科新增项目与上一年度相比有较大幅度增长。2017 年艺术学科新增项目仅 11 项，

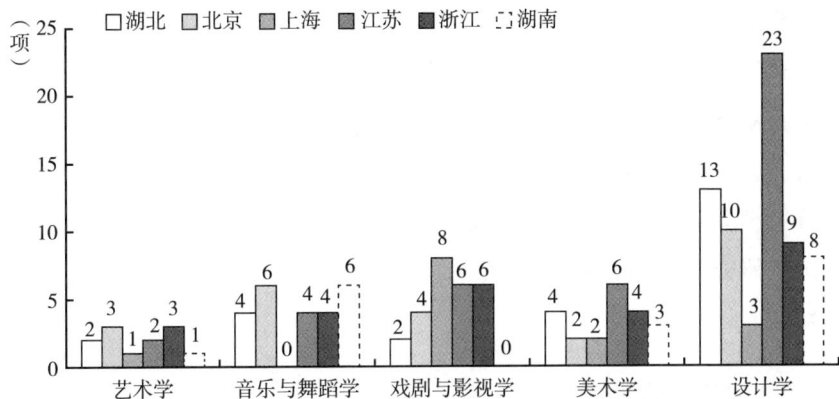

图 19 2018 年度 6 省市艺术学科新增教育部一般项目所属二级学科比较

占同年度所有新增项目数量的 5.5%，2018 年度艺术学科新增项目 20 项，约占同年度新增项目数量的 9.3%（见图 20）。艺术学科新增项目数量的较大幅度增长既反映了湖北省对艺术学科发展与研究的进一步重视，亦反映了本省专家学者在艺术学科领域研究的深度与广度上均取得了较大的进展与提升。

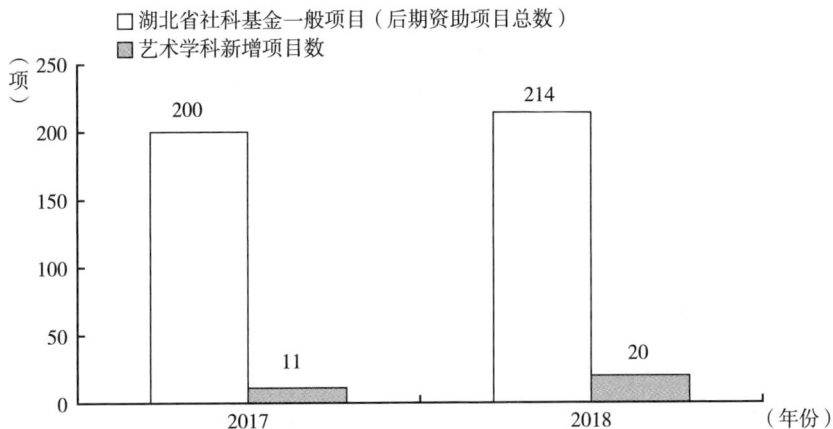

图 20 2017 年度、2018 年度湖北省新增社科基金一般项目（后期资助项目）情况

从湖北省社科基金一般项目（后期资助项目）中艺术学科新增项目所属二级学科来看，2018 年度艺术学科新增项目所属二级学科依次为戏剧与影视学 7 项，占 35%；美术学 6 项，占 30%；设计学 3 项，占 15%；音乐与舞蹈学、艺术学各 2 项，各占 10%（见图 21）。与 2017 年度相比，戏剧与影视学新增项目数量同比增长约 133%，美术学同比增长 200%，艺术学同比增长 100%，设计学和音乐与舞蹈学与 2017 年度持平，可见湖北省 2018 年度重点加强了对戏剧与影视学、美术学和艺术学相关领域研究的扶持力度，以实现湖北省艺术学科 5 个二级学科的稳步平衡发展。

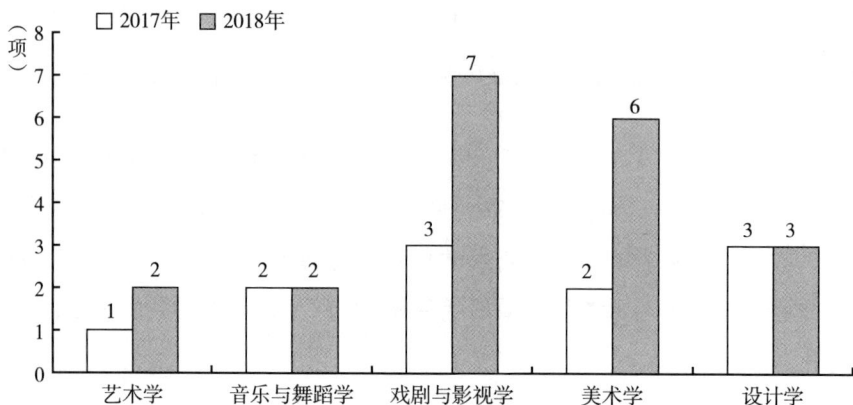

图 21　2017 年度、2018 年度湖北省新增社科基金一般项目（后期资助项目）艺术学科项目所属二级学科情况

从湖北省社科基金一般项目（后期资助项目）中艺术学科新增项目负责人所在单位来看，2018 年度艺术学科新增项目负责人所在单位依次为华中师范大学和湖北工业大学各 3 项，各占 15%；三峡大学和湖北工程学院各 2 项，各占 10%；其余分别为武汉理工大学、中南民族大学、中国地质大学（武汉）、长江大学、湖北第二师范学院、湖北科技学院、江汉大学、武昌工学院 8 所高校各 1 项，以及武汉市社会科学院 1 项。可见，华中师范大学在湖北省艺术学科研究方面仍然领先于其他高校，湖北工业大学作为省属高校，在本年度各类国家级、省部级项目中异军突起，其新增项目反映该校植根荆楚艺术文化土壤，充分发掘了学校特色学科的研究平台，推动了艺

术学科研究的创造性转化和创新性发展。此外，从项目负责人所在单位的地理位置分布来看，16 个新增项目负责人所在单位位于武汉市，占 80%，可见武汉市作为湖北省高校最密集，博物馆、美术馆、协会等文化艺术机构最集中，研究平台和研究学者资源最丰富的省会城市，在湖北省艺术学科整体发展中发挥着领军与主力作用。

5. 湖北省新增项目关键词分析

通过对 2018 年度湖北省艺术学科新增国家艺术基金项目、国家社科基金艺术学项目、教育部人文社会科学艺术学项目和湖北省社科基金（后期资助）项目进行关键词分析，我们可以发现，本年度湖北省新增项目聚焦荆楚艺术、可持续与再利用设计、新媒体与数字化以及乡村与民居等主题，在传承弘扬荆楚优秀传统文化方面进行了积极探索，在紧扣我国国民经济和社会发展重大战略、体现荆楚地方特色、反映民族审美追求、传承和弘扬中华优秀传统文化、传播当代中国价值观念等方面均有新突破。

关键词一：荆楚艺术。以荆楚艺术为主题的国家艺术基金项目 9 项，约占同类新增项目的 29%，国家社科基金艺术学项目 2 项，约占同类新增项目的 15.4%，教育部人文社会科学艺术学项目 4 项，约占同类新增项目的 16.7%，湖北省社科基金项目（后期资助项目）艺术学项目 8 项，占同类新增项目的 40%。其中，以荆楚戏剧为主题的国家艺术基金项目 6 项（包括以汉剧和楚剧为主题的项目各 2 项），以楚剧为主题的湖北省社科基金项目（后期资助项目）艺术学项目 1 项；以荆楚地区工艺美术为主题的国家艺术基金项目 4 项，国家社科基金艺术学项目 1 项，教育部人文社会科学艺术学项目 1 项，湖北省社科基金项目（后期资助项目）艺术学项目 2 项，其中，楚漆器是热点。

关键词二：可持续与再利用设计。以可持续与再利用设计为主题的各门类国家艺术基金人才培养项目 4 项，占同类新增项目的 80%；国家社科基金艺术学项目 3 项，约占同类新增项目的 23.1%；教育部人文社会科学艺术学项目 7 项，约占同类新增项目的 29.2%；湖北省社科基金项目（后期资助项目）艺术学项目 1 项，表明 2018 年度湖北省艺术学科关注对优秀艺术遗产的传承与保护、对自然资源与人造资源的可持续性利用以及对生态环境的修复等与全人类命运密切相关的现实问题。

关键词三：新媒体与数字化。以新媒体与数字化为主题的各门类国家艺术基金人才培养项目1项，国家社科基金艺术学项目2项，教育部人文社会科学艺术学项目2项。这些项目坚持艺术学科的创造性转化和创新性发展，致力于将艺术与科学相结合，以解决新媒体时代艺术发展的各方面问题。

关键词四：乡村与民居。以乡村与民居为主题的国家艺术基金人才培养项目1项，国家社科基金艺术学重大项目1项，教育部人文社会科学艺术学项目5项。这些项目对焦时代坐标，关注乡村振兴战略中的文化建设、中国美丽乡村与特色乡村建设、传统村落与传统民居的文化传承、农村艺术教育等与新时代国民经济和社会发展重大战略密切相关的现实问题。

三 湖北艺术学学科发展展望与建议

2018年，湖北艺术学学科的发展突出时代主题，致力于打造荆楚内涵，呈现出浓郁的地域特色、强烈的使命意识与繁荣发展的新景象。

（一）艺术学学科发展展望

第一，湖北省艺术学学科将更加合理、高效地持续发展。2018年度，湖北省艺术学科在项目拨入经费和投入经费较上一年度略减的情况下，人才队伍继续稳定增长，新增课题数量和投入人员均较上一年度有所增长，国家社科基金艺术学重大项目取得了重大突破，各二级学科学术活动丰富活跃，成果产出不断呈现，从人员经费投入与成果产出比来看，湖北省艺术学学科发展趋向于合理化、高效化。

第二，湖北省各级文化行政部门、高校以及各类不同体制艺术单位、机构等将继续发挥各自优势，共同推动湖北省艺术学科发展。从湖北省2018

年度新增项目和成果推出情况来看，美术馆、文化馆、文艺院团等各类基层文艺单位开始积极申报国家艺术基金等艺术学科项目，并陆续有论文、作品等成果产出，未来将通过有针对性的引导，加大高校和各类艺术单位、机构之间的合作交流，广泛调动社会各界参与艺术学科建设，共同促进湖北省艺术学科的均衡发展。

第三，湖北省艺术学科将继续聚焦时代主题，关注并深入挖掘湖北地方艺术资源，形成荆楚艺术特色。2018 年湖北省艺术学科推出了一批反映时代特征的精品力作和一批以荆楚地区文化艺术为研究对象的产、学、研成果，未来将继续植根地域民族民间文化艺术土壤，发掘利用文化文物单位馆藏资源，通过观念和手段相结合、内容和形式相融合，推动湖北地方艺术资源的创造性转化和湖北艺术学科的创新性发展。

第四，湖北省艺术学科将进一步加强与其他学科在学术上的相互渗透，吸引更多其他学科学者加入艺术学研究，构建综合文学、历史、哲学、医学、理工、教育等诸多学科领域的大艺术学科群。与不同学科的沟通协作将推动艺术创新和艺术学科的交叉综合研究，提升艺术原创力，解决目前艺术学科高水平研究成果产出难的问题。

（二）艺术学学科发展建议

第一，进一步加强学术理论研究，努力提升省内艺术学科学术刊物在国内外的影响力。受限于时间和精力，本年度艺术学科论文成果只采集分析了《新华文摘》《中国社会科学》和部分艺术学 CSSCI 来源期刊，暂未将 CSSCI 来源期刊中的艺术学全部刊物，以及在 CSSCI 来源期刊中的学报和其他学科刊物上发表的艺术学相关文章纳入统计分析范畴，未来将扩大论文采集范围，将 CSSCI 来源期刊中所有艺术学类刊物，以及学报和其他学科，如教育学、民族学、历史学等学科刊物发表的艺术学科相关文章一并纳入采集与分析范畴，对湖北省艺术学科论文成果产出情况进行详尽分析。从采集到的 10 种刊物信息来看，高水平论文发表仍然是湖北省艺术学科成果推出的一大难题。笔者在 2017 年度湖北省哲学社会科学发展报告艺术学分报告中已经呼吁加强艺术学科学术理论研究，提升省内艺术学科学术刊物在国内外的影响力。这仍然是湖北省艺术学科在相当一段时间内迫切需要解决的难题。

第二，进一步加强湖北省与国内外院校、机构之间的沟通与合作以及湖北省内院校之间、院校与各机构之间的沟通与合作以及艺术学科与其他学科之间的沟通与合作，以增长极推进的模式带动湖北省艺术学科高水平发展。2018 年度湖北省艺术学科在教育部人文社会科学重大项目上的缺失、在教育部重大攻关项目上的缺失、在教育部人文社会科学重点研究基地上的缺失、在中国出版政府奖上的缺失、在《中国社会科学》上成果发表的缺失、在国内外各艺术门类权威艺术展赛上获奖的缺失、在教育部"双一流"建设学科名单上的缺失、在湖北省 29 个世界一流学科建设学科中的缺失、在教育部第四轮学科评估中 A 档学科的缺失等，均说明湖北省艺术学科的发展与其他地区，尤其是北京、上海、江苏等地相比仍然存在一定差距。集国内外优势力量推动艺术学科高水平发展，充分发挥文、史、哲等相关学科优秀平台作用，凝聚不同学科人才资源，必将拓展艺术学科发展路径，带动艺术学科发展，同时也将提升艺术学研究的宽度与深度，推动湖北艺术学科在重大项目立项、重大成果产出上取得突破。

第三，充分发挥湖北省艺术学科现有实验室和研究基地的研究平台效用，加强实验室和研究基地的网站建设，加大对现有实验室和研究基地的考核监管力度。湖北省艺术学科现有 1 个文化部重点实验室和 15 个艺术学科省级人文社科重点研究基地，但我们在调研过程中发现，仅有少数研究基地建设了相关网站，并保持着网站内容的更新，部分研究基地只有网站，且内容信息陈旧，还有少数研究基地在互联网上根本查询不到任何信息。省级人文社科重点研究基地是全省同一研究领域中的学术高峰、人才高地与交流窗口，对全省艺术学科建设、艺术学科研方式具有重要影响，此外，研究基地需要定期设置开放性研究课题以促进学术交流协作，而网站则是学术交流的重要平台，也是发布研究信息的重要窗口，但是目前仅有武汉大学中国传统文化研究中心、三峡大学巴楚艺术发展研究中心、武汉音乐学院长江传统音乐文化研究中心、湖北工业大学湖北文化创意产业化设计研究中心、黄冈师范学院黄梅戏艺术研究中心等基地网站建设比较完善，并保持网站内容及时更新，其他研究平台迫切需要加强相关网站建设。

第四，探索解决湖北省艺术学各二级学科发展存在不平衡不充分的问题。从湖北省艺术学科硕士、博士学位授权点来看，艺术学二级学科分布存在不平衡现象，戏剧与电影学尤其薄弱；从国家艺术基金的申报与立项情况来看，省、市级院团和民营企业在音乐与舞蹈学、戏剧与电影学领域的艺术创作上发挥着重要作用，2018 年度国家艺术基金新增的 4 个大舞剧创作项目、7 个小型剧（节）目创作项目和 2 个传播交流推广资助项目全部来自省、市级院团和民营企业。但是，美术学领域的青年艺术创作和人才培养新增项目则全部来自高校，省、市级专业画院等专业机构还没有起作用。未来可以有针对性地一方面加强戏剧与影视学学科建设，另一方面加强湖北省、市级院团以及民营企业和高校之间的交流合作，积极引导省、市级专业机构在国家级项目上进行申报，改善上述不平衡现象，推动湖北省艺术学科的全面繁荣。

附　　录

Appendix

B.10
湖北哲学社会科学发展大事记（2018年）

孙友祥　于芷薇

1月

1月2日　《湖北科技学院哲学社会科学繁荣计划（2018—2022）》出台并提出，要切实提升学校哲学社会科学研究的创新能力、社会服务能力和文化引领能力，建设具有学校特色的哲学社会科学体系，努力开创哲学社会科学繁荣的新局面。

1月2日　武汉大学社会学系段文杰副教授受邀任 SSCI（Q1）社会工作权威期刊 *Research on Social Work Practice*（RSWP）编委，成为本届（2018—2020）该期刊编委会的唯一中国学者。

1月3日　湖北教育出版社出版的《中国教育改革大系》荣获"新闻出

版领域的最高奖"——第四届中国出版政府奖图书奖，成为湖北省唯一获此殊荣的图书。马敏教授主编的《中国近代商会通史》获图书奖提名奖。

1月5日　华中科技大学人文学院邓晓芒教授主持的国家社科基金重大项目"德国古典哲学与德意志文化深度研究"（12&ZD126）的系列成果——《黑格尔"精神现象学"句读》全书暨新译发布会在北京大学举行。

1月7日　由中南财经政法大学牵头，协同华中科技大学、湖北大学、湖北经济学院、湖北工业大学等高校成立的产业升级与区域金融湖北省协同创新中心2017成果交流暨选题研讨会在湖北经济学院召开。

1月7日　湖北大学文学院院长、湖北省中国现代文学学会副会长刘川鄂教授主持的湖北省中国现代文学学会2018年理事会会议在湖北大学会议中心召开。

1月9~14日　由武汉大学人文社会科学研究院、科学技术发展研究院、测绘遥感信息工程国家重点实验室承办的社会地理计算联合研究中心成立暨第五届空间信息智能服务研讨会在武汉大学召开。

1月19日　湖北省教育厅公布湖北省一流大学和一流学科建设高校和学科名单。

1月20日　武汉大学举行第二届文科院长论坛。

2月

2月13日　江汉大学美术学院陶兴琳教授的艺术作品《巴黎的天空No.5》油画系列作品应邀参加由法国政府文化部、法国国家博物馆、巴黎大皇宫联合主办的第133届法国大皇宫 ART CAPITAL 沙龙艺术展。

3月

3月2日　武汉大学马克思主义学院组织四项国家社科基金重大项目课

题组联合撰写的《中国梦系列丛书》获第三届湖北出版政府奖。

3月5日 由湖北工业大学艺术设计学院汪涛教授设计的《中华人民共和国第十三届全国人民代表大会》纪念邮票正式发行。

3月8日 湖北科技学院被命名为"中国古瑶文化研究基地"。湖北省咸宁市被命名为"中国古瑶文化之乡"。

3月10日 "《国家知识产权战略纲要》实施十周年国际合作专项专家评审会"在华中科技大学召开。

3月16~18日 江汉大学涂文学教授、雷丽老师参加"慈善义演与近代社会"高端论坛暨国家社科基金重大项目"中国近代慈善义演珍稀文献整理与研究"报告会。

3月17日 "第四届东湖国际会计论坛"在华中科技大学举行。

3月17~18日 武汉大学经济与管理学院和华中师范大学经济与工商管理学院联合主办的首届实验经济学与管理学国际研讨会在武汉大学举行。

3月19日 武汉大学经济与管理学院举办"武汉大学高级计量经济学系列论坛"。

3月20日 "华中科技大学中欧知识产权研究院揭牌暨受聘仪式"在校举行，并与法国斯特拉斯堡大学和德国慕尼黑大学分别签署了合作协议。

3月21日 武汉学院申报的"供应链管理"本科专业获批，并成为国内第一家开办"供应链管理"专业的本科院校。

3月25日 湖北省高等学校图书情报工作委员会管理工作专业委员会主办的"新时代·新思想·新改革"管理工作研讨会议在三峡大学举行。

3月27日 2018年中国人民大学人文社会科学学术成果评价发布论坛暨学术评价与学科发展研讨会发布，武汉大学信息管理学院的29篇论文被全文转载，在高等院校二级院所分学科排名第一。

4月

4月7日 由中南财经政法大学财政税务学院、湖北财政与发展研究中心、《财贸经济》编辑部联合主办的"中国基本公共服务供给与均等化"学术研讨会在中南财经政法大学召开。

4月8日 第三届文科院长论坛在武汉大学举行，并就"汇聚海内外优秀人才，建设一流文科学术团队"主题畅所欲言，共谋发展。

4月11~13日 在法国巴黎召开的2018年年会上，湖北工业大学获准加入国际艺术、设计与媒体院校联盟（CUMULUS）。

4月15日 "湖北省动漫协会第三届第一次会员大会暨湖北省2018动画与数字媒体高峰论坛"在武汉理工大学举行。

4月19日 武汉大学马克思主义理论与中国实践协同创新中心、武汉大学马克思主义学院组织编纂的大型马克思主义辞书《马克思主义大辞典》在北京首发。

4月20~22日 武汉科技大学恒大管理学院及服务科学与工程研究中心承办的第一届中国技术经济学会神经经济管理专业委员会暨第三届中国管理科学与工程学会神经管理与神经工程研究会学术年会在武汉召开。

4月21日 在教育部、上海市人民政府主办的全国第五届大学生艺术展演活动中，江汉大学创作的非遗传承微电影作品《李家糖画》、原创话剧《新青年下乡》分别荣获微电影类二等奖和优秀文艺节目戏剧类一等奖。

4月23日 在国家图书馆举行的"第十三届文津图书奖发布暨国图公开课特别活动"中，华中科技大学哲学系教授邓晓芒的《哲学起步》著作获奖。

4月26日 武汉大学文学院主办，湖北现代人文资源调查与研究中心、武汉大学新诗研究中心等协办的"中国新诗接受史研究（1917—1949）"高端论坛在武汉大学举行。

4月27日 国家主席习近平同来华进行非正式会晤的印度总理莫迪在湖北省博物馆参观精品文物展。

4月28~29日 "一带一路"航空法研讨会在武汉举行。

5月

5月2日 "《马克思主义在中国早期传播著作选集（1920－1927）》首发式暨出版座谈会"在湖北大学举行。

5月4日 武汉科技大学在校举行纪念马克思诞辰200周年暨"马克思与当代中国"研讨会。

5月5日 以"法学家与法的形式：从罗马法学家到中国的法典编纂"为主题的国际学术研讨会在中南财经政法大学举行。意大利、以色列、法国等国内外知名高校的专家、学者出席。

5月5～6日 华中科技大学主办以"美好生活与社会发展"为主题的"第四届中国青年社会学者联盟论坛"。

5月8日 湖北区块链应用物流企业联盟化发展研讨会在湖北经济学院举行。

5月8日 湖北工业大学马克思主义学院主办"纪念马克思诞辰200周年学术论坛"。

5月11日 武汉大学与法国巴黎第七大学"天空意象"国际学术会议在武汉大学召开。

5月12日 由三峡大学主办，三峡大学民族学院、湖北省三峡文化研究会、三峡文化与经济社会发展研究中心承办的三峡历史文化资源保护与传承学术研讨会暨湖北省三峡文化研究会第三次会员大会在三峡大学召开。

5月13日 由湖北省中国特色社会主义理论体系研究中心、华中科技大学主办，华中科技大学文科处、马克思主义学院联合承办的"学习习近平新时代中国特色社会主义思想系列研讨会"在华中科技大学举行。

5月25日 教育部公布2017年度"长江学者奖励计划"入选名单，武汉大学共有10位专家入选，其中特聘教授2位、青年学者8位，两项入选数列全国高校第七。

5月25日 由湖北省会计学会、中南财经政法大学高等教育研究中心、会计学院和新道科技股份有限公司主办，湖南商学院和河南财政金融学院协办的"2018年首届华中地区高等院校会计专业建设高级研讨会"在中南财经政法大学开幕。

5月26日 由三峡大学民族学院、湖北大学历史文化学院、湖北省古建筑保护中心联合主办的"线路与文化"：第三届宜红古茶道学术研讨会在宜都召开。

5月26～27日 由中国社会科学杂志社《历史研究》编辑部和华中师范大学中国近代史研究所联合主办的第五届青年史学家论坛在华中师范大学召开。

6月

6月1～3日 由中国英汉语比较研究会语料库语言学专业委员会主办、华中科技大学外国语学院承办的"第四届中国语料库语言学大会"在华中科技大学举行。

6月2日 由湖北省农村经济发展研究会主办，湖北民族学院和长江大学承办的湖北省农村经济发展研究会2018年年会暨纪念改革开放四十周年研讨会在恩施召开。

6月8日 湖北美术学院6件作品入选由中华全国青年联合会、中国文学艺术界联合会、中国美术家协会共同主办的"第六届全国青年美术作品展"。

6月11日 "2018新时期农村土地制度改革高层论坛"在华中科技大学举行。

6月12日 "期颐艺境 德承百年——湖北美术学院世纪艺术家馆藏精品展"开幕。

6月15～17日 主题为"新时代中国传播创新：动力与路径"的第二届中国传播创新论坛在武汉大学召开。

6月16日 由全国金融专业学位研究生教育指导委员会主办，中南财经政法大学承办的第二届中国金融教育发展论坛在光谷科技会展中心举办。

6月20日 由国家艺术基金支持,湖北大学承办的数字创意手绘艺术高级人才培养项目研讨会在武汉举行。

6月23日 由武汉大学新闻与传播学院、教育部人文社科重点研究基地武汉大学媒体发展研究中心、中国传媒经济与管理学会主办的"智能化时代城市形象传播与传媒经济发展论坛"在武汉大学开幕。

6月23日 主题为"坚持社会主义核心价值体系"的"学习习近平新时代中国特色社会主义思想系列研讨会湖北大学专场"在湖北大学举行。

6月23~24日 以"新时代社会治理法治理论与实践"为主题的第四届"法治社会·长江(国际)论坛"在中南财经政法大学举行。

6月26日 湖北省高校"五个思政"建设现场推进会在华中科技大学举行。

7月

7月1~3日 由武汉大学信息管理学院和信息资源研究中心共同主办的第六届智慧健康国际会议在武汉开幕。

7月2日 中国美术家协会主办的"讲中国故事——第五届全国架上连环画展"巡回展(湖北站)在湖北省美术馆开幕。

7月5日 由中国工业经济联合会、当代中国研究所、华中师范大学、《中国工业史·综合卷》编委会主办,三峡大学马克思主义学院承办的"中国传统手工业在近现代的转变与发展"研讨会在三峡大学举行。

7月9日 由文化部、教育部、人社部主办,黄冈师范学院承办的第一期"中国非物质文化遗产传承人群研修研习培训计划——黄梅戏演员培训班"在苏州工艺美术职业技术学院开班。

7月9~16日 由波兰雅盖隆学院、湖北大学高等人文研究院、中国人民大学伦理学与道德建设研究中心、北京师范大学价值与文化研究中心共同举办的第六届世界文化发展论坛于波兰托伦市举行。《文化建设蓝皮书·中国文化发展报告（2018）》暨中华文化发展智库平台在波兰正式发布。

7 月 16 日 由国务院侨务办公室主办，国务院侨务办公室文化司、湖北省人民当局外事侨务办公室、三峡大学、宜昌市人民当局外事侨务办公室承办的"2018 年海外华裔青少年中国寻根之旅湖北三峡与土家文化夏令营"迎接仪式暨湖北省华文教育基地授牌仪式在三峡大学举行。

7 月 20 日 由湖北日报传媒集团、湖北大学、省政府台湾事务办公室联合主办，湖北大学艺术学院承办的"2018 CCIDE 第五届海峡两岸创意创新高峰论坛"在武汉创意天地启幕。

8月

8 月 5 日 "新媒体时代的写作现状与前瞻"学术研讨会暨湖北省写作学会 2018 年年会在江汉大学举行。

8 月 11 日 《中国民间文学大系·湖北咸宁民间叙事长歌》编纂工作座谈会暨《中国民间工艺集成·湖北卷（咸宁）》编纂研讨会在湖北科技学院召开。

8 月 15 日 湖北大学江畅教授作为召集人在世界哲学大会上发起主题为"德性研究的现状与未来"的圆桌会议。来自美国、以色列、墨西哥、韩国、日本、法国、印度等国家的 60 余名代表参加。

8 月 17 ~ 18 日 "商业秘密立法研讨会"在华中科技大学举行。

8 月 19 日 纪念"8·19"重要讲话五周年暨习近平总书记意识形态重要论述研讨会在武汉科技大学举行。

8 月 24 ~ 25 日 "教育部社会科学委员会语言文学、新闻传播学和艺术学学部新闻传播学科咨询组第四次会议暨中国新闻学传播学学科发展战略研讨会"在华中科技大学召开。

9月

9 月 3 ~ 7 日 应中国人民友好协会和伊朗中国友好协会邀请，武汉城市职业学院校长邓院方率队参加第九届中伊友好协会年会和第二届伊中关系发展前景国际会议。

9月6日 由外交部条法司主办，武汉大学国际法研究所承办的"构建人类命运共同体与国际法"研讨会在北京举行。

9月8日 由中国法学会党内法规研究中心和武汉大学党内法规研究中心共同主办的"新时代党内法规建设的理论与实践"学术研讨会暨首届全国党内法规研究机构建设论坛在武汉召开。

9月15日 由武汉大学历史学院及国学院、日本东北学院大学文学研究科及亚细亚流域文化研究所、美国加州大学洛杉矶分校扣岑考古研究所等多家单位联合主办的"楚文化与长江中游早期开发国际学术研讨会"在珞珈山庄开幕。

9月19~20日 来自中国大陆、美国、韩国、德国、中国台湾的50余位考古、古文字、音乐专家齐聚一堂，在湖北省博物馆召开曾侯乙编钟出土40周年学术研讨会。

9月21日 第五届市场导向的绿色低碳发展国际研讨会在湖北经济学院召开。

9月22日 由华中科技大学主办，国家传播战略研究院承办的主题为"新时代、新传播、新战略"的"第六届国家传播战略高峰论坛"在华中科技大学举行。

9月22日 第四届边界与海洋研究国际论坛在武汉大学开幕。

10月

10月9日 由湖北省文化厅、江汉大学联合举办，江汉大学人文学院和武汉语言文化研究中心承办的2018年湖北省曲艺传承人群培训班在江汉大学开班。

10月11日 由中国市场监督管理学会与武汉大学质量发展战略研究院共建的竞争政策与经济高质量发展研究中心正式揭牌。

10 月 13 日　由中南财经政法大学主办，中南财经政法大学法学院承办的以"后继受时代的民法发展：立法、判例与学说"为主题的第一届金砖国家法学论坛在中南财经政法大学举行。

10 月 13～14 日　"第 15 届诠释学与中国经典诠释学术研讨会暨 2018 年中国诠释学年会"在华中科技大学举行。

10 月 19～21 日　第六届传播视野下的"中国研究论坛（2018）暨'媒介再思：传播技术与社会变迁'学术研讨会"在华中科技大学召开。

10 月 20 日　由湖北省文艺学会主办，汉江师范学院中文系和汉水文化研究基地联合承办的"边缘与中心"学术研讨会暨湖北省文艺学学会第十四届年会在汉江师范学院召开。

10 月 20 日　由湖北省高校党建研究中心、湖北省中国特色社会主义理论体系研究中心湖北大学分中心、湖北大学马克思主义学院联办的"2018 年湖北省第十六届党史党建学位点年会暨纪念改革开放 40 周年学术研讨会"在湖北大学举行。

10 月 20～21 日　由湖北省翻译工作者协会主办，武汉理工大学外国语学院承办的第十三届中西部地区翻译理论与教学研讨会暨翻译研究国际论坛在武汉理工大学举行。

10 月 20～21 日　由华中科技大学新闻与信息传播学院中国故事创意传播研究中心与讲好中国故事创意传播大赛组委会联合主办的"中国好故事评价标准体系研讨会"在华中科技大学召开。

10 月 20～21 日　由中国政治经济学年会（CAPE）各理事单位主办，中南财经政法大学经济学院、中南财经政法大学中国特色社会主义政治经济学研究中心承办的"第十二届中国政治经济学年会"在中南财经政法大学召开。

10 月 20～21 日　由湖北省翻译工作者协会主办，武汉理工大学外国语学院承办的"第十三届中西部地区翻译理论与教学研讨会暨翻译研究国际论坛"在武汉理工大学举行。

10 月 21～24 日　在四川成都举行的第二届中国考古学大会上，由武汉大学历史学院、盘龙城遗址博物院、湖北省文物考古研究所、武汉市文物考古研究所共同参与的"湖北武汉市黄陂盘龙城遗址考古发掘"荣获中国考古学会田野考古三等奖。

10月21日 由社会科学文献出版社、华中师范大学、湖北大学共同主办的第七届人文社会科学集刊年会在武汉举行。

10月24日 由湖北水事研究中心发起的"从蓝图到现实——长江保护法的理论、制度与实践"长江保护法系列高层论坛首场论坛在湖北经济学院举行。

10月26~28日 由中国高等教育学会、武汉大学联合主办的"高等院校领导干部学习全国教育大会精神专题研讨会(第一期)"在武汉举行。

10月26~28日 由湖北大学文学院和中国社会科学院语言研究所历史语言学二室主办的第十八届全国近代汉语学术研讨会在武汉召开。

10月27日 由澳大利亚法学院院长联合会、中国法学教育研究会、中国人民大学法学院、中南财经政法大学法学院联合主办的第六届中澳法学院院长论坛在金谷国际酒店举行。

10月27日 湖北省法学会诉讼法学研究会2018年年会暨"深化司法体制综合配套改革若干问题"研讨会在湖北省红安县召开。

10月27~28日 "第八届中国法国哲学年会"在华中科技大学举行。

10月29日至11月7日 由武汉大学发起成立,摩洛哥哈桑一世大学主办的第二届"中法非三方高等教育论坛"在摩洛哥召开。

11月

11月1日 第二届湖北文化名家(荆楚社科名家)拟入选名单公示。

11月2~4日 "习近平新时代中国特色社会主义思想与马克思主义哲学中国化学术研讨会暨湖北省哲学学会2018年年会"在十堰举行。

11月2~4日 由中国社会学会移民社会学专业委员会主办、三峡大学水库移民研究中心协办的"第二届中国移民社会学学术研讨会"在宜昌市举行。

11月3日 "第十六届2018湖北省信息管理与电子商务学术论坛暨CNAIS湖北省分会第五届年会"在湖北工程学院举行。

11月3日 由湖北省哲学学会、汉江师范学院马克思主义学院、汉江师范学院中国特色社会主义理论体系研究中心联合主办的湖北省哲学学会2018年年会在汉江师范学院召开。

11月3日 由中国国际贸易研究会（CTRG）主办、华中科技大学经济学院和开放与发展中心共同承办的"第八届中国国际贸易研究会"在华中科技大学举行。

11月3日 "湖北省人力资源学会年会暨学术研讨会"在华中科技大学举办。

11月8日 由武汉大学和中国现代国际关系研究院、上海社会科学院共同承办的"网络空间国际规则：实践与探索"论坛在浙江乌镇举行。

11月8~12日 由湖北省博物馆、湖北省文物考古研究所、武汉大学简帛研究中心、美国芝加哥大学顾立雅中国古文字中心共同主办的"湖北出土简帛日书国际学术研讨会"在武汉召开。

11月10日 湖北省陆羽茶文化研究会成立20周年庆典大会在湖北生态工程职业技术学院召开。

11月10日 湖北省法学会商法研究会2018年年会暨"创新驱动的商法保障"学术研讨会在武汉召开。

11月10~11日 "礼学与中国传统文化"国际学术研讨会在武汉大学召开，来自日本、韩国、美国、中国大陆（内地）及港台地区高校与学术机构的70余位专家学者与会。

11月11日 武汉大学信息资源研究中心联合国内相关研究机构，共同发起成立"数字空间与社会治理"智库联盟。

11月15日 "第二届警务实战教育论坛"在湖北警官学院举行。

11月16日 由全国公共管理专业学位研究生教育指导委员会举办、华中科技大学公共管理学院承办的"第四届全国城市治理与学科建设论坛"

在华中科技大学举行。

11 月 16 日 在由中国社会科学评价研究院主办的"第五届全国人文社会科学高峰论坛暨期刊评价峰会"上，华中科技大学教育科学研究院主办的学术期刊《高等教育研究》被评定为"2018 年度中国人文社会科学期刊AMI 综合评价"A 刊权威期刊。

11 月 16~18 日 由华中科技大学、湖南大学、南京航空航天大学联合主办的"第十七届全国大学教育思想研讨会"在湖南常德召开。

11 月 17 日 由国务院学位委员会中国史学科评议组主办、华中师范大学历史文化学院承办的中国史一流学科建设高端论坛在华中师范大学召开。

11 月 17 日 由武汉工程大学和武汉市工业设计行业协会共同主办的"2018 第三届生态设计国际学术会议"在武汉工程大学举行。

11 月 20 日 "2018 文化创意产业和经济发展论坛（武汉）暨百位知名设计师创意设计作品邀请展"在湖北第二师范学院举行。

11 月 24 日 由华中科技大学国家治理研究院、国家治理湖北省协同创新中心主办的"第四届全球治理·东湖论坛——人类命运共同体与全球治理国际研讨会"在武汉东湖国际会议中心举行。

11 月 24 日 由中国国际法学会、国家高端智库武汉大学国际法研究所、中国贸促会法律事务部共同主办的第三届东湖国际法律论坛在武汉召开。

11 月 25 日 由湖北省社会学学会主办，中南财经政法大学哲学院承办的第四届湖北省"企业与社会"论坛在中南财经政法大学举行。

11 月 26 日 由中国高等教育学会、宜昌市人民政府主办，中国音乐家协会钢琴学会发展委员会、柏斯音乐集团、三峡大学承办的"长江钢琴·2018 全国高校钢琴音乐周"在宜昌市举行。

12月

12 月 1 日 陶行知与中国教育现代化——湖北省陶行知研究会暨教育史学会学术研讨会在江汉大学召开。

12月1日 第四届"自主生长式教师专业发展理论"学术研讨会在湖北第二师范学院举行。

12月2日 由武汉大学中国传统文化研究中心、武汉大学历史学院共同主办的"明清以来的社会结构与社会变迁学术研讨会"在武汉大学举行。

12月3日 "冯氏捐藏馆"在武汉大学开馆。人文社科资深教授冯天瑜与其兄长冯天琪、冯天瑾将一大批冯氏珍藏文物及艺术品捐赠给武汉大学。

12月7日 湖北省外国文学学会第十三届代表大会暨"双一流建设与外国文学研究"学术研讨会在华中师范大学举行。

12月7～9日 湖北省教育学会第31次学术年会暨学习贯彻全国教育大会精神高峰论坛在黄冈师范学院举行。

12月7～9日 由武汉大学经济发展研究中心、华中科技大学张培刚发展研究院、复旦大学世界经济研究所、北京大学经济研究所、重庆工商大学经济学院和《经济研究》编辑部联合发起的"首届中国发展经济学学者论坛"在华中科技大学举行。

12月8日 由中南财经政法大学工商管理学院、现代产业经济研究中心主办的湖北省工业经济学会2018年学术年会暨"新时代产业创新驱动发展研讨会"在武汉召开。

12月8日 第八届"资产评估新发展国际论坛"在中南财经政法大学召开。

12月8日 由湖北省中国特色社会主义理论体系研究中心和中南财经政法大学共同主办的"建设社会主义法治国家——学习习近平新时代中国特色社会主义思想系列研讨会"在中南财经政法大学举行。

12月8～9日 180多位专家学者共聚珞珈山，纪念武汉大学政治学科建立110周年。

12月9日 湖北省法学会国际法研究会2018年年会暨张仲伯教授90华诞学术思想研讨会在中南财经政法大学召开。

12月15日 由湖北省科技新闻学会主办，华中科技大学新闻与信息传播学院、武汉科技报社合办的"2018年湖北省网络强国战略论坛"在武汉举行。

12 月 22 日 武汉大学国际法研究所、环境法研究所、媒体发展研究中心、国家文化发展研究院、经济发展研究中心和社会保障研究中心六家智库入选 CTTI 高校智库百强榜。

12 月 25 日 "中国法律史中的法理——以批词判词、司法档案、契约文书为中心"学术研讨会暨湖北省法律文化研究会 2018 年年会在江汉大学举行。

12 月 25 日 湖北省高等学校校园文化研究会 2018 年年会暨纪念湖北省高校校园文化研究会成立 30 周年学术论坛在华中师范大学举行。

B.11
后　记

　　《湖北哲学社会科学发展报告（2019）》的研创与出版，得到了中共湖北省委宣传部的重视和支持，是湖北省社会科学界联合会专项委托课题研究取得的成果。

　　本报告由湖北省社会科学界联合会和湖北大学共同组织研创，湖北省教育厅思想政治教育与社会科学处和课题组组织了哲学社会科学发展相关数据的收集整理与统计分析工作，全省各普通高校、军事院校、省委党校、省社会科学院的科研管理部门提供了本单位的哲学社会科学发展统计数据和大事记等资料。孙友祥教授和我负责全书的组织、审稿和修改工作，湖北大学马建强博士和涂一荣博士负责总报告的撰写，李家莲副教授、徐俊武副教授、夏雨副教授、黄平副教授、黄晓华教授、张敏副教授、谢迪博士和彭茹娜副教授分别负责哲学、经济学、法学、教育学、文学、历史学、管理学和艺术学八大学科门类分报告的撰写。湖北省社会科学界联合会学术部陈芳主任、湖北大学社科处邵俊青处长负责组织协调工作，湖北大学王亚平老师和江岚副教授、涂一荣博士负责数据收集、整理与统计分析工作。研究生于芷薇、朱达等为大事记资料收集、编辑、成果统计和期刊文献资料收集整理等做了大量工作。本报告的编撰工作，得到了湖北大学党委、行政和各文科学院、各有关部门的大力支持，得到了陈道德教授、熊显长编审、李荣娟教授和黄文红副编审等专家的鼎力帮助，得到了社会科学文献出版社的具体指导。作为课题组负责人，我谨代表课题组全体成员，对为本书做出贡献、给予支持和提供帮助的各位领导、朋友和同人深表谢意，感谢他们为本书在编撰过程中的不足、疏漏甚至错误给予批评和指正！

谢红星

Abstract

At the National Symposium on Philosophy and Social Sciences, General Secretary Xi Jinping pointed out that "philosophy and social sciences are important forces for promoting historical development and social progress. Their level of development reflects the thinking ability, spiritual character, and civilized quality of a nation, and reflects the comprehensive national strength and international competitiveness of a country". Contemporary China is experiencing the most extensive and profound social changes in Chinese history, and is also undergoing the most ambitious and unique practical innovations in human history. A country without the prosperous philosophy and social sciences is unlikely to develop in the forefront of the world. Responding to the "five faces" in the new situation, we are facing more heavy task, of which the content is "China's philosophy and social sciences should focus on what we are doing, explore new materials, discover new problems, propose new ideas, and construct new theories from the practice of China's reform and development", we are more motivated to accomplish the task in a broader space. As a province having education with high quality and big quantity, Hubei philosophy and social sciences should have a great contribution to the improvement and perfection of the Chinese philosophy and social sciences system, and the overall development and progress of Hubei's economy and society.

This report has a general description and comprehensive analysis of the construction and development of philosophy and social sciences in Hubei Province in 2018. It can be seen that, by the leadership of the Hubei Provincial Party Committee and the Hubei Provincial Government, by the relevant departments of philosophy and social sciences at all levels in Hubei Province, and by the concerted efforts of philosophical social science researchers and managers at universities, the Communist Party School of China, the Party and government departments of the Communist Party of China, Chinese military academies, and social science research departments, the team of Hubei philosophy and social sciences research has grown stronger and its structure has been continuously optimized; the construction of disciplines and platforms has been continuously expanded, and the influence of academic circles has been continuously improved; research projects and funding are showing significant growth; Jingchu characteristics and highlights are increasingly prominent; philosophy and social sciences are rich in results and products; and the level of internationalization, specialization and branding is constantly improving; the entire philosophy and social sciences of Hubei Province have shown a good situation of sustained and stable development. However, it is not difficult to see that there are still some problems to be solved in the development of philosophy and social sciences in Hubei Province. For example, in order to build a socialist modernized strong province, we have to deepen the reform of the philosophy and social science organization management system, build scientific research output mechanism, system security system and assessment methods and we have to create good academic environment and healthy academic ecology, produce a new engine for the output of scientific research achievements and the cultivation of talented personnel, build a new type of think tank, promote the formation of a core competitiveness of Hubei Province's philosophy and social sciences, and a new pattern of healthy and sustainable development, and create a national first-class academic brand, and we have to face the national positioning and scientific strategic layout, coordinating the province and rational resource allocation, utilizing the dislocation development, maintaining Hubei's superior characteristics, coordinating development, innovating development, and promoting the leap-forward development of Hubei philosophy and social sciences, to better contribute to the original Hubei intelligence for China's development.

Based on the overall description, analysis and evaluation of the construction and development of philosophy and social sciences in Hubei, the methodology of this report takes the combination of general report and sub-report. By using the data released by the national authorities and the first-hand statistics and documentation obtained from the investigation organized by researchers, the writers of the report make a detailed description and anticipation concerning development of philosophy and social sciences in Hubei in 2018 from the perspectives of general situation, the comparative analysis and characteristics of Hubei philosophy and social sciences development. The sub-report has done its respective search according to the eight disciplines of philosophy and social sciences, namely, philosophy, economics, law, education, literature, history, management, and art. All of the sub-report analyzes and compares the development of various disciplines from the perspectives of research team, discipline platform construction, research projects and funding, research results and highlights, and makes comprehensive evaluation concerning theoretical innovation, Jingchu characteristics and development prospects.

Keywords: Hubei Province; Philosophy and Social Sciences; Discipline Construction

Content

I General Report

Abstract: The philosophy and social sciences of Hubei Province show the academic meteorology of "not forgetting the original, absorbing the outside, facing the future" in 2018. The philosophy and social sciences of Hubei Province have achieved many remarkable achievements in the talent team, discipline construction, research platform, research projects, development funds, results launch, social services and academic activities, and build a philosophy society with Chinese characteristics under the age of science. Compared with other related provinces and cities, the development of Hubei philosophy and social sciences from academic papers and scientific research projects is stable, but there still exists significant room for improvement compared with the philosophy and social sciences in Beijing, Shanghai and Jiangsu. In 2018, the philosophy and social sciences in Hubei Province guided Xi Jinping's new era of socialism with Chinese characteristics as the guide, in-depth study and implementation of General Secretary Xi Jinping's symposium on philosophy and social science work and the spirit of the important speech of Hubei, which brought the development of Hubei philosophy and social sciences, new ambience. Looking forward to the future, in the development of philosophy and social sciences in Hubei, we still have to focus on clearing the direction, exerting advantages, filling shortcomings, consolidating features, and so on, and strive to usher in greater and better development.

Keywords: Hubei; Philosophy and Social Science; Academic Progress; Research Result; The Feature of Jing-chu

Ⅱ Topical Reports

B. 2 Report on the Development of Philosophy Discipline in
Hubei (2018) *Li Jialian* / 040

Abstract: Hubei philosophy discipline development report investigates the development situation of Hubei philosophy discipline from the perspectives of staff member, discipline construction, research platform, research project, research fruit, academic activity and social service. By making horizontal comparison between 2018 and 2017 and provincial longitudinal comparison and basing on the general description concerning the progress, success and failure of Hubei philosophy discipline development, the report holds that Hubei philosophy discipline, in its future development, should cultivate international horizon in order to give hand to world first class university construction and deepen religion texts in order to give hand to Chinese modernization.

Keywords: Hubei; Philosophy; Internationalization; Modernization

B. 3 Report on the Development of Economics Discipline in
Hubei (2018) *Xu Junwu, Wang Wu* / 066

Abstract: Economics discipline in Hubei has entered a new era of development and made great progress in 2018, especially in the fields of finance, macroeconomics and finance. This report is based on the public academic papers number and academic influence of 11 Chinese top journals in economics, comparing with those of Beijing, Shanghai, Zhejiang, Jiangsu and Hunan. It finds that the development level of economics discipline of Hubei is second only to Beijing and Shanghai both in quantity and quality in 2018, slightly better than Jiangsu, and the gap with Shanghai is very small. In view of the existing problems of economics in Hubei, the following measures should be implemented: strengthen the inter-disciplinary communication, refine the subject direction, continue to improve the level of teachers staff, improve various research platforms, and give full play to the role of the research base of humanities and social sciences. In the future, there still exists broad space for the development for economics in Hubei in three aspects: constructing the economic theory system with Chinese characteristics, consolidating the basic economic theory, strengthening the research on Hubei's characteristic economic problems, and building "Hubei economics school".

Keywords: Hubei; Economics; Discipline Development; Hubei Characteristics; Political Economics

B. 4　Report on the Development of Law Discipline in Hubei (2018)　　　　　　　　　　　　　*Xia Yu* / 100

Abstract: In 2018, Law Science in Hubei province adapts to the characteristics of the times, deals with practical problems, builds on the community of human destiny, deepens basic theoretical research, continuously expands research fields, and constantly innovates research methods. In the development of the disciplinary system, the service of the society. the cultivation of talents, and the participation in international and domestic exchanges, the achievements have been remarkable, and a gratifying situation has been formed. The first-level discipline research of law actively explores and answers the theoretical and practical problems in accelerating the process of building a socialist country under the rule of law; the first-level discipline research of political science focuses on the people's livelihood and provides suggestions for the healthy development of the economy and society. From the perspective of social customs, it sorts out the social development context and refines the logic of social life; the first-level discipline research of ethnology emphasizes the main perspective, and proposes a national progress plan with strong applicability and countermeasures. In order to better promote the development of the discipline of law in Hubei and improve the situation of insufficient imbalance, we can further consolidate the characteristics of the discipline, strengthen the awareness of the problem, and actively construct the academic discourse power of the discipline.

Keywords: Law Science; Political Science; Sociology; Hubei

B. 5 Report on the Development of Education Discipline in Hubei (2018)

Huang Ping / 127

Abstract: This paper introduces the development of education discipline (excluding psychology) in Hubei province in 2018 and makes a comparative analysis from the vertical and parallel dimension, and finds out the development level of Hubei is in the front rank in the whole country. The educational science research whose topics respond requirements of the times, has a bread range of research subjects, and the scientific nature of research methods has been improved. However, there is a big gap with advanced regions. The discipline development is unbalanced, basic theoretical research needs to be improved, experimental development and policy research should be strengthened. In 2019, Hubei education discipline should grasp the new situation and task of education development, continue to play its own advantages, and strive to improve the overall development level of education discipline.

Keywords: Hubei; Education Discipline; Disciplinary Development; Physical Education

B. 6 Report on the Development of Literature Discipline in

Hubei (2018) *Huang Xiaohua, Xiong Gaodie /* 166

Abstract: In 2018, the literature discipline in Hubei Province continued to strive in many aspects, such as the genius team, scientific research, achievement launch, platform construction, etc. , and achieved outstanding results. The academic influence in the country and the ability to strengthen the social culture expanded constantly. Simultaneously, due to the external and internal conditions, the development of literature discipline is also facing bottlenecks, which requires literature discipline in Hubei to focus on connotative development, make full use of external and internal resources, then create a better academic atmosphere, stimulate internal potential, cultivate local talents, integrate talent teams, consolidate discipline characteristics, and form discipline advantages, thereby further enhancing the disciplinary influence.

Keywords: Hubei; Literature Discipline; Journalism and Communication; Chinese literature

B. 7 Report on the Development of History Discipline in

Hubei (2018) *Zhang Min /* 202

Abstract: The discipline of history in Hubei has a profound academic accumulation, forming a rigorous style of study and excellent literary style, with strong disciplinary advantages and scientific research strength. In 2018, the discipline of history in Hubei steadily advanced on the existing basis and made certain progress. The team of historians has remained stable, and its overall composition is "inverted pyramid". It is a highly educated and highly titled team with strong strength. Its disciplinary advantages and Jingchu characteristics are more prominent, and a large number of high-visible scientific research achievements have been produced. The construction of key disciplines at the national and provincial levels has been steadily promoted. In the future, we will give full play to the role of history in learning from the past and learning from the present, and educating people by means of resources and administration, adhere to a correct historical outlook and adhere to "seeking truth" and "seeking truth"; strengthen the construction of personnel and disciplines, build more research bases, and train more high-level leaders. Based on Jingchu and looking at China and the world, we should promote the construction of the discipline system, academic system and discourse system of history in the new era.

Keywords: History; Hubei; Team Building; Subject System; Historical Materialism

B. 8　Report on the Development of Management Science Discipline in Hubei（2018） *Xie Di*, *Gao Yibi* / 229

Abstract: Taking speeding up the construction quality innovative serving local economic and social development, promote the construction of a strong province of humanities and cultural as the goal, taking the construct the paradigm and method with Jingchu characteristics as gripper. In 2018, Hubei province has made remarkable achievements in the development of management discipline. It has achieved great achievements in the aspects of talent team, discipline construction, research platform, research project and results, academic exchange and social service, showing the strength of Hubei province's management discipline and establishing the status of Hubei province as a major province in the development of humanities and social sciences. In the future, however, there are some problems, such as insufficient characteristics of Jingchu, unclear research paradigms, and uneven scientific development. effective measures should be taken to promote the development of Hubei management discipline in terms of innovation of research paradigm and research method, support of discipline and inter-school balance, and promotion of interdisciplinary research.

Keywords: Hubei; Management; Business administration; Jingchu Characteristics; Agricultural Economic Management

B. 9   Report on the Development of Art Discipline in

Hubei (2018)   *Peng Runa* / 264

Abstract: In 2018, Hubei art disciplines showed a good momentum of development. The art discipline focuses on the theme of the times, pays attention to deepening the local art resources of the region of Hubei, forms the artistic characteristics of Jing-chu area, and strengthens the academic infiltration with other disciplines. The breakthrough of the National Social Science Foundation Art Major Project indicates that the Substantive progress have been made in art discipline in high-level research. At the same time, there are some problems need to be solved in the future, including the high-level publication of artistic achievements in CSSCI-sourced academic journals is still a big problem for the art discipline of Hubei, and there are still gaps between Hubei with Jiangsu, Shanghai and Beijing where art discipline developed in a higher level. In view of the above-mentioned problems, Hubei art disciplines should further strengthen the study of academic theory and strive to enhance the influence of local academic journals in art disciplines; strengthen communication and cooperation between domestic and foreign institutions, between all levels, as well as arts disciplines and other disciplines, to promote the high level of the development of the arts discipline in Hubei Province with the mode of growth pole; giving full play to the effectiveness of the research platform of the existing laboratories and research bases, strengthen the website construction of these laboratories and research bases, and the examination and supervision of them; and also strive to explore and solve the problem of the imbalance and insufficient development of the secondary disciplines of art in Hubei Province.

Keywords: Hubei; Discipline of Art; Jingchu Area Characteristics; Music and Dance

Ⅲ   Appendix

社会科学文献出版社

皮 书

智库报告的主要形式
同一主题智库报告的聚合

❖ 皮书定义 ❖

皮书是对中国与世界发展状况和热点问题进行年度监测，以专业的角度、专家的视野和实证研究方法，针对某一领域或区域现状与发展态势展开分析和预测，具备前沿性、原创性、实证性、连续性、时效性等特点的公开出版物，由一系列权威研究报告组成。

❖ 皮书作者 ❖

皮书系列报告作者以国内外一流研究机构、知名高校等重点智库的研究人员为主，多为相关领域一流专家学者，他们的观点代表了当下学界对中国与世界的现实和未来最高水平的解读与分析。截至2020年，皮书研创机构有近千家，报告作者累计超过7万人。

❖ 皮书荣誉 ❖

皮书系列已成为社会科学文献出版社的著名图书品牌和中国社会科学院的知名学术品牌。2016年皮书系列正式列入"十三五"国家重点出版规划项目；2013~2020年，重点皮书列入中国社会科学院承担的国家哲学社会科学创新工程项目。

中国皮书网

（网址：www.pishu.cn）

发布皮书研创资讯，传播皮书精彩内容
引领皮书出版潮流，打造皮书服务平台

栏目设置

◆ 关于皮书

何谓皮书、皮书分类、皮书大事记、
皮书荣誉、皮书出版第一人、皮书编辑部

◆ 最新资讯

通知公告、新闻动态、媒体聚焦、
网站专题、视频直播、下载专区

◆ 皮书研创

皮书规范、皮书选题、皮书出版、
皮书研究、研创团队

◆ 皮书评奖评价

指标体系、皮书评价、皮书评奖

◆ 互动专区

皮书说、社科数托邦、皮书微博、留言板

所获荣誉

◆ 2008 年、2011 年、2014 年，中国皮书
网均在全国新闻出版业网站荣誉评选中
获得"最具商业价值网站"称号；
◆ 2012 年，获得"出版业网站百强"称号。

网库合一

2014年，中国皮书网与皮书数据库端口
合一，实现资源共享。

权威报告·一手数据·特色资源

皮书数据库
ANNUAL REPORT(YEARBOOK)
DATABASE

分析解读当下中国发展变迁的高端智库平台

所获荣誉

- 2019年，入围国家新闻出版署数字出版精品遴选推荐计划项目
- 2016年，入选"'十三五'国家重点电子出版物出版规划骨干工程"
- 2015年，荣获"搜索中国正能量 点赞2015""创新中国科技创新奖"
- 2013年，荣获"中国出版政府奖·网络出版物奖"提名奖
- 连续多年荣获中国数字出版博览会"数字出版·优秀品牌"奖

成为会员

通过网址www.pishu.com.cn访问皮书数据库网站或下载皮书数据库APP，进行手机号验证或邮箱验证即可成为皮书数据库会员。

会员福利

- 已注册用户购书后可免费获赠100元皮书数据库充值卡。刮开充值卡涂层获取充值密码，登录并进入"会员中心"—"在线充值"—"充值卡充值"，充值成功即可购买和查看数据库内容。
- 会员福利最终解释权归社会科学文献出版社所有。

数据库服务热线：400-008-6695
数据库服务QQ：2475522410
数据库服务邮箱：database@ssap.cn
图书销售热线：010-59367070/7028
图书服务QQ：1265056568
图书服务邮箱：duzhe@ssap.cn

社会科学文献出版社 皮书系列
SOCIAL SCIENCES ACADEMIC PRESS (CHINA)
卡号：955877493613
密码：

S 基本子库
SUB DATABASE

中国社会发展数据库（下设 12 个子库）

整合国内外中国社会发展研究成果，汇聚独家统计数据、深度分析报告，涉及社会、人口、政治、教育、法律等 12 个领域，为了解中国社会发展动态、跟踪社会核心热点、分析社会发展趋势提供一站式资源搜索和数据服务。

中国经济发展数据库（下设 12 个子库）

围绕国内外中国经济发展主题研究报告、学术资讯、基础数据等资料构建，内容涵盖宏观经济、农业经济、工业经济、产业经济等 12 个重点经济领域，为实时掌控经济运行态势、把握经济发展规律、洞察经济形势、进行经济决策提供参考和依据。

中国行业发展数据库（下设 17 个子库）

以中国国民经济行业分类为依据，覆盖金融业、旅游、医疗卫生、交通运输、能源矿产等 100 多个行业，跟踪分析国民经济相关行业市场运行状况和政策导向，汇集行业发展前沿资讯，为投资、从业及各种经济决策提供理论基础和实践指导。

中国区域发展数据库（下设 6 个子库）

对中国特定区域内的经济、社会、文化等领域现状与发展情况进行深度分析和预测，研究层级至县及县以下行政区，涉及地区、区域经济体、城市、农村等不同维度，为地方经济社会宏观态势研究、发展经验研究、案例分析提供数据服务。

中国文化传媒数据库（下设 18 个子库）

汇聚文化传媒领域专家观点、热点资讯，梳理国内外中国文化发展相关学术研究成果、一手统计数据，涵盖文化产业、新闻传播、电影娱乐、文学艺术、群众文化等 18 个重点研究领域。为文化传媒研究提供相关数据、研究报告和综合分析服务。

世界经济与国际关系数据库（下设 6 个子库）

立足"皮书系列"世界经济、国际关系相关学术资源，整合世界经济、国际政治、世界文化与科技、全球性问题、国际组织与国际法、区域研究 6 大领域研究成果，为世界经济与国际关系研究提供全方位数据分析，为决策和形势研判提供参考。

法律声明

  "皮书系列"（含蓝皮书、绿皮书、黄皮书）之品牌由社会科学文献出版社最早使用并持续至今，现已被中国图书市场所熟知。"皮书系列"的相关商标已在中华人民共和国国家工商行政管理总局商标局注册，如LOGO（ ☘ ）、皮书、Pishu、经济蓝皮书、社会蓝皮书等。"皮书系列"图书的注册商标专用权及封面设计、版式设计的著作权均为社会科学文献出版社所有。未经社会科学文献出版社书面授权许可，任何使用与"皮书系列"图书注册商标、封面设计、版式设计相同或者近似的文字、图形或其组合的行为均系侵权行为。

  经作者授权，本书的专有出版权及信息网络传播权等为社会科学文献出版社享有。未经社会科学文献出版社书面授权许可，任何就本书内容的复制、发行或以数字形式进行网络传播的行为均系侵权行为。

  社会科学文献出版社将通过法律途径追究上述侵权行为的法律责任，维护自身合法权益。

  欢迎社会各界人士对侵犯社会科学文献出版社上述权利的侵权行为进行举报。电话：010-59367121，电子邮箱：fawubu@ssap.cn。

社会科学文献出版社

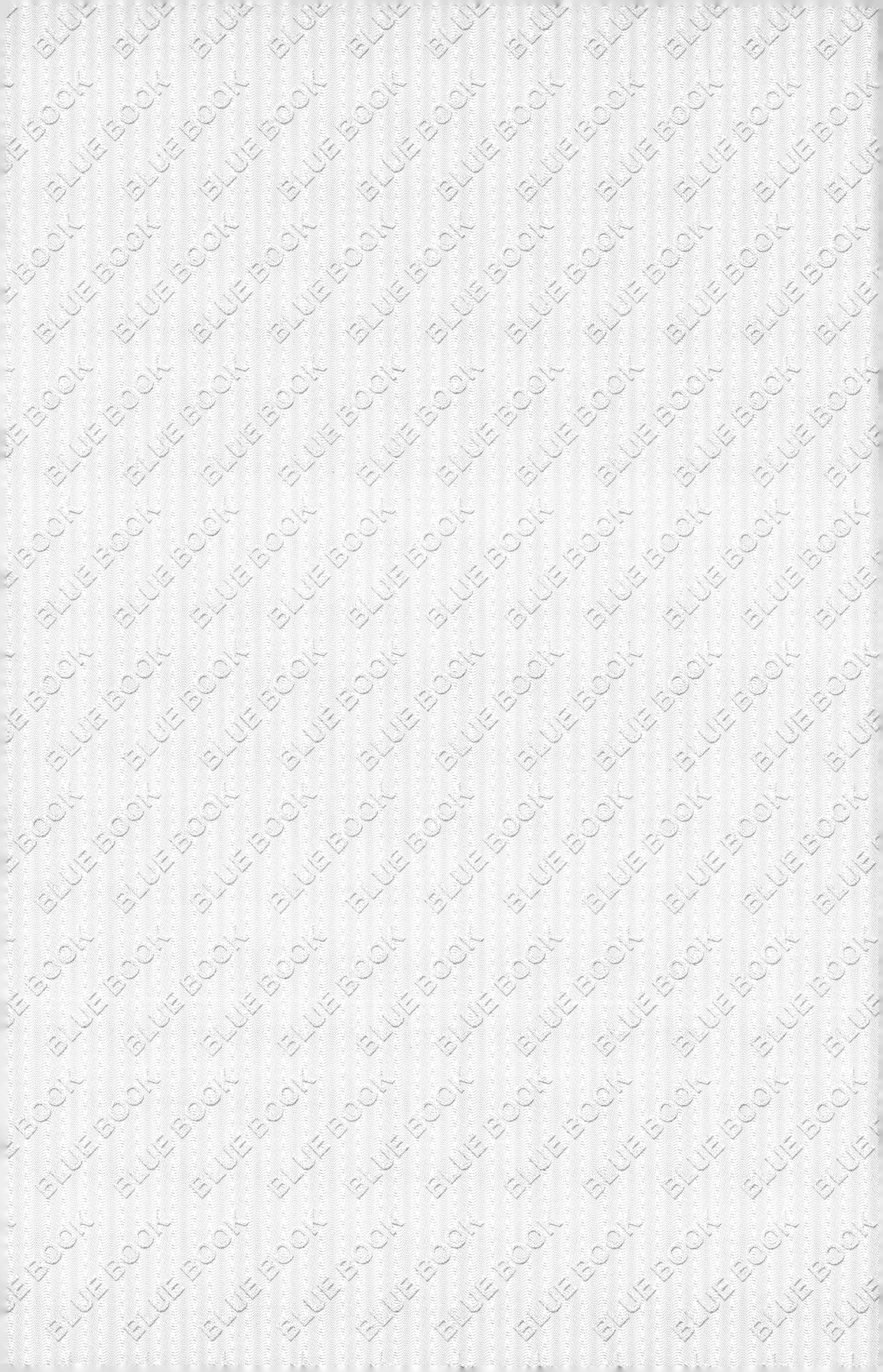